权威·前沿·原创

皮书系列为
"十二五""十三五"国家重点图书出版规划项目

智 库 成 果 出 版 与 传 播 平 台

药品流通蓝皮书
BLUE BOOK OF PHARMACEUTICAL DISTRIBUTION INDUSTRY

中国药品流通行业发展报告（2021）

ANNUAL REPORT ON CHINA'S PHARMACEUTICAL DISTRIBUTION INDUSTRY (2021)

中国医药商业协会
主　　编 / 邓金栋　温再兴
执行主编 / 朱恒鹏　唐民皓　付明仲

社会科学文献出版社
SOCIAL SCIENCES ACADEMIC PRESS (CHINA)

图书在版编目(CIP)数据

中国药品流通行业发展报告.2021/邓金栋,温再兴主编.--北京:社会科学文献出版社,2021.8
（药品流通蓝皮书）
ISBN 978-7-5201-8774-9

Ⅰ.①中… Ⅱ.①邓…②温… Ⅲ.①药品-商品流通-经济发展-研究报告-中国-2021 Ⅳ.①F724.73

中国版本图书馆CIP数据核字（2021）第153563号

药品流通蓝皮书
中国药品流通行业发展报告（2021）

主　　编 / 邓金栋　温再兴
执行主编 / 朱恒鹏　唐民皓　付明仲

出 版 人 / 王利民
组稿编辑 / 邓泳红
责任编辑 / 宋　静　张　超

出　　版 / 社会科学文献出版社·皮书出版分社（010）59367127
　　　　　 地址：北京市北三环中路甲29号院华龙大厦　邮编：100029
　　　　　 网址：www.ssap.com.cn
发　　行 / 市场营销中心（010）59367081　59367083
印　　装 / 天津千鹤文化传播有限公司
规　　格 / 开本：787mm×1092mm　1/16
　　　　　 印张：23.25　字数：385千字
版　　次 / 2021年8月第1版　2021年8月第1次印刷
书　　号 / ISBN 978-7-5201-8774-9
定　　价 / 198.00元

本书如有印装质量问题，请与读者服务中心（010-59367028）联系

▲ 版权所有 翻印必究

药品流通蓝皮书编委会

主　　编	邓金栋　温再兴
执行主编	朱恒鹏　唐民皓　付明仲
顾　　问	姜增伟　张大卫　石　崮　谢寿光　张文周 王龙兴　冯国安　赵博文
编　　委	（按姓氏音序排列）

边建苹　边　明　曹庆恒　曹伟荣　陈昌雄
陈光焰　陈　昊　陈　晖　陈燕平　陈志平
程俊佩　楚晨曦　邓健辉　丁晨昌　董　清
窦啟玲　樊　杰　付　钢　高庆辉　高　蓉
高　毅　关　一　郭安峰　郭俊煜　何　勤
何怡铭　胡　伟　胡志瑛　黄　彬　黄旭江
纪珍强　贾洪斌　姜春力　蒋丽华　柯云峰
匡　勇　李　丹　李光甫　李文明　李　杨
李永忠　李　元　李振江　梁玉堂　刘存英
刘景萍　刘　彤　刘　伟　刘晓利　刘　勇
刘兆年　鲁　颖　陆文超　陆　怡　陆银娣
吕　梁　罗　彬　罗晓洁　罗　歆　马光磊
钮立卫　潘　婕　彭转密　屈　兰　任武贤
阮鸿献　沈世英　宋　青　隋　阳　孙兆宏

	汤兴斌	唐　田	陶剑虹	汪　坤	王　东
	王家伟	王　磊	王英为	王煜炜	王占宏
	文德镛	吴　云	吴志龙	武嘉林	夏　春
	解奕炯	谢元勋	谢子龙	辛明辉	徐　飞
	徐国祥	徐起鼎	徐宜富	许双军	薛　俊
	杨　博	杨　栎	杨拴成	姚映佳	叶　真
	尹世强	应徐颉	英　军	于　锐	余　军
	俞康信	袁　泉	张　鸿	张思建	张　扬
	张　圆	赵桂英	赵庆辉	赵小川	赵新华
	郑　浩	郑　梁	周　斌	周春林	周弘炜
	周建军	周　岚	周旭东	朱朝阳	朱建云
	朱卫东	邹晓亮			
编辑组	范　晔	康　蕊	王　蛟	孟　鑫	薛　美
	祝　菲	翟江如			

序 一

药品流通行业是国家医疗卫生事业和健康产业的重要组成部分,是关系人民健康和生命安全的重要行业。"十三五"规划(2016~2020年)期间,我国药品流通行业实现了稳步快速发展,市场销售规模持续增长,行业加速转型升级步伐,行业集中度不断提高,市场机制作用逐步增强,为医药产业健康发展和健康中国建设做出了积极贡献。

根据党的十九届五中全会精神,药品流通行业"十四五"时期应深刻把握新阶段、新形势、新任务,在转向高质量发展阶段的大背景下,行业的发展也将迎来战略性机遇期,要及时研判高质量发展面临的诸多挑战与有利条件,以实现"十四五"时期药品流通行业高质量发展的目标任务,引导行业向信息化、标准化、集约化、智慧化方向发展,发挥服务医疗卫生事业与健康产业的功能作用。

中国医药商业协会与社会科学文献出版社合作出版的药品流通蓝皮书,全面展现了行业现状和未来发展趋势,剖析行业热点问题,是对药品流通行业的全面解读。自2014年首次问世以来,已连续出版8年,成为各界了解药品流通行业状况、分析发展趋势的重要参考用书目。

在各方指导、帮助下,经过中国医药商业协会编撰人员辛勤劳动,《中国药品流通行业发展报告(2021)》与大家见面了,希望这本书成为大家学习工作的得力助手。

2021年5月24日

序 二

《中国药品流通行业发展报告》由中国医药商业协会组织国内外业界专家、学者及优秀企业合力编撰，并由社会科学文献出版社出版发行。本皮书已连续出版8年，该报告连续跨越中国药品流通行业"十三五"及"十四五"规划的发展阶段，见证了行业发展每一个时期的成就及历程，及时反映我国药品流通行业发展现状，剖析行业热点问题，已成为全面发布行业信息的知名品牌报告，具有权威性、系统性、全面性、前瞻性和实用性等特点。

2021年是实施"十四五"规划、开启全面建设社会主义现代化国家新征程的第一年，药品流通行业进入重要转折期，将呈现全新的高质量发展新阶段。近几年，医药行业政策不断推陈出新，《药品管理法》《疫苗法》修订，从药物一致性评价到药品集中带量采购，以及医保支付改革、国家医保谈判药品"双通道"等政策的实施，均对药品流通行业发展产生深远影响。行业积极响应国家政策，顺应宏观发展趋势，在复杂多变的环境中积极探索创新发展路径，加速行业销售模式转变和流通渠道重构，行业的转型升级将持续深化。未来强强联合、资源互补型的兼并重组将成为行业主流，药品流通行业集中度仍然有提升空间；我国药品零售业态结构、竞争方式等将加速改变，特药（DTP）药房、慢病药房等专业特色药房及智慧药房不断涌现；医药供应链与互联网深度融合，信息技术的智慧化逐渐凸显，全方位、多层次、广布局、深覆盖的现代医药供应链体系正在建立；作为一种互联网时代下新兴的药品消费途径，医药电商经历了多年的快速增长，从目前的发展趋势来看，医药电商的市场规模仍然保持着强劲的增长态势。

《中国药品流通行业发展报告（2021）》基于行业发展现状，以"现代化药品流通"为主题，对药品流通行业相关政策、各业态发展特点、企业在技

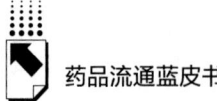

术及经营模式中的创新等进行了探讨,并包含批发和零售企业百强排序、各品类区域销售统计、企业数量统计等行业相关数据信息,数据准确、内容翔实,是研究和指导药品流通行业发展、推进医药改革的重要文献,具有较高的参考价值。

中国管理科学学会副会长
中国社会学会秘书长
皮书品牌创始人

2021年5月21日

摘 要

本书系"药品流通蓝皮书"年度报告，即《中国药品流通行业发展报告（2021）》。全书共分十大篇章，分别为总报告、政策篇、行业篇、医药供应链篇、中国药店篇、医药电商篇、创新篇、区域篇、国际篇及附录，针对药品流通行业的发展现状及相关热点问题进行重点分析和研究。

总报告对2020年药品流通行业发展概况和发展特点进行论述，对2021年发展趋势进行展望。

政策篇主要研究近几年国家或地方出台的新政策，提出我国医药物流发展的国家战略及目前存在的主要问题，探索制定现代医药物流的监管政策；分析带量采购政策对药品流通行业的影响；分析相关政策下我国创新药品的发展趋势，提出优化创新药品可及性的相关建议。行业篇总结了全国中药材现代物流体系建设进展；调查目前药品短缺程度及影响，并提出合理化建议；从药品流通行业上市公司增长水平、盈利能力、费用控制、资本运作等方面入手，分析行业整体发展状况和趋势；本篇还从药品流通行业上市公司入手分析市场预期与投资价值。医药供应链篇发布了2020年中国医药供应链及医药物流发展分析报告；以客户需求为导向对医药供应链的发展做了分析；分享了广州医药股份有限公司在现代供应链体系建设探索的成功案例。中国药店篇对中国整体药品零售市场的发展情况、特点及趋势进行分析；介绍了DTP药房的发展现状及趋势；通过比较中国和欧美国家医疗、医药发展路径，剖析零售药店在"双通道"与创新支付模式下的发展方向，并提出了相应的建议；本篇还分析了我国网售处方药的发展现状，对网售处方药合规化落地提出相关建议。医药电商篇通过调研分析了药品流通行业2020年信息化应用情况；介绍了叮当快药、平安健康在医药电商领域的探索和实践。创新篇对我国医药创新的发展历

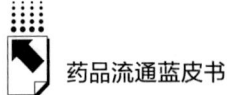

程和现状进行梳理,对商业医疗保险促进医药创新发展展开理论分析;分享了南京医药股份有限公司实施的"可视、可控、可预测"的智慧供应链运营方案、科园信海(北京)医疗用品贸易有限公司跨境药械电商"北京模式"的成功案例和邻客生物科技(天津)有限公司开展的"零氪互联网医院+邻客科研型DTP药房"模式。区域篇分别介绍了京津冀和长三角区域内行业发展情况,在总结成就的同时指出行业存在的问题,并提出建议。国际篇介绍了新冠肺炎疫情对美国医药供应链的影响,以及对全球医药供应链市场未来发展趋势的影响;本篇还分析了国际医疗保险制度的发展历程,为我国医疗保险制度的发展提供了借鉴。本报告附录呈现了药品流通行业相关统计数据。

  本书是系列反映我国药品流通行业发展的年度报告,具有权威性、全面性、系统性、前瞻性及实用性等特点,资料丰富、内容翔实、数据准确,与行业现状和国际前沿结合紧密,是研究和指导药品流通行业发展的重要文献,具有较高的参考价值。

关键词: 药品流通 带量采购 医药供应链 医药电商

目 录

Ⅰ 总报告

B.1 2020年药品流通行业运行统计分析报告
　　………………………… 商务部市场运行和消费促进司 / 001
　　一　发展概况 …………………………………………… / 001
　　二　运行特点 …………………………………………… / 009
　　三　趋势展望 …………………………………………… / 011

Ⅱ 政策篇

B.2 现代医药物流发展的国家战略与监管策略 ………… 唐民皓 / 014
B.3 药品带量集采的政策演进与对行业的影响 ……… 陶立波　王丽莉 / 027
B.4 关于优化我国创新药品可及性的思考与建议 …… 陈　昊　张欲晓 / 039

Ⅲ 行业篇

B.5 2020年全国中药材现代物流体系建设进展情况综述
　　………………………… 中国仓储与配送协会　中国中药协会 / 045

B.6　2020年临床短缺药品市场调研分析
　　　　　……………… 中国医药商业协会　中国药科大学联合研究课题组 / 052
B.7　2020年药品流通行业上市公司运行情况分析
　　　　　………………………………………… 李文明　滕宪存　张子蕾 / 074
B.8　药品流通行业发展的特点和趋势及投资价值分析
　　　　　………………………………………………… 贺菊颖　程　培 / 088

Ⅳ　医药供应链篇

B.9　2020年中国医药供应链物流发展分析报告
　　　　　……………………………… 中国医药商业协会医药供应链分会 / 102
B.10　以客户需求为导向，赋能医药商业流通供应链的变革
　　　　　………………………………………………………… 武亮哲 / 120
B.11　广州医药现代供应链体系建设探索与成效
　　　　　………………………………………… 广州医药股份有限公司 / 127

Ⅴ　中国药店篇

B.12　2020年中国药品零售市场发展报告………… 中国医药商业协会 / 140
B.13　2020年中国经营特殊疾病药品的社会药房发展报告
　　　　　……………………………………………… 中国医药商业协会 / 164
B.14　"双通道"与创新支付模式下零售药店的突围方向……… 周吉芳 / 179
B.15　网售处方药的发展现状与合规化落地建议 ……………… 马光磊 / 191

Ⅵ　医药电商篇

B.16　2020年药品流通行业信息化应用情况调查分析
　　　　　……………………………… 中国医药商业协会智能化应用分会 / 200

B.17 叮当快药的快速成长与促进医药电商发展对策建议
.... 徐欢生 / 216

B.18 互联网医疗电商新生态的探索和实践
.... 平安健康互联网股份有限公司 / 224

Ⅶ 创新篇

B.19 商业医疗保险对医药创新发展的影响研究
.... 康 蕊 朱恒鹏 洪凌华 / 234

B.20 医药智慧供应链助力企业数字化转型升级
.... 南京医药股份有限公司 / 246

B.21 跨境药械电商"北京模式"的成功打造
.... 科园信海（北京）医疗用品贸易有限公司 / 255

B.22 医疗大数据驱动"零氪互联网医院＋邻客科研型
DTP药房"模式落地 .... 朱志东 / 264

Ⅷ 区域篇

B.23 "十三五"京津冀区域药品流通行业发展分析报告
.... 北京医药行业协会 天津市医药商业协会
　　　　　　　　　　　　　　　　　　　　　　　河北省医药商业协会 / 271

B.24 2020年长三角地区药品流通行业发展分析报告
.... 长三角区域药品流通行业研究课题组 / 286

Ⅸ 国际篇

B.25 弥合医药供应链新冠肺炎疫情前后之鸿沟 ...... Randy V. Bradley / 297

B.26 国际医疗保险制度浅析 …………………………………… 廖晨妤 / 303

Ⅹ 附录

B.27 2020年药品流通行业相关数据 …………………………………… / 316

Abstract ……………………………………………………………… / 330
Contents ……………………………………………………………… / 333

皮书数据库阅读**使用指南**

总 报 告
General Report

B.1
2020年药品流通行业运行统计分析报告

商务部市场运行和消费促进司

摘　要： 2020年，全国药品流通市场销售规模增速放缓，零售市场销售额继续稳步增长，增速略有加快。大型药品批发企业销售额从年初负增长持续回升，集中度继续提高；零售行业集中度、连锁率进一步提高；医药物流企业提升服务能力，推进供应链协同发展；医药电商销售额增长，与线下融合进入发展新阶段。2021年是国家"十四五"规划的开局之年，随着健康中国战略全面实施、医药卫生体制改革向更深层次推进，药品流通行业进入变革的关键转折期。

关键词： 药品流通市场　药品批发企业　零售市场

一　发展概况

2020年是全国药品流通行业"十三五"发展规划的收官之年。面对突如其来的新冠肺炎疫情，药品流通行业经受住了考验，有力地保障了药品及医疗防疫物资的高效流通和可靠供应，为抗击疫情做出了积极贡献。同时，随着医药卫生体制改革不断深化，药品流通行业加快转型升级步伐，加快医药供应链协同发展，创新药品零售与服务模式；行业销售总额稳中有升，集约化程度继续提高，显现出长期向好的态势。

（一）整体规模

2020年，全国药品流通市场销售规模稳步扩大，但增速放缓。统计显示，全国七大类医药商品销售总额24149亿元①，扣除不可比因素同比增长2.4%，增速同比放慢6.2个百分点（见图1）。其中，药品零售市场5119亿元，扣除不可比因素同比增长10.1%，增速同比加快0.2个百分点。

截至2020年末，全国共有药品批发企业1.31万家；药品零售连锁企业6298家，下辖门店31.29万家，零售单体药店24.10万家，零售药店门店总数55.39万家②。

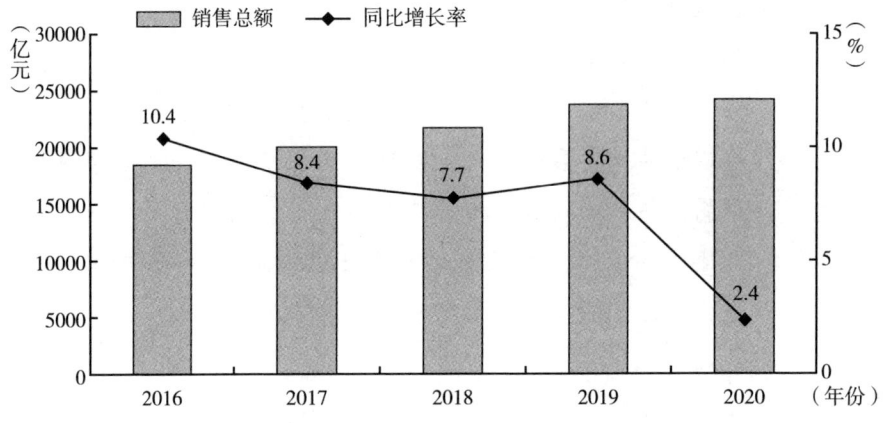

图1 2016~2020年药品流通行业销售趋势

---

① 销售总额为含税值。
② 数据来源于国家药品监督管理局。

（二）企业效益

2020年，全国药品流通直报企业①主营业务收入18214亿元，扣除不可比因素同比增长2.8%，增速同比放慢6.8个百分点，约占全国药品流通市场销售规模的85.2%；利润总额435亿元，扣除不可比因素同比增长5.4%，增速同比降低2.7个百分点；平均毛利率8.6%，同比上升0.1个百分点；平均费用率6.8%，与上年持平；平均利润率1.8%，同比上升0.1个百分点；净利润率1.7%，同比上升0.1个百分点。

（三）销售品类与渠道

按销售品类分类，西药类②销售居主导地位，销售额占七大类医药商品销售总额的71.5%，其次，中成药类占14.1%，中药材类占2.3%，以上三类占比合计为87.9%；医疗器材类占7.4%，化学试剂类占0.7%，玻璃仪器类占比不足0.1%，其他类占4.0%（见图2）。

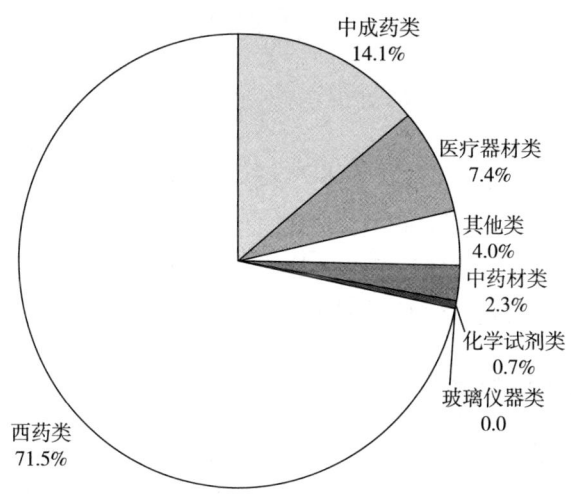

图2　2020年全行业销售品类结构

---

① 药品流通直报企业指加入商务部药品流通管理系统参与药品流通行业统计调查的企业，此部分采纳的有效样本企业共1075家。
② 西药类包括化学药品制剂、化学原料药及其制剂、放射性药品、血清疫苗、血液制品和诊断药品等，但不包括化学试剂等。

按销售渠道分类，2020年对生产企业销售额121亿元，占销售总额的0.5%，同上年持平；对批发企业销售额6881亿元，占销售总额的28.5%，同比下降0.5个百分点；对终端销售额17079亿元，占销售总额的70.7%，同比上升0.4个百分点；直接出口销售额68亿元，占销售总额的0.3%，同比上升0.1个百分点（见图3）。

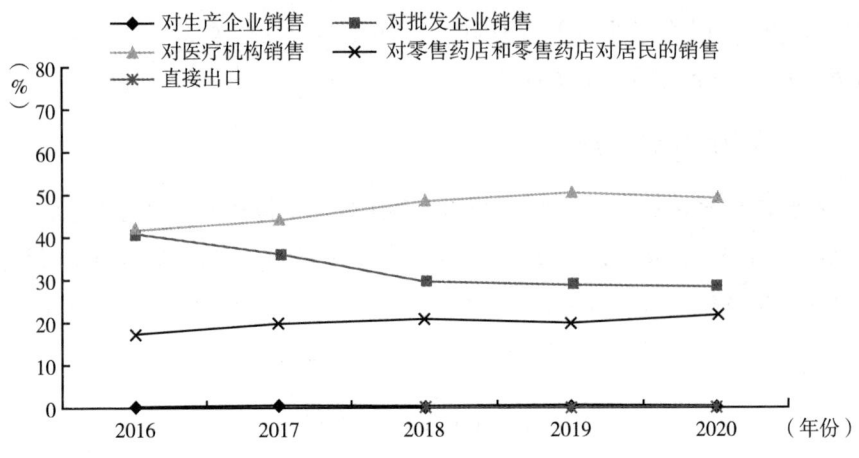

图3　2016～2020年药品流通行业销售渠道占比

在以上对终端销售中，对医疗机构销售额11851亿元，由于2020年医疗卫生机构诊疗人次的下降，占终端销售额的比例由2019年的71.5%下降至69.4%，同比下降2.1个百分点；对零售药店和零售药店对居民的销售额5228亿元，占终端销售额的30.6%，同比上升2.1个百分点。

（四）销售区域分布

2020年，全国六大区域销售额占全国销售总额的比重分别为：华东36.1%，中南27.0%，华北15.2%，西南13.3%，东北4.4%，西北4.0%。其中，华东、中南、华北三大区域销售额占到全国销售总额的78.3%，同比上升0.1个百分点。

三大经济区[①]药品销售额占全国销售总额的比重分别为：京津冀经济区

---

① 京津冀：北京、天津、河北；长江三角洲：上海、江苏、浙江、安徽；珠江三角洲：广东。

12.8%，同比下降0.7个百分点；长江三角洲经济区26.5%，同比下降0.2个百分点；珠江三角洲经济区10.6%，同比上升0.4个百分点。

2020年销售额居前10位的省区市依次为：广东、北京、上海、江苏、浙江、山东、河南、安徽、四川、湖北。同2019年相比，除江苏、浙江、山东、河南位序略有升降外，其余各省区市位序保持稳定；上述省区市销售额占全国销售总额的65.3%，同比上升0.1个百分点。

（五）所有制结构

在全国药品流通直报企业中，国有及国有控股企业主营业务收入11011亿元，占直报企业主营业务总收入的60.5%；实现利润250亿元，占直报企业利润总额的57.5%。股份制企业主营业务收入6124亿元，占直报企业主营业务总收入的33.6%；实现利润164亿元，占直报企业利润总额的37.7%。此外，外商及港澳台投资企业主营业务收入占直报企业主营业务总收入的3.4%，实现利润占直报企业利润总额的3.2%；私营企业主营业务收入占直报企业主营业务总收入的1.5%，实现利润占直报企业利润总额的0.9%（见图4、图5）。

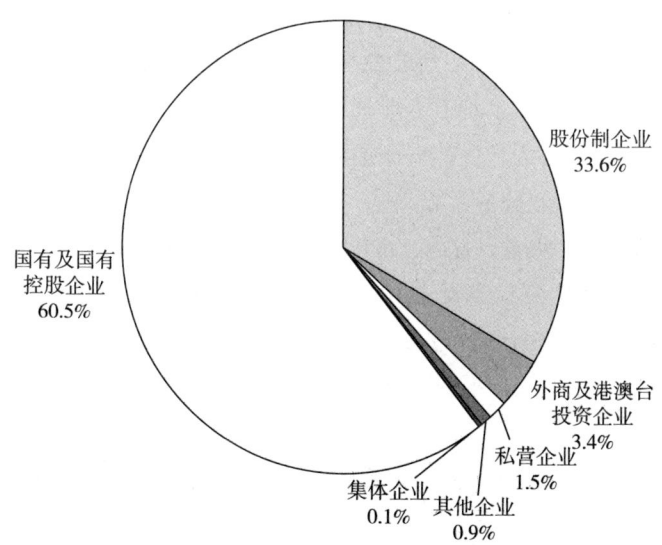

图4　2020年药品流通企业主营业务收入所有制结构

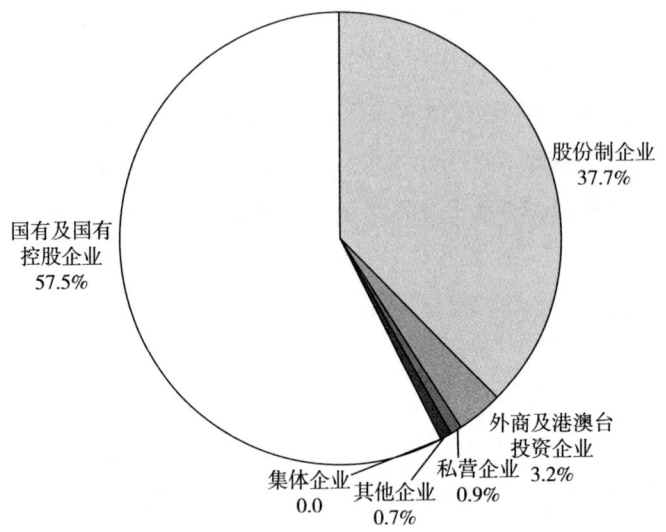

图5 2020年药品流通企业利润总额所有制结构

（六）医药物流配送

据不完全统计，2020年全国医药物流直报企业（452家）配送货值（无税销售额）17459亿元（具有独立法人资质的物流企业配送货值占69.5%），共拥有1170个物流中心，仓库面积约1222万平方米，其中常温库占40.3%，阴凉库占57.8%，冷库占1.9%；拥有专业运输车辆16148辆，其中冷藏车占16.8%，特殊药品专用车占1.6%。自运配送范围在省级及以下的企业数量占81.5%；配送范围覆盖全国的企业数量占2.7%。委托配送范围在各级行政区域较为均衡，承担全国、跨区域、跨省、省内、市内及乡镇范围配送的企业数占比在11%~22%。在物流自动化及信息化技术方面，51.7%的企业具有仓库管理系统，34.9%的企业具有电子标签拣选系统，29.1%的企业具有射频识别设备。

（七）医药电商

据不完全统计，2020年医药电商直报企业[1]销售总额达1778亿元（含第

---

[1] 第三方交易服务平台企业5家，仅有B2B业务的企业为74家，仅有B2C业务的企业为61家，兼有B2B和B2C业务的企业为15家。

三方交易服务平台交易额），占同期全国医药市场总规模的7.4%。其中，第三方交易服务平台交易额708亿元，占医药电商销售总额的39.8%；B2B（企业对企业）业务销售1003亿元，占医药电商销售总额的56.4%；B2C（企业对顾客）业务销售额67亿元，占医药电商销售总额的3.8%。第三方交易服务平台业务中移动端占47.6%，B2B业务中移动端占11.9%，B2C业务中移动端占72.9%。订单总数11166万笔，其中第三方交易服务平台订单数3866万笔，订单转化率97.9%；B2B订单数2767万笔，订单转化率96.0%；B2C订单数4533万笔，订单转化率96.2%。第三方交易服务平台网站活跃用户量51万；B2B网站活跃用户量59万；B2C网站活跃用户量4953万，平均客单价229元，平均客品数约11个。B2B日出库完成率97.0%，B2C日出库完成率99.4%。B2B电商业务费用率7.3%，B2C电商业务费用率16.3%，均高于行业平均费用率。B2B与B2C销售结构差异较为明显，B2B业务主要集中在西药类，其次是中成药类（见图6）；而B2C业务主要集中在西药类、医疗器材类，其次是其他类①（见图7）。

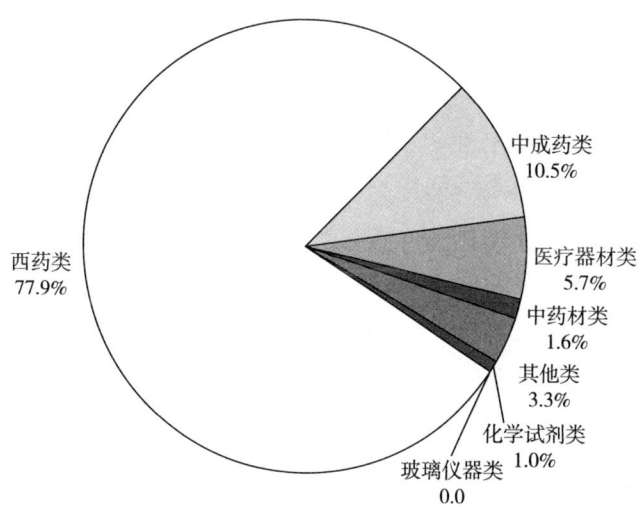

图6　2020年药品流通直报企业B2B业务销售结构

---

① 其他类包含保健品类、化妆品及个人护理用品、计划生育及成人用品等。

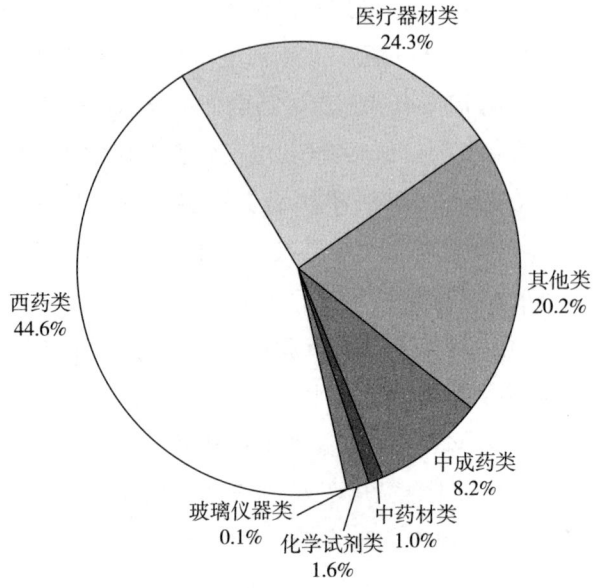

图 7　2020 年药品流通直报企业 B2C 业务销售结构

（八）上市企业

2020 年，药品流通行业 25 家上市公司营业收入总和为 14054 亿元，同比增长 4.0%，与 2019 年相比降低 13.4 个百分点。平均毛利率为 17.6%，同比下降 0.9 个百分点；平均费用率为 13.6%，同比上升 0.2 个百分点；平均利润率为 2.8%，同比下降 0.1 个百分点。年终最后一个交易日市值总计 4834 亿元，平均市值为 193 亿元。市值 200 亿元以上的企业增加到 9 家，分别是大参林、国药控股、益丰药房、上海医药、华东医药、国药股份、九州通、老百姓和华润医药；其中大参林的市值最高，为 516.03 亿元。年内，25 家药品流通行业上市公司披露的对外投资并购活动共有 92 起，涉及金额 146.79 亿元。

（九）注册执业药师

截至 2020 年 12 月底，全国注册执业药师总数达到 594154 人，同比增加 78151 人；全国每万人口注册执业药师数为 4.2 人。注册于药品零售企业的执业药师 541264 人，占注册总数的 91.1%；注册于药品批发企业、药品生产企业、医疗机构和其他领域的执业药师分别为34329人、3929人、14514人、118人①。

（十）社会经济贡献

2020年，全国药品流通行业销售总额相当于第三产业增加值的4.4%，同上年持平。其中，药品零售总额占社会消费品零售总额的1.3%，同比上升0.2个百分点；相当于第三产业增加值的0.9%，与上年持平②。

2020年，全国药品流通直报企业纳税额（所得税）为98亿元，扣除不可比因素同比增长6.3%；全行业从业人数约为624万人。

二 运行特点

（一）药品批发企业集中度持续提高，销售呈回升态势

2020年，突如其来的新冠肺炎疫情给我国各行各业发展带来冲击，药品流通行业承受销售量下滑巨大压力，企业采取多项措施积极应对。随着疫情得到控制和企业复工复产，药品批发企业带动全行业销售额增长由第一季度的-8.08%逐步上升至全年的2.4%，呈现由负转正的回升态势。

从市场占有率来看，药品批发企业集中度有所提高。2020年，药品批发企业主营业务收入前100位占同期全国医药市场总规模的73.7%，同比提高0.4个百分点。其中，4家全国龙头企业主营业务收入占同期全国医药市场总规模的42.6%，同比提高1.6个百分点；前10位占55.2%，同比提高3.2个百分点；前20位占63.5%，同比提高2.0个百分点；前50位占70.0%，同比提高0.9个百分点。排序最后一位的企业，主营业务收入由2019年的10.0亿元下降到2020年的8.8亿元。

从销售增速来看，大型药品批发企业销售增速放缓。2020年，前100位药品批发企业主营业务收入同比增长2.5%，增速回落12.2个百分点。其中，

---

① 数据来源于国家药品监督管理局执业药师资格认证中心。
② 数据来源于国家统计局。

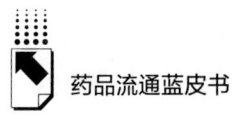

4家全国龙头企业主营业务收入同比增长6.0%，增速回落12.2个百分点；前10位同比增长8.4%，增速回落8.6个百分点；前20位同比增长5.3%，增速回落11.9个百分点；前50位同比增长3.4%，增速回落12.7个百分点。

（二）药品零售企业销售额稳中有升，增幅高于行业整体水平

2020年，药品零售企业全年销售运行稳中有升、态势良好。销售额前100位的药品零售企业销售总额1806亿元，占全国零售市场总额的35.3%，同比提高0.4个百分点。其中，前10位销售总额1071亿元，占全国零售市场总额的20.9%，同比提高1.3个百分点；前20位销售总额1317亿元，占全国零售市场总额的25.7%，同比提高0.7个百分点；前50位销售总额1627亿元，占全国零售市场总额的31.8%，同比提高0.4个百分点；排序最后一位的企业销售总额为1.8亿元，同2019年相比基本持平。

疫情期间，药店成为百姓购买防疫所需医疗防护物资和相关药品的重要场所。药品零售企业及时调整品类结构，满足市场需求，家庭医疗器械类和大健康保健类品种销售出现显著增长。同时，面对人口老龄化和疾病谱变化以及人民健康意识的增强，在"政策和市场"双驱动下，药品零售企业积极探索专业化、数字化、智能化转型路径，提升服务能力，建立专业药房，提供健康咨询等特色药学服务；借助数字信息和智能化手段，为消费者提供B2C、O2O以及"互联网+"等多业态的线上线下增值服务，拉动了零售市场销售额持续增长。此外，许多零售企业或主动参与地方药品集采，或适时调整品种价格稳定客源，并加强上游供应链协同发展维护零售终端市场。在行业整体销售维持低速增长的同时，零售市场逆势增长，增幅显著高于行业整体水平。

（三）医药物流企业提升服务能力，推进供应链协同发展

药品流通企业及专业医药物流企业在物流自动化和信息化技术应用方面的能力逐步提升。2020年，具有仓库管理系统的企业占调查企业总数的51.7%，较上年提高0.2个百分点；具有电子标签拣选系统的企业占调查企业总数的34.9%，较上年提高1.3个百分点；具有射频识别设备的企业占调查企业总数的29.1%，较上年提高1.8个百分点。随着药品集中带量采购政策的实施、互联网医院配送模式兴起与医药电商业务的快速增长，以及防控

疫情的医药物资供应保障任务落实，医药供应链物流配送企业迎来了发展机遇和挑战。以全国和区域头部企业为代表的大型药品批发、零售连锁企业在物流网络布局、冷链管理，尤其是疫苗配送、仓储拆零拣选、运输调度、终端配送服务等方面，加快物流技术和管理水平升级。新冠肺炎疫苗的上市，吸引了众多国内国际运输企业参与疫苗运输的市场竞争，促进了医药物流企业加快对冷链业务的战略布局。在新政策及新市场的驱动下，医药物流企业不断提升自身的竞争力，打造以供应链协同发展为主线、以高质量发展为目标的综合实力已成为行业共识。

（四）医药电商销售额增长，与线下融合进入发展新阶段

2020年出现的新冠肺炎疫情特殊形势，加快培养了公众线上问诊、购药习惯，在线医疗咨询需求显著增长。公立医院也纷纷加入互联网医院的建设。据国家卫生健康委员会不完全统计，截至2021年3月全国已建成互联网医院超过1100家。线上处方流转带动了线上药品销售业绩快速提高，各大医药电商平台成交活跃度显著提升。电商企业纷纷与线下实体药店开展合作，加速了线上线下融合发展，实现了"网订店取""网订店送"的运营模式，确保了药品的安全性与可及性。全年，医药电商营销新模式在助力疫情防控、保障公众健康、促进全渠道经营与服务方面发挥了积极作用，成为行业销售不容忽视的新的增长点。

三 趋势展望

（一）在加快构建新发展格局下药品流通行业进入变革关键期

2021年是国家"十四五"规划的开局之年。随着加快构建以国内大循环为主体、国内国际双循环相互促进的新发展格局，药品流通行业将迎来发展新机遇。同时，随着健康中国战略全面实施、医药卫生体制改革向更深层次推进，药品流通行业进入变革的关键转折期，必将加速战略转型，推动模式创新和技术升级、推动内贸与外贸联动发展，使药品流通体系整体效能不断提升、行业集中度进一步提高。

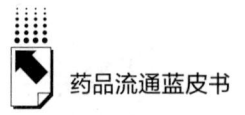

（二）药品批发企业努力优化网络结构及服务功能

近年来，全国性和区域性药品批发企业通过并购重组、强强联合，扩大市场覆盖率，提升了集约化程度。在优质资源有限的条件下，批发企业由过去的横向拓展转变为纵向下沉，进一步优化了城市与乡镇、发达地区与边远地区配送服务网络。同时，不断探索创新服务理念与服务模式，针对客户不同需求提供差异化增值服务，如将流通信息反馈至研发或生产企业，为医疗机构或零售药店提供药品追溯等延伸服务。许多企业积极探索数字化转型，增强跨区域供应链物流协同能力，提高全产业链的运行效率和竞争力。

（三）零售药店加快推进健康服务的升级步伐

2021年，随着人民群众对健康的日益重视，预防性需求增长，"互联网+医保支付"、国家医保谈判药品"双通道"等政策落地，为零售药店发展提供了新机遇。同时，医保支付方式改革、跨界资本进入以及医药电商发展等，使药品零售行业竞争更为激烈。企业要寻求新的增长方式，加快数字化转型、智能化升级，开展线上线下融合，以匹配不同消费者个性化需求；继续创新经营模式，发展专业药房、智慧药房等多种模式，提供健康监测、器械康复、医疗延伸、慢病管理等服务功能，以满足消费者健康服务的多样化需求。

（四）大力发展现代智慧医药供应链新体系

"十四五"时期，药品流通行业需构建现代智慧医药供应链服务新体系，完善行业标准，着重提升网络化、规模化、专业化水平，使医药物流网络布局更加合理，仓储运输全过程信息可追溯，配送更加安全、高效、便捷。医药冷链物流作为医药物流的重要业务板块，随着经济发展和市场需求增加将不断发展。特别是新冠肺炎疫苗上市，为医药冷链物流市场带来巨大增量，物流企业有望迎来更多发展机会，冷链物流标准化建设也将不断完善。

（五）医药电商催生医药市场竞争新态势

突袭而至的新冠肺炎疫情悄然改变了人们问诊、购药习惯，互联网医疗在线问诊量猛增，医药电商业务也快速增长，为助力抗疫发挥了积极的作用。在国家政策指导下，医药电商将走向规范化发展道路。未来社会资本也会持续进入医药电商领域，使之呈现多元化竞争局面。传统药品流通企业要积极应对挑战，加快零售业务由以线下为主向线上线下融合方向转变，形成与医药电商融合竞争发展的新格局。

（六）加强行业企业核心竞争力的培育与提升

"十三五"时期，药品流通行业结构调整、产业升级加快，行业规模不断扩大，但行业发展不平衡、不充分的问题仍然存在。未来，药品流通企业仍需从多方面入手加强自身建设，如强化诚信经营意识，积极履行社会责任；进一步下沉营销网络，优化网络布局，提升供应链管理水平；改善人才结构，重视专业性、复合型、高素质人才的培养与引进，加强对各类技术人员的培训，以适应新领域、新业务的需求。行业企业要着力提升核心竞争力，推动整体步入高质量发展轨道。

政策篇
Policy Reports

B.2 现代医药物流发展的国家战略与监管策略

唐民皓[*]

摘　要： 当前"第三方医药物流"正在逐步进入医药物流市场。对医药物流施行"放管结合"的监管改革，是"十四五"期间国家宏观发展战略的要求，也是构建医药产品上市后监管政策一个不可忽视的要求。现阶段要在加强对"第三方医药物流"质量管理的同时，积极推进全国统一的现代医药物流大市场建设，促进医药物流行业的高质量发展。为此需要充分认知现代医药物流的基本特征，制定全国统一的现代医药物流监管政策，科学研判"第三方医药物流"的安全风险点，完善对医药物流委托事项质量管理要求，健全对"第三方医药物流"的各项行政监管措施，同时探索并完善行业组织对"第三方医药物流"企业能力评价机制。

---

[*] 唐民皓，上海市食品药品安全研究会会长，高级经济师。

关键词： 医药物流　第三方医药物流　监管政策

医药物流是国家药品供应保障体系的重要组成部分，是医药供应链中的重要一环。促进我国现代医药物流行业的高质量发展，并有效管控药品、医疗器械等实物在物流中的安全风险，是"十四五"期间国家药品监管政策的基本要求，医药物流也是构建医药产品上市后监管政策中需要给予足够重视的一个领域。

一　医药物流的业态转型与监管政策演变

物流，顾名思义是商品实物的流通。医药物流，包括医药产品的验收、存储、分拣配送、装卸、保管和物流信息管理等一系列活动，涵盖了医药产品实物的来源、位移和走向的全过程。医药物流的承载物，包括制剂、药品原料、辅料、包装材料和生产设备、中药材、中药饮片等，与医药产品整个生命周期的各环节密切关联；医疗器械物流的承载物，涉及直接或者间接用于人体的仪器、设备、器具、体外诊断试剂及校准物、材料以及其他类似或者相关的物品。医药物流既涉及从所需要的原材料的采购、加工等研发和生产过程，也贯穿医药产品储存、运输直至使用和消费等流通过程。因此，医药物流与医药产品整个生命周期的活动交错在一起，是各类医药产品和相关物件移动和储存的不可或缺的载体。

现代商业经济活动，主要包括：①商流，商品采购和交易（商品批发和零售），这是实现物流的前提和基础；②资金流，指在商品交易中随着实物及其所有权的转移而发生的资金往来的运动过程；③物流，指产品实物在空间和时间上的位移，包括运输、储存、配送及其相应的装卸和保管等；④信息流，记录商品和资金的历史和现实运动的情报、数据和资料等。在医药商业经济的"四流"中，相比医药产品交易和金融管理，医药物流及与其紧密关联的信息流同药品安全和风险管控的关系最为直接，呈高度"相关性"，恰是药品监管政策需要重点关注并采取必要行政管制措施的领域。

在我国，长期以来，医药物流不是一个独立医药储运行业。在计划经济体

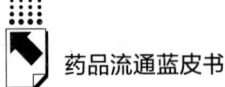

制下的传统医药企业,习惯于自建物流功能。在医药体制转型过程中,医药企业基于医药产品的特殊性而延续相对守成的行业惯例。自建运输、仓储和配送单元,行业管理相对封闭,非医药企业一般也较少或很难涉足医药物流领域,这客观上形成了医药物流单位依附于医药经营主体内,其活动归入医药经营管理的基本格局。基于这种行业状况,原《药品管理法》等法律法规中没有明确涉及医药物流业态及其主体的法律定义;在原国家食品药品监督管理总局发布的药品和医疗器械的经营管理规章与质量管理规范中提出对医药企业委托其他单位运输药品的基本质量管理要求,但质量管理规范的责任主要是针对医药企业,而并未对涉及医药物流(运输、储存和配送)等其他企业直接进行规范。

21世纪以来,随着我国医药商业的业态转型、行业分化以及社会物流企业介入药品储运市场的新趋势,独立的第三方医药物流(具有仓储和运输配送综合服务能力)正在从以往的传统医药商业企业的组织架构中分离出来,市场的份额也越来越大。据中国医药商业协会专家估计,目前生产和流通企业委托"第三方医药物流"储存或运输配送的业务在整个医药物流业务中的占比已超过60%,委托第三方储存或运输配送业务中,医药运输委托占比近80%,医药仓储委托约占20%。可以说,一个相对独立于传统医药商业的新业态——第三方医药物流产业(仓储运输综合型业务)正在逐步成为医药物流市场的主角,而其中运输委托第三方物流的模式更是占绝对比例。

所谓"第三方医药物流"(Third Party Medical Logistics,3PL),是指由医药物资的提供方和需求方之外的第三方企业去完成物流服务的运作方式。"第三方医药物流"企业常常也是单一物流企业,即它仅仅承担和完成某一项或几项物流功能,如运输、仓储或流通加工等。药品生产经营企业(或医疗机构)委托第三方物流企业实现医药物资的储运活动。目前,社会"第三方医药物流"企业的主要业态形式,包括:①有经营许可资格的医药商业公司,将其下属物流企业的储运、配送功能进行业务重组和拓展,转型为社会其他企业提供物流服务的第三方物流主体;②社会化综合性物流公司,通过收购取得医药经营许可资质,介入医药产品的储运配送业务,如顺丰、中铁、中邮等;③社会各类中小型商业运输公司,兼营从事偏远基层地区的药品运输和配送业务;④与电商平台及其业务结合的快递物流企业,主要从事C端医药产品的配送。从法律定义上，第三方物流企业受托储运行为并非医药产品的交易（批发或零售）行为，医药实物的所有权和支配权并没有发生改变，受托方仅收取医药物品的仓储、运输或配送的服务费。据国外同行业统计，通过第三方物流体系的配送服务可以降低6%～12%的采购成本，减少10%～30%的物流库存，降低5%～15%的运输成本。可见，专业化和低成本的储运配送服务可以大幅降低传统医药企业的物流运营成本，是医药行业物流功能和结构转型的内在动力，大势所趋。从国家宏观政策走向看，"第三方医药物流"的兴起和发展符合"市场对资源配置起决定性作用"的宏观经济战略要求，有利于医药市场生产要素实现更大程度的自由组合和顺畅流动，推动现代医药物流的高质量发展。

针对医药物流业态变革和产业转型趋势，2005年4月19日原国家食品药品监督管理总局发布《关于加强药品监督管理促进药品现代物流发展的意见》（国食药监市〔2005〕160号），对第三方物流规定要经省级食品药品监管部门检查合格后发给《开展第三方药品物流业务确认件》后方可开展相关业务。2016年初，为贯彻国家简政放权"放管服"的宏观政策要求，国务院取消了从事第三方药品物流业务的审批事项。笔者认为，取消第三方药品物流的行政审批是基于药品物流风险相对较低，监管政策对其不必像药品其他环节一样采取行业准入制度，药品物流可以通过除行政许可以外的其他管理手段进行规制和管理。为了对药品物流实施必要的管理，2019版《药品管理法》确立了"国家对药品管理实行药品上市许可持有人制度"。《药品管理法》第三十条规定，"药品上市许可持有人应当依照本法规定，对药品的非临床研究、临床试验、生产经营、上市后研究、不良反应监测报告与处理等承担责任。其他从事药品研制、生产、经营、储存、运输、使用等活动的单位和个人依法承担相应责任"。根据这一法律条款的要求，在药品上市许可持有人（委托方）承担主要法定责任的同时，药品物流（储存和运输）主体（单位和个人）要"依法承担相应责任"。《药品管理法》第三十五条还规定，"药品上市许可持有人、药品生产企业、药品经营企业委托储存、运输药品的，应当对受托方的质量保证能力和风险管理能力进行评估，与其签订委托协议，约定药品质量责任、操作规程等内容，并对受托方进行监督"。《药品管理法》第一百二十条还对违法为假药、劣药或其他违规药品提供储存、运输等便利条件的行为设定了专项的罚则。根据《药品管理法》的原则规定,国家市场监管总局和药品监管部门正在制定的《药品经营监督管理办法(征求意见稿)》规定:对医药委托储运活动,药品上市许可持有人应当与储运受托方签订委托协议,并向所在省、自治区、直辖市药品监督管理部门报告,并由药品监管部门依法进行延伸检查。目前,刚刚发布的《医疗器械监督管理条例》对委托储存运输行为未做法规要求的限制,对受托方主体也未设定限制性要求。可见,鉴于医疗器械物流的安全风险程度,国家对医疗器械储运管理采取了相比药品更为宽松的监管政策。

二 医药物流发展的国家战略及目前存在的主要问题

现代医药物流是国家医药事业发展的一个组成部分,现代医药物流的监管政策也应当与国家对包括医药物流在内的医药产业发展的宏观战略相适应。现代医药物流发展的国家战略主要包括两个方面。

(一)构建国内统一大市场,促进医药物流高质量发展

现代医药物流发展的国家战略首要目标是促进公众健康,实现医药物流的高质量发展。2020年9月9日,习近平主持召开中央财经委员会第八次会议强调:"流通体系在国民经济中发挥着基础性作用,构建新发展格局,必须把建设现代流通体系作为一项重要战略任务来抓。"《国民经济和社会发展第十四个五年规划和2035年远景目标纲要》提出,"深化流通体制改革,畅通商品服务流通渠道,提升流通效率,降低全社会交易成本。加快构建国内统一大市场,对标国际先进规则和最佳实践优化市场环境,促进不同地区和行业标准、规则、政策协调统一,有效破除地方保护、行业垄断和市场分割"。2017年1月,国务院办公厅《关于进一步改革完善药品生产流通使用政策的若干意见》(国办发〔2017〕13号)指出,要"推动药品流通企业转型升级。打破医药产品市场分割、地方保护,推动药品流通企业跨地区、跨所有制兼并重组,培育大型现代药品流通骨干企业。整合药品仓储和运输资源,实现多仓协同,支持药品流通企业跨区域配送,加快形成以大型骨干企业为主体、中小型

企业为补充的城乡药品流通网络。鼓励中小型药品流通企业专业化经营，推动部分企业向分销配送模式转型"。同时，《药品管理法》第一百十一条对地方人民政府及其药品监督管理部门不得采取"地方保护"政策措施也做了禁止性规定。综上，可以概括为"构建国内统一的医药物流大市场，促进医药物流的高质量发展"，这是国家宏观发展战略对医药经济发展新格局总体要求的重要内容之一。

在"构建国内统一大市场"方面，当前医药物流监管政策存在的主要问题如下。

一是对国务院取消"第三方医药物流"行政许可要求缺乏权威解读和管理层共识，全国范围内统一的医药物流监管政策没有及时跟进。目前，对医药物流的管理主要依赖于地方省级药品监管部门制定的医药物流的准入要求和监管措施。各地监管部门在监管实践中"各自为政"，监管政策的解读和执行不统一。

二是各地均通过创设准入门槛形成"隐性壁垒"，或变相行政许可，或采取数量限制，或不予准入，医药物流企业跨省市的"异地设库"无法实现，医药大集团跨区域"多仓联运"难以走通，医药物流进入其他地区的管理成本大幅增加，甚至造成第三方物流企业无法顺利进入相应区域从事医药物流活动。

三是医药物流面临地区交通壁垒，跨区域医药配送存在地方的管理限制要求，药品配送车辆通行不畅，影响医药物流的运送效率和应急保障。

四是"第三方医药物流"跨区域监管尚未形成有效的合作机制，缺乏跨区域、跨层级的药品监管协同规则，监管结果不能互通互认。据中国医药商业协会医药供应链分会[①]2018年的报告分析："各地监管部门监管思路和开放程度不一，给企业跨区域物流委托和运营带来了极大困扰。各地对药品现代物流硬件及规模要求的不统一、第三方物流委托要求不统一、多仓运营和异地设库等开放程度不统一，尤其是第三方物流审批取消和2018年的药监部门机构调整给各地监管执行带来了很大影响。"上述监管政策方面的问题，一定程度上阻碍了现代医药物流体系建设，增加了医药物流的运营成本，客观上成为掣肘现代医药流通高质量发展的因素之一。

---

① 中国医药商业协会医药供应链分会：《2018年中国医药物流发展分析报告》，载《药品流通蓝皮书：中国药品流通行业发展报告（2019）》，社会科学文献出版社，2019。

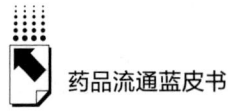

（二）科学构建对医药物流的监管政策，有效管控安全风险

现代医药物流发展的国家战略另一个重要目标和任务是对医药产品的风险管控。由于医药产品具有涉及公众生命和健康的特殊性，需要对医药产品的安全风险制定不同于一般产品的制度要求和管制政策。防范药品安全风险是国家实施药品管理最基本的底线要求，为此，国家法律、法规均对医药产品制定了特别的管理制度。以《药品管理法》《疫苗管理法》《医疗器械监督管理条例》为基本的法律体系，为国家实行依法监管提供了制度保障。《药品管理法》第三条规定，"药品管理应当以人民健康为中心，坚持风险管理、全程管控、社会共治的原则，建立科学、严格的监督管理制度，全面提升药品质量，保障药品的安全、有效、可及"。2021年3月发布的《国民经济和社会发展第十四个五年规划》提出："加强和改进药品安全监管制度，严防严控药品安全风险，构建药品和疫苗全生命周期管理机制，完善药品电子追溯体系，实现重点类别药品全过程来源可溯、去向可追。"医药物流是医药产品全生命周期（全程）中必不可缺的一环，必须在科学监管理念的引领下制定切实有效的监管政策，并依照"四个最严"的实施要求进行监管。

在"管控医药物流安全风险"方面，当前医药物流监管政策存在的主要问题如下：一是对"第三方医药物流"如何实行管理缺乏行业共识，监管政策框架和管理措施不明朗；二是在医药行业中的独立市场主体的身份不清晰，从监管角度对不同主体分类管理不明确，对医药物流企业质量管理规范要求不到位；三是药品上市许可持有人、医药生产经营企业与受托方如何通过签订协议构建有效的监督互控机制，还有待于在管理实践中不断探索、引导和完善；四是监管部门对第三方医药物流的"延伸检查"缺乏具体的操作流程和规则，对违反GSP要求的企业缺乏相应的法律惩戒规定；五是医药物流的风险管控在许多环节仍非常薄弱，医药物流转包造成的质量失控，储运温控要求实施存在管控漏洞，医药物流过程信息尚不连续，尤其在偏远基层地区供应链的风险管理能力薄弱；六是对第三方医药物流的社会评估机制和政府的信用管理缺失，不能为医药产品委托方提供完善的管理能力评价信息。上述医药物流转型发展中的问题，需要在风险分析的基础上及时补齐监管政策的"短板"，强化对风险环节的科学有效监管，倒逼医药物流的高质量发展。

三 积极探索制定现代医药物流的监管政策

"构建医药物流统一大市场"和"有效管控医药物流产品安全风险"是促进现代医药物流高质量发展的两项重要任务,前者重在"放",后者重在"管",两者相辅相成、缺一不可。正如国务院总理李克强说的:"转变政府职能的核心要义,是要切实做好放管结合,放是放活,而不是放任;管要管好,而不是管死。"国家药监局党组提出了"保底线、追高线",就是国家对医药产业高质量发展战略的具体体现。为此,需要树立起科学监管的理念,基于"风险"来制定国家现代医药物流的监管政策。

现阶段研究和制定国家现代医药物流的监管政策,需要重点解决两个倾向。一是对医药物流存在的安全隐患缺乏科学分析,夸大了"风险"的存在,进而设定了不必要的、过于严苛的监管政策。进入医药物流业门槛高,物流运行障碍多,并形成了"市场分割"和"地方保护",造成医药物流的商业成本陡增,阻碍了医药物流业态的高质量发展。二是对医药物流存在的安全隐患缺乏有针对性的监管举措,对风险点的监管存在疏漏,造成医药物流过程的风险失控,进而引发安全事件,伤害消费者的人身健康。

制定现代医药物流监管政策,需要重点对以下问题进行研究和探索。

(一)充分认知现代医药物流的基本特征

现代物流指的是将信息、运输、仓储、库存、装卸搬运以及包装等物流活动综合起来的一种新型的"集成式管理"。物流中的实物流动、实物存储和信息流动等关键要素在集成式的管理中得以高效、协调和规范运作,其主要特征包括如下几个。

第一,反应快速。对上下游的物流、配送需求的反应速度快,前置时间短,配送间隔短,物流配送速度快,商品周转次数多。

第二,功能集成。现代物流着重于将物流与供应链的其他环节进行集成,包括物流渠道与商流渠道的集成、物流渠道之间的集成、物流功能的集成、物流环节与制造环节的集成等。

第三,服务拓展。现代物流强调物流服务功能的恰当定位与完善化、系列化,除了传统的储运等服务外,现代物流服务在外扩展服务功能,加大了服务的支持作用。

第四,作业规范。现代物流强调作业的标准化与程式化,作业必须符合质量管理要求,复杂的作业要转化为易于推广考核的序列动作。

第五,系统整合。现代物流统筹规划整体的物流活动,处理好物流活动与商流活动关系等,力求物流整体活动的最优化。

第六,手段先进。现代物流使用先进的技术、设备与管理模式为销售提供服务,计算机技术、通信技术、机电一体化技术、语音识别技术等得以普遍应用。

第七,网络运作。现代物流需要有完善的物流网络体系,网络上点与点之间的物流活动保持系统性和一致性。

第八,市场经营。现代物流经营由市场决定资源的配置,或企业自有物流,或委托社会化物流企业承担物流任务,均以"服务—成本"的最佳配合为目标。

第九,信息可溯。现代物流过程要求实现物品的"可见性",既有利于储运物品的协调、配合和控制,也有利于对物流来源和去向信息的追溯。

对现代医药物流的政府监管方面,除促进传统医药物流逐步转型为现代物流的上述功能外,需要侧重关注的是与安全风险相关的要素。笔者认为,主要有两个方面:一是"作业质量规范",二是"信息可追溯"。这是政府监管政策的着力点。医药物流企业通过提升综合集成能力,在为委托方提供良好的储运作业和健全的信息化追溯体系,在降低医药物流总成本的同时,必须实现医药产品风险管控的管理目标。由此要考虑,当前在推进医药现代物流发展中监管政策要求的"高架立体库""大面积仓储空间"等硬件设施,是否要作为医药监管政策的构成要素和准入条件,这些要求是否与管控产品安全风险有直接关联,是否会因此造成企业产能的过度投入和社会资源浪费,这是监管政策制定中值得商榷的问题。

(二)制定全国统一的现代医药物流监管政策的必要性

2016年2月,国务院行政审批制度改革中发文取消了"从事第三方药品物流业务批准",有关省级药监局发放《开展第三方药品物流业务确认件》的规定不再施行。此后,全国大部分省市均出台了适用于本地的药品现代物流(或第三方物流)监管政策,以应对该领域的监管需求。在国家尚未制定全国统一的现代物流监管政策的前提下,各省市根据实际情况促进第三方医药物流的发展,并实施对医药物流的监管,具有一定积极意义。但从构建全国医药物流大市场看,上述地方性的医药物流监管政策较多偏向于地方经济收益和地方企业既得利益,在一定程度上形成了"市场分割"和"地方保护",妨碍了药品流通企业跨地区、跨所有制兼并重组。为此,从构建国家医药物流发展战略的角度,需要对地方监管部门制定的医药物流监管政策进行科学的论证和分析。2021年全国两会期间,全国人大代表于清明提出了关于"药品物流监管政策的改革建议",明确提出要"解决区域医药物流政策不一致的问题,制定全国统一的药品第三方物流准入条件、第三方物流异地设库条件,明确基础设施、技术水平、信息化管理、质量管理体系等要求,鼓励有条件、有能力的龙头企业作为主体,建设高效协同的全国和区域现代医药物流网络体系",并建议"制定统一的药品第三方物流准入及异地设库标准;推动医药物流标准体系与国际接轨;建立全国医药物流绿色通道管理机制"。笔者认为,这一建议反映了当前阻碍医药现代物流大市场形成存在的主要问题。国家监管部门有必要制定统一的药品第三方物流准入及异地设库标准,对地方省市涉及医药物流的监管政策进行全面清理,对阻碍医药物流发展的地方政策要进行纠偏和指导,对违反全国统一物流市场的行为要进行通报批评,并构建跨区域的医药物流协同监管机制。

构建国内统一的医药物流大市场,最终需要市场对物流资源配置发挥决定性的作用,但消除政府对行业资源配置的过度干预是让医药物流的生产要素在全国范围内以更大自由度进行配置和流动不可回避的重要前提。政府监管政策须审时度势、顺势而为,为推进国家医药物流大市场的构建营造一个良好的制度环境,发挥引领作用。

(三)科学研判"第三方医药物流"的安全风险点

与药品研发、生产和使用环节相比,药品流通环节发生安全质量风险的程度相对较低。在整个医药产品供应链的风险排序中,医药物流的安全风险相对是最低的。所以在国家医药监管政策中,行政监管资源主要投入在产品研发、

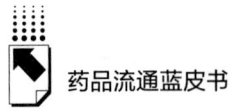

注册上市和生产环节的监管。但医药物流涉及的产品毕竟与公众健康直接相关，仍然存在一定的安全风险。2008年7月，完达山药业公司的"刺五加注射液事件"，造成多名患者发生严重不良反应和死亡，就是一个因在药品储存环节严重违反药品经营质量管理规范造成药品污染的恶性事件，必须引以为戒。

研究医药物流监管政策的关键点是需要深入研判医药物流的各环节的安全风险所在，在当前委托"第三方医药物流"越来越成为医药储运配送主流的情况下，尤其需要重点研究药品上市许可持有人、药品生产经营企业委托第三方医药物流的过程中存在的安全风险隐患和管理疏漏。政府监管政策需要基于"风险"的分析和判断进行科学制定，对可能发生安全风险的环节和事项必须对相关医药物流企业设定有针对性的严格的监管要求，并切实进行监督；对没有风险或风险极低的环节可以由企业进行自律管理。同时，监管政策中可以根据需要制定委托和受托医药物流企业的指导性文件，加强对相关主体的行政指导和服务。药品上市许可持有人须对委托储运事项通过委托协议进行细化并落实相应监督措施，这些事项要纳入监管部门日常监督检查的内容；受托的第三方医药物流企业有义务梳理出其业务经营范围内的安全风险点，制定具体细化的企业内部管理规范和操作措施，并作为药品监管必须检查的事项。

（四）完善对医药物流委托事项的质量管理要求

在现行药品供应链管理中的存储保养和运输配送法律法规与相关管理规范，主要是针对药品生产经营企业的。药品经营质量管理规范（GSP）针对的主体是取得药品生产经营资格的企业，对受托的第三方医药物流企业涉及储运配送的质量管理缺乏专项要求。GSP中多处提及"委托"，但管理规范设定的皆为委托方的责任和要求，对受托方并未设定任何管理规范和具体管理责任，这客观上使第三方医药物流管理责任成为一个监管"盲区"。这一管理现状下，受托方只需就与委托方签订的商业委托合同约定条款承担民事责任，法定的药品经营质量管理规范对其并无直接的行为约束力。为此，笔者认为有必要对此类业态的经营服务质量制定相应的管理规范，明确其管理责任，这便于委托方在委托协议中提出更加具体的管理要求，也使行政监管部门对其实施监督时做到有法可依、有规可循。此外，随着医药电商快速兴起，医药产品电商物流配送成为不可阻挡的发展趋势,现今大型电子商务平台已经推广线上问诊和物流运输药品等业务,制定 C 端医药产品物流配送的质量管理规范也需要尽快纳入监管政策的议程。

(五)健全对"第三方医药物流"的行政监管措施

对"第三方医药物流"的行政监管需要有制度创新,建议可考虑在以下几个方面制定监管措施。

1. 属地备案制度

对第三方医药物流实行属地备案制,所有从事医药产品的物流企业须向所在地监管部门备案,承诺达到合规经营要求后即可从事物流服务活动。备案后的第三方医药物流企业纳入监管范围,并要接受 GSP 等相关规范的培训。

2. 制定 GSP 专项附录

由国家药监局组织制定第三方医药物流企业储运配送质量管理的 GSP 专项附录。医药第三方物流企业必须符合 GSP 专业附录的管理要求,监管部门依此质量管理规范要求对其进行延伸检查。

3. 对药品委托储运的限制

MHA 或药品生产经营企业必须委托经备案的医药物流企业承担物流储运配送业务,未取得备案资格的企业涉及医药产品储运的视为违法。对上述违规行为设定罚则,可以对委托行为双方均实行行政处罚,也可以对企业和违法个人实施"双重"处罚。

4. 明确对医药第三方物流企业违规的直接惩戒

依照《药品管理法》监管部门对第三方医药物流实施的"延伸检查"属于一种被动式的检查,且对其违法质量管理规范的行为并未设定行政查处权。可见,目前制度设计不利于对第三方医药物流企业的直接监管。为此建议,对第三方医药物流企业未经备案或备案后不合规提供储运配送服务的应当制定必要的行政处罚;除设定经济处罚措施外,对屡次违规行为可以暂停其在一定期限内受托储运业务,对有严重违规情节的第三方医药物流企业可以禁止其从事药品物流业务。

5. 构建全国备案系统和其他管理系统

国家药监局建立全国第三方医药物流企业的备案信息公示系统,便于药企

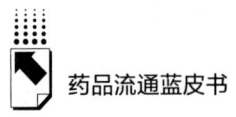

委托储运业务和监管部门执法检查,并尝试建立第三方医药物流企业的信用管理等制度。

6. 完善药品物流管理的专项规章

建议上述内容在《药品管理法实施条例》制定中予以采纳,并可以国家市场监管总局规章形式制定"药品第三方物流机构备案和质量管理办法"。

(六)探索构建第三方医药物流企业的能力评价机制

第三方医药物流是一个新型业态,除对其完善质量管理规范和健全行政监管措施外,还须逐步形成针对第三方医药物流服务能力和服务质量的评价机制。

对第三方医药物流的评价机制,建议由行业组织或社会第三方机构进行市场化评估和等级分类。目前,中国医药商业协会已探索构建"药品经营企业物流服务能力标准"和"涉药运输企业医药物流质量及服务能力评估标准",探索创制了"药品物流服务能力评估指标体系",并尝试开展对第三方涉药物流企业的冠标评估工作,这是"社会共治"理念的体现。政府监管部门应当鼓励医药行业组织或企业联盟制定高于国家和行业标准的企业标准,鼓励行业性组织及其机构完善对涉药物流的评估机制,鼓励医药企业优先委托获得良好评价的第三方医药物流企业提供储运配送服务,并逐步提升社会评估机制的行业公信力和影响力。

B.3 药品带量集采的政策演进与对行业的影响

陶立波 王丽莉[*]

摘 要: 药品集中采购是我国医改的重要内容,相关政策一直在演进中。国家医保局成立后所主导的新带量集采,通过真正的"以量换价",获得了招标价格的显著下降和中标产品约定量的兑现,显著推动了药品集采工作的进展。药品带量集采工作不断推进和扩展,将重塑我国医药产业结构。医药厂商需要深入理解有关政策精神,及时调整运营模式,以促进我国医药产业的长期健康发展。

关键词: 药品 带量集采 医药产业 政策机制

医药产业对国计民生具有重要意义,不仅关系到经济发展和劳动就业,也与人民大众的健康保障和生活幸福密切相关。由于医药市场中存在消费者强烈的质量偏好、显著的信息不对称、众多的委托代理关系等特征,完全靠自由市场来调节医药供求关系存在诸多弊端。因此,政府管理部门介入医药供求互动,发挥"有形之手"的力量对医药市场进行调节和引导,是常见的现象。

在政府主导下整合医疗机构的用药需求,规范采购渠道,对医药产品进行集中采购,是我国医改中一直在推动的工作。自20世纪末开始,我国政府针对医药市场上出现的价格虚高、渠道混乱、带金销售等问题,着手整顿流通秩

---

[*] 陶立波,北京大学卫生经济学博士,英国剑桥大学博士后;王丽莉,北京大学医学部卫生政策与技术评估中心研究员。

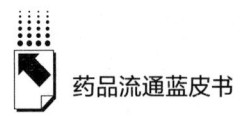

序,并积极试点集中招标采购,以期规范医药价格,净化行业环境。

不过,长期以来对我国药品集中采购工作的成效一直都存有争议,表现在厂商投标竞价的积极性有限,民众的真实获得感不强,而药品中标后经常不能稳定供应,甚至退出市场,形成"中标死"的窘境。这种情况在国家医保局成立后主导的"4+7"试点及后续带量集采中获得了明显改观,中标产品降价显著且能保证供应和临床使用,对我国医药产业也产生了巨大的影响。

国家医保局主导的"4+7"及后续带量集采工作,由此可以被称为"新带量集采",以区别于既往的药品集中招标采购。梳理这些年来我国药品集采政策的演进路径,探讨其内在机制,对理解政府出台医药政策的意图、规范我国医药产业的发展,都有重要的意义。

一 我国药品采购政策的变迁

改革开放之前,我国整体上处于计划经济时代,医药领域的生产和供应主要采用"统购统销"的运营模式:医药产品统一生产、统一购买、统一配送,药价由物价部门统一掌控,流通渠道为三级批发机构的逐级调拨。

统购统销模式可以看作是全国性的、最高级别的医药集中生产和采购模式。在那个生产能力羸弱、社会资源匮乏的时代,这样的医药产业体系保障了医药领域的公平性、提供了有序的医药供求关系;但另外,也存在效率不高、科技进步缓慢、对社会需求反应不灵敏等弊端。

改革开放之后,我国医药产业也进入市场经济时代。医药企业和医疗机构开始自负盈亏的市场化竞争,医药市场需求旺盛。1984年政府对医药流通体系进行了大规模的改革,原先的各级国有医药批发机构获得了独立向生产厂商采购、向医疗机构供货的资格,形成互相竞争的状态,很多医药生产企业也成立了医药销售机构,加入医药流通体系。

市场化的体制改革使我国医药产业得到了快速发展,医药科技水平迅猛上升,中国逐步走出了"缺医少药"的困境。但医药市场中秩序缺失,形成了"小、散、乱"的医药生产和流通格局,整体上出现产能过剩,药品市场逐渐成为公立医疗机构占主导地位的买方市场。

在买方市场格局下,医疗机构在药品采购中握有较大的话语权。在缺乏有效监管的情况下,贿赂回扣等寻租行为在医药流通过程中普遍出现,败坏了行业风气并推高了药品价格。为了规范医药购销流通体系的秩序,各级政府部门纷纷尝试开展医药流通领域的改革,探索新的医药采购模式。

自20世纪90年代开始,我国各地对药品采购模式进行了多方探索,可以说是"百花齐放"。

初期,政府对医药流通的改革和干预主要集中于规范采购渠道、整顿流通秩序方面。例如,1993年河南省就开始探索"定点医药采购"制度,河南省原卫生厅在当年发布了《关于成立河南省药品器材采购咨询服务中心的通知》,成立省级药品器材采购机构,通过公开招标的方式确定了河南省医药公司等7家药品批发企业为定点企业,要求省直医疗机构必须在定点企业采购药品。又如,1995年上海市浦东新区政府要求所属43家公立医疗机构的药品采购必须在浦东医疗机构药品采购信息中心内开展,以公开采购信息、集中交易、货比三家的方式进行,严禁场外私下交易,以此来规范本地区医疗机构的药品购销行为。此时的改革着重于规范流通秩序,医药采购主体依然是医疗机构,政府在采购决策中的介入并不深。

进入21世纪,我国医药流通领域的改革逐渐形成规范流通秩序和政府引导集中采购并重的局面。2000年国务院办公厅发布《关于城镇医药卫生体制改革的指导意见》(国办发〔2000〕16号),文件中提出推进药品流通体制改革,整顿药品流通秩序,并要求推行药品集中招标采购试点工作。同年,原卫生部出台了《关于加强医疗机构药品集中招标采购试点管理工作的通知》(卫规财发〔2000〕148号),要求严格控制医疗机构购入药品的质量,依照质量价格比优化的原则确定采购品种,并提出了四种集中采购方式:一般情况下实行公开招标,不宜公开招标的可采用邀请招标、竞争性谈判采购、询价采购等方式进行。在这些政策的推动下,各地政府均试点开展了药品集中采购工作,取得丰富的试点经验。

2009年3月,中共中央、国务院发布《中共中央国务院关于深化医药卫生体制改革的意见》(中发〔2009〕6号),标志着我国医改进入新的历史阶段。在新医改推动下,医药流通领域中政府主导集中采购的政策趋势不断加强。2010年7月,原卫生部颁布了《医疗机构药品集中采购工作规范》(卫规财发〔2010〕64号),对药品集中招标采购制度进行明确规范,提出"以政府主导、以省为单位、网上集中采购"的药品集中招标采购新模式。2015年迎来了《国务院办公厅关于完善公立医院药品集中采购工作的指导意见》（国办发〔2015〕7号）和《国家卫生计生委关于落实完善公立医院药品集中采购工作指导意见的通知》（国卫药政发〔2015〕70号），两个文件针对目前我国药品集中采购的现状，提出了若干进一步完善的指导意见。此后，各省广泛展开药品集中招标采购模式探索，提出了诸多新思路、新机制，例如经济技术标和商务标的"双信封"机制、区分质量层次的分层采购机制、药品招采价格的"左右联动，上下衔接"联动模式等，极大地推动了药品集中采购政策的进展。随着新医改的深入，我国药品集采制度也在持续探索和尝试中，至今仍在不断拓展和深化。

二 新药品带量集采的政策落实进展

自20世纪末开始推进的药品集中采购政策试点，虽然在我国各地都开展了也取得了积极的成果，但总体而言始终存在"重降价，轻保量"的问题，即集采注重降低医药价格，往往将降价和准入联系起来，医药厂商通过价格竞争获得在招标地区的销售资质，但中标后的销售和处方依然需要厂商去进行营销推广，管理部门对中标产品的销量并不做保证。

因此，药品集中招标采购的效果仍然受到限制。一是厂商中标后依然需要进行营销推广，在招标中就需要为未来的销售工作成本留出价格空间，其降价幅度受限；二是由于中标产品的市场份额并没有获得保证，其他可替代药品的市场空间依然很大，因此厂商可以将经营重点转向其他产品；三是如果厂商低价中标后发现利润太薄甚至难以盈利，就可能会减少供应（因未承诺供应量），甚至退出市场，从而出现"中标死"。由于这些现象的存在，虽然集采中显示中标药品有明显降价，但患者在诊疗中往往得不到这些中标药品，患者的获得感并不强烈。

2018年国家医保局成立后主导的新带量集采，在总结既往经验教训的基础上，对药品集采工作机制进行改良，其最大的亮点体现在对中标后销售数量和回款金额的确认和保证方面。具体而言，首先，管理部门收集和整合医疗机构对集采品种的需求量，取出其中60%~70%的数量形成招标量；其次，厂商通过价格竞争去争夺中标资格及招标量，价低者得；最后，相关管理部门（医保、卫生、工商等）以行政力量来保证招标数量在医疗机构中的采购，同时也保证厂商能及时收到回款（通常1个月左右）。相应的，厂商需要承诺和保证及时足量地供应配送，签订包含严格奖惩措施的供货合同。

由此，药品带量集采中真正实现了"量价挂钩，以量换价"的政策意图，使厂商应标和降价的积极性有了显著提高，也从根本上对既往"中标死"的弊端进行了防范，这是符合管理学和经济学原理的政策演进。

（一）新药品带量集采中的"以量换价"机制

药品集中采购虽然有政府管理部门的介入，但本质上依然是需求方（医保组织、医疗机构、患者等）与供给方（医药厂商）之间的市场交易，只不过是在管理部门的主导下对需求数量进行了整合和集中。市场交易中的供求双方能够顺利成交，需要双方对商品的数量和价格形成共识，这是交易能够达成并顺利履约的关键。

量价平衡是市场运行的基础机制。对于需求方，是希望价格越低越好，价格低则需求量大，形成反向关系；对于供给方，则是希望价格越高越好，价格高则提供量大，形成正向关系。供求双方在市场上互相博弈，最终找出一个双方都能接受的价格和数量：在这个价格下，需求方所需要的数量和供给方所提供的数量正好相同，市场"出清"，没有浪费，形成均衡状态。对于医药市场交易也是如此，供需双方需要找到合适的价格和数量，使医药厂商的供应量和医药需求方的需求量达到平衡。

上述分析，需要对"以量换价"的理念进行深入审视。"以量换价"是药品集采中经常出现的用语，直观的理解就是"购买量越大，价格折扣越多"，似乎是顺理成章的。但参照上面的经济学理论，"量大而价低"仅仅是需求方的看法，对于供给方则是"价高而量大"，如果价格过低则供给方愿意提供的数量是减少的。所以，如果在药品集采中只强调需求方所希望的量大而价低，没有考虑到供给方意愿，未能寻找到适合的市场平衡点，则"以量换价"的集采目标是难以实现的。

对于医药产品，人们经常认为：医药产品的成本是很低的，在边际上增加一瓶或一片药所增加的供应成本几乎为零，因此医药定价中充满了"水分"，

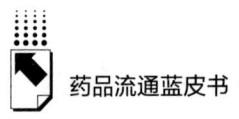

是对患者的盘剥,也导致严重的行业不正之风。基于这样的理解,人们觉得在药品集采中,无论采购方提出多低的价格,厂商为了赢得巨大的销量都会欣然接受。

但仔细审视医药市场的运作,事情并非如此简单。对于成熟的医药产品,其研发成本早已收回或本来就不高(对于仿制药),而生产成本分摊到巨大的数量上也就微乎其微,因此医药产品的成本似乎的确很低。但是,医药产品要及时准确地到达有需求的患者并被合理使用,却绝非易事,这其中要经历循证推广、营销宣传、配送使用等一系列环节,并且需要在激烈的市场竞争中脱颖而出获得被处方的机会,需要付出巨大的努力和成本。简言之,生产一瓶或一片药成本可能不高,但销售使用一瓶或一片药的成本却不容忽视,在中国的医药市场环境中尤为如此。

由此,就可以理解既往药品集中招标采购中会出现的"中标死"。在既往的药品集采中,厂商通过价格竞争获得了市场准入资格,但其后的市场销售数量并没有得到保证,而是依然需要开展营销推广活动,努力击败竞争对手,才能赢得市场。也就是说,厂商通过降价中标,但其后的推广销售成本却依然居高不下。此时,中标后厂商由于价格降低而供应意愿随之降低,即使获得潜在的广大市场,也会缺乏大量供应动力。厂商就有可能减少中标产品供应,另换新药去开辟新的市场,从而导致"中标死"窘境的出现。从经济学原理上讲,这就是价格降低引致供应意愿降低所产生的短缺现象。

而新药品带量集采改变了上述博弈路径。在新集采中,管理部门以负责任的态度保证了中标产品的销量实现和及时回款,从而显著地降低了中标厂商的推广销售成本。一方面,厂商不必再费心费力地去进行营销,更不必付出巨大成本去和其他厂商开展竞争,市场营销成本由此极大降低;另一方面,厂商能够及时获得回款,资金的尽快回笼也能显著节约资金占用成本。这些成本节约都不是医药厂商通过自身努力就能达成的,而是需要通过集采管理部门的帮助和推动。

这些营销和财务方面成本的大幅度节约,显著降低了医药厂商的整体运营成本,使其供给曲线发生明显改变,即在较低的价格下,厂商依然愿意提供较多的产品数量。于是,医药市场供求互动在较低价格和较高数量上重新获得平衡,"以量换价"有望真正实现。上述的推理分析如图1所示。在图1

中，集采前的市场供求平衡点为 A 点；集采后价格明显下降，如果医药供给曲线没有改变（即旧供给线），则厂商的供应意愿就会降到 B 点，其愿意供应的数量会明显低于 C 点的集采数量，即形成短缺；而在新带量集采中，由于医药厂商的成本显著下降，其供应曲线向下旋转，形成新供给线。在新供给线下，在较低的集采价格下厂商的意愿供应量依然较高，理想状态下能达到集采数量，由此形成新的供需平衡，使得"以量换价"的政策意图得以实现。

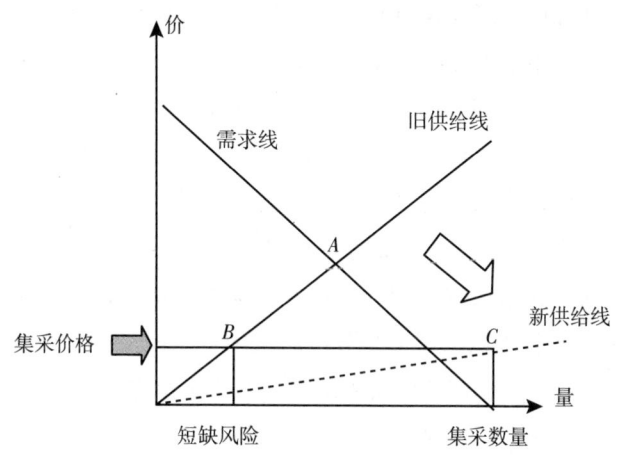

图 1　药品带量集采中供需互动机制示意

（二）新药品带量集采中的质量保证机制

上文阐述了药品集采中的量价机制，而医药产品是治病救人的关键，其质量稳定性和可靠性也是集采中不容回避的问题。药品集采是大批量购买，要供应大量患者的临床诊疗所需，集采产品的质量机制更是至关重要。事实上，药品集采政策的发展和变迁，以及从未消失过的批评之声，都与集采药品的质量保证机制密切相关。

我国的药品集中采购，目前主要针对的是有多家仿制品的成熟化学药品。化学药品的成分，表明了药品产生诊疗效果的主要成分。从理论上讲，一种化学药品的专利保护过期后，其他厂商以同样的化学成分仿制生产，在工艺水平都过关的情况下，仿制品和原研品的疗效是相近甚至相同的。

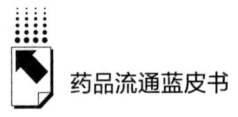

正是因为如此,在世界上很多国家或地区,当仿制药上市后,原先独占市场、价格高高在上的原研药就不得不大幅降价来和仿制药进行竞争。市场竞争的结果会使原研药和仿制药的定价趋于一致,即所谓的"专利悬崖"。但在中国,情况有所不同。长期以来,中国制药厂商数量众多、规模各异,药品生产、储备、配送等环节的技术水平参差不齐,所导致的结果是同样化学成分的原研药和仿制药之间、不同厂商的仿制药之间,质量参差不齐,疗效有差异,安全性更是相差甚大。中国的医护人员和患者,于是对不同厂商生产的同种药品存在不同信任程度,形成强烈的品牌偏好,原研品和各种仿制品之间明显的价格差异也得以在市场上长期共存。

在这种情况下,我国既往的药品集中采购中往往采用了"质量分层"方法,将不同质量层次的同化学名药品区别分组,然后同组内进行招标竞价。通常的分组方法是将外资原研和(或)国产优品分为一组,将其他普通国产仿制药分为一组,有时还通过其他指标进行更细致的分组。

这种基于质量分层的分组招标,好处是保护了优质产品,避免出现"劣币驱逐良币"的逆向淘汰,缺点是分组后组内竞争减少,价格水分的挤压力度有限,尤其是原研品和国产优品的组别,由于竞争者数量少、竞价压力小,最终招标价格的降幅有限,对市场的影响较小。

在新药品带量集采中,为了加大竞争力度和保证公平性,就没有继续采用质量分层的办法,而是通过"一致性评价"来筛选药品:凡一致性评价过评者均可进入集采,不再分组,而是全部共同竞价。由于此处评判的对象是原研药和仿制药,它们具有共同的化学成分,因此一致性评价的内容主要是药品体内溶出曲线的相似性,即"生物等效性"。

一致性评价过评的同种药品都进入同一组内,互相竞争比价,原研药和国产药品也不例外,集采的竞争强度由此大大增加,多年来价格居高不下的外资品牌原研药也受到巨大冲击,不得不显著降价以接受挑战。新带量集采的中标产品价格有了明显下降,中标产品的价格动辄降低80%~90%或更多,且中标产品由于有用量保证机制而迅速占领市场成为主流,这样的集采效果是既往药品集中采购中很难企及的。

本质上讲,药品带量集采的核心就是"同质化、可替代"药品之间的价格比拼。在既往药品集采中,由于缺乏有力的质量评判机制而不得不进行分层分组，集采的效率和公平性都受到明显的限制，而新药品带量集采由于采用了一致性评价作为质量评价的工具，因此集采中的竞争力度就大大加大了。

不过，由于一致性评价只是药品取样后的体内溶出度比较，与最终的药品疗效和安全性还有距离，因此相关的质疑声也一直存在。有批评者认为：一致性评价中厂商只是做了一批样品去参加测评，以后的生产供应能否保持相同的质量水平也未可知，所以是"一次性评价"；也有批评者认为：测试溶出曲线的生物等效性研究，和最终的临床等效性还是有差距的，药品之间的"等效"与否最终还是要看临床使用的结果。

这些质疑都是有道理的，但并未看到新带量集采中质量保证机制的全貌。事实上，在集采工作中管理部门并非只是借助一致性评价的结果，还有一系列的质量监测和管理机制，包括适宜集采品种的筛选、临床和社会风险的评估、中标产品的生产质量和流通质量管理规范（即GMP、GSP等规范）实施的严格检查、中标药品临床不良事件的密切监测等。保证集采产品的质量可靠是集采工作成功的关键。在新药品带量集采中，由于上述质量保证机制的联合使用，至今并未出现明显的质量事件，该项工作因此能够得以不断开展和推广。

三 新药品带量集采对行业的影响和政策走向

新药品带量集采是自2018年25种药品"4+7"（4个直辖市和7个大城市）集采试点开始的，2019年将"4+7"集采品种的采购扩展到全国范围（被称为集采"扩围"），同年开始33种药品的第二批国家药品带量集采（被称为集采"扩面"），2020年中开始56种药品的第三批国家集采，2020年底启动了44种药品的第四批国家集采。这期间，集采规则不断修正，集采范围稳步扩大。

在国家带量集采的推动和示范下，各地政府纷纷响应，在本地区或者组成采购联盟，选择一定的医药品种，制定一定的集采规则，进行地方带量集采试点。集采的品种，从医保目录内药品到目录外药品，从化学药品到生物制品和中成药，从一致性评过药品到未开展一致性评价的药品，范围不断扩大。事实上，受制于资源约束，国家层面开展的药品带量集采品种必然有限，但在各地政府的积极推动和开展行动下，国家医保局所提出的"应采尽采"就可以实现。

在药品带量集采不断推进的形势下,2020年底我国政府又将集采推进到医用耗材领域,对一直是社会舆论焦点的冠脉支架开展了国家带量集采。参加集采的冠脉支架平均价格从集采前的1.3万元下降至集采后的700元左右,震动了全球医用耗材市场。接下来,政府还将采用类似方法对骨科、眼科、外科等领域的医用耗材进行带量集采,各地也在积极试点跟进中。

2021年初,李克强总理主持召开的国务院常务会议,重点部署了进一步推进药品带量集采工作,提出要按照医改部署,坚持"三医联动",推动"药品集采常态化制度化",体现了政府高层对医药集采工作的认可和推动。新带量集采的继续推动是未来的政策趋势,医药产业需要对此有理性的认知。

就如前文中所阐述的,新带量集采政策的关键点,是通过管理部门和医药厂商的共同努力,降低医药产品推广、营销、财务等方面成本,从而获得新的供给曲线,可以在较低的价格下供应较大的数量,形成新的供需平衡。在新带量集采中,政府管理部门付出了巨大的努力,保证中标产品的约定量实现和及时回款,相应的医药厂商也应该理解政策走向,适当调整经营模式,降低成本积极应标,并在中标后保质保量地进行供应。

新带量集采所挤压的是医药市场中的流通环节成本,尤其是营销成本。厂商在调整经营模式时,需要改变这部分的组织架构,减少相关的资源投入,这其中首先受到影响的就是医药厂商营销队伍的调整。很多医药厂商对此感到棘手:分流甚至裁减人员是企业所不愿意面对的,而对于那些面临转岗甚至下岗的工作人员,前路就更为艰难。但改革从来就是触及灵魂的利益调整,从来就不是轻松的事情,对于政府是如此,对于企业也是如此。随着医改的深入和带量集采工作的推进,医药产业需要构建"降低成本,稳定供应"的新运营模式,这期间厂商必须重构运营模式,相关人员必须调整知识和技能结构,才能适应新的形势,在新的游戏规则下继续取得成功。

新药品带量集采的周期一般是1～3年,每次完成合同期限后要重新进行招标采购。目前每一轮新的集采都会带来更低的成交价格,社会各界因此有所疑虑:是否医药价格会不断地降下去,是否存在合理的价格底线?从经济学理论分析,价格是供需双方博弈的结果,会围绕平衡点上下波动。因此,未来集采中采购价格的弹性和波动性可能会增强,以适应市场状况。药品集采政策也不会一成不变，而是会随着医改形势的发展而不断调整完善。未来的带量集采可能更多的会由医疗机构、医联体、采购组织等市场主体来完成，政府的重点是加强监管，并可以基于市场采购价格的波动制定指导价格和医保支付标准来引导市场，这些政策走向都是值得密切关注的。

总之，国家医保局成立之后主导的新药品带量集采，通过真正的"以量换价"获得医药采购价格的显著下降并保证了在医疗中的使用，取得了显著的改革效果。未来，药品带量集采工作将会继续开展并不断调整完善，而医药产业界也需要理解和顺应政策走向，调整自身运营模式，使我国医药产业能获得更加健康和稳定的发展。

参考文献

郑洋洋、丁锦希、李佳明、李伟：《高值医用耗材集中带量采购分配规则的优化设计——兼析有效均衡控价激励效应与临床使用习惯保障关系》，《价格理论与实践》2020年第10期。

谈在祥、宋青青：《药品4+7带量采购扩容背景下公立医院药品供给的法律风险与对策研究》，《中国卫生事业管理》2020年第12期。

韩仲姜、徐前：《药品集中带量采购模式的影响分析》，《药学研究》2020年第12期。

安扬、唐婧、毛乾泰、艾超：《国家组织药品集中采购对医保患者的影响及药物经济学评价》，《临床药物治疗杂志》2020年第11期。

孟琳：《高值医用耗材带量采购的基本模式和影响分析》，《中国医疗器械信息》2020年第21期。

张雅娟、方来英：《药品集中采购制度的发展与改革研究》，《中国药房》2020年第21期。

徐燕君：《社区医院"4+7"药品采购现状分析》，《中医药管理杂志》2020年第20期。

李新、张会峰：《新形势下我国药品集中招标采购政策的探讨与思考》，《华西医学》2020年第10期。

高军、施爱明、潘杰、胡应伦、徐娇、沈珠：《药品国家集中采购医疗机构实施方案的构建》，《现代医药卫生》2020年第19期。

石龙、许世华：《药品集中采购中市场与政府作用的机理探讨》，《中国卫生经济》

2020年第10期。

陶立波：《医药带量集采"以量换价"的经济学解析》，《卫生软科学》2020年第5期。

陈昊、饶苑弘：《化学药品注射剂一致性评价与开展带量采购的思考》，《中国新药杂志》2020年第8期。

B.4
关于优化我国创新药品可及性的思考与建议

陈昊 张欲晓*

摘　要： 创新药品可及性是世界各国医疗卫生保健制度面临的共性难题。我国医疗保障部门现已构建常态化的医保目录准入谈判机制来实现创新药的医保纳入和支付管理。有部分进入医保的创新药品存在"入院难"现象，造成医保谈判等相关政策红利未能在全民释放。本文基于我国创新药品医保准入的定位、社会经济发展以及医疗保障制度的实际，解析创新药品"入院"阻滞的客观原因，提出优化创新药品可及性的相关建议。

关键词： 创新药品　药品可及性　医疗保障

一　创新药品国家医保谈判准入的定位与现状

（一）创新药品国家医保谈判准入的定位

我国医疗保障体系现由基本医疗保障、社会补充保障和个人支付体系构成，具有多层次特征。基本医疗保险、大病保险以及医疗救助构成的全民基本医保，向我国居民提供保基本、覆盖广、为大病兜底的基本医疗保障。现有医保目录既有处于专利保护期内的原研创新药品，也有过专利期多家生产的药

---

* 陈昊，华中科技大学医药卫生管理学院教授；张欲晓，武汉大学健康学院教授。

品。对过专利期的药品,医保部门正以分级、分层、分类的思路,探索带量采购的合理模式,通过对临床常用药品"应采尽采"原则推动完善药品价格形成机制。对具有临床价值且可替代性不高的专利保护期内药品,医保部门则通过常态化的医保目录准入谈判,降低其支付价格以实现纳入医保目录。这类药品通常被称为创新药品或谈判药品,一般具有能延长重大疾病患者生存时间,或有效改善患者生命质量,但具有医保基金或患者个人支付压力大的特点,既包括有效专利期内的创新药品,也包括竞争性不足的独家药品,即"高技术价值、高疗效预期、高支付风险"的一类高值药物[1],其医疗保障是世界不同卫生保健制度国家面临的共性难题[2]。

当前开展国家层面价格谈判是提升创新药品民众可及性的必然需求。地方采购部门或主体往往缺乏足够的议价能力以及谈判意愿,无法通过实施带量采购有效降低采购价格。通过国家层面组织实施药品价格谈判,依靠国家级的市场规模,以战略购买方式形成强大的议价能力,"以量换价"将创新药品价格降至国民可接受、医保可负担的较低水平,使最新的医药科技能够服务于我国居民,通过促进我国临床医疗水平及时追赶国际先进水平,以满足不断增长的医疗需求。常态化、制度化的医保目录准入谈判,不仅是制定创新药品医保支付标准的过程,也是引导企业对创新药品合理定价的政策手段,更是基于市场化手段实现创新药品价格发现的重要途径。国家医保药品目录准入谈判应当被视为在"保基本"这一前提条件下,对创新药品的供应保障举措、价格发现机制和医保支付标准制定手段。

(二)我国创新药品医疗保障现状

2016年至2020年底,国家卫健委、国家医保局进行了五轮药品谈判,国家医保局两度联合国家卫健委等发文,强调各地"不得以费用总控、药占比等为由影响谈判药品的供应与合理用药",以及时的配套政策强化药物可及性。我国创新药医疗保障现阶段呈现目录遴选药品覆盖病种范围日益广泛、药

---

[1] 张欲晓、崔丹、毛宗福:《高值药物支付机制的国际比较及启示》,《中国卫生政策研究》2016年第12期。

[2] 张欲晓、崔丹等:《罗尔斯正义论视域下探讨高值药物医保支付机制公平性原则》,《中国卫生事业管理》2017年第1期。

品供应环节愈加重视、医保引导药品临床合理处方[1]功能不断强化的趋势,但仍有部分进入医保的创新药品存在"入院难"[2],造成影响患者终端获得感低、医保相关政策红利未能全民释放等问题。对于以上问题的梳理与解析不能脱离我国医疗保障客观实际,对问题的探索与解决离不开我国医药服务战略购买的基本原则。

二 我国医疗保障的客观实际与创新药保障的基本原则

我国医疗保障事业的发展正面临复杂的国际形势、我国经济转型与社会老龄化的压力,在此背景下,我国城镇职工医保筹资增长空间不足,城乡居民医保依靠财政补贴政策,医保基金收入涨幅放缓,因此我国基本医保在未来相当长的一段时间内仍将负担沉重的压力[3],而这也是创新药品医保支付面临的长期实际。明确基本医保的社会功能定位,进一步提升其运行和使用效率,是全民医保制度能够健康、持久运转的必然要求。因此,"保障基本"将是医保药品目录管理过程中不变的命题。基本医保从来不可能将所有创新药品全部纳入支付范围。因此,医药服务战略购买必须遵循三大原则,即将与我国社会经济发展水平相适应作为首要原则,将坚持社会公平作为指导原则,将以价值为导向作为核心原则。虽然近年来医保准入谈判将较多创新药品纳入医保目录,但"保基本"仍是医保战略购买不可动摇的基本思路,我国医保部门也一直秉承"尽力而为,量力而行"的理念推进医保药品准入谈判及后续管理工作。

三 基于我国医疗保障发展实际的创新药可及性建议

(一)厘清创新药品"入院难"现象的客观原因

创新药品"入院难"现象在不同地区、不同医疗机构存在不同原因,厘

---

① 顾雪非:《制定医保支付标准是实现合理用药的手段之一》,《中国医疗保险》2016年第7期。
② 曹庄等:《多视角分析:医保谈判药落地,到底难在哪?》,《中国医疗保险》2021年4月9日。
③ 董恒进:《提高医保基金绩效评价科学性需解决三大问题》,《中国医疗保险》2020年第9期。

清原因的客观性、差异性、特异性是探索与解决可及性问题的首要步骤。现有原因包括如下几个。

1. 有限配备药品是医疗行业固有属性特征的表现

不同层级、不同专业治疗领域的医疗机构对同一药品的配备也存在巨大差异①。影响具体药品配备的因素既包括临床对该药品的需求程度、可替代同类药品种类的存量、同一治疗领域药品的市场格局等在内的医疗机构运营因素。也包括如进行"三医联动"、综合医改等相关改革协调因素、医院药费绩效指标考核压力在内的医疗相关政策环境因素。

2. 药品配备的变化受临床循证积累过程的影响

创新药以及相应的治疗方案从初现市场到普遍得到认可、达成共识需要时间和证据的积累。临床医生从对药品特点和方案机制的了解认知,到较为统一的诊疗规范、路径的形成、调整和共识推行,需要长时间的实践、论证。近年来国家谈判涉及的创新药品在医疗机构临床实际使用的情况,体现了创新药品先进医保再入院后使用量会由少到多迅速攀升,享受相关待遇的患者随之增长。

3. 疾病谱实际造成临床需求差异

不同类别的创新药临床使用率和最终配备率也有显著差异。临床治疗需求存在较大的未获满足空间的创新药往往临床配备率较高,而高值罕见病用药的配备率则通常较低甚至罕有配备。

(二)综合共治改善创新药品入院政策与机制环境

在充分认识与厘清部分客观原因的基础上,建议相关部门以多重手段依靠多方共同协力,推动解决通过谈判纳入医保目录的创新药品"入院难"的情况,进一步保障创新药品的公平可及。

1. 改善医院创新药准入的环境,提升医院的科学认知和相关服务能力

加强卫生、医保部门政策协调,基于国际指南、医学发展动态调整创新药适应证方案,鼓励临床药理机构和伦理委员形成监督机制,营造稳定有序的创新药医疗机构准入环境;各部门联动促进创新药临床研究数据公开化,及时进

---

① 陈昊:《创新药如何入医院》,《财新周刊》2021年3月15日。

行创新药上市后,药物经济学等方面的研究,用证据、数据等展示创新药较已有同类药物在疗效、安全性方面的优势,增强各方对于创新药的信心;鼓励医院按病种、按个体情况对患者积极、稳妥治疗,及时普及创新药使用的知识和经验,提升服务能力,避免治疗方案前后矛盾、被动及风险;相关科室应集中培训,加强医务人员对创新药相关医保政策的理解。

2. 推动促进"双通道"政策,建立多元共付的创新药费用分担机制

科学确定进入医疗机构、"双通道"管理的定点药房药品与定点药店创新药的名单①,通过信息平台建设、"互联网+医保服务"等方式提高患者购药便利性。建立"定认定机构、定治疗机构、定责任医师、实名制管理和定供药机构"等形式的"三定"或"五定"管理配套政策。围绕提升药品遴选效率、开展创新药处方培训,推动医师对创新药的快速接受和使用,按临床需求调整药事委员会召开频次。充分发挥各类市场主体的作用,引导各类医疗机构、DTP 专业药房、大型药品零售连锁企业等提供药品保障服务,发挥其对创新药销售和推广的促进作用。创新支付方式,优化医院对创新药的准入流程和激励、约束机制,推动合理用药,将适于门诊使用、使用周期较长或规范治疗年度总费用较高、门诊特殊病种未覆盖的治疗性国家医保谈判药品单纳入门诊统筹支付范围。探索多元共付的创新药费用分担机制,发挥商业保险作用,灵活运用财务协议、疗效协议、增值配套协议等多种风险分担协议,引导药企和商保的直接交流,增强商保支付稳定性。对于未通过国家谈判但有重要临床疗效实证依据的创新药,地方可依据各自实际情况,鼓励"特药险"等商险提供用药保障。建立企业让利机制,结合医保信用体系建设鼓励优质企业开展赠药等活动,或基于患者家庭收入和支付能力评估结果适当让利,缓解经济困难患者药品购买使用压力。以涉及重大疾病、民众呼声迫切的创新药保障为切入点,探索新时代我国大病保障"社会共治"体系建设。

3. 优化医院创新药准入流程,促进合理用药

注重目录内各类创新药在各省市医院落地效果的评估,根据各地经济发展水平与居民可承受能力,保证不同地区微调余地和空间,真正做到纳入即用、

---

① 《国家医保局、国家卫生健康委完善国家医保谈判药品"双通道"管理机制新闻发布会》,http://www.nhsa.gov.cn/art/2021/5/10/art_14_5025.html。

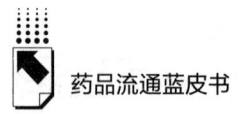

用即有效。完善临床医师参与的涵盖多元化的创新药品动态目录评审队伍,支持和鼓励医疗机构优先配备国家谈判药品①。各地卫生、医保部门可将医疗机构对国家谈判药品的配备情况纳入医保协议考核范围,在有条件的地区探索出台鼓励政策,如针对双通道管理、药品费用占比等不同创新药品入院流程问题,采用分类保障的办法,通过预拨医保资金鼓励不同类型的医疗机构分别配备符合机构用药特点的谈判药品。

(三)加强相关政策宣传解读,引导民众形成合理的心理预期

以多种方式加强医保政策的民众宣传、学术培训,将临床研究、安全性和有效性以及国际使用、保障现状做进一步推广讲解。促进医生、患者了解创新药及相关政策,普及社会医疗保险的基本概念与知识,加强对基本医疗保险、大病保险、特药险等补充医疗保险与医疗救助政策的宣传。加强对门诊慢性病保障、特殊药品保障等政策细则和相关业务办理流程的宣传和解读,避免医保患者对"医疗偏好"和"医疗需求"的概念混淆。从医保角度塑造、培养民众正确的健康素养,以及维护医保基金安全的责任意识,从意识源头避免对创新药等医保政策的误解,形成理性的,符合国家、国际社会经济发展客观实际的医疗保障制度认知和预期。

---

① 刘心怡、张璐莹、陈文:《国家谈判准入药品在各地的医保管理政策梳理与分析》,《中国卫生政策研究》2019年第9期。

行业篇
Industry Reports

B.5
2020年全国中药材现代物流体系建设进展情况综述

中国仓储与配送协会　中国中药协会

摘　要： 本文介绍了中国仓储与配送协会、中国中药协会在商务部等部门的指导下，继续贯彻落实《国务院办公厅关于转发工业和信息化部等部门中药材保护和发展规划（2015—2020年）的通知》，组织企业开展中药材现代物流体系建设在2020年取得的显著进展情况。

关键词： 中药材　物流基地　物流体系

中药材现代物流体系建设是《国务院办公厅关于转发工业和信息化部等部门中药材保护和发展规划（2015—2020年）的通知》（国办发〔2015〕27号）中提出的一项重要的任务，由商务部负责牵头贯彻落实、原国家食品药品监督管理总局和国家中医药管理局共同参与，自2015年7月开始启动，中国仓储与配送协会、中国中药协会（以下简称"两个协会"）具体组织实施，

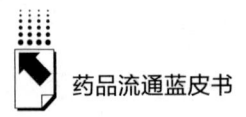

经过五年多的努力取得了显著的成绩。据统计，截至2020年底已评审通过基地82家，基地仓储总面积330.5万平方米，可储存药材359.3万吨，并配套建设432个初加工基地，投资额共约126亿元，已完成超过80%的目标任务。预计再过1~2年，将基本完成中药材物流基地建设的总体规划目标。

一 落实中药材保护和发展规划的任务及已取得显著成绩

2015年4月，国务院办公厅转发12部门《中药材保护和发展规划（2015—2020年）》提出的发展目标：一是到2020年中药材现代生产流通体系初步建成；二是流通环节中药材规范化集中仓储率要达到70%。其主要任务：一是完善200种常用中药材商品规格等级，制定中药材初加工、包装、仓储、养护标准；二是建设中药材现代物流体系，在全国规划和建设一批中药材仓储物流中心；三是建立中药材从种植到销售使用全过程追溯体系。

2020年是《中药材保护和发展规划（2015—2020年）》的收官之年。回顾总结落实规划提出的关于中药材现代流通体系建设的发展目标和任务，现已取得决定性的进展和显著的成绩，主要体现在以下几个方面。

（一）从规划提出的发展目标看，中药材现代流通体系初步形成

2015年，根据全国中药材物流专家委员会的前期调研及与部分省区市有关部门协商，拟在全国中药材主产区规划建设大约90个中药材物流基地（包括部分省市分销中心）。在实际落实中，根据情况对部分基地建设的地点与原规划有所调整。截至2020年12月，已规划在25个省区市布局建设物流基地，有12个省区市包括安徽、河南、广东、广西、浙江、福建、陕西、贵州、新疆、上海、宁夏、北京，已完成基地申报工作，共有82个基地通过全国中药材物流专家委员会的评审，接近完成覆盖全国各中药材主要产区的任务。

但规划提出的第二个发展目标，即流通环节中药材规范化集中仓储率要达到70%，从现有全国实际中药材集中仓储的现状看还有较大的差距。2019年之前，已建设竣工上线运行的全国中药材物流试验基地11个，2020年上线运行的基地有10个。据中药材流通公共服务平台统计，截至2020年10月累计

入库量 64708 吨、累计出库量 17028 吨、实时在库量 47675 吨，中药材集中收储量正在逐年提升。

（二）从规划提出的主要任务看，已经基本完成并在逐步完善

一是在相关行业协会和企业的努力下，已经制定了超过 200 种的常用中药材商品规格等级，逐步使中药材的交易流通实现规范化。

二是中药材物流基地建设的行业标准体系基本建立。商务部已正式发布 5 个建设标准：《中药材仓库技术规范》《中药材仓储管理规范》《中药材气调养护技术规范》《中药材产地加工技术规范》《中药材包装技术规范》。中国仓储与配送协会同中国中药协会还在组织制定《中药材物流质量管理规范》（GWP）的国家标准。

三是中药材从种植到销售使用全过程追溯体系开始搭建。目前，国内一些大型中医药企业已经初步实现中药材从种植到销售使用全过程追溯。而中药材物流基地建成后必须确保入库的中药材质量合格，并使用统一开发的仓库和追溯管理软件，实现全国联网。中药材现代物流网（www.zyc.56.org.cn）已开设中药材流通信息公共服务平台，为企业和公众提供免费查询服务。

二 抗击疫情战胜困难努力推进中药材物流基地工作

2020 年以来，面对突如其来的新冠肺炎疫情，全国医药行业奋战在抗疫一线，各中药材物流基地也迅速行动，积极投入抗疫阻击战中，为疫区提供大量医药物资仓储运输、中药材供应等服务，并捐助大量资金及物资。同时，努力克服困难，尽快复工复产，保证了基地建设各项工作的顺利推进。

2020 年各地疫情此起彼伏，给工作开展带来许多不便。两个协会克服困难，采用线上办公等方式开展工作。为推动在建中药材物流基地加快进度、促进实验基地提升业务规模、探讨并解决基地面临的困难、拓展中药材销售渠道，中国仓储与配送协会中药材仓储分会于 2020 年 5 月 29 日召开了"中药材物流基地建设与运营视频工作会议"，全国在建的 80 多家基地主要负责人参会。会议总结 2020 年以来基地布局和建设运营进展情况，探讨存在的问题和不足的解决办法，介绍中药材交易平台的筹备与启动工作，研讨拓展中药材交

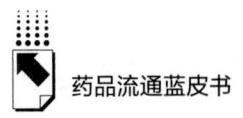

易渠道的途径。

此外，两个协会继续组织中药材物流专家做好基地的遴选等工作。协会领导率部分专家先后赴河南禹州、北京大兴、河北承德、黑龙江伊春等地开展中药材物流基地建设考察工作，与当地政府部门和企业召开座谈会。考察组对各地中药材资源情况及申报企业承建物流基地的条件进行研究和分析，并指导申报基地撰写"中药材物流基地建设咨询方案"。

与此同时，两个协会继续抓紧对合格的申报基地建设的企业组织专家评审。2020年6月，宁夏永寿堂中药饮片公司申报的宁中（中宁）中药材物流基地基本符合条件，可以马上投入运营，但因当时疫情比较严重，难以召开评审会，为不耽误工作，两个协会组织3位专家组成评审小组，于6月30日以视频方式召开评审会，通过该基地建设方案的评审。

2020年11月26日，两个协会在西安召开"中药材物流基地方案评审会"，对第九批中药材物流基地建设方案进行评审，10多位专家以及参与评审的基地企业代表出席此次会议。评审会严格按照《全国中药材物流基地咨询评审与行业自律办法》，经专家委员会认真评审，一致通过4个基地的建设方案。至此，全年共新增建设5个基地（见表1）。

表1 2020年通过评审的中药材基地名称及投资企业

序号	基地名称	投资运营企业
1	宁中（中宁）中药材物流基地	宁夏永寿堂中药饮片有限公司
2	豫中（禹州）中药材物流基地	河南同慎德中药材物流公司
3	冀北（承德）中药材物流基地	河北舒展药业有限公司
4	北京中药物流配送中心	河南小黑科技与京卫集团合作
5	黑龙江（伊春）中药材物流基地	黑龙江越橘庄园生物科技公司

2020年11月27日，由中国仓储与配送协会、中国中药协会、世界中医药学会联合会联合主办的第五届中国中药材物流大会暨中药供应链数字化国际研讨会在西安召开。有400多家企业600余人参加了本次大会，近10万人通过网络直播观看了大会盛况。本届大会以"完善物流基地网络体系，构建中药材数字化供应链"为主题，旨在推动专业化、标准化、网络化、智能化的中药材现代物流体系建设，促进国内国际双循环的中药材数字化供应链创

新发展。

会上举行了第三批中药材物流实验基地上线授牌仪式,陕西医药控股集团有限公司建设的"关中中药材物流基地"、甘肃效德药业科技有限公司建设的"甘肃(渭源)中药材物流基地"、甘肃琦昆农业发展有限公司建设的"甘肃(宕昌)中药材物流基地"、广西杏林堂药业有限公司建设的"桂中(来宾)中药材物流基地"、安徽井泉中药股份有限公司建设的"蒙东北(兴安盟)中药材物流基地(二)"、四川广运集团股份有限公司建设的"川东北(广元)中药材物流基地"、宁夏永寿堂中药饮片有限公司建设的"宁中(中宁)中药材物流基地"7家物流基地被授予"全国中药材物流实验基地"称号。

此外,"世界道地中药材交易服务平台—带一路交易平台""肉苁蓉单品种交易平台""蕲艾单品种交易平台"也在大会上线授牌。

大会还以宣传片的形式展示了一些样板中药材物流基地的建设与运营情况,并组织代表参观了"关中中药材物流基地",使中药材产业的上下游企业对中药材物流基地建设有更直观、更深入的了解。

三 中药材物流基地发挥现代中医药产业发展的引领作用

根据党中央、国务院《关于促进中医药传承创新发展的意见》,为推动中医药高质量发展,要加快建设道地中药材基地,强化质量监管,探索建立中药材、中药饮片、中成药生产流通使用全过程追溯体系,用5年左右时间逐步实现中药重点品种来源可查、去向可追、责任可究。在这个大背景下,不少中药材生产和流通企业提高对中药材质量管控的重视,积极参与中药材物流基地的建设并取得显著的成效,对现代中医药和大健康产业的发展起到了示范带动和引领作用。

在这方面,陕西省医药控股集团有限公司是典型的例子。该集团是以投资为主、集科工贸于一体的省属国有大型医药企业集团,肩负着自身做强、做大、做优和引领全省医药产业不断壮大的发展使命。该集团总资产和年营业收入均超过100亿元,旗下有中药材种植、加工、中成药生产以及中药研发和咨询各大业务板块。2016年以来,该集团以国家中药材发展和保护规划为导向,以中药材物流基地建设为契机,以重塑"秦药"品牌、服务大健康为宗旨,以振兴陕西中药产业为目标,坚持道地优生原则,合理布局陕西道地中药材基地建设,先后投资建设关中(西安)、陕北(延安)、陕南(汉中)3个中药材物流基地。建设仓库面积共达10.3万平方米,可储存中药材8.2万吨,投资总额达3.72亿元。同时,依托物流基地上线了"世界道地中药材交易服务平台—带一路交易平台",承担了为全省中药产业赋能、打造"秦药"品牌的重任。

此外,该集团在建设三大中药材物流基地的基础上,还投资建设西北国际中医药产业园。园区可实现仓储物流、检验检测、包装赋码、信息追溯和金融服务等功能,围绕道地中药材种植加工、储运养护,实现可视化监督指导、标准化检验检测、专业化物流配送、全程质量追溯,成为立足陕西、面向西北、服务全国的中药材现代化全程可追溯物流基地。

精准扶贫、脱贫攻坚是党中央提出的重大战略决策。近年来,中药材资源丰富的地区大多把扶持农民拓展中药材种植生产作为脱贫致富的重要抓手,各中药材物流基地的建设正好与此契合,并在其中发挥了积极促进作用,如甘肃琦昆农业发展有限公司承建的甘肃(宕昌)中药材物流基地。2016年该公司申请承建的基地项目作为招商引资和脱贫增收重点项目被引入宕昌;2017年申报建设甘肃(宕昌)中药材物流基地,仓储面积5.3万平方米,可储存中药材5万吨,投资总额3.5亿元;2018年动工建设;2019年全面建成并投入运营。同时,该公司还建设了标准化饮片生产车间,于2020年11月获得"药品生产许可证"。该基地通过与38个农民合作社签订万余亩药材标准化种植协议、订单收购及线上销售等措施,上线"全国中药材物流信息公共管理系统",实现中药材从种植生产到仓储物流全程追溯,切实保证中药材质量。为稳定基地运营,2020年10月该基地与兰州佛慈制药股份有限公司签订战略协议,协议内容涵盖共建标准化中药材种植基地及优质原材料供应等,使高标准、高质量的道地中药材有了稳定的销路。

该基地自建设以来,不仅有力地促进了当地中药材产业发展,还有效带动当地贫困劳动力就业,增加了群众收入。目前,已提供200多个稳定工作岗位及近2400人次季节性就业岗位,在宕昌县脱贫攻坚战中发挥强有力的作用。近两年,多位省级领导莅临该基地视察调研,对基地工作给予充分肯定。2020

年12月，该基地被国家扶贫办公室列为全国扶贫经验交流示范基地。

群雁高飞头雁领。近年来，各中药材物流基地之所以能够顺利建设和运营，全靠一批有担当、有情怀的企业家不畏艰辛，埋头苦干实干。2020年11月27日，甘肃（宕昌）中药材物流基地被授予"全国中药材物流试验基地"称号；同时，甘肃琦昆农业发展有限公司董事长高建军被推举为第六届中国中药材物流大会轮值会长带领行业企业继续推进全国中药材物流基地建设。

B.6 2020年临床短缺药品市场调研分析

中国医药商业协会　中国药科大学联合研究课题组*

摘　要： 为了解并掌握药品短缺的现状和变化，中国医药商业协会与中国药科大学生物统计与计算药学研究中心持续合作开展"临床短缺药品市场调研分析"的研究。2020年度的临床药品短缺情况调查以问卷调查为主，辅以网络检索、线上沟通等方式，保证数据的准确性和完整性。调查对象为协会138家全国重点会员单位，调查周期2019年7月1日至2020年6月30日。调查内容为短缺药品调查和调价药品调查两部分：通过"药品短缺情况调查表"，分析调查期内短缺90天以上药品的短缺现状及当前国家重点关注药品的短缺情况与特点；通过"调价药品情况调查表"，研究调查期内市场上药品调价情况、调价前后的采购状况，以及调价与短缺情况的关系。经过对回收问卷的整理、数据的甄别、复核与标准化、信息的深度挖掘与核实，课题组对2020年的药品短缺和调价情况从不同角度展开分析。

关键词： 短缺药品　调价药品　市场调查

一　2020年短缺药品调查的基本情况分析

（一）报送企业和数据

报送短缺药品信息的企业按属地统计共63家，分布在24个省区市，主要

---

*　执笔人：陈燕平，高级经济师；言方荣，中国药科大学理学院教授；于璐，中国药科大学生物统计与计算药学研究中心助理研究员。

在江苏、四川等地，其中江苏的报送企业最多，有13家，多数地区的报送企业为1~2家。报送的有效数据量共662条，大部分企业报送的数据量在5条以内，报送数据量超过30条的有8家，报送品种剂型超过20个的企业有5家。报送的数据量山东最多，占总数据量的18.28%，其次是贵州和江苏，数据量占比分别为9.97%和9.37%（见图1）。报送数据量多的地区，涉及的品种剂型也较多。

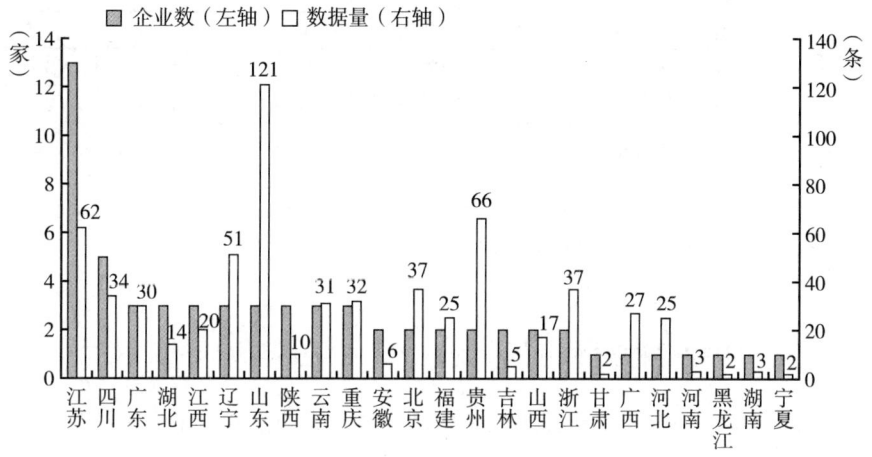

图1 报送企业所在地区分布

（二）短缺品种情况

本次调查涉及341个品种剂型，其中医保品种剂型290个，占报送品种剂型总数的85.04%[①]；基药192个，占报送品种剂型总数的56.30%。不同目录属性的品种剂型有重合。非医保品种剂型不多，占总报送数的14.96%（见表1）。

报缺医保品种剂型中，西药依次以心血管用药、全身用抗感染药物、消化道和代谢用药及血液和造血器官用药居前；中成药以内科用药、眼科用药居前。

---

① 下文凡提到占报送品种剂型总数的比例，分母均为本次调查有效数据涉及的总品种剂型数量（341个）。

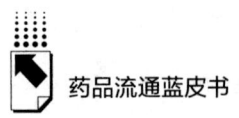

表1 报缺品种剂型的目录分布数量与剂型情况

类别	统计量	医保药品	基药	国家短缺药品和重点监测药品	独家药品	国采药品
西药	数据量（条）	543	361	244	51	10
	品种剂型数（个）	248	164	51	44	10
中成药	数据量（条）	49	34	0	16	0
	品种剂型数（个）	42	28	0	14	0
总计	数据量（条）	592	395	244	67	10
	占比（%）	89.43	59.67	36.86	10.12	1.51
	品种剂型数（个）	290	192	51	58	10
	占比（%）	85.04	56.30	14.96	17.01	2.93

注：表中占比指各类别数据量和品种剂型数占总报送数据量（662条）和品种剂型数（341个）的比例。需要说明的是，调查涉及的国家短缺药品和重点监测药品对标国家卫健委2020年颁布的《国家短缺药品清单》《国家临床必需易短缺药品重点监测清单》确定；国采品种对标前三批（含第一批扩围）国采的中选品种和企业确定，并开展回顾性研究。

（三）报缺品种频次分析

报缺频次一定程度上可作为判定短缺影响面及短缺程度的参考。统计分析结果显示，单次和两次报缺的品种剂型分别有246个和49个，占报送品种剂型总数的72.14%和14.37%，两者合计占86.51%，说明大部分品种剂型只有1~2家企业报缺。5家及以上企业报缺的品种剂型共13个，均为西药，报缺品种剂型重合率较差。8次及以上高频次报缺品种剂型共4个，分别是尿激酶注射剂（20家报缺）、甲氨蝶呤注射剂和去甲肾上腺素注射剂（各10家报缺）、左旋多巴/卡比多巴缓释片（8家报缺），分布在四川（6家）、江苏（5家）、山东（6家）和云南（6家）。

此外，报缺的品种剂型仍以口服剂型居多，占报送品种剂型总数的49.56%，注射剂型占41.64%，其他剂型占比不足10%；西药口服剂型占报送品种剂型总数的36.66%，中成药占12.90%；西药注射剂占报送品种剂型总数的41.35%，中药注射剂仅占0.29%。

（四）短缺程度与短缺时间分析

药品短缺程度按"轻度短缺（偶尔采购不到）、中度短缺（偶尔能采购到)、重度短缺(完全采购不到)"分类统计,重度短缺的数据量占比38.28%,涉及161个品种剂型,占品种剂型总数的47.21%;中度短缺的数据量占比39.64%,涉及175个品种剂型,占品种剂型总数的51.32%;轻度短缺的数据量占比22.08%,涉及95个品种剂型,占品种剂型总数的27.86%。总体上,中度短缺、重度短缺的数据量与品种剂型数居多,轻度短缺最少。

从对不同短缺时间段的频数分析可知,三个短缺时间段数据分布相对均衡。短缺3~6个月的涉及158个品种剂型,占报送品种剂型总数的46.33%;短缺12个月以上的涉及136个品种剂型,占报送品种剂型总数的39.88%;短缺6~12个月的涉及136个品种剂型,占报送品种剂型总数的39.88%。

对短缺程度与短缺时间的交叉列联分析结果显示,短缺时间较短的药品大多为轻度短缺,短缺12个月以上的药品多为重度短缺,说明短缺时间越长的药品,短缺程度往往也越严重。

(五)购销毛利率分析

从药品类别、销售流向等维度考察报缺品种剂型的毛利水平,结果显示:总体毛利率为5.62%;西药为5.48%,中成药为6.01%;药店流向平均毛利率为5.88%,批发流向为5.94%,医院流向为5.45%;口服剂型平均毛利率为5.00%,注射剂为6.54%,其他剂型为4.63%。因调查样本中成药的数据量偏少,对应药店和批发环节、其他剂型的分析结果仅供参考。

二 短缺原因深度分析

短缺原因是最重要的研究对象,运用层次分析和多项Logistic回归分析方法可以深入研究药品短缺各类原因的影响力大小及导致短缺程度转化的主要因素。这两种方法各有侧重,层次分析侧重考察不同因素造成药品短缺的影响度,并不涉及短缺程度;Logistic回归分析则在层次分析基础上进一步考察引起不同短缺程度转化风险的影响因素,从而有助于解决或缓解临床药品的短缺情况,也可以提前防范短缺程度的恶化。

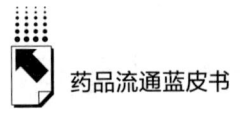

（一）短缺原因的层次分析

运用层次分析法从原因大类、原因小类等维度分析揭示各短缺原因的影响力度。首先，建立短缺原因和药品短缺之间的层次分析模型，并将药品短缺原因评价指标分别归集到：最高层——目标层（Ⅰ）、中间层——原因大类层（Ⅱ1~Ⅱ8）和方案层——原因小类层（Ⅲ1~Ⅲ20）。然后，依据层次结构模型(Ⅰ-Ⅱ-Ⅲ层)构造各层的判断矩阵，并运用数学方法确定该层次中与其相关元素的重要性排序及相对权值，最终得到层次分析权重表。

表2 层次分析权重

Ⅰ层	Ⅱ层	Ⅲ层			
		指标	权重	综合权重	排名
药品短缺	原料问题（Ⅱ7）0.412	原料采购困难（Ⅲ17）	0.75	0.309	1
		原料紧缺（Ⅲ18）	0.25	0.103	4
	价格问题（Ⅱ3）0.2483	价格倒挂（Ⅲ7）	0.75	0.1862	2
		价格上涨（Ⅲ8）	0.25	0.0621	5
	用量问题（Ⅱ4）0.1467	用量少（Ⅲ9）	0.75	0.1100	3
		用量大（Ⅲ10）	0.25	0.0367	6
	生产问题（Ⅱ6）0.0857	生产不正常（Ⅲ12）	0.2612	0.0234	7
		改造搬迁（Ⅲ13）	0.1887	0.0169	11
		停产（Ⅲ14）	0.2229	0.02	9
		产能不足（Ⅲ15）	0.1887	0.0169	12
		近效期（Ⅲ16）	0.1385	0.0124	13
	货源问题（Ⅱ2）0.0498	货源不稳（Ⅲ2）	0.1813	0.009	17
		生产企业控货（Ⅲ3）	0.2399	0.0119	14
		货源垄断（Ⅲ4）	0.1576	0.0078	19
		厂家断货（Ⅲ5）	0.1813	0.009	18
		无货（Ⅲ6）	0.2399	0.0119	15
	营销问题（Ⅱ8）0.029	营销策略（Ⅲ19）	0.75	0.02175	8
		调货（Ⅲ20）	0.25	0.00725	20
	更新换代（Ⅱ1）0.0173	更新换代（Ⅲ1）	1	0.0179	10
	注册问题（Ⅱ5）0.0112	注册审批问题（Ⅲ11）	1	0.0112	16

层次分析结果表明，原料问题、价格问题和用量问题是造成药品短缺的三大主因，其权重累计占比达80.70%；三大问题的主要具体影响因素分别为原

料采购困难、价格倒挂和用量少,其中原料采购困难、价格倒挂影响相对较大,用量少的影响次之。

(二)短缺原因的多项 Logistic 回归分析

建立短缺原因与短缺程度多项 Logistic 回归模型,分别以轻度短缺、中度短缺作为基线对造成药品短缺的原料问题、价格问题和用量问题及对应的原因小类展开分析,探究各因素在药品短缺程度转化风险中的作用。

1. 原因大类

对原料问题、价格问题和用量问题的数据做多项 Logistic 回归分析,如表 3 所示。结果显示,原料问题会促使轻度短缺向中度短缺或重度短缺转化;价格问题对短缺程度转化的影响不大,不会促使由轻度短缺向中度短缺或重度短缺转化;用量问题亦不太可能引发轻度短缺向中度短缺转化。

表 3 主要原因大类短缺程度对比参数估计

参数	短缺程度	估计值	OR	标准误差	Wald 卡方	P 值
原料问题	中度 - 轻度	0.8655	2.376	0.2119	16.6892	<0.0001
	重度 - 轻度	0.5176	1.678	0.2116	5.9816	0.0145
	重度 - 中度	-0.3479	0.706	0.1794	3.7595	0.0525
价格问题	中度 - 轻度	-0.5402	0.583	0.2322	5.4123	0.02
	重度 - 轻度	-0.6267	0.534	0.2369	6.9983	0.0082
	重度 - 中度	-0.0864	0.917	0.217	0.1586	0.6904
用量问题	中度 - 轻度	-0.9759	0.377	0.3242	9.0616	0.0026
	重度 - 轻度	-0.3865	0.679	0.2918	1.7539	0.1854
	重度 - 中度	0.5894	1.803	0.3059	3.7121	0.054

综上可知,原料问题存在时,发生中度短缺和重度短缺的风险大于轻度短缺的风险,即原料问题可能加剧短缺程度,对其引起的药品短缺更应予以关注,需深入了解造成短缺的是哪些原料药,原料方面存在的具体问题是什么,为什么会出现这些问题,等等。

2. 原因小类

在对原因大类分析的基础上,以同样方法考察主要的原因小类。

根据数据量情况,仅能对原料采购困难、价格倒挂和用量少三个具体原因与短缺程度做深度分析，结果见表4。分析显示：当原料采购困难存在时，市场发生重度短缺及中度短缺的风险大于发生轻度短缺的风险；在价格倒挂和用量少存在时，导致市场发生各种程度短缺的风险是相同的。

表4 主要原因小类各短缺程度对比参数估计

参数	短缺程度	估计值	OR	标准误差	Wald卡方	P值
原料采购困难	中度-轻度	0.8332	2.301	0.2116	15.5059	<.0001
	重度-轻度	0.4373	1.549	0.2115	4.2747	0.0387
	重度-中度	-0.3959	0.673	0.179	4.8912	0.027
价格倒挂	中度-轻度	-0.5628	0.57	0.2328	5.8431	0.0156
	重度-轻度	-0.6767	0.508	0.2385	8.0521	0.0045
	重度-中度	-0.1138	0.892	0.2194	0.2693	0.6038
用量少	中度-轻度	-0.8809	0.414	0.3365	6.8509	0.0089
	重度-轻度	-0.2334	0.792	0.3007	0.6024	0.4377
	重度-中度	0.6475	1.911	0.3106	4.3454	0.0371

综上可知，出现原料采购困难时市场发生重度短缺和中度短缺的风险更大，出现价格倒挂以及用量少问题时引发各种短缺程度的风险无显著性差异，进一步证实了对原因大类的分析结果。

三 部分短缺药品重点分析

短缺药品重点分析的对象为2018~2020年连续三年报缺的相同品种剂型短缺药品、调查涉及的国家短缺药品和重点监测药品及国采药品等。

（一）连续三年报缺药品分析

1. 品种剂型分析

按同通用名、同剂型筛选出连续三年均报缺的品种剂型127个，主要是西药，医保品种占90%以上，基药品种占60%以上。涉及29个地区，山东、江苏、重庆地区的数量相对较多。

大部分品种剂型报缺频次不高，变化不大，每年报缺地区也不尽相同。三年超过5家报缺的仅有维生素K1注射剂，近两年超过5家报缺的有甲氨蝶呤注射剂和去甲肾上腺素注射剂。尿激酶注射剂、甲氨蝶呤注射剂、去甲肾上腺素注射剂、二巯丙磺钠注射剂及普罗帕酮注射剂的报缺频次有较大跳升。报缺频次逐年减少的有尼可刹米注射剂、葡萄糖酸钙注射剂、间羟胺注射剂和异丙肾上腺素注射剂等。

2. 短缺时间分析

连续三年报缺的品种剂型各年短缺时间涉及品种和数据量分布如表5、图2所示。

表5　2018~2020年不同短缺时间段涉及的品种剂型数分布情况

单位：个，%

短缺时间	2018年		2019年		2020年	
	品种剂型数	占比	品种剂型数	占比	品种剂型数	占比
3~6个月	68	30.49	62	29.52	58	30.53
6~12个月	77	34.53	96	45.72	75	39.47
12个月以上	78	34.98	52	24.76	57	30.00

同一年度同一品种剂型因报送企业不同，其短缺时间或有不同（即品种剂型在不同短缺时间分布上或有重复），总体上，短缺12个月以上涉及的品种剂型数占比在下降。

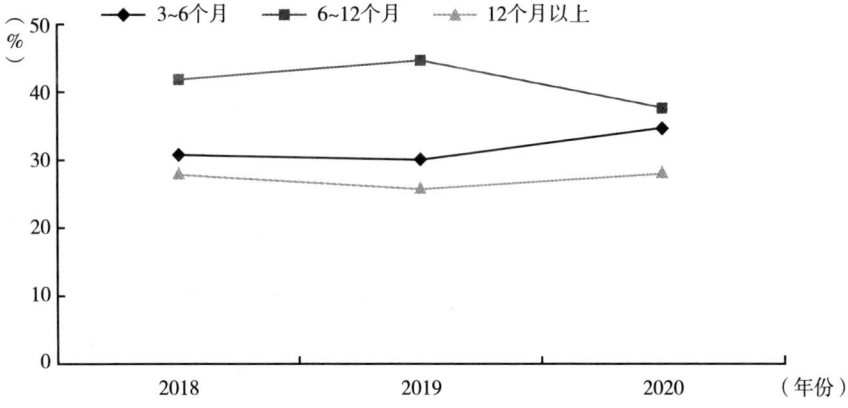

图2　2018~2020年报缺的品种剂型短缺时间数据量占比变化情况

总体来看，短缺时间分布特征变化不大：2018~2020年短缺12个月以上的数据量占比均最小，短缺6~12个月的数据量占比较大。三年各短缺时间段的数据量略有波动，2020年与上一年相比，短缺6~12个月的数据量有所减少，短缺3~6个月和短缺12个月以上的数据占比均有增加；6~12个月的短缺时间有向两端变化的倾向。

3. 短缺程度分析

连续三年报缺的127个品种剂型中不同短缺程度涉及的品种剂型数和数据量分布如表6、图3所示。

表6 2018~2020年不同短缺程度涉及的品种剂型数分布情况

单位：个，%

短缺程度	2018年		2019年		2020年	
	品种剂型数	占比	品种剂型数	占比	品种剂型数	占比
轻度短缺	22	10.95	53	25.48	44	23.16
中度短缺	100	49.75	56	26.92	84	44.21
重度短缺	79	39.30	99	47.60	62	32.63

同一年度，同一品种剂型因报送企业不同，其短缺程度或有不同（即品种剂型在不同短缺程度分布上或有重复），分析可知，轻度短缺涉及的品种剂型数及占比显著上升，重度短缺未见明显好转。

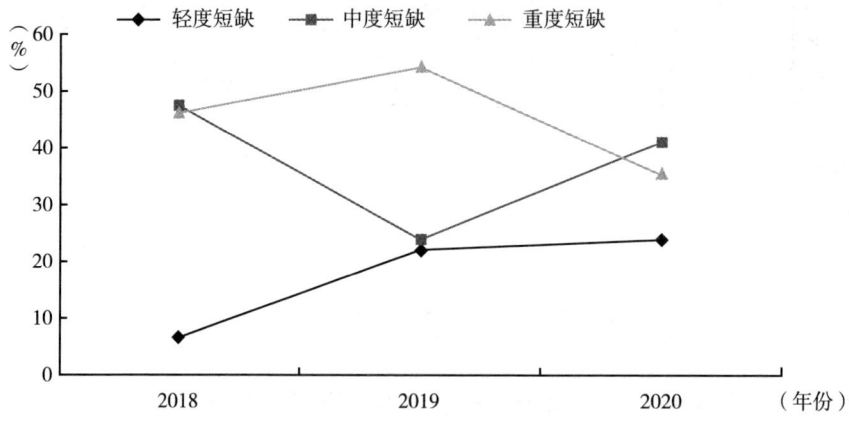

图3 2018~2020年报缺的品种剂型短缺程度数据量占比变化情况

可以看出，每年轻度短缺的品种数据均最少，2019年重度短缺数据最多，2020年中度、重度短缺数据较多。从数据量看，重度短缺有减少的趋势，轻度短缺略有增加，但三年报缺的品种仍以中度短缺、重度短缺居多。

4. 短缺原因分析

短缺原因大类统计连续三年报缺的品种剂型的有效数据量结果见表7。

表7 2018～2020年报缺的品种剂型原因大类数据量分布

单位：条，%

短缺原因（大类）	2018年		2019年		2020年	
	数据量	占比	数据量	占比	数据量	占比
原料问题	250	54.11	206	51.63	196	57.48
价格问题	115	24.89	62	15.54	87	25.51
用量问题	44	9.52	24	6.02	26	7.62
生产问题	26	5.63	4	1.00	5	1.47
货源问题	12	2.60	87	21.80	17	4.99
更新换代	10	2.16	10	2.51	4	1.17
营销问题	4	0.87	2	0.50	5	1.47
进口问题	1	0.22	2	0.50	—	—
注册问题	—	—	2	0.50	1	0.29
总计	462	100.00	399	100.00	341	100.00

注：表中占比分母均为三年同品种剂型总数据量。

从表7可以看出，三年来原料问题始终是造成短缺的首要原因，价格问题的位次也较靠前，用量问题、货源问题以及生产问题造成药品短缺的数据量呈现波动态势；其他各问题造成短缺的情况较少，说明对短缺的影响不大。

原料问题、价格问题、用量问题和货源问题对应的具体原因分别为原料采购困难、价格倒挂、用量少、无货，数据量情况见表8。

表8 2018～2020年报缺的品种剂型短缺原因小类数据量分布

单位：条，%

短缺原因（小类）	2018年		2019年		2020年	
	数据量	占比	数据量	占比	数据量	占比
原料采购困难	235	49.79	196	47.92	189	54.94
价格倒挂	113	23.94	59	14.42	86	25.00

续表

短缺原因（小类）	2018年		2019年		2020年	
	数据量	占比	数据量	占比	数据量	占比
用量少	44	9.32	24	5.87	26	7.56
无货	8	1.69	77	18.83	5	1.45
总计	400	84.74	356	87.04	306	88.95

注：表中占比分母均为三年同品种剂型总数据量。

分析表明，原料问题始终是影响短缺的主因，影响力度很大，体现为原料采购困难；其次是价格问题，体现为价格倒挂；用量问题和货源问题三年中对短缺的影响并不显著。从原因小类和原因大类的关系上看，原因小类对药品短缺的影响力越大，对应的原因大类对短缺的影响力也越大。

（二）国家短缺药品分析

1. 报缺频次

2020年调查所得的短缺药品涉及国家短缺清单的6个药品，前两年报缺的也涉及这些药品。可见，市场调查较为准确地反映了市场实际情况，提前揭示了这些药品的短缺状况。2018~2020年，甲氨蝶呤注射剂和垂体后叶注射剂报缺数据最多；苄星青霉素注射剂、新斯的明注射剂、米托蒽醌注射剂、硫代硫酸钠注射剂的报缺数量2020年明显上升（见表9）。

表9 2018~2020年国家短缺药品调查数据量分布

单位：条，%

国家短缺药品名称	2018年		2019年		2020年	
	数据量	占比	数据量	占比	数据量	占比
甲氨蝶呤注射剂	7	58.33	24	61.54	14	31.11
垂体后叶注射剂	2	16.67	10	25.64	10	22.22
苄星青霉素注射剂	0	0.00	0	0.00	9	20.00
新斯的明注射剂	2	16.67	1	2.56	7	15.56
硫代硫酸钠注射剂	1	8.33	2	5.13	3	6.67
米托蒽醌注射剂	0	0.00	2	5.13	2	4.44
总计	12	100.00	39	100.00	45	100.00
占当年总数据量比例		0.81		4.00		6.80

2. 短缺程度

2018～2020年调查涉及国家短缺药品短缺程度数据量及其占比分布情况见表10、图4。

从数据量上，重度短缺情况有所增加，其中2019年的重度短缺占比最多，主要涉及甲氨蝶呤注射剂。从年度变化趋势看，轻度短缺占比虽然逐年上升，但占比并不算高。总体上，这些品种的短缺程度以中度短缺、重度短缺为主。

3. 短缺时间

国家短缺药品的各年短缺时间数据量及其占比分布见表11、图5。

表10　2018～2020年国家短缺药品调查短缺程度数据量分布

单位：条

国家短缺药品名称	轻度短缺			中度短缺			重度短缺		
	2018年	2019年	2020年	2018年	2019年	2020年	2018年	2019年	2020年
甲氨蝶呤注射剂	0	1	4	4	6	3	3	14	7
苄星青霉素注射剂	0	0	3	0	0	2	0	0	4
新斯的明注射剂	0	0	1	1	0	4	1	1	2
垂体后叶注射剂	0	4	4	2	1	4	0	4	2
米托蒽醌注射剂	0	0	0	0	0	0	0	2	2
硫代硫酸钠注射剂	0	1	1	1	1	0	0	0	2
总计	0	6	13	8	8	13	4	21	19

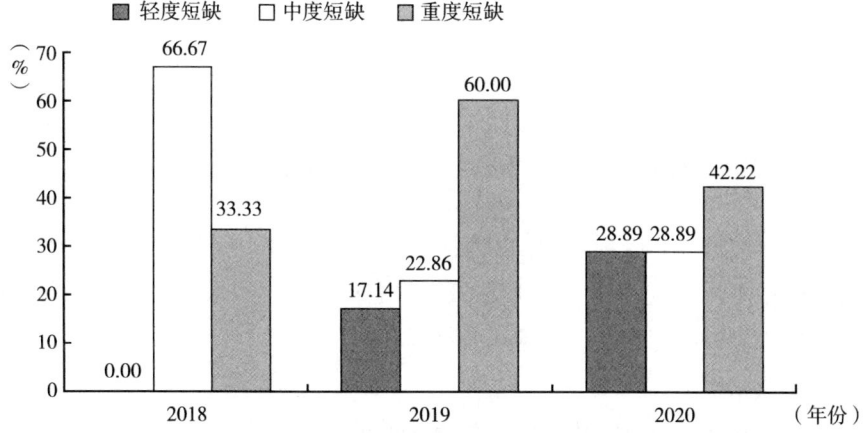

图4　2018～2020年国家短缺药品短缺程度数据量占比变化情况

表 11 2018～2020 年国家短缺药品调查短缺时间数据量分布

单位：条

国家短缺药品名称	3～6 个月			6～12 个月			12 个月以上		
	2018 年	2019 年	2020 年	2018 年	2019 年	2020 年	2018 年	2019 年	2020 年
甲氨蝶呤注射剂	0	6	5	3	9	4	4	6	5
苄星青霉素注射剂	0	0	2	0	0	4	0	0	3
新斯的明注射剂	1	0	0	0	1	3	1	0	4
垂体后叶注射剂	1	4	4	1	2	1	0	3	5
米托蒽醌注射剂	0	0	0	0	0	0	0	2	2
硫代硫酸钠注射剂	0	1	1	0	0	0	0	1	2
总计	2	11	12	4	12	12	5	12	21

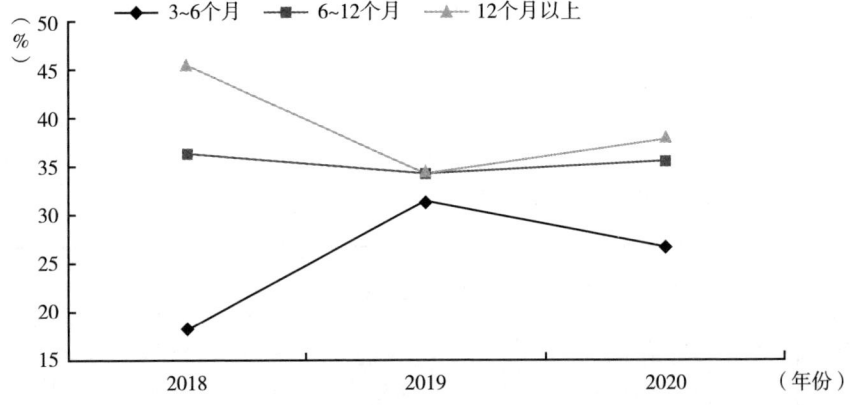

图 5 2018～2020 年国家短缺药品短缺时间数据量占比变化情况

2018～2020 年调查涉及的国家短缺药品三个短缺时间段数据量总体是上升的，其中短缺 3～6 个月三年均最低，但有所上升；短缺 6～12 个月变化不大；短缺 12 个月以上的占比先降后略升。

4. 短缺原因

国家短缺药短缺原因数据量分布及占比见表 12。

表12 2018～2020年国家短缺药品短缺原因大类数据量分布

单位：条，%

原因大类	2018年		2019年		2020年	
	数据量	占比	数据量	占比	数据量	占比
原料问题	6	50.00	20	52.63	21	46.68
价格问题	3	25.00	6	15.79	16	35.56
生产问题	0	0.00	2	5.26	2	4.44
用量问题	2	16.67	3	7.89	2	4.44
货源问题	0	0.00	7	18.43	2	4.44
更新换代	0	0.00	0	0.00	2	4.44
营销问题	1	8.33	0	0.00	0	0.00
总计	12	100.00	38	100.00	45	100.00

国家短缺药品三年来的短缺原因中居首位的始终是原料问题，每年都有近半情况是原料问题导致的短缺；价格问题每年占比略有波动，但占比也始终位居前三；其他原因造成的短缺占比很小。

表13 2018～2020年国家短缺药品主要短缺原因小类数据量分布

国家短缺药品名称	主要原因小类		
	2018年	2019年	2020年
甲氨蝶呤注射剂	原料采购困难、价格倒挂	原料采购困难、货源紧张、用量少	原料采购困难、用量少、价格倒挂
苄星青霉素注射剂	—	—	价格倒挂、更新换代
新斯的明注射剂	原料采购困难、用量少	无货	原料采购困难、价格倒挂、货源垄断
垂体后叶注射剂	用量少、价格倒挂	价格倒挂、原料采购困难、无货	价格倒挂、原料采购困难、货源不稳
米托蒽醌注射剂	—	停产	原料采购困难
硫代硫酸钠注射剂	—	原料采购困难	原料采购困难、价格倒挂、用量少

从表13可见，这6个药品的短缺原因主要是原料采购困难和价格倒挂。垂体后叶注射剂、硫代硫酸钠注射剂、新斯的明注射剂均为急（抢）救药物，在往年协会的临床短缺药品市场调查中也多次出现，这些药品的短缺问题还未彻底解决。

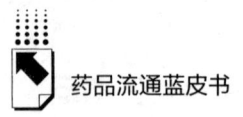

（三）国家重点监测药品分析

《国家临床必需易短缺药品重点监测清单》共有 57 个药品。从协会历年调查结果看，2018 年涉及 43 个品种剂型，2019 年涉及 47 个，2020 年涉及 51 个，呈现逐年增加趋势。近三年调查涉及的重点监测药品共 55 个，其中 41 个三年均涉及。对近三年调查涉及的此类药品的短缺程度、短缺时间以及短缺原因进行分析。

1. 短缺程度

2018~2020 年调查涉及的重点监测药品的短缺程度有效数据量情况见表 14、图 6。

这些药品的短缺程度数据量分布，除 2018 年以中度短缺占比最高外，其他两年均是重度短缺占比最高。总体上，重点监测药品以中度短缺、重度短缺为主。

表 14　2018~2020 年重点监测药品短缺程度数据量分布

单位：条，%

短缺程度	2018 年		2019 年		2020 年	
	数据量	占比	数据量	占比	数据量	占比
轻度短缺	16	7.77	53	23.45	58	23.77
中度短缺	104	50.49	54	23.89	92	37.70
重度短缺	86	41.74	119	52.66	94	38.53
总计	206	100.00	226	100.00	244	100.00

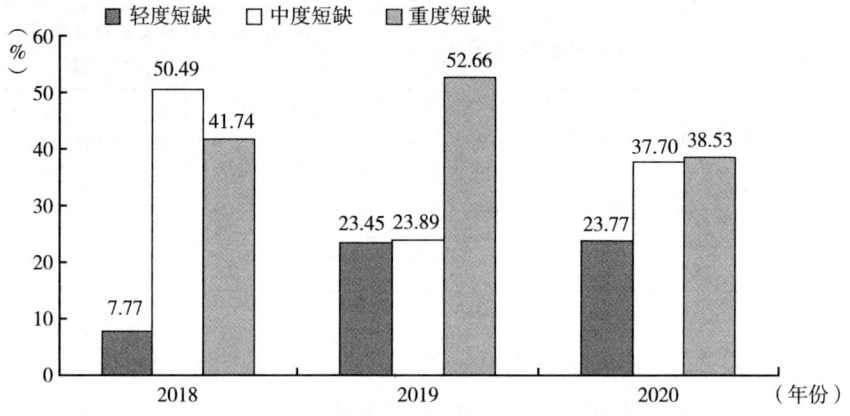

图 6　2018~2020 年临床重点监测短缺药短缺程度数据量占比变化情况

2. 短缺时间

三年调查涉及的重点监测药品短缺时间的有效数据量及其占比见表15、图7。

表15　2018~2020年重点监测药品短缺时间数据量分布

单位：条，%

短缺时间	2018年		2019年		2020年	
	数据量	占比	数据量	占比	数据量	占比
3~6个月	60	29.85	71	31.42	87	36.25
6~12个月	85	42.29	97	42.92	78	32.50
12个月以上	56	27.86	58	25.66	75	31.25
总计	201	100.00	226	100.00	240	100.00

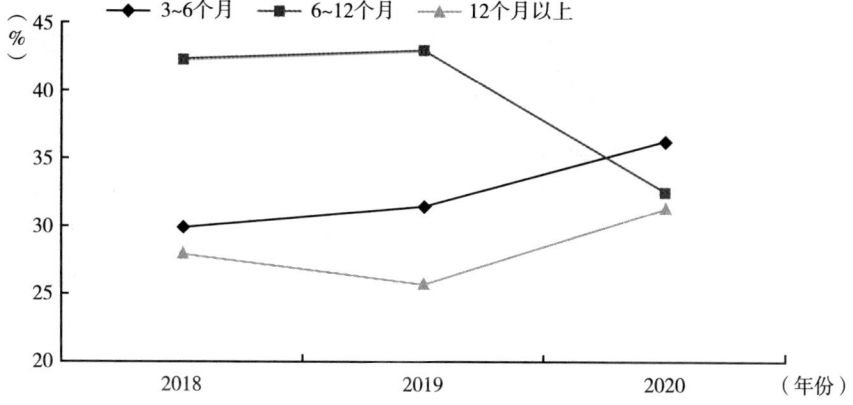

图7　2018~2020年临床重点监测短缺药短缺时间数据量占比变化情况

可以看出，短缺时间3~6个月和12个月以上的情况呈上升状态，短缺时间6~12个月在2020年虽有大幅下降，但占比仍处高位。这些变化说明了三种短缺时间的分布逐渐趋向平衡，短缺6~12个月有向短期、长期短缺转换的趋势。

3. 短缺原因

2018~2020年调查涉及的重点监测药品的短缺原因的有效数据量情况见表16。

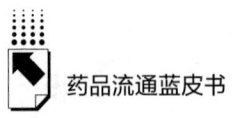

表16 2018～2020年重点监测药品短缺原因大类数据量分布

单位：条，%

原因大类	2018年		2019年		2020年	
	数据量	占比	数据量	占比	数据量	占比
原料问题	116	55.77	123	53.02	127	52.26
价格问题	50	24.04	45	19.40	68	27.98
生产问题	14	6.73	3	1.29	2	0.82
用量问题	20	9.62	14	6.03	25	10.29
货源问题	2	0.96	42	18.10	17	7.00
更新换代	5	2.40	5	2.16	3	1.24
营销问题	1	0.48	0	0.00	1	0.41
总计	208	100.00	232	100.00	243	100.00

临床重点监测短缺药品短缺原因中原料问题一直居于首位，价格问题占比始终位居第二。以上结论说明原料问题、价格问题是影响这些药品短缺的重要因素，具体表现为原料采购困难和价格倒挂。

（四）国家集中采购药品分析

对调查涉及的前三批国采品种的中选药品做回顾性研究。2020年调查涉及10个国采中选药品，报缺频次不高，涉及区域也不多，其短缺情况见表17。

表17 国采药品短缺情况

序号	品种名称	剂型	短缺程度	短缺原因	国采批次
1	布洛芬	缓释胶囊	轻度短缺	原料问题	第三批
2	卡托普利	片剂	中度短缺	原料问题	第三批
3	利奈唑胺	片剂	重度短缺	原料问题	第三批
4	美金刚	片剂	重度短缺	原料问题	第三批
5	维格列汀	片剂	轻度短缺	原料问题	第三批
6	维生素B6	片剂	中度短缺	原料问题	第三批
7	缬沙坦	片剂	轻度短缺	原料问题	第三批
8	奥美拉唑	肠溶胶囊	轻度短缺	价格问题	第三批
9	瑞舒伐他汀	片剂	轻度短缺	用量问题	第一批扩面
10	氨氯地平	片剂	轻度短缺	用量问题	第一批扩面

造成国采品种短缺的主要原因是原料问题，具体表现为原料采购困难；第一批扩面涉及的两个品种为用量问题，由同一家企业报缺。

从短缺程度看，多数品种为轻度短缺，利奈唑胺和美金刚属于重度短缺，卡托普利和维生素 B6 属于中度短缺。这些药品虽然每个仅一家报缺，报缺频次不高，覆盖区域不大，但对这些品种在国采合同期内的市场供应情况应予以关注。

四　2020年调价短缺药品情况分析

对 2020 年调价品种分析，一是考察其短缺情况；二是对同通用名、同剂型、同规格、同生产企业和同报送企业的调价品种与短缺品种进行关联性研究。

（一）调价品种基本情况

调价药品指在调查期内药品流通企业的采购价有变化的品种。调查得到 219 个调价品种剂型，包括 148 个西药，占调价品种剂型总数的 67.58%；71 个中成药，占 32.42%。

报送的品种剂型数量地区分布不均衡，重庆市报送最多，共 96 个品种剂型；浙江省和甘肃省等报送最少，分别仅 1 个品种剂型。报送品种剂型中近 80% 为医保品种，包括 121 个西药和 52 个中成药。

（二）调价幅度和原因

调价品种剂型多数为采购价格上涨，大部分药品涨幅在 1 倍以内，也存在涨幅较大的情况，调价幅度最大的在 [1000%，3300%)（见表 18），涉及新斯的明注射剂、氨甲苯酸注射剂、雷尼替丁注射剂、葡醛酸钠注射剂、氧氟沙星滴耳剂、辅酶 A 注射剂 6 个品种，其中新斯的明注射剂有多家企业反映涨价。涨价原因主要是成本上涨、供货商价格调整，这两个原因造成涨价的品种剂型超过 80%，成本上涨问题是占比最大的原因。

降价的药品占比较少，约 10% 的数据。最大降幅 76%，降价幅度较大的有氢氯吡格雷片、茚达特罗格隆溴铵胶囊、葡萄糖酸钙注射剂、罗沙司他胶囊剂、重组人Ⅱ型肿瘤坏死因子受体-抗体融合蛋白注射剂、脂溶性维生素（Ⅱ）注射剂、酮洛芬肠溶胶囊和大败毒胶囊等。降价原因多为供货商价格调整，且绝大部分调价前后的采购均正常。

表18 调价幅度分布

单位：条，个

调价幅度	(-80%, 0)	[0, 100%)	[100%, 300%)	[300%, 1000%)	[1000%, 3300%)
数据量	34	227	61	25	13
品种剂型数	23	163	37	13	9

（三）调价前后采购情况分析

经统计分析，调价前后各采购状态的数据量分布情况见表19。

表19 调价前后不同采购情况的数据量分布

单位：条

采购状态	调价前数据量	调价后数据量	采购状态	调价前数据量	调价后数据量
采购正常	236	276	缓　　解	0	10
稍有短缺	63	48	未有缓解	0	5
采购困难	66	26	总　　计	365	365

调价后采购正常的品种剂型占比从71%转为78%；稍有短缺、采购困难的品种剂型分别从16%、13%转为12%、6%；新增的采购情况缓解、未有缓解占比分别为3%和1%。

总体上看，调价产品在调价前后大部分并未出现短缺情况，价格调整对采购状态没有较大影响。部分采购困难的品种经过调价情况有所好转，同时也存在少数品种调价前采购正常、调价后出现短缺的情况，说明价格调整可以缓解部分药品的短缺问题，但仅靠价格调整并不能完全解决药品短缺问题。

（四）调价短缺药品关联分析

1. 调价短缺品种分布

调价短缺品种指调价后仍短缺的"四同"（同品种、同剂型、同规格、同生产企业）的品种，共 40 个品种剂型。其中涉及医保药品 36 个、基药 31 个；涉及国家短缺药品和重点监测药品 18 个；涉及独家品种剂型 2 个。调价短缺品种涉及国家短缺药品和重点监测药品较多，说明从药品流通环节上可以及时准确地掌握药品供应情况。

2. 调价与短缺程度关联性

选择"五同"（同品种、同剂型、同规格、同生产企业和同报送企业）的品种，对短缺程度和调价前后采购状况进行关联分析。分析显示，重度短缺药品的采购情况在其调价前后并未出现缓解；中度短缺以及轻度短缺的药品中有部分采购状况在调价后得到缓解。

进一步对短缺原因与调价原因做关联分析，结果显示大部分调价原因是成本上涨，对应的短缺原因多是价格问题和原料问题；因成本上涨进行价格调整的药品多为轻度短缺，因原料紧缺进行价格调整的多为中度短缺。

总体来看，调价短缺药品以轻度短缺、中度短缺为主，相应的短缺时间也较短。与短缺调查结果"所有短缺药品呈现中、重度短缺"有差异，反映了价格调整对缓解药品短缺程度具有一定作用。同时，"五同"药品数据量较少，"中度、轻度短缺品种可通过调价缓解采购难易度"这一结论还需要有更多数据加以验证。

五　关于短缺药品相关政策的回顾与思考

（一）政策引导与解决药品短缺

药品作为准公共品，其外部性、垄断和信息不对称等问题往往导致市场失灵，政府对此应进行相应的规制。多年调查研究发现，药品原料供应、生产环节、价格管控以及临床使用等方面的问题都可能影响到药品供应，但更多地集中在原料问题和价格问题上，解决药品短缺亦需要政府干预，相关政策引导和保障可发挥至关重要的作用。

近年来，党和国家高度重视药品供应保障。自 2015 年起，工信、卫生等部门分别发布了两批定点生产品种，涉及去乙酰毛花苷注射液、盐酸洛贝林注射液、盐酸多巴酚丁胺注射液、甲巯咪唑片等 7 个品种，并规定了供应价格，

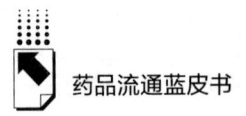

以保障用药需求。之后几年的调查发现，定点生产品种的市场短缺情况有所缓解，一方面报缺的相关药品数量少了，另一方面报缺频次不高，短缺程度较轻。可以认为，定点生产政策有效地缓解了部分药品的市场短缺问题。

2018年，针对小品种药（短缺药）市场用量小、企业生产动力不足的实际情况，工信部等部门又公布了两批小品种药（短缺药）集中生产基地建设单位名单，以此解决部分药品短缺情况。定点企业承诺保供的短缺药品种达32个，一些用量小的罕见病用药，如治疗肝豆状核变性的青霉胺片短缺问题得以解决。

（二）上下合力与解决药品短缺

药品的保障供应需要国家与地方上下合力。各地卫生、药监等部门为保障药品供应纷纷出台了多项政策措施，天津、重庆、辽宁多地的卫生等部门不定期发布本省市的短缺药品清单，并配套出台支持政策；江苏、广东等省份探索并建立短缺药品常态储备机制。

在国家对完善短缺药供应保障机制的指导意见和工作路线基础上，地方协同推进。国家短缺药品清单公布后，山东、湖南等地也陆续公布了本省短缺药品和临床必需易短缺药品重点监测清单；北京、辽宁、山东、江苏、海南等地分别出台和完善了地方短缺药管理规定；部分省份对短缺药品的价格和集采管理亦出台、完善了相关配套政策。在国家政策框架指导下，一系列地方政策因地制宜逐步落地实施，从生产、采购和价格等方面保障药品供应的各项制度不断完善，切实缓解了药品短缺情况。

（三）方法创新与解决药品短缺

多年来，国家层面和地方层面为解决药品短缺均有积极的方法探索和实践。2017年，国家卫健委组织开展了多方参与的短缺药品市场撮合工作，取得了良好效果。协会历年调查显示，上海、江苏、广东、湖南、陕西、甘肃、内蒙古等地卫生、药监、集采等部门也根据地方特点，采取部门会商联动、建立货源沟通微信群、确定本地短缺药品清单、定期收集短缺药品信息、允许医疗机构自行采购、确定药品储备品种及基地、安排定点储存周转（补偿）金等方式，在解决或缓解药品短缺方面取得较好成效。

（四）监测预警与解决药品短缺

建立短缺药品监测和预警系统、完善短缺药品的分级应对制度是保障药品供应的重要举措，国务院及国家卫健委等部门对此项工作多次提出要求。2019年，国家卫健委等部门再次印发《关于推动做好短缺药品信息直报工作的通知》和《医疗机构短缺药品分类分级与替代使用技术指南》，供各地卫生健康行政部门及医疗机构应对药品短缺。

各方力量对保障市场药品供应具有重要作用。中国医药商业协会多年通过药品流通企业对全国临床短缺药的市场调查与分析结果表明，定期市场调研能较为准确地捕捉药品短缺信息，提前反映一些具体的短缺品种及其短缺状态对药品短缺及短缺风险转化的预测起到较好的预警作用。

解决药品短缺矛盾是一项长期而又艰巨的工作。当前短缺药市场的短缺趋势逐渐缓解，离不开政府、企业、医疗机构及行业组织的关注、支持、监督和管理。只有不断强化药品市场的监督和管理，对药品生产、采购和使用等各环节采取有针对性举措，建立健全短缺药品的监测预警机制与体系，才能完善短缺药保障供应，更好地满足人民健康和临床合理用药需求。

B.7
2020年药品流通行业上市公司运行情况分析

李文明 滕宪存 张子蕾*

摘 要: 上市公司数据是反映行业发展情况的重要指标。本文依据25家药品流通行业上市公司公开披露的2020年年报资料,分析其收入增长、盈利水平、费用控制、资本运作和战略实施的情况,从中可以了解到药品流通行业一些变化发展的新趋势。

关键词: 上市公司 药品流通 运营能力

2020年是极其不平凡的一年,一场突如其来的新冠肺炎疫情使中国经济遭遇了严峻考验,各行各业都面临诸多挑战,医药领域亦不例外。疫情期间,医院的日常诊疗、手术服务量都有所减少,非防疫相关的药品和器械销售受到明显影响,造成整个药品流通行业业务量的增速与往年相比有明显下降。

同时,疫情并未减缓国家医改政策推进的步伐。药品和高值耗材带量采购、医保目录谈判以及疾病诊断相关分组付费等一系列政策的陆续实施,促进了药品和耗材市场的加速分化,推动药品流通行业渠道重构和服务转型。

在疫情和医改的双重影响下,中国药品流通行业上市公司的运行情况如何?笔者通过对25家药品流通行业上市公司2020年年报所公开披露的收入增

---

* 李文明,北京和君咨询有限公司合伙人,中国医药商业协会副秘书长;滕宪存,北京和君咨询有限公司高级咨询师;张子蕾,北京和君咨询有限公司助理咨询师。

长、盈利水平、费用控制以及资本运营等数据指标进行具体分析研究,以此来揭示2020年国内药品流通行业上市公司的生存状况以及未来发展趋势。

一 药品流通行业上市公司收入增长分析

从25家药品流通行业上市公司收入总和及增长情况来看,2020年实现主营业务收入总和为14053.60亿元(其中分销业务11216.08亿元,占比79.81%,零售业务1249.45亿元,占比8.89%),同比增长4.04%,与2019年17.39%的增速相比出现大幅下滑,主要是因为疫情导致医院业务量减少。

从各家上市公司的收入规模来看,国药控股收入规模最大,达到4564.15亿元,上海医药和华润医药分别以1919.09亿元和1686.84亿元位列第二和第三。上述三家企业的收入总和达到8170.08亿元,占25家上市公司收入总和的58.14%。

从各家上市公司的收入增速情况来看,重药控股增速最快,达到33.61%;其次是大参林和益丰药房,分别为30.89%和27.91%(见表1)。

表1 2020年药品流通行业上市公司主营业务收入增长情况

单位:万元,%

序号	公司名称	证券代码	2020年营业收入	同比增长	2019年营业收入	同比增长
1	国药控股	01099.HK	45641461	7.32	42527273	23.44
2	上海医药	601607.SH	19190916	2.86	18656580	17.27
3	华润医药	03320.HK	16868403	-7.94	18323167	10.24
4	九州通	600998.SH	11085951	11.42	9949708	14.19
5	国药一致	000028.SZ	5964946	14.61	5204576	20.69
6	重药控股	000950.SZ	4521957	33.61	3384382	31.16
7	国药股份	600511.SH	4037861	-9.56	4464448	15.24
8	海王生物	000078.SZ	4002250	-3.54	4149270	8.11
9	南京医药	600713.SH	3981736	7.16	3715574	18.70
10	中国医药	600056.SH	3931175	11.41	3528482	13.80
11	华东医药	000963.SZ	3368306	-4.97	3544570	15.60
12	瑞康医药	002589.SZ	2720388	-22.84	3525851	3.95

续表

序号	公司名称	证券代码	2020年营业收入	同比增长	2019年营业收入	同比增长
13	英特集团	000411.SZ	2500820	1.66	2460093	20.05
14	嘉事堂	002462.SZ	2325614	4.82	2218657	23.53
15	柳药股份	603368.SH	1566866	5.46	1485683	26.82
16	鹭燕医药	002788.SZ	1553128	3.48	1500888	30.50
17	大参林	603233.SH	1458287	30.89	1114117	25.76
18	老百姓	603883.SH	1396670	19.75	1166318	23.15
19	益丰药房	603939.SH	1314450	27.91	1027617	48.66
20	一心堂	002727.SZ	1265628	20.78	1047909	14.20
21	人民同泰	600829.SH	800526	-4.17	835388	18.41
22	健之佳	605266.SH	446636	26.58	352853	27.57
23	浙江震元	000705.SZ	343984	6.06	324315	13.47
24	第一医药	600833.SH	158690	27.65	124317	5.65
25	*ST济堂	600090.SH	89382	-80.14	449963	-58.50
	合计		140536031	17.39	135081999	4.04

资料来源：东方财富 Choice 数据。

二 药品流通行业上市公司盈利分析

从盈利水平情况来看，2020年25家药品流通行业上市公司的综合毛利率平均为17.63%，与上年的18.51%相比略有下降。

分销（批发）和零售盈利能力的差异，主要是由业态组合的差异造成的。从上市公司的业务构成来看，零售业务毛利率水平较高，平均为25.52%；分销业务毛利率水平较低，平均为8.80%。

2020年，以分销为主业的企业其分销业务的平均毛利率为8.18%，与上年相比略有下降，其主要原因如下：一方面疫情影响，导致纯销业务、医疗器械代理和配送等高毛利业务受到影响；而另一方面则是随着药品集采持续推进，集采品种占比越来越高，导致分销业务毛利率有所降低。在以零售为主业的企业中其零售业务的平均毛利率为35.90%，与上年相比略有下滑，其主要原因是药品结构的变化，随着连锁药店积极跟进集采，毛利率水平相对较低的集采药品发展速度较快，占比越来越高，而毛利率水平相对较高的中药饮片和非药品等品类发展速度放缓，占比降低（见表2）。

2020年药品流通行业上市公司运行情况分析

表2　2020年药品流通行业上市公司业务构成及盈利能力排序

单位：%

序号	公司名称	2020年综合毛利率	2019年综合毛利率	分销业务占比	分销业务毛利率	分销业务增长	零售业务占比	零售业务毛利率	零售业务增长
1	国药控股	8.83	8.83	76.31	7.00	3.25	5.29	28.80	22.02
2	上海医药	14.30	14.37	87.36	7.17	3.24	4.44	13.73	2.15
3	华润医药	16.11	16.64	84.24	7.10	-7.11	3.23	10.30	-6.02
4	九州通	8.97	8.75	96.29	8.24	11.39	1.83	26.17	11.22
5	国药一致	11.83	11.05	70.03	6.14	6.32	29.55	24.74	32.25
6	重药控股	9.36	9.05	94.92	8.59	34.95	4.82	22.32	13.27
7	国药股份	7.78	8.75	96.02	6.87	10.80	—	—	—
8	海王生物	11.61	13.31	77.98	10.94	-0.80	—	—	—
9	南京医药	6.36	6.61	93.92	5.60	5.47	4.46	17.30	21.54
10	中国医药	17.30	18.35	66.88	7.79	11.66	—	—	—
11	华东医药	33.05	32.05	68.32	7.52	-8.32	—	—	—
12	瑞康医药	18.29	19.34	99.72	18.21	-22.88	—	—	—
13	英特集团	6.22	6.68	92.43	5.78	-0.03	7.13	9.34	30.95
14	嘉事堂	9.18	10.23	97.34	8.77	3.96	—	—	—
15	柳药股份	12.44	12.15	80.83	8.63	1.20	15.88	23.25	31.72
16	鹭燕医药	7.95	7.79	93.84	7.05	2.90	4.67		22.65
17	大参林	38.47	39.48	3.36	14.90	125.15	94.44	37.89	29.14
18	老百姓	32.06	33.59	12.78	12.07	38.39	86.49	35.15	17.40
19	益丰药房	37.98	39.01	4.27	11.12	44.88	93.21	37.73	27.77
20	一心堂	35.82	38.70	5.18	9.37	123.39	92.81	36.43	28.24
21	人民同泰	11.45	12.22	82.58	7.95	-6.74	16.01	26.51	11.86
22	健之佳	33.69	35.15	—	—	—	87.08	32.30	29.13
23	浙江震元	21.40	21.35	53.85	7.03	3.98	23.44	21.84	15.90
24	第一医药	17.79	20.01	42.79	8.00	49.25	53.82	21.21	17.18
25	*ST济堂	12.39	19.23	78.95	9.31	-71.27	8.63	34.32	-94.9
	平均	17.63	18.51	—	8.80	—	25.52	—	—

资料来源：东方财富Choice数据。

三　药品流通行业上市公司费用控制分析

从费用控制指标来看，2020年25家药品流通行业上市公司销售费用率平均为9.38%，与上年相比降低了0.49个百分点；管理费用率平均为3.25%，与上年相比提高了0.44个百分点；财务费用率平均为1.01%，与上年相比提高了0.24个百分点；三项费用率之和平均为13.64%，与上年相比提高了0.19个百分点。销售费用占比的下降，说明了上市公司普遍开始注重成本的控制；而财务费用占比的提高，说明一些公司的发展驱动仍然主要来自有息负债，尤其是以分销为主业的公司（见表3）。

表3 2020年药品流通企业上市公司费用控制水平排序

单位：%

序号	证券名称	销售费用率		管理费用率		财务费用率		三项费用率之和	
		2020年	2019年	2020年	2019年	2020年	2019年	2020年	2019年
1	国药控股	3.10	2.95	1.54	1.63	0.65	0.74	5.29	5.32
2	上海医药	6.70	6.89	2.47	2.49	0.65	0.67	9.82	10.06
3	华润医药	7.96	9.30	2.76	2.52	1.57	1.80	12.29	13.62
4	九州通	3.19	3.15	1.94	1.97	0.89	1.24	6.03	6.36
5	国药一致	6.61	5.87	1.69	1.62	0.20	0.23	8.50	7.72
6	重药控股	3.13	3.03	1.84	1.77	1.55	1.39	6.53	6.19
7	国药股份	2.56	2.35	0.92	0.95	-0.02	0.02	3.46	3.32
8	海王生物	4.16	4.56	2.66	2.90	2.22	2.69	9.04	10.15
9	南京医药	2.39	2.63	1.02	1.08	0.90	1.18	4.31	4.90
10	中国医药	6.32	9.75	2.37	2.47	0.65	0.44	9.34	12.65
11	华东医药	17.73	16.36	2.97	3.09	0.10	0.01	20.80	19.46
12	瑞康医药	7.99	7.51	4.29	4.12	2.14	2.34	14.43	13.98
13	英特集团	2.25	2.67	1.51	1.47	0.51	0.69	4.27	4.83
14	嘉事堂	2.92	4.03	1.02	1.07	0.76	0.86	4.69	5.97
15	柳药股份	2.72	2.57	2.51	2.33	1.17	0.94	6.41	5.84
16	鹭燕医药	2.22	2.15	1.80	1.88	1.10	1.04	5.12	5.07
17	大参林	23.80	26.02	4.81	4.67	-0.08	0.27	28.54	30.96
18	老百姓	20.31	21.56	4.71	4.76	0.45	0.57	25.47	26.89
19	益丰药房	24.57	26.09	4.16	4.27	0.26	0.37	28.99	30.73
20	一心堂	24.11	27.05	4.00	4.09	0.03	0.20	28.14	31.33
21	人民同泰	6.32	4.36	1.63	2.73	0.38	0.30	8.32	7.39
22	健之佳	23.30	25.18	3.29	3.01	0.21	0.32	26.80	28.50
23	浙江震元	14.30	13.91	3.46	3.39	-0.34	-0.34	17.42	16.96
24	第一医药	9.44	9.95	4.98	6.78	-1.04	-0.75	13.38	15.98
25	*ST济堂	6.48	6.75	16.92	3.19	10.33	2.04	33.73	11.98
	平均	9.38	9.87	3.25	2.81	1.01	0.77	13.64	13.45

资料来源：东方财富Choice数据。

四 药品流通行业上市公司资本运营分析

从相关的财务指标来看,总体应收账款周转率与上年相比有所上升,从平均7.71次升至7.94次,但以分销为主业的上市公司平均为4.13次,比上年的4.18次有所下降,这可能与疫情导致医院回款周期延长有关。

平均存货周转率为6.84次,比上年的7.43次有所降低,但以零售业务为主业的企业平均存货周转率为4.10次,相比2019年的3.76次有所提高。

资产负债率高也是药品流通企业的一大特点,2020年25家药品流通行业上市公司的平均资产负债率为60.35%,比2019年略有提高。

上述这些指标,充分反映了当前药品流通企业的资金使用效率情况。

2020年,资本市场对药品流通行业的估值回升,从2019年的平均市盈率22.90倍上升为29.38倍。分销企业的估值水平有所提升,以分销为主业的20家企业市盈率平均为25.95倍;零售企业的估值仍在攀升,从2019年的平均市盈率37.28倍上升为43.06倍,远远高于分销企业的平均估值,主要是因为医院处方外流和零售行业整合加速带来了良好的资本市场预期。

2020年底,25家药品流通行业上市公司市值总和为4833.87亿元,平均市值为193.35亿元。市值200亿元以上的企业增加到9家,分别是大参林、国药控股、益丰药房、上海医药、华东医药、国药股份、九州通、老百姓和华润医药,其中大参林的市值最高,为516.03亿元(见表4)。

表4 2020年药品流通企业上市公司资本运营情况

序号	证券名称	2020年应收账款周转率(次)	2019年应收账款周转率(次)	2020年存货周转率(次)	2019年存货周转率(次)	2020年资产负债率(%)	2020年终总市值(亿元)	PE(倍)
1	国药控股	3.41	3.72	9.28	9.94	71.10	495.35	7.82
2	上海医药	3.83	4.17	6.72	6.40	63.31	474.88	12.74
3	华润医药	3.55	4.04	7.17	7.77	61.78	210.45	8.84
4	九州通	4.62	4.56	7.00	6.49	68.31	340.29	11.94
5	国药一致	4.89	5.22	9.36	9.92	57.35	181.30	14.97
6	重药控股	2.69	3.10	8.71	9.45	75.30	89.87	11.91
7	国药股份	4.93	4.30	11.63	12.16	47.42	372.05	24.20

续表

序号	证券名称	2020年应收账款周转率（次）	2019年应收账款周转率（次）	2020年存货周转率（次）	2019年存货周转率（次）	2020年资产负债率（%）	2020年终总市值（亿元）	PE（倍）
8	海王生物	2.30	2.24	9.27	9.37	81.14	110.31	267.82
9	南京医药	4.87	4.73	9.58	10.42	79.41	46.35	13.83
10	中国医药	3.54	3.44	5.05	5.14	63.19	153.11	12.24
11	华东医药	5.51	5.73	5.56	6.09	40.05	464.75	15.54
12	瑞康医药	1.85	2.15	6.75	6.98	66.51	78.70	-6.57
13	英特集团	5.08	5.67	8.98	9.48	71.50	48.24	33.77
14	嘉事堂	3.19	3.37	9.90	10.02	62.33	41.16	12.65
15	柳药股份	2.54	2.70	8.92	9.42	63.23	78.12	10.47
16	鹭燕医药	4.15	4.73	7.55	9.08	71.47	30.81	11.32
17	大参林	37.02	35.23	3.79	3.42	54.81	516.03	50.91
18	老百姓	12.57	11.59	4.34	4.19	57.41	256.81	42.67
19	益丰药房	16.63	15.17	4.08	3.84	55.35	479.38	66.96
20	一心堂	18.96	18.56	3.85	3.30	38.03	198.30	27.39
21	人民同泰	2.41	3.00	6.25	7.34	66.77	43.03	21.66
22	健之佳	29.85	23.56	4.42	4.02	50.94	58.89	27.37
23	浙江震元	7.03	6.75	5.24	5.32	34.77	24.26	11.28
24	第一医药	12.81	10.86	5.98	4.54	46.33	21.71	29.91
25	*ST济堂	0.35	4.19	1.55	11.59	60.96	19.72	-7.26
	平均	7.94	7.71	6.84	7.43	60.35	193.35	29.38

注：市值按2020年最后一个交易日的收盘价计算。
资料来源：东方财富 Choice 数据。

2020年，25家药品流通行业上市公司披露的对外投资并购活动共有92起，涉及金额146.79亿元。与往年相比，交易数量有所下滑，但交易金额有所上升。这既与外部环境有关，也与企业所处的发展阶段相关。分销企业经过十多年的快速整合，行业集中度获得迅速提升，但仍有进一步整合的空间，并购呈现数量少但金额大的特点；而零售企业延续了前几年快速并购的步伐，表现出的特点是并购数量多但金额相对较小。

五　药品流通行业上市公司战略实施分析

2020年，药品流通行业在疫情和医改推进的双重影响下收入增速出现放缓,结构不断分化。针对外部环境的变化,药品流通行业上市公司既要不断强化核心竞争力,又要根据外部环境的变化趋势作出一些适应性调整。

(一)医药分销类企业

医药分销已初步形成寡头垄断的竞争格局,国药控股、上海医药、华润医药和九州通4家全国性分销企业营业收入均已超过千亿元,国药控股甚至超过4500亿元。这4家公司的战略动向将受到行业的极大关注,故作重点分析如下。

2020年,4家全国性分销企业仅九州通实现了两位数的增长,其余三家有两家个位数增长、1家出现负增长,其战略举措基本延续了"十三五"期间的做法:继续提升市场占有率,不断强化和延伸供应链,以及进一步优化融资结构。

1. 继续提升市场占有率

目前,全国性分销企业的区域布局基本完成,龙头企业更注重已布局市场的占有率提升。

如国药控股持续挖掘覆盖各级医疗机构配送网络的规模优势,提高集约化运营能力,积极承接带量采购相关产品的市场份额,其中基层市场业务持续拓展,各省区市的终端网络覆盖已经超过50万家。加速内生式业务扩张和网络下沉,国药控股直销业务收入占比以及源自非省会城市的收入占比也在持续扩大。

上海医药进一步巩固进口代理领先地位,疫苗业务实现快速增长。充分利用创新药加速审批政策红利,扩大在进口代理方面的差异化竞争优势,打造从报关到配送的进口一站式多元化服务,增强既有客户黏性,吸引新入客户。

华润医药在产品方面加大优质产品的引进力度,积极参与带量采购的药品配送,新增国家谈判品种合作。2020年,华润医药持续加大对优质产品的引进力度,成立供应链管理中心,实行统一战略性采购,承接供应商战略性细分业务落地项目十余个,积极参与带量采购的药品配送,与多家产品已通过一致性评价的医药企业达成合作。同时,积极拓展上游资源,大力发展新的战略合作业务,持续加快对优质肿瘤药、创新药、生物用药、罕见病用药的产品引进,丰富了其分销业务在抗肿瘤、血液、诊断试剂等领域的产品组合。

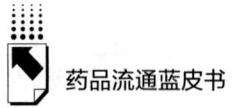

九州通加强与县域商业、百强连锁企业的战略合作,拓展连锁委托配送项目,实现毛利提升。抓住总代总销业务拓展的良好商机,积极引进并大力推广优质总代总销产品和医药工业自产产品,优化产品结构与营销策略。

2. 不断强化和延伸供应链

供应链是医药分销企业的核心竞争力,行业龙头企业集约化水平不断提升。

如国药控股整合资源配置,重点推动全国一体化转型及加快数字化平台的升级改造。截至2020年末,已经完成了跨领域的多维度医药产业服务平台搭建,形成了包括特药服务平台、营销服务、零售电商、临床研发数据辅助服务等在内的综合性供应链服务体系。在现有网络资源的基础上,进一步实现服务模式衍生,强化上下游黏性,巩固本集团在整个医药供应链体系中的核心价值和地位。

上海医药启动三大超级物流中心建设,提升医药保障基地服务能级。2020年,根据国家"建设现代流通体系"的要求,本着供应链的集约化、现代化和智能化,上海医药持续推进绥德路二期、宝山和临港三大超级物流中心建设工作。

华润医药持续加强一体化、专业化、规模化、标准化的现代物流体系建设,打造核心竞争优势。同时,依托供应链优势,积极优化医药电商平台,加快医药互联网领域的业务布局,还与业内领先的互联网医疗企业微医集团建立互联网医药联合体,抢占新兴渠道,实现数字化驱动医疗、医药、医保服务的融合,推动医药流通供应链数字化升级。

九州通大力推进物流建设,数字化、信息化建设和互联网医药供应链平台建设。物流方面,九州通利用其在行业内领先的物流网络、技术、管理与品牌优势,在满足自身业务需求的同时延伸拓展九州通的三方和四方物流业务。数字化方面,与微医互联网医院、武汉大学人民医院互联网医院等5家机构签订了互联网医院的战略合作协议,提供远程开方、审方和互联网购药等服务。信息技术方面,与三六零科技、网易易数签署合作协议,共同构建数据中台,开展医疗信息化及网络安全、智慧物流等领域合作,拓展医疗数字化下的融合创新业务场景。互联网医疗供应链方面,与永辉旗下海峡食品成立合资公司,拟在海峡食品位于全国的超市中开设并运营药店,依托好药师大健康平台提供到店购药、远程处方、医药配送、网订店取等服务,合力打造处方药等医药商品线上线下一体化的销售新模式。

3.进一步优化融资结构

由于种种原因,医药分销企业在国内的医疗产业链中仍承担着垫资的功能,所以能否获得足额低成本资金就显得至关重要。上市公司往往会采用综合手段优化融资结构,降低融资成本。

如国药控股为减少财务风险和降低财务成本,对资本结构进行了一定的优化调整。通过发行债券及超短期融资券,分别取得了约27.0亿元与239.8亿元用于补充营运资金,促进调整债务结构及降低融资成本。

上海医药以"融产结合发展"为助力,深化融产结合运作,拓展多种融资渠道和投资手段,确保公司保持良好的资本结构,并提高投融资效率。

华润医药通过发行永续债的方式,在2020年发行永续债10亿元,票面利率为每年3.79%,有效地降低了融资成本,优化了集团资源配置。

九州通则通过创新SCF产品,上线运行光大银行"阳光医药通"、民生银行线上化无追保理、平安银行下游连锁公司融资等项目,利用供应链金融业务的优势提高对上下游客户的黏合力和经营服务质量。2020年,疫情期间九州通获得各类机构优惠融资支持资金合计98.60亿元,其中优惠贷款支持83.60亿元、贷款利率1.65%~4.20%,整体融资利率下降较多。2020年,公司还完成非公开发行两期优先股,融资20亿元。

(二)医药零售类企业

与分销业相比,国内医药零售业具有绝对优势的龙头企业尚未出现,几家领先企业规模较为接近,但仍未在同一赛道。这也预示着未来几年,规模扩张依然是医药零售业的发展主题,这在5家医药零售企业上市公司(老百姓、大参林、一心堂、益丰药房、健之佳)的年报中可以窥见一斑。

1.规模扩张

医药零售企业的规模扩张主要集中在门店拓展方面,2020年5家医药零售类上市公司门店拓展的步伐依然强劲。

老百姓持续构筑直营、并购、加盟、联盟的"四驾马车"立体深耕模式,通过内生发展和外延扩展的双轮驱动以实现门店网络快速向全国扩张。2020

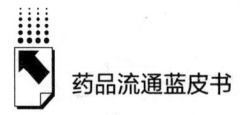

年,老百姓新增门店1734家,含直营门店1089家、加盟门店645家,其中有510家并购门店。至2020年底,老百姓门店总数6533家(含加盟店)。

大参林坚持"深耕华南,布局全国"的发展战略,深耕广东、广西市场,重点加强现有网络布点,下沉渗透已有省份的县域市场,全力提升各区域布点的覆盖率与市场份额,加快并购的步伐,通过并购整合不断推进全国布局。2020年,大参林净增门店1264家,其中:新开门店845家,收购门店250家,加盟店261家。至2020年底,大参林拥有门店6020家(含加盟店315家)。

一心堂以西南为核心经营地区、华南为战略纵深经营地区、华北为补充经营地区进行布局。在西南和华南,一心堂均实行市县乡一体化的店群拓展方式,至2020年底,一心堂在省级、地市级、县级、乡镇四个类型的市场门店均已超过1300家,形成行业独有的市县乡一体化发展格局。2020年,一心堂新增门店1155家。至2020年底,鸿翔一心堂及其全资子公司共拥有直营连锁门店7205家。

益丰药房则根据"区域聚焦,稳健扩张"的发展战略,通过"新开+并购"并重的直营店拓展模式以及加盟店模式试点,新开门店和行业并购持续取得稳健发展。2020年,益丰药房净增门店1239家,其中:自建门店820家,并购门店254家,新增加盟店249家,关闭门店84家。至2020年底,益丰药房门店总数5991家(含加盟店635家)。

健之佳坚持"集团化管理、多元化经营、全国性扩张"的战略方针,坚持以中心城市为核心,通过以自建为主、并购为辅的扩张方式,由省会城市下沉渗透至地级、县级、乡镇市场,积极培育云南地州以及省外核心城市门店,强化云南地区成功模式并复制到其他省市。2020年,健之佳新开直营门店411家,全年净增门店378家。至2020年底,健之佳门店总数达到2130家。

2. 线上线下融合

随着互联网巨头如阿里、京东等对零售药店的不断渗透,线上线下之间出现了激烈的流量争夺,医药零售类上市公司也越来越重视线上业务以及线上线下的业务融合。

老百姓积极布局线上渠道,赋能新零售带来加速扩张。借助业务中台上线,实现会员、商品、订单等线上线下全面打通,极大地提升营销效率,并与腾讯联合推出数字化营销。在智慧门店建设方面,老百姓大力推进智慧收银双屏、扫码购等新型营销互动软硬件建设与推广。老百姓进一步提升会员精细化管理水平，启用企业微信服务号建立会员服务系统，运用服务号+小程序链接多项服务新能力，如在线找药、查找附近门店、24小时药店、稀缺药代购、用药咨询、医生问诊、健康直播等服务，为顾客提供更多购药用药的健康服务。

大参林推动构建开放式的药店零售全渠道生态体系，搭建C端数字化平台对外赋能，完成员工、会员和管理流程系统内部的相互联通，以通过私域流量池建设维护好会员关系、提升复购率。大参林设立大参林会员中心、小程序、App、社群等平台，提升便捷、高效的购物体验，从而实现线上流量对销售业绩的有效转换。

一心堂在稳健发展线下业务的同时，使线上业务积极迎接互联网化和移动互联网化，积极建设全渠道销售网络、全渠道沟通网络和全渠道服务网络。在传统实体门店经营模式下，利用现代化信息技术全面参与到新零售运营模式当中。一心堂信息化团队在"互联网+"业务方面组织实施自营O2O业务的自主搭建，全面推动电商三期系统的建设与开发。目前，已上线一心到家O2O业务，自建一心到家、一心堂药城、积分商城等程序，依托互联网平台结合自身门店网点优势及品牌影响力的优势条件配套建立相应的线上经营管理制度，融合线上流量及线下门店优势以及自有物流资源开展渠道融通业务。与此同时，一心堂与各大主流电商平台建立紧密合作关系，如与美团外卖、饿了么、京东到家均有O2O业务布局，一心堂所在的10个省市均已上线运营。

益丰药房线下针对不同区域的人口数量、市场需求和消费人群特点建立覆盖不同城市、不同商圈的店面网络，形成了由旗舰店、区域中心店、中型社区店和小型社区店组成的"舰群型"门店布局。线上通过益丰健康App、小程序、微信商城、微信公众号、会员精准营销等的运用，为线下门店带来持续增量的订单和客流；通过提供互联网医院、处方中台、远程问诊、预付卡等便捷服务，实现用户的黏性与企业品牌影响力的提升。

健之佳围绕"以顾客需求为核心"的服务理念，重点提升全渠道服务能力，于2011年开始布局线上销售，长期规划并坚持开展相关业务。目前，已形成以线下门店为依托，围绕佳E购、App、微商城等自有平台及第三方平台O2O、第三方平台电商业务等全渠道开展的线上服务体系，使线上营业收入稳

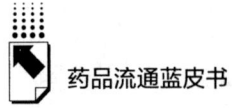

步增长。同时,通过互联网平台及配送平台等基础设施为门店服务顾客,提升线下门店的业绩水平。

3. 数字技术应用

随着信息技术的发展与应用,药品零售业面临数字化的转型与升级。医药零售类上市公司均已开始探索数字化在医药零售业务上的应用场景。

老百姓加快企业数字化战略转型的步伐,充分利用"大数据+AI智能+物联网"技术,建立具有老百姓特色的医药零售生态圈。2020年老百姓开始建设企业数字化人力资源管理平台,更全面地关注"老百姓人"的职业发展全生命周期,优化组织能力,更好地助力业务发展;完成了小程序商城及B2C与O2O"双中台"迭代优化工作,利用老百姓线下门店的市场占有率、门店网络布局及品牌等优势助力"新零售"业务发展。同时,通过清货算法优化,结合商品快速响应、智能荐药等工具落地应用,进一步提升商品的精细化管理水平,有效提升了私域流量的转化率;通过质量信息平台、大数据平台、云计算平台等技术赋能一线,优化商品空间陈列,持续完善供应链体系,为商品精细化管理赋能,为广大患者构建更温馨、更人性化、更专业化健康消费场景。

大参林重视全业务链数据一体化融合,已实现门店运营、仓储管理、商品调拨、销售渠道、会员管理和财务管理的数字化系统升级,建设"企业智慧管理体系"为业务发展和高效管理赋能。在集团管理层面,一方面,完善业务中台和数据中台的双中台架构,优化工作流程和管理效率,实现各部门运营数据在线化,为各区域业务发展提供数据支撑;另一方面,运用技术手段,加强对全国门店合规经营、商品管控、人员培训等日常经营远程督导,促进各项工作的规范性,督促经营计划顺利完成。2020年,大参林联合知名咨询及技术机构开展信息化技术战略合作,为大参林经营提供数字化的解决方案,并且在持续推进实施中。

一心堂则通过引入CRM客户关系管理系统,依托7000多家门店和服务2400万会员的经验,以精准的视角和科学的方式为顾客定制"大健康"服务计划和健康解决方案,实现以顾客为导向的全过程双闭环精细化服务。一心堂的CRM系统通过大数据平台,完成线上线下会员一体化集团式管理,并从原来简单的会员等级划分升级为顾客多维度细分,针对不同分类会员开展会员权益推广,对不同顾客群提供不同方式的全方位服务,提高顾客忠诚度。

益丰药房建立了数字化、网络化、智能化的系统管理平台，涵盖六大核心运营系统，包括新店拓展、门店营运、商品管理、信息服务、顾客满意、绩效考核等，通过业务数字化、运营流程IT化和简单化打造高效敏捷的运营系统，为公司成功实现跨区域经营、快速高效复制和行业并购整合提供了积极保障。同时，基于用户需求与洞察，借助相关信息技术及互联网技术进行会员数据的分析挖掘，实现高效智能化的会员信息管理、线上线下整合营销、健康档案管理、药师咨询、员工学习等多个集约化管理功能。通过后台大数据计算，精准下发员工对会员的维护任务，提高会员顾客的满意度。

健之佳全面推进信息化建设，在信息系统硬件、软件投入及实施方面做更大投入，对SAP及英克系统持续完善，重点推进SRM系统、CRM系统建设。同时，健之佳2020年末起全面推进门店慢病管理大数据项目，把"新"改为"慢病管理"，为顾客免费提供慢病相关重要项目的检测、健康管理、风险提示服务等。

六　小结

随着以医保为主导的"三医联动"改革的不断推进，整个医药市场将会逐渐分化为两大市场：医保市场和非医保市场。医保市场因为面临越来越大的控费压力，销售增长会逐渐趋缓，同时腾笼换鸟的速度会进一步加快；而非医保市场则会受到厂商越来越多的重视，从而迎来更好的发展机遇。对于大多数医药流通企业来说，战略调整已经势在必行。

新冠肺炎疫情催生了资本市场对互联网医疗的热情。京东健康、阿里健康和平安好医生等互联网医疗企业在巨量资本的加持下，与线下流通企业展开了激烈的流量争夺，同时也加速了线下流通企业的线上布局。线上线下的竞争与合作，将成为药品流通行业未来的一个重要主题。

在这种形势下，药品流通企业必须认清行业形势，把握经营本质。医药分销的竞争格局已经初步形成，分销类企业当前的发展策略已经从快速的规模扩张转向提质增效，优化供应链，构建差异化，夯实竞争力。而医药零售竞争格局尚未形成，零售类企业当前的发展策略仍然是快速的规模扩张，自建、并购、加盟、线上布局、多元业态等，最终胜者大概率是那些能够做大规模而且在管理上又不失控的企业。

B.8
药品流通行业发展的特点和趋势及投资价值分析

贺菊颖　程　培*

摘　要： 药品流通行业自2017年起受相关政策影响冲击较大，但整体上依然保持稳定增长。医药分销行业龙头企业抓住有利政策不断提升市场份额；药品零售端呈现集中度提升趋势，借助资本市场国内药店连锁率快速提升，至2020年已达56.5%。从未来发展角度看，医药商业发展更多的是寻找政策阻力较小的新业务机会，主要有三个方向：一是借助集采政策，快速提升终端覆盖密度；二是大力发展高毛利产品配送，如进口创新药品、疫苗、高值耗材及体外诊断试剂等；三是拥抱互联网，线上线下融合，建立ToB（互联网医院、实体医院）及ToC端的互联网销售模式。从二级市场投资角度看，医药分销板块市场悲观预期已大部分释放，横向及纵向估值比较都已在历史低位，继续下跌空间有限。从性价比的角度看，对于长线投资人而言，A股医药分销公司可以逐步进入投资视野。

关键词： 药品流通　医药分销　互联网销售模式

---

* 贺菊颖，中信建投证券研究发展部医药行业首席分析师；程培，中信建投证券研究发展部医药行业分析师。

药品流通行业发展的特点和趋势及投资价值分析

一 行业销售稳定增长，疫情过后预期恢复

药品流通行业自2017年起，受药品零加成、两票制及带量采购等政策不断冲击，但整体依然保持稳健增长，反映国内医药需求强劲。根据商务部统计数据，2017年全国七大类医药商品销售总额20016亿元，同比增长8.4%。2018年、2019年销售总额继续保持5%以上幅度的稳定增长（见图1）。

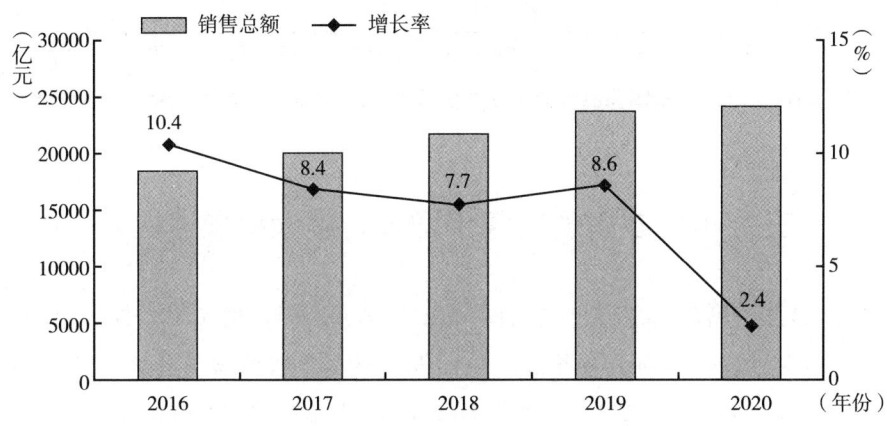

图1 2016~2020年全国药品流通行业销售总额及增长率

资料来源：商务部药品流通管理系统。

二 前4家全国性药品流通企业处绝对龙头地位，市场份额不断提升

从市场占有率来看①，2020年药品批发企业集中度持续提升，前4家全国性药品流通企业中国医药集团、上海医药、华润医药及九州通的合计市场份额占比提升至42.6%（见图2），预计未来这一比例仍将继续提升。

---

① 《2020年药品流通行业运行统计分析报告》。

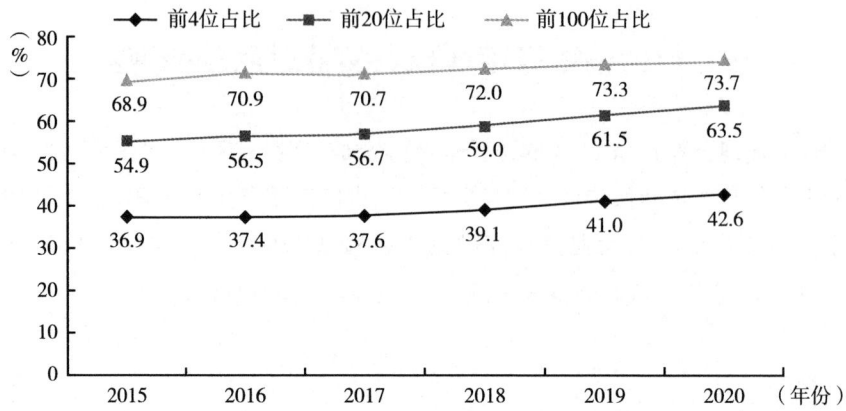

图 2　2015～2020 年全国药品流通批发企业前 4 位、前 20 位、前 100 位市场占比情况

三　药品零售规模稳步增长，连锁率快速提升

2020 年全国药品零售市场销售额 5119 亿元，同比增长 10.1%，增速自 2017 年起持续高于全国市场增速（见图 3）。药品零售市场规模增速加快，主要是受益于 2017 年起药品零加成后的处方外流及医院控制药占比等政策。

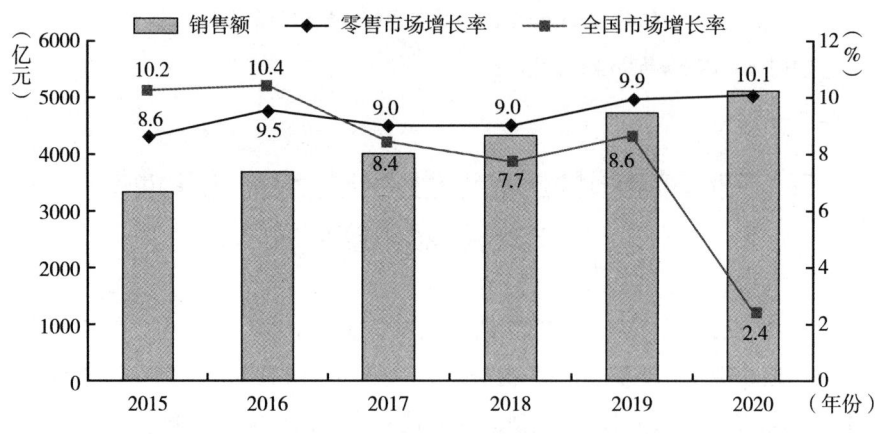

图 3　2015～2020 年全国药品零售市场销售额及增长率

随着益丰药房、老百姓、一心堂、大参林等陆续登陆资本市场，借助资本市场国内零售药店连锁率快速提升，至 2020 年已达 56.5%，预计仍将进一步提升

（见图4）。药店连锁化规模效应逐渐体现，对上游药厂的议价能力逐步提升，同时精细化管理带来人员效率、经营效益的不断改善，药店的盈利能力显著提高。

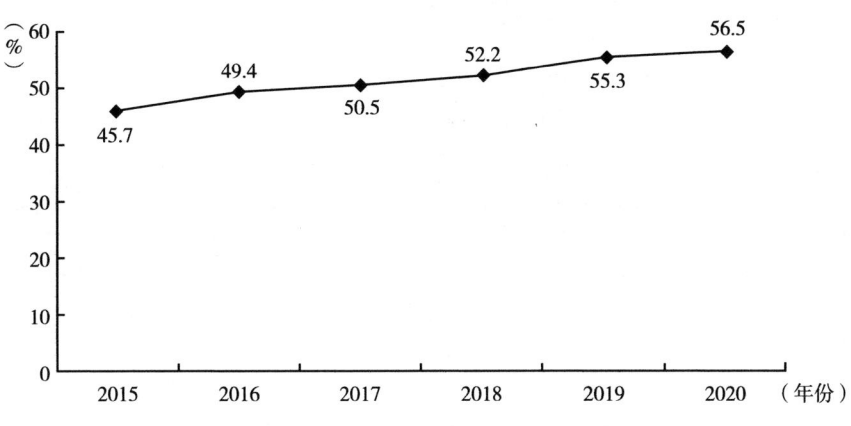

图4　2015～2020年全国零售药店连锁率

四　主要商业企业财务比较：国药控股优势更强

国内医药商业国药控股、上海医药、华润医药三家企业均已整体上市，以医药分销为主营业务同时各家又有所不同（见图5、图6、图7）。从营收结构看，国药控股营收主要来自药品流通，以医药分销及医疗器械分销为主，零售业务占比较低；华润医药及上海医药均有一定比例的医药工业收入，单纯分销业务收入为国药控股一半左右（见图8）。

单就分销业务而言，2020年国药控股和上海医药受疫情影响更小，全年实现正向增长，主要是国药控股持续扩张，并购或新设地方商业公司，上海医药发力进口药品总代业务，同时在集采药品配送中国药控股和上海医药几乎分得大部分市场份额。

分销业务毛利率，国药控股2019年以来持续下滑，主要是集采药品配送占比提升所致；上海医药自2018年起有所提升，主要是进口药品代理业务及高毛利的医疗器械、疫苗分销业务占比提升；华润医药2019年整体毛利率下滑，主要是工业端销售减弱、占比下降所致（见表1）。

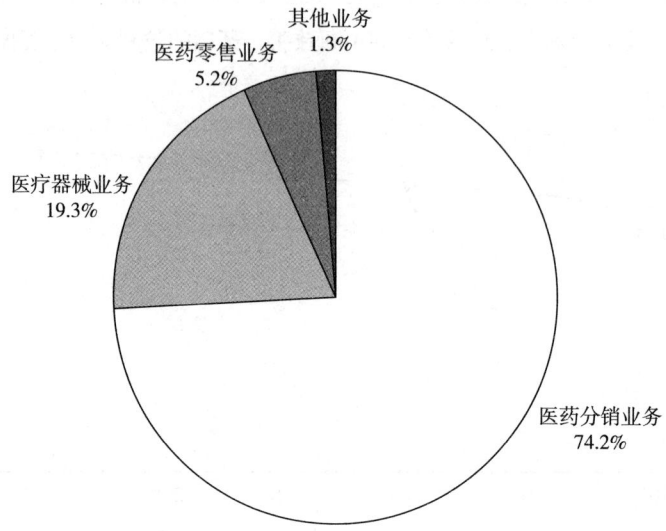

图 5　国药控股 2020 年业务收入构成

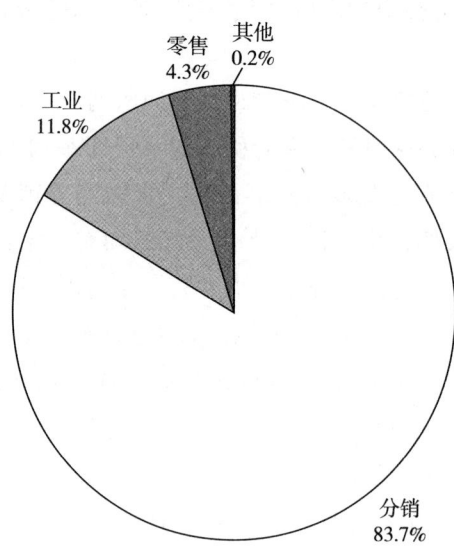

图 6　上海医药 2020 年收入构成

药品流通行业发展的特点和趋势及投资价值分析

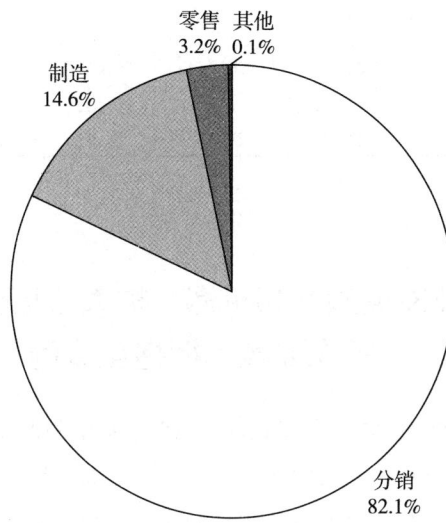

图 7　华润医药 2020 年收入构成

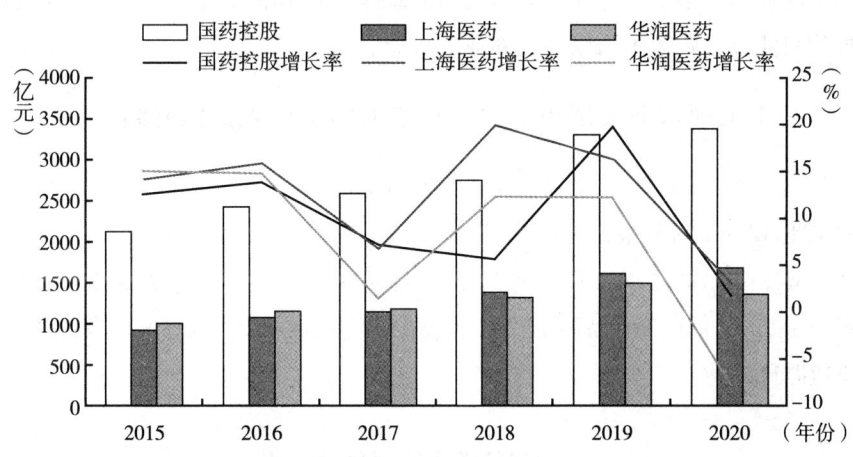

图 8　2015~2020 年国药控股、上海医药、华润医药分销业务收入与增长率对比

表 1　2015~2020 年国药控股、上海医药、华润医药分销业务毛利率对比

单位：%

毛利率	2015 年	2016 年	2017 年	2018 年	2019 年	2020 年
国药控股整体	8.20	8.00	8.31	9.06	8.83	8.83

续表

毛利率	2015年	2016年	2017年	2018年	2019年	2020年
上海医药分销	6.14	5.89	6.27	7.01	7.03	7.17
华润医药整体	15.83	15.38	16.39	18.41	16.64	16.11

资料来源：各公司公告，中信建投。

五 行业发展趋势和机遇：扩大市场份额、扩充品类、拥抱互联网

药品流通行业受政策影响非常明显，2018年两票制改革在各省迅速落地，对医药流通环节进行重塑，两票制使行业首先逐步向区域龙头，最后向全国龙头企业集中；公立医院改革层面取消药品加成、控制药占比、耗占比及医保控费等政策直接压缩存量药品市场，2018年12月起的三轮仿制药集采直接使仿制药市场规模缩小上千亿元，对医药商业总体规模影响较大。因此，医药商业发展将只能寻找政策阻力较小的新业务机会。

（一）流通行业发展机会之一：借力集采扩大销售网络

仿制药品集采自2018年12月第一批谈判完成以来，截至2020年末，已完成4次共3批112个品种集采，仿制药集采大势已成（见表2）。但在落地阶段，集采品种在全国各省选择配送商，国内前3位药品流通企业取得大部分品种配送权，市场份额加速提升；借助集采品种在公立医院系统开户进度可以大大加快，终端覆盖密度迅速提升。

表2 仿制药集采前三批情况总结

带量采购批次	范围	年份	中标规则	采购周期	中选品种数量（个）	平均降价幅度（%）	最高降价幅度（%）	中标企业数量（家）	一致性评价/4类药通过情况			采购前市场规模（亿元）	节省医保资金（亿元）
									1家	2家	3家以上		
1	"4+7"城市	2018	最低价中标，独家中标	1年	25	51	96	15	13	5	7	80	41

续表

带量采购批次	范围	年份	中标规则	采购周期	中选品种数量（个）	平均降价幅度（%）	最高降价幅度（%）	中标企业数量（家）	一致性评价/4类药通过情况			采购前市场规模（亿元）	节省医保资金（亿元）
									1家	2家	3家以上		
扩围	全国	2019	低价中标，中标不超过3家	中标少于等于2家（1年），中标3家（2年）	25	58	79	45	8	7	10	370	215
2	全国	2019	低价中标，多家中标	中标1家（1年），中标2或3家（2年），中标4家及以上（3年）	32	60	93	77	0	8	24	530	318
3	全国	2020	低价中标，多家中标	中标1家（1年），中标2或3家（2年），中标4家及以上（4年）	55	70	97	125	0	17	38	1000	700

资料来源：国家医保局，中信建投。

（二）流通行业发展机会之二：提升高毛利品类占比

国内医药商业公司此前主要集中于药品配送业务，在仿制药逐步集采降价、创新药医保谈判等政策压力下，一方面，预计药品总体销售规模增长速度将放缓；另一方面，集采药品的配送毛利率下降将使整体毛利率承压（见表3）。从品类上看，进口创新药品、疫苗、高值耗材及体外诊断试剂等高毛利品种可以作为新的增长点。

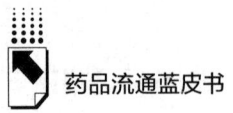

表3 不同医药产品的销售情况对比

项目	药品	高值耗材	低值耗材	体外诊断试剂	医疗设备
市场规模(亿元)	约16000	约1196	约662	约1105	约1420
毛利率(%)	7~8	25~30	15~20	30~50	30
净利率(%)	1~2	7~15	约5	6~12	约10
采购方式	招标、集采	医院自主性强			
销售方式	直销为主	经销为主			
流通企业(批发)	1.31万家	数万家			
产品特点	标准化	相对个性化	标准化	标准化	高度专业化
专业壁垒	低	高(需要支持)	低	高(需要售后服务)	高(需要售后服务)

资料来源:中信建投。

(三)流通行业发展机会之三:拥抱互联网,线上线下融合

"互联网+药品流通"行动计划的深入推进,特别是互联网售药A证、B证和C证审批的取消,为"互联网+药品流通"带来重大利好,也给行业带来新的发展机遇。药品流通龙头企业可以充分利用自身丰富的品种资源、终端客户覆盖、成熟便捷的物流和仓储网络,建立ToB(互联网医院、实体医院)及ToC端的互联网销售模式(见表4、图9)。

表4 药品各销售渠道年复合增长率预测

单位:%

时间	院内	院外	院外		总计
			线下销售	线上销售	
2015年至2019年	6.2	10.8	9.7	30.4	7.5
2019年至2024年(预测)	0.4	16.0	13.2	38.1	6.4
2024年(预测)至2030年(预测)	-0.2	11.3	9.0	19.3	6.2

药品流通行业发展的特点和趋势及投资价值分析

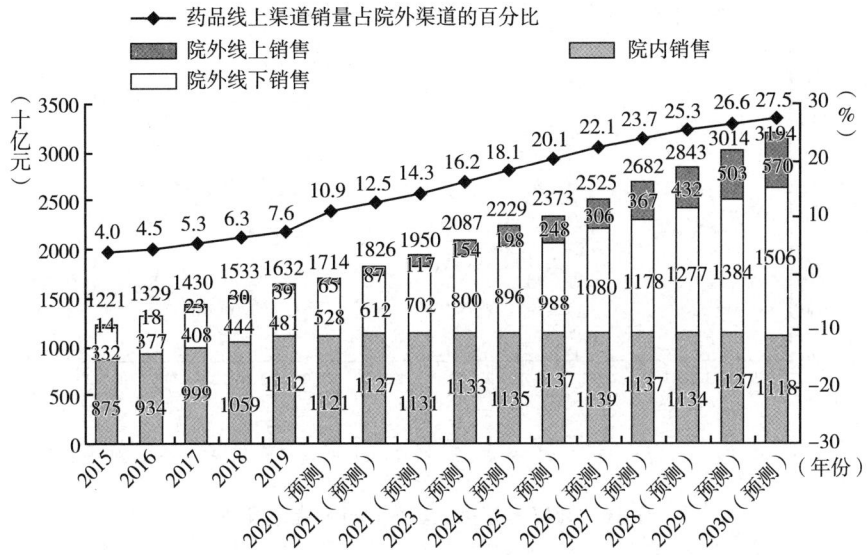

图 9　互联网线上渠道销售药品规模预测

资料来源：京东健康招股书，中信建投。

六　国际及历史估值对比：医药分销行业已具备投资价值

2017年至今，医药分销板块受药品零加成、两票制及带量采购政策因素影响，在整个医药行业中涨幅排名最末，市场对该板块普遍较为悲观。从横向及纵向估值比较看，市场悲观预期已大部分释放，继续下跌空间有限。

（一）2017年至今：政策压力下医药分销板块表现最弱

2017年至今医药分销板块整体表现不佳，按总股本加权平均收盘价计算，至2021年3月8日已落后申万医药指数77.94个百分点（见图10）。个股方面，仅上海医药和国药股份获得正收益，其余企业股价均大幅下挫，股价表现低迷。

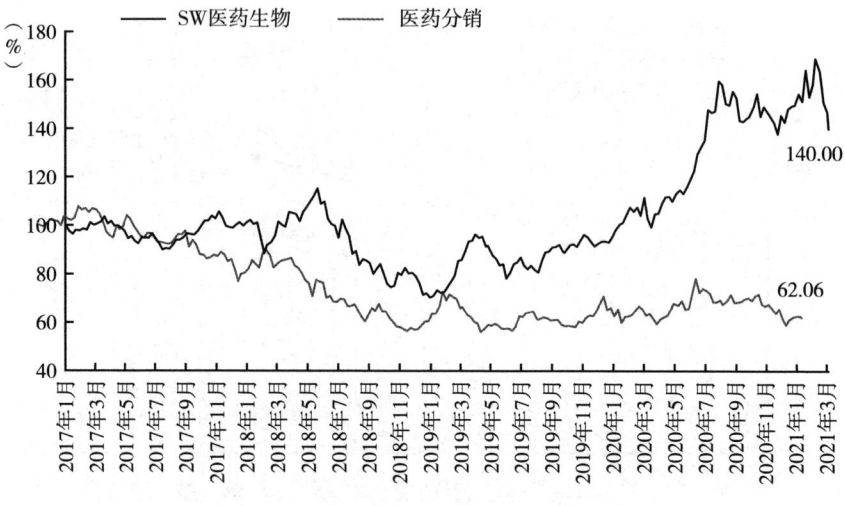

图10 2017年以来医药分销行业指数表现

注：医药分销行业指数计算包含12家上市公司瑞康医药、嘉事堂、上海医药、柳州医药、国药一致、国药股份、中国医药、九州通、鹭燕医药、人民同泰、南京医药、英特集团，不计连锁药店与医药零售公司，以2017年1月1日收盘价为100%，等权重计算。

资料来源：Wind，中信建投。

（二）纵向及横向对比：估值已有安全边际

与医药生物其他子行业相比：医药分销行业自2017年以来表现最差（见图11），按总股本加权平均收盘价计算，在医药生物6个子板块中跌幅最大，累计下跌34.73%，远落后于申万医药指数和沪深300指数。

1. 纵向比较看，医药分销行业平均市盈率（TTM，整体法）已下降至历史低位

目前价格对应当前PE（TTM）仅16.2倍，考虑到疫情影响2020年第一至第三季度业绩，TTM估值抬升，随着2021年业绩预期回暖，行业整体估值将继续下行，整体已处于低位（见图12）。

2. 横向比较看，国内医药分销公司已经拥有不错的性价比

放眼全球，我们看到美国及日本的医药分销企业股价相对2019年估值分别在22倍和12倍（考虑到2020年全球疫情影响，业绩预期不具可比性，我们选取2019年对比），而它们的预期盈利增速已经非常平稳；国内医药分销

药品流通行业发展的特点和趋势及投资价值分析

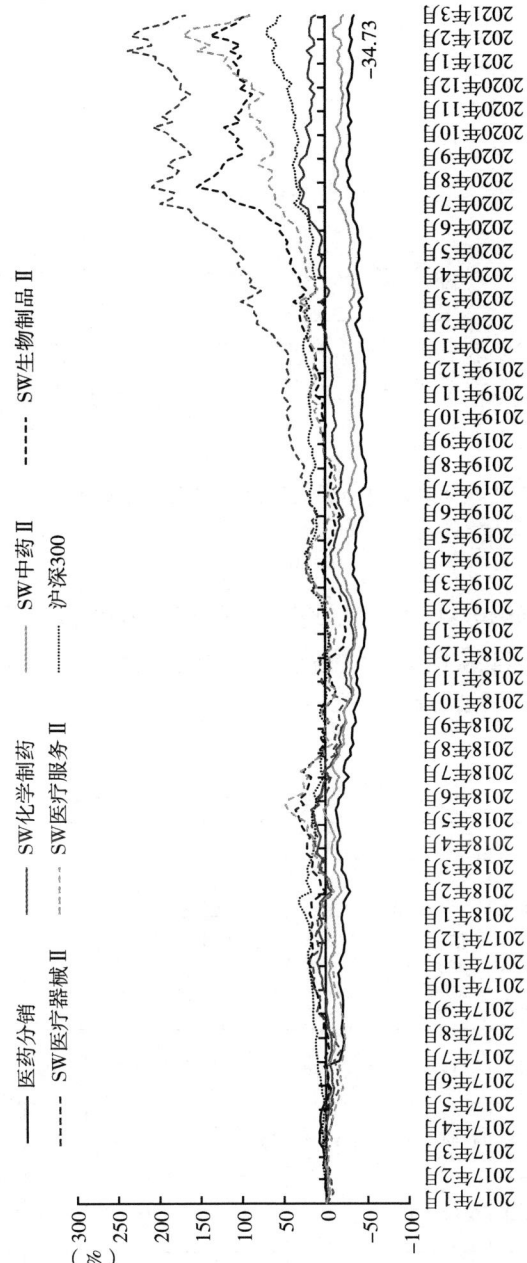

图 11　2017 年至 2021 年 3 月医药分销行业与其他子行业股价表现对比

资料来源：Wind，中信建投。

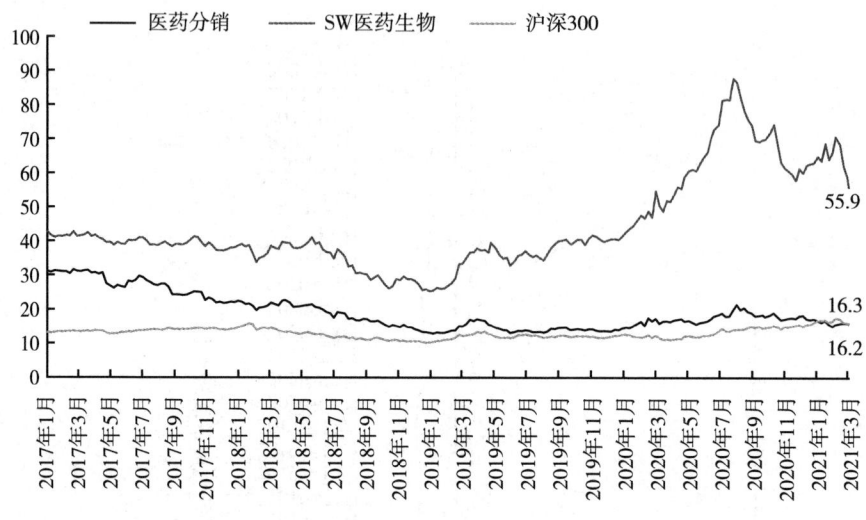

图 12　2017 年至 2021 年 3 月医药分销行业估值表现

资料来源：Wind，中信建投。

公司的估值已经普遍降至 10～15 倍（见表 5），而我们的平均预期增速仍然显著快于海外可比公司。因此从性价比的角度看，对于长线投资人而言，国内医药分销公司已经值得进入投资视野。

表 5　2018～2020 年全球主要医药分销公司业绩及估值

公司名称	货币	股价	市值（亿元）	EPS 2020年	EPS 2019年	EPS 2018年	PE 2020年	PE 2019年	PE 2018年	ROE（%）	PB	PS	2018～2020年 EPS CAGR（%）
中国													
国药控股	人民币	23.10	721	2.31	2.11	1.97	10.0	10.9	11.7	13.85	1.00	0.12	8.29
上海医药	人民币	21.47	543	1.58	1.44	1.37	13.6	14.9	15.7	10.33	1.23	0.29	7.32
九州通	人民币	15.41	289	1.60	0.94	0.73	9.6	16.4	21.1	15.16	1.81	0.32	48.05
国药股份	人民币	33.00	249	1.83	2.11	1.83	18.0	15.7	18.0	12.58	3.36	0.91	0.04

续表

公司名称	货币	股价	市值（亿元）	EPS 2020年	EPS 2019年	EPS 2018年	PE 2020年	PE 2019年	PE 2018年	ROE（%）	PB	PS	2018~2020年 EPS CAGR（%）
国药一致	人民币	38.29	153	3.27	2.97	2.83	11.7	12.9	13.5	10.48	1.45	0.35	7.49
瑞康医药	人民币	4.48	67	0.21	-0.62	0.52	21.3	-7.2	8.7	3.57	1.05	0.28	-36.27
嘉事堂	人民币	13.60	40	1.09	1.44	1.31	12.5	9.4	10.4	9.00	1.16	0.18	-8.78
美国													
麦克森	美元	192.67	305	-28.26	4.98	0.17	-6.8	38.7	1133.4	-179.02	3.85	0.11	/
美源伯根	美元	116.44	239	-16.65	4.07	7.61	-6.99	28.61	15.30	-366.53	6.08	0.10	/
卡迪那	美元	57.94	168	-12.61	4.55	0.82	-4.6	12.7	70.7	-91.07	16.44	0.10	/
日本				2017年	2018年	2019年	2017年	2018年	2019年				
Suzuken/Aichi	日元	3275	3385	198.21		310.26	16.5		10.6	6.90	1.15	0.22	25.11
Medipal控股	日元	2138	5228	149.91		175.80	14.3		12.2	7.71	1.19	0.19	8.29
Alfresa控股	日元	1685	3960	164.26		190.26	10.3		8.9	8.87	1.19	0.20	7.62

注：收盘价日期为2021年7月1日。
资料来源：Wind，中信建投。

医药供应链篇

Pharmaceutical Supply Chain Reports

B.9
2020年中国医药供应链物流发展分析报告*

中国医药商业协会医药供应链分会**

摘　要： 本文对2020年中国医药供应链物流发展的宏观环境、医药物流市场情况，1173家样本企业医药物流的仓储、运输资源情况，物流信息化及技术应用情况以及涉药物流企业医药物流服务能力分类分级评估开展情况进行整体分析，并基于总结2020年医药供应链物流的整体发展特点，结合行业政策、技术及服务模式发展变化，预判未来医药供应链物流的发展趋势。

---

* 供应链物流是为了顺利实现与经济活动有关的物流，协调运作生产、供应活动、销售活动和物流活动，进行综合性管理的战略机能。供应链物流是以物流活动为核心，协调供应领域的生产和进货计划、销售领域的客户服务和订货处理业务，以及财务领域的库存控制等活动。包括涉及采购、外包、转化等过程的全部计划和管理活动以及全部物流管理活动。更重要的是，它也包括与渠道伙伴之间的协调和协作，涉及供应商、中间商、第三方服务供应商和客户。

** 本文由中国医药商业协会医药供应链分会秘书长朱建云、副秘书长周云霞主笔撰稿。

关键词： 供应链物流　医药物流　涉药运输标准

一　医药供应链物流市场发展概述

2020年，药品流通控费降价、带量采购常态化，医药生产、流通行业内部分化加剧，加之受2020年国际贸易摩擦和新冠肺炎疫情的影响，全球经济和药品流通发展增速下滑，药品流通行业加速整合和洗牌。在政策和市场竞争双重影响下，医药供应链扁平化趋势对医药物流市场的挑战进一步加剧。

2020年，医药供应链物流出台多项相关政策。3月5日，中共中央、国务院发布了《关于深化医疗保障制度改革的意见》；4月10日，商务部等8部门发布了《关于进一步做好供应链创新与应用试点工作的通知》（商建函〔2020〕111号）；5月20日，国务院办公厅转发国家发展改革委、交通运输部《关于进一步降低物流成本实施意见的通知》（国办发〔2020〕10号）等影响医药产业链上下游及药品流通行业发展的重要文件；7月2日，国家药监局、国家卫生健康委关于发布2020年版《中华人民共和国药典》的公告；11月13日，国家药监局综合司公开征求《药品网络销售监督管理办法（征求意见稿）》意见。此外，多个省份就"支持医药产业高质量发展""推进开展'互联网+'医保服务""药品和高值医用耗材集中带量采购""药品现代物流发展"等方面出台了实施方案和指导意见。

从医药供应链物流市场环境来看，2020年的新冠肺炎疫情对中国乃至全球的供应链活动造成了深刻影响，让行业、企业开始意识到：虽然我们建立了相对高效的、相互关联的供应链，但有些供应链是极其脆弱，而且缺乏弹性的。尤其是在新冠肺炎疫情突发事件影响下，供应链的脆弱性凸显，企业不得不面对防疫物资供应不足、国际物流受阻、物资运送车辆通行受限、原料供应和物资保障不足的问题，甚至局部供应链断裂问题。

在系列"重磅政策"和"突发事件"的叠加效应下，中国的药品流通行业面临医药供应链扁平化挑战和提升供应链弹性、严控医药物流质量与成本、保障药品及医用物资供应的多重压力。尽管如此，药品流通和涉药物流企业克服种种困难,创新转型,砥砺前行,在2020年的医药供应链物流方面发挥着举足轻重的作用,为国内国际抗击疫情做出突出贡献。

二 医药物流市场情况分析

(一)医药物流市场规模情况

近几年,中国医药商业协会医药供应链分会持续跟踪分析国内药品物流市场、医疗器械物流市场、生物样本市场(含临床试验及实验室检验物流市场)等情况。根据医药供应链分会的调研和研究分析,2020年中国医药物流市场规模为1548.44亿元,较2019年增长18.89%。其中,药品物流市场占78.0%,生物样本物流市场占12.8%,医疗器械物流市场占8.4%(见图1)。从医药物流市场的业务结构来看,医药仓储、订单服务及供应链增值服务收入占比约为43.5%,医药运输市场占比为56.5%,医药运输市场业务占比较2019年增加约1个百分点,主要影响因素为终端订单的碎片化趋势、防疫物资及核酸检测物流需求量增加。

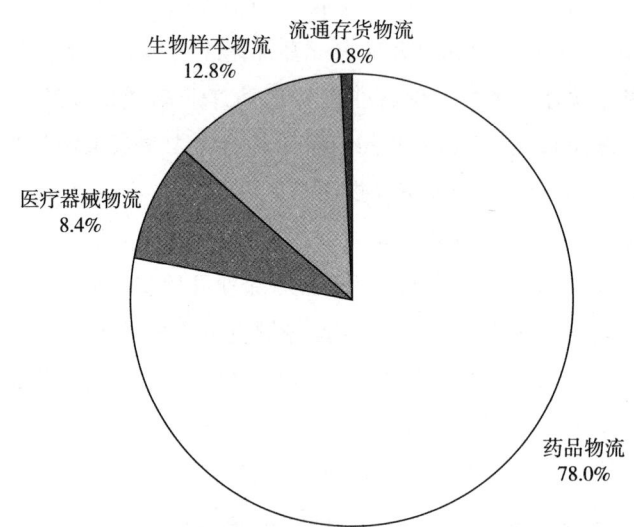

图1 2020年中国医药物流市场规模占比

资料来源:作者根据医药生产、流通市场数据分析整理。

从2020年医药运输市场来看，医药市场自营车辆配送占比为23.4%，外包运输占比为76.6%。根据调查样本分析，从医药产品出厂到终端医院、药店或乡镇卫生院的端到端供应链流程来看，医药产品出厂运输、全国跨区域、跨省乃至部分省份由省级物流中心到市一级配送中心的医药运输业务以外包运输为主，物流中心覆盖市内及周边城市，配送以医药商业或专业医药物流企业自营配送为主。值得一提的是，根据医药供应链分会的走访和调研，长期以来，省、市一级的医药商业龙头企业是下一级县级医院、乡镇卫生院及村卫生室等药品供应和最后一公里配送保障的主力军。但是，随着近两年医药电商的发展，越来越多的乡镇、村居民普通用药通过电商平台购买，由电商物流或涉药运输企业配送到乡镇，电商快递寄收网点或居民家中。由此，医药运输市场当前面临的主要问题依然是医药产品作为特殊商品质量安全合规管理专业性要求与社会化运力资源如何整合利用的问题。

（二）医药物流市场资源情况

1. 样本情况及数据口径

本研究报告基于商务部药品流通管理系统、中国医药商业协会医药物流数据库中企业的物流资源数据整理。该数据库包含药品批发企业、批零兼营企业、零售企业、专业医药物流企业、涉药物流企业的医药物流资源情况。本报告共整理得到1173家医药企业的物流资源数据，1173家为有效样本，数据统计截止日期为2020年12月31日，有效样本量较2019年增加136家。各省区市企业数量如表1所示。

本报告中，医药仓储资源口径为具有药品经营许可证的独立法人企业医药物流仓储资源情况，不包含涉药物流企业中转网点资源情况；医药运输资源口径为专业医药物流运输资源和涉药物流运输资源，其中2020年医药运输资源新增涉药物流企业包括顺丰医药、华欣物流、盛世华人、民航快递、康展物流等共16家企业67个中转网点。

2. 医药物流资源情况

根据有效样本数据，2020年医药物流配送网点共2248个，仓库总建筑面积1600万平方米，不包含涉药物流企业约34.2万平方米的中转仓面积，同比

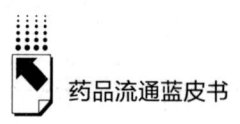

表1 2020年全国医药企业物流资源样本数量

单位：家

序号	省区市	有效样本量	序号	省区市	有效样本量
1	浙江省	99	17	辽宁省	33
2	河南省	65	18	重庆市	31
3	江苏省	64	19	吉林省	28
4	四川省	62	20	陕西省	27
5	北京市	58	21	江西省	27
6	上海市	57	22	黑龙江省	27
7	广东省	54	23	山西省	25
8	山东省	52	24	广西壮族自治区	24
9	湖北省	50	25	甘肃省	19
10	云南省	51	26	新疆维吾尔自治区	19
11	福建省	48	27	内蒙古自治区	19
12	湖南省	41	28	河北省	18
13	宁夏回族自治区	39	29	天津市	17
14	海南省	38	30	青海省	8
15	安徽省	38	31	西藏自治区	2
16	贵州省	33	32	样本合计	1173

增长8.2%；冷库容积140万立方米；自有医药配送车辆23822台，较2019年同比增长3.0%，其中冷藏配送车辆4700台，同比增长18.8%（见表2）。

表2 2017~2020年医药物流资源情况对比

项目	2017年	2018年	2019年	2020年	同比增长（%）
有效样本企业个数（个）	788	941	1037	1173	—
医药物流配送网点（个）	1289	1476	2106	2248	—
医药物流仓储建筑面积（万平方米）	1117	1296	1479	1600	8.2
自有配送车辆（台）	11831	17857	23139	23822	3.0
冷藏配送车辆（台）	2415	2856	3955	4700	18.8

资料来源：商务部药品流通管理系统，中国医药商业协会医药物流数据库。

从医药物流网点仓储资源的地理分布来看，占样本企业数量50.4%的四川、浙江、广东、江苏、湖北、安徽等十大省份的医药物流中心仓储资源占样本总数的60.5%，如表3所示。

2020年中国医药供应链物流发展分析报告

表3　各省区市样本数量及仓库面积占比

单位：%

省区市	样本数量占比	仓库面积占比	省区市	样本数量占比	仓库面积占比
四川	5.3	6.9	山西	2.1	2.4
浙江	8.4	6.6	陕西	2.3	2.0
广东	4.6	6.6	广西	2.0	2.0
江苏	5.5	6.6	河北	1.5	1.9
湖北	4.3	6.1	贵州	2.8	1.9
安徽	3.2	6.1	天津	1.4	1.9
河南	5.5	5.6	新疆	1.6	1.7
云南	4.3	5.5	吉林	2.4	1.5
山东	4.4	5.3	甘肃	1.6	1.2
上海	4.9	5.2	黑龙江	2.3	1.1
北京	4.9	5.1	内蒙古	1.6	1.1
湖南	3.5	3.2	宁夏	3.3	0.9
福建	4.1	2.8	海南	3.2	0.8
重庆	2.6	2.6	青海	0.7	0.3
江西	2.3	2.6	西藏	0.2	0.2
辽宁	2.8	2.5	合计	100	100

自有运输车辆资源前十大省区市总计占比60.2%，前十省区市排名依次为安徽、四川、广东、重庆、山东、江苏、河南、北京、浙江、湖北，如图2所示。

从医药物流网点仓储运输资源的企业隶属来看，医药商业领军企业依然占据医药物流资源优势。其中，国药控股、九州通、华润医药、上药集团四家全国性企业的物流中心建筑面积约占有效样本总面积的45.9%；四川科伦、海王生物、重药控股、瑞康医药、安徽华源、南京医药、浙江英特、广州医药等地方龙头企业以及四家全国性企业物流中心面积占有效统计样本总面积的62.9%（见图3）。国药控股、九州通、华润医药、上药集团、四川科伦、重药控股、海王生物、瑞康医药、南京医药的自有运输车辆数约占有效统计样本总车辆数的46.5%（见图4）。①

---

① 2020年，由于重药控股并购了天士力辽宁、湖南、山西物流中心，同2019年相比，重药控股和天士力物流中心仓库面积占比、自有运输车辆占比变化较大。

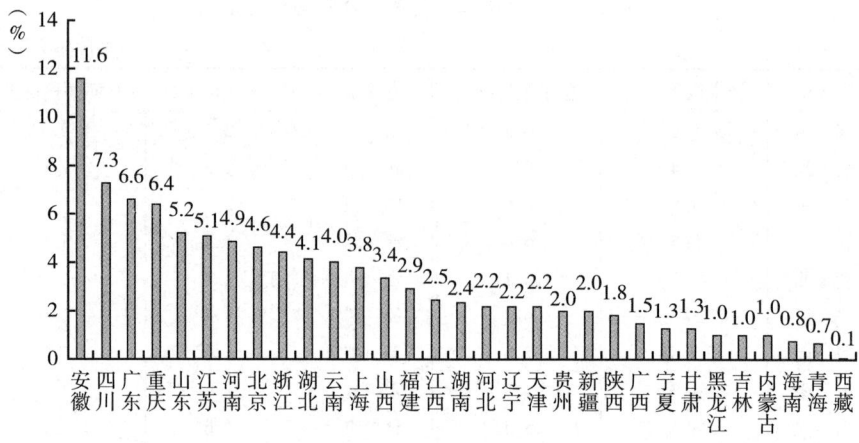

图 2　各省区市自有运输车辆资源占比

注：较往年四家全国性企业、广药、英特等企业数据细分到各省区市，2020年有效样本数据颗粒度更加细化，更多集团性企业和地方龙头企业如重药控股股份有限公司、中国医药健康产业股份有限公司等报送的数据拆分到各地分子公司；2020年度医药物流仓储运输资源在各省区市占比情况相较2019年度略有微调。

（三）头部企业网点覆盖情况

根据有效样本统计结果，2020年医药物流投入运营的物流配送网点数达到2248个，覆盖了全国31个省区市。其中，国药控股、华润医药、海王生物、上药集团、九州通、瑞康医药、重药控股、四川科伦物流配送网点数量占比达到55.8%（见图5）。从有效样本看，国药控股在全国布局网点已下沉到集团系统内四级网点，物流网点占比最高。

（四）医药物流运营水平情况

随着医药物流技术和管理升级，根据有效样本分析，近90%的医药经营企业账货相符率高于99.2%，近70%的医药经营企业账货相符率高于99.99%；近97%的医药经营企业的出库差错率低于0.4%；近90%的医药经营企业的货物准时送达率高于98%，超过77%的医药经营企业的货物准时送达率高于99%；近91%的医药经营企业的运输过程信息可追溯性高于99%，超77%的医药经营企业的运输过程信息可追溯性高于99.8%。以上关键运营指标，均不同程度高于上年。

2020年中国医药供应链物流发展分析报告

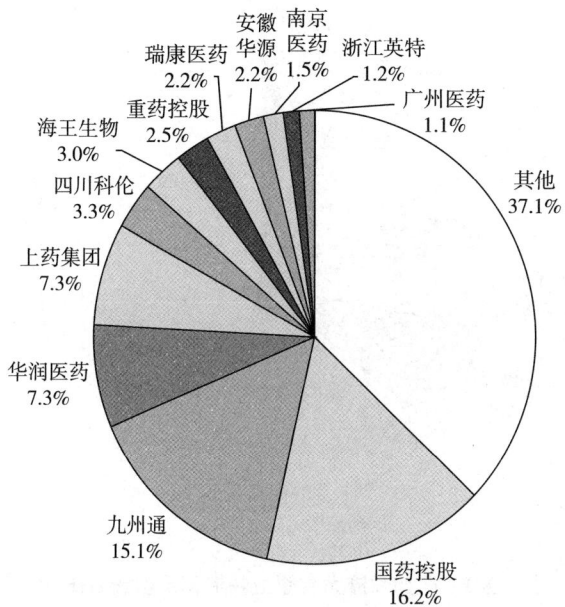

图3 医药物流龙头企业物流中心面积占比

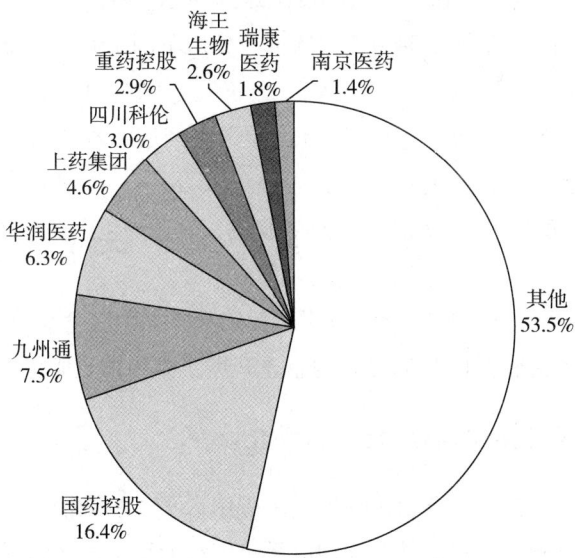

图4 医药物流龙头企业自有配送车辆数占比

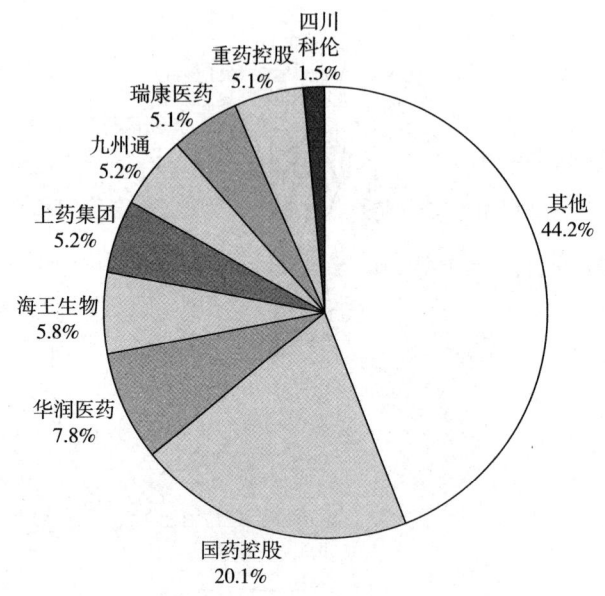

图 5 医药物流龙头企业物流网点数量占比

在 1173 家有效样本中，有 463 家企业填报了自运和委托运输相关信息。对其分析结果显示，自运配送件数占年度配送药品总件数的 65.6%，委托配送件数占年度配送药品总件数的 34.4%。从自运配送范围来看，企业自运配送范围主要集中于市内、县、乡镇及"最后一公里"，其中市内自运配送比例达到 95.2%，县、乡镇及"最后一公里"自运配送比例达到 86%。企业外包配送范围较广，除了触达县、乡镇及"最后一公里"、市内、省内外，在跨区域、跨省、全国范围的配送占比也较自运配送比例高，其中外包配送可到达全国的企业占比为 32.2%。

在医药供应链延伸服务方面，1173 家有效样本中有 510 家填报了其开展的院内物流服务情况，其中 33.1% 的企业开展了院内物流服务。

（五）医药物流的信息化、自动化水平

通过对医药经营企业自动化物流技术应用水平、物流信息化技术应用水平进行有效样本分析，医药经营企业物流系统广泛应用了仓库温湿度自动监测系统、在途 GPS 定位、运输温度自动监测系统、订单管理系统、仓储管理系统、客户关系管理系统、运输管理系统等一系列现代化管理软件和先进的管理手

段,医药物流平台及配送签收移动终端使用比例也逐渐提高(见图5)。在物流自动化、智能化技术应用方面,更多新建物流中心创新使用AGV自动引导小车、机器人、箱式自动化立体仓、自动穿梭机等自动化物流工具,如图6所示。整体上全国和区域医药龙头企业物流信息化、自动化水平提高趋势明显,市、县级企业在物流仓储管理、运输管理方面还缺少专业的仓储和运输管理信息系统,物流自动化水平也相对比较低。

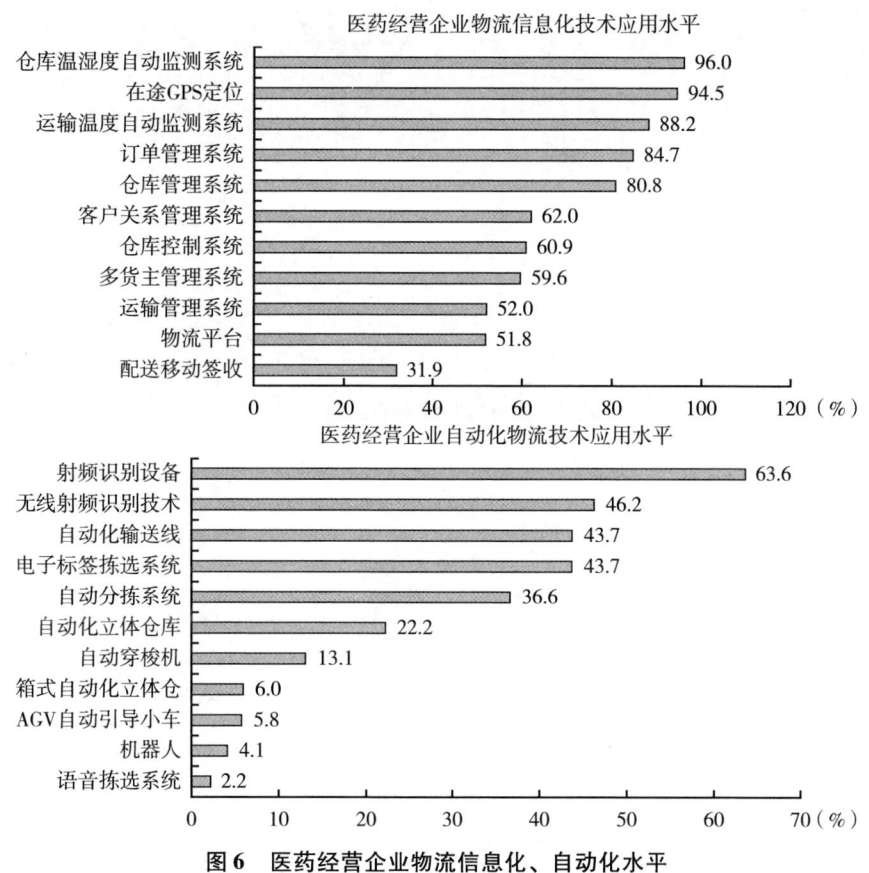

图6 医药经营企业物流信息化、自动化水平

(六)各业态分析

根据分析,1173家有效样本中有零售企业131家,物流仓库建筑面积占比为5.8%,自有车辆占比3.9%;批发及批零兼营企业共946家,物流仓库建筑

面积占比为84.7%，自有车辆占比81.7%；有药品经营许可证的独立法人专业医药物流企业29家，物流仓库建筑面积占比为9.5%，自有车辆占比7.5%；涉药运输中转网点67个，涉药运输企业自有车辆占比6.9%（见图7、图8）。

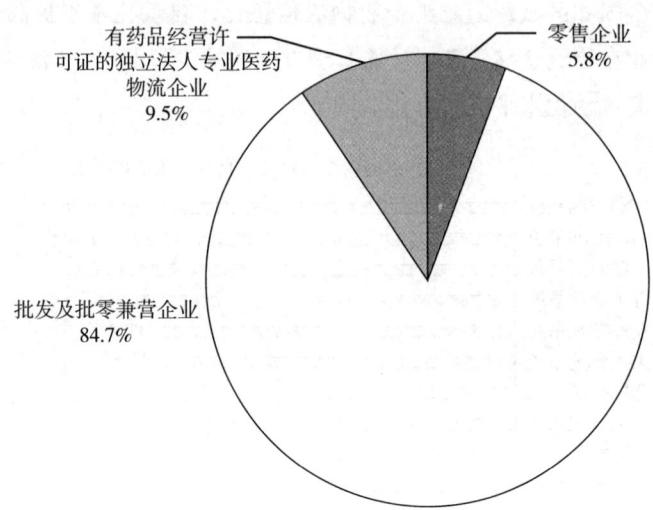

图7　各业态物流中心面积占比

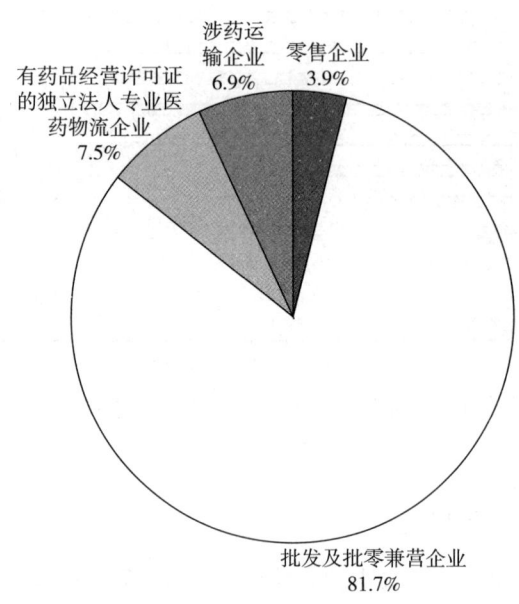

图8　各业态自有运输车辆占比

批发及批零兼营企业使用仓库管理系统（WMS）比例达到72.0%，使用运输管理系统（TMS）比例达到65.1%，如图9所示。

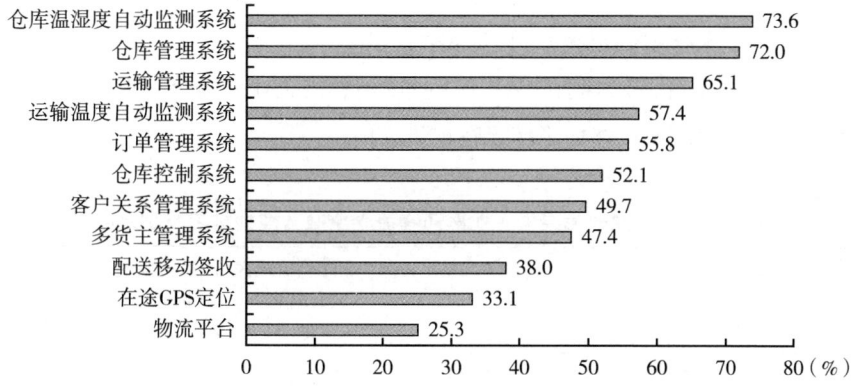

图9　批发及批零兼营企业物流信息化技术应用水平占比

三　涉药物流企业医药物流服务能力分类分级试点评估情况

2017年初，中国医药商业协会医药供应链分会向药品流通行业主管部门商务部提出建立涉药物流分类分级评估标准的项目建议书；商务部办公厅发布《关于下达2017年流通行业标准项目计划的通知》（商办流通函〔2017〕232号）对此标准进行了立项。中国医药商业协会在商务部指导下，成立了由跨国制药企业、药品批发和医药物流龙头企业专家组成的涉药物流分类分级评估标准起草组，并完成《药品经营企业物流服务能力标准》《涉药运输企业医药物流服务质量及能力评估标准》的起草和系列研讨修订工作。涉药物流企业分为从事医药物流服务的药品经营企业（有仓储业务、有药品经营许可证的批发企业和专业医药物流企业）和涉药运输企业（仅运输业务）。2018年下半年在送审的同时，中国医药商业协会分批组织涉药物流企业进行贯标试点评估。截至目前的开展情况如下。

一是2018年11月中旬至2019年4月15日，中国医药商业协会医药供应链分会启动第一批14家涉药物流企业（9家药品经营企业、5家涉药运输企业）分类分级贯标评估工作，并进行阶段性试点评估总结。

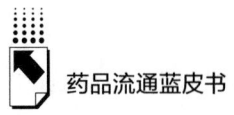

二是 2020 年上半年，尽管受疫情影响现场评估工作暂缓，但是企业参与热情不减，2020 年 8 月至 10 月中国医药商业协会供应链分会完成 3 家经营企业和 5 家涉药运输企业的第二批分类分级试点评估工作，并完成 7 家企业的定级工作（另 1 家整改后定级），详见表 4、表 5。

三是自 2020 年 12 月起，开启第三批涉药物流企业分类分级贯标试点评估工作，目前第三批试点评估工作正在推进之中。

表 4　第一、二批药品经营企业医药物流企业服务能力排名及定级结果

序号	评估批次	企业名称	医药物流配送硬件规模及能力	医药物流服务综合能力	业务类型
1	第一批贯标评估	国药集团医药物流有限公司	★★★★★	★★★★★	仓储运输配送综合服务
2		九州通医药集团物流有限公司	★★★★★	★★★★★	
3		华润江苏医药有限公司	★★★★★	★★★★★	
4		浙江英特物流有限公司	★★★★	★★★★★	
5		重庆医药(集团)股份有限公司	★★★★	★★★★★	
6		北京科园信海医药经营有限公司	★★★★	★★★★★	
7		广州医药股份有限公司	★★★★	★★★★★	
8		瑞康医药股份有限公司	★★★	★★★★	
9		山东海王银河医药有限公司	★★★	★★★★	
10	第二批贯标评估	南京医药股份有限公司	★★★★★	★★★★★	仓储运输配送综合服务
11		哈药集团哈尔滨医药商业有限公司	★★★★	★★★★★	
12		国药控股云南有限公司	★★★	★★★★	

注：①硬件及配送规模能力指标，主要包括年配送货值、年医药配送客户数、年医药物流收入、作业量指标、仓库面积、冷库容积、自有运输车辆、物流网络化运营指标（四星和五星物流需达标）、物流信息技术水平（物流集成管控平台、仓储管理系统、运输管理系统、温湿度监控系统、数据决策分析系统）等。②物流服务综合能力，包括硬件及配送规模能力、质量管理能力、安全及风险管控能力、静态要素能力、运营规划能力等，根据所有指标得分及权重折算的总分排名。

在近几年"两票制""集中带量采购"等多重因素影响下，药品流通企业和涉药物流企业直面上游生产企业和下游医疗机构"降本增效""创新服务""提高流通和物流价值链"的压力，同时还要能守住药品流通和医药物流服务的药品质量安全合规底线，避免以牺牲药品物流过程质量安全的恶性价格战。因此，通过《药品经营企业物流服务能力标准》引导全国及区域药品流通龙头企业向综合物流服务商及供应链解决方案提供商转型，提升医药物流和医药供应链服务能力；通过《涉药运输企业医药物流服务质量及能力评估标准》

表5 第一、二批涉药运输企业医药运输质量及服务能力评估排名及定级结果

序号	评估批次	企业名称	医药物流配送硬件规模及能力	医药运输质量及服务能力	业务类型
1	第一批贯标评估	顺丰医药供应链有限公司	★★★★★	★★★★★	含冷链
2		北京盛世华人供应链管理有限公司	★★★★★	★★★★★	含冷链
3		北京华欣物流有限公司	★★★★★	★★★★★	含冷链
4		上海康展物流有限公司	★★★	★★★★	含冷链
5		民航快递有限责任公司	★★★★★	★★★★	暂无冷链陆运干线业务
6	第二批贯标评估	上海交运日红国际物流有限公司	★★★★	★★★★	含冷链
7		苏州点通冷藏物流有限公司	★★★★	★★★★	含冷链
8		湖南省康程物流有限责任公司	★★★★	★★★★	省内落地配
9		上海圣华国际物流股份有限公司	★★★	★★★	不含冷链

注：①以上所有企业以其医药运输业务参与评估和排名，不包含非医药物流业务。②硬件及配送规模能力指标，主要包括注册资本、年医药配送客户数、年医药物流收入、药品自有运输车辆（其中冷藏车数量）、是否有独立的医药中转场所、药品运输配送相关信息系统等。③物流服务综合能力，包括硬件及配送规模能力、质量体系、现场管理等多项指标，根据所有指标得分及权重折算的总分排名。

重点引导涉药运输企业参照 GSP 要求加强医药运输过程质量管理及风险管控（如药品在运输与配送环节中的订单信息接收、上门提货、复核装车、在途运输、中转分拨、配送管理、到货交接及签收、签单返回等作业过程质量管理要求），帮助有能力、有意愿的涉药运输企业提升医药运输质量合规意识和专业化医药运输服务能力，规避药品运输过程的质量和安全风险。在此基础上，鼓励传统药品流通企业和专业涉药运输企业进行资源互补、高效融合、降本增效，推动药品流通行业健康可持续发展。近两年对涉药物流企业医药物流服务能力进行分类分级贯标试点从评估推进、效果及行业认可度来看，具体内容如下。

一是传统药品经营企业或药品物流企业和涉药运输企业历来是医药物流市场的重要参与者，但涉药运输企业对 GSP 的法规要求尤其是药品在运输过程中的质量安全管理意识有差异，通过制定涉药物流企业医药物流服务能力分类分级评估标准引导涉药运输企业提升 GSP 合规意识和药品运输过程质量管理水平。由行业第三方开展涉药物流企业分类分级贯标评估，也有利于引导行业自律，助力药监部门对医药物流的安全和质量监管。

二是涉药物流分类分级试点评估中立、严格，由具有企业实战经验丰富的专家对每家贯标评估企业进行1.5~2天的实地现场审计，对照评估细则及打分表进行逐项检查和评分，末次会议上针对每家企业贯标实施情况进行审核并提出整改意见，出具诊断提升建议报告等。尽管工作量大、对专家的专业能力要求高，但是工作开展得到被评估企业和医药生产、流通企业及地方监管部门的高度认可，试点工作可以进一步推广。

三是后续拟在政府相关部门的指导下，结合试点评估工作进一步完善贯标评估工作机制，把该项工作进一步扎实落地，配合药品流通"十四五"发展指导意见和医药物流监管规划，加强行业自律，为"十四五"药品安全及高质量发展目标落地助力。

四 医药供应链物流发展整体特点

（一）新冠肺炎疫情引发行业对建立可持续、风险可控的医药供应链的重视和思考

2020年，全球暴发的新冠肺炎疫情事件，一度引发国内国际防疫物资供应紧张、物流受阻、原材料货源短缺等问题，同时疫情带来的"居家隔离""远程办公""线上教学""云会议"等生活模式、办公模式和社交方式的变化，导致消费模式和需求模式的变化，驱动供应链上游调整产品结构和供应链服务模式。2020年上半年，医院门诊和用药需求的下降、互联网医院的快速发展、医药电商业务的激增、防疫物资原材料供应的涨价和短缺、医药物资配送受交通管控的限制等同样引发行业对医药供应链的可视性、透明度、可追溯性和完整度的重视，让行业上下游企业再次审视其供应链基础设施及数字化能力。原有的供应链设计及模型缺乏预见性、风险应急和弹性能力规划；其供应链对上游的原材料供应保障、下游的需求变化及时性的可视化能力不足等。归根结底，医药供应链上下游企业的数据依然是碎片化的、断裂的，并未能有效进行可视化打通，行业上下游对医药供应链的风险评估和管控依然有很大提升空间。

（二）药品流通渠道变化带来医药供应链服务模式变革和医药物流配送模式变化

药品集中带量采购政策的落地推进改变了药品供应品种结构，进而配送商

及其配送份额也重新调整和洗牌,中标企业更关注配送成本的管控。对于落标或未中标的品种转战医院院外市场,由此也带来零售药店和DTP药房的配送需求变化。"互联网+医疗"的发展和医药电商的发展,也催生了更多的送药上门的服务需求。传统的药品批发企业和零售连锁企业积极探索完善物流网络布局、调整物流资源整合和配置策略,以应对物流配送模式的创新、挑战。

(三)积极探索医药供应链数字化转型升级路径

医药生产、流通的头部企业逐渐意识到数字化供应链能力的重要性,积极进行跨界学习和对标提升,同时加强集团企业信息一体化能力提升和数据积累、数据建设。但如何进行数字化供应链转型,对于2020年的医药生产和流通企业来说依然是处于扫盲、探索、尝试中。

(四)满足医药配送多样性需求的物流服务能力和精细化物流运营能力备受关注

SPD供应链延伸服务、医院院内物流业务、"互联网医院"模式下的配送到家、医药电商配送、网订店送等物流配送需求的多样化,进一步挑战传统医药物流企业的供应保障能力和"自营运输+外包配送"的资源整合、精细化物流成本管控能力以及医药物流标准贯彻能力与物流风险管控能力。全国及区域药品批发和零售连锁龙头企业进一步加强物流硬件、软件的短板弥补,提升仓储、运输配送的精细化管理能力,并重视集团一体化、标准化物流能力提升,通过核心能力自建、非核心能力或短板能力整合外部资源的方式构建新物流竞争力。

五 医药供应链物流市场发展趋势

近几年,随着一系列医改政策和药品集中带量采购政策的推进,《"健康中国2030"规划纲要》的逐步落地,以及互联网技术、AI技术、区块链技术等应用推广,药品流通行业的新模式、新业态、新技术不断涌现,医药供应链服务模式不断面临变革及新挑战,医药物流配送服务也面临终端用户不断多样化、个性化的需求。可以预见,未来的医药供应链物流发展将呈现如下发展趋势。

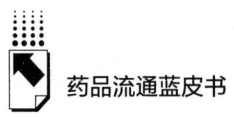

（一）端到端供应链服务能力和第三方物流服务水平决定药品流通企业竞争力

2020年，中央提出国内国外"双循环"的新发展格局，其中物流作为社会流通体系的基础将在双循环发展格局中扮演更为重要的角色。药品流通领域需加速推进降本增效、提高供应链弹性、促进产业链协同、加强与下游患者和医疗机构及上游生产厂家联动等诸多变革。同时，随着药品集中带量采购政策的推进和终端用户需求的多样化，传统药品流通行业在汰弱留强的过程中将进一步呈现明显的集中度提升态势，药品流通行业的供应链能力外部化、业务化将成为新盈利点。未来随着集中带量采购的全面推进、医药商业企业垫资需求削弱、药价下降和药企能支付给批发企业毛利绝对值下降是必然趋势，医药商业企业除了物流配送还能为上游生产厂家、下游医疗机构或患者提供哪些创新服务，还将有哪些新的盈利增值点，医药商业和医药物流企业必将就这些问题寻求转型创新之路。可以预见，头部企业越来越重视供应链服务创新和专业医药第三方物流服务的核心能力构建，医药物流竞争也将进入有危机感的物流成本竞争的年代，非头部企业或者不合规的企业将面临被整合或淘汰出局的发展危机。

（二）数字化将成为医药供应链和医药运营的主要推动力

传统的医药生产、流通企业和物流企业越来越重视数据的积累和数据信息化，但是数字化不是简单的信息化，数字化应以问题为驱动，并能够提供解决方案。引用华为的一个信息专家的定义：当企业的上游和企业本身的人、资产，再加上下游的客户，以光速链接起来以后产生的核聚变，称为数字化。近两年，医药供应链上下游企业对数字化的理解也是在逐步认知升级中，但是可以确认的是，未来医药供应链的数字化能力也将是医药企业卓越运营的主要推动力。行业上下游企业越来越清晰地认识到，随着企业内部数据的持续积累和外部数据源的增加，如何统一高效地使用各种数据成为企业数据化运营的难题。医药供应链上下游各环节的数据，无论是订单信息、产品信息、还是在途温度信息、物流流转节点信息，以及终端用户信息、渠道流量、流向信息等，在互联网技术、AI技术、物联网等技术的加速催化下，只有有机地连接起来实现供应链全程可视化、可追溯，并且可以以问题为驱动被加工、运算、分析应用才能发挥更大的价值，助推企业走向卓越运营。

（三）集团企业加快提升一体化物流网络运营水平，加快智慧医药物流建设，探索与社会物流的跨界融合

2019年2月26日，国家24部门联合发布《关于推动物流高质量发展，促进形成强大国内市场的意见》，明确提出深化物流领域"放管服"改革，构建高质量物流基础设施网络体系，培育形成一批资源整合能力强、运营模式先进的枢纽运营企业，促进区域内和跨区域物流活动组织化、规模化、网络化运行。2020年，国家药监局开启编制"十四五"药品安全及高质量发展规划；尽管文件尚未正式发布，但也明确提出严厉打击违法违规行为，大力实施中国药品监管科学行动计划。预计未来药品流通监管在《药品管理法》《疫苗管理法》等大的法规框架下，一定会鼓励行业发展和创新，促进医药产业高质量发展，并在满足药品流通安全与合规底线的前提下，鼓励行业积极融入国内统一大市场。同时，随着监管部门的医药物流多仓运营、异地设库等政策突破，全国及区域药品流通和医药物流龙头企业将继续加快省内和跨省、跨区域的物流网络一体化运营管理，积极应用新技术、新管理手段加强药品流通和物流安全管理。并且，随着医药终端用户由以医生为主向以患者为主的转变，以及劳动力成本、能源费用、运输成本等物流成本的持续上升，"ABCD"技术（"A"是指人工智能，"B"是指大数据，"C"是指云计算、云存储，"D"是指分布式记账、区块链）在医药供应链和医药物流应用场景会越来越多，智慧医药物流建设更关注敏捷、高效地响应终端患者的配送服务需求，用机器人代替人工操作以提高物流效率、降低人工成本和差错率等。在医药物流运营管理方面，一方面，加强以客户需求为导向的物流精细化管理，由企业物流向专业第三方医药物流服务能力的转型提升；另一方面，在自身劣势区域如物流仓库建设、干线运输及C端配送服务方面加强在资本层面、资源层面的跨界整合，实现优势互补、分工有序发展。

B.10
以客户需求为导向,赋能医药商业流通供应链的变革

武亮哲*

摘 要: 随着药品降价的压力和客户端服务期望值的提升,医药供应链管理在医药行业中的地位越来越重要。而医药商业流通供应链作为上游药品生产企业与下游客户(医院、患者等)之间的纽带,为行业的发展做出了重要贡献。本文旨在探讨以客户需求为导向的医药商业流通供应链发展的战略与实现途径,并强调客户需求是其发展的关键驱动力之一。

关键词: 药品流通 医药行业 流通供应链 客户需求

一 医药行业和医药供应链管理日新月异

与汽车和IT行业一样,医药行业被视为全球经济中最具活力、波动性和创新性的行业之一[①]。由于医疗保障体系水平的社会性特征较强,医药行业需要长期的资金支持,在最合适的时间研发适合各种疾病患者的新药。此外,创新、高质量、可持续性、法规遵从性和责任感也是制药行业的核心业务特点。

当今的医药行业正处于一个巨大的转型阶段。由于经济的发展和教育的普及,人们对医药服务的产品质量和期望不断提高。同时,制药工业的成本和复

---

* 武亮哲,中国医药商业协会医药供应链分会专家,拥有20多年的跨国公司供应链、战略采购、项目管理、信息技术及工厂并购整合的管理工作经验。

① Nageswar, A. K., & Yellampalli, S.,《利用区块链实现高效医药供应链的分布式信任》,《制药行业的全球供应链》,IGI全球,2019,第248~268页。

以客户需求为导向，赋能医药商业流通供应链的变革

杂性的增加，加上新的商业模式，使医疗卫生管理部门面临巨大的控费压力。制药企业为了在竞争中取胜，对研发和供应链管理给予了双重重视。医药供应链作为由制造、分销和仓储、物流、批发商、零售商/医院/健康中心以及患者组成的社会技术系统，是复杂和敏感的。它代表了可持续的供应系统，药品以适当的数量和合格的质量，在合适的时间送达到适当的地点，以便帮助最终的患者来对抗疾病。它的最高宗旨是通过提供药品改善人类健康状况，所以，医药供应链管理过程要面向客户需求。当今医药行业的复杂性，促进提高了高效医药供应链管理的迫切性和需求性。同时，医药供应链管理已在市场上迅速占据优势，成为对抗行业巨大复杂性和特质性的一种武器[1]。而作为医药供应链的关键参与者之一，商业流通企业扮演着沟通供应链上不同利益相关者的桥梁角色。其具有多渠道决策者的特点，需以不断更新客户期望的理念为导向，来搭建出合适的商业流通模式来满足客户需求，保持客户的满意度和自身的竞争性。同时，在整个医药供应链环节上，各个关键参与者的利益可能是有冲突的。一方面，支付机构与制造商有着相同的目标，即确保产品能够在市场上供应。另一方面，产品成本与市场份额之间存在巨大的冲突。在传统的计划经济体制下，药品可能由一家拥有垄断地位的批发商分销，然后由区域批发商将药品交付给当地批发商或零售商。然而，这种交付模式已被认为对客户满意度有重大影响[2]。所以，尽管供应链管理在当今医药行业中扮演着越来越重要的角色，但由于供应商和管理参与者之间的冲突，如药品生产商、批发商、零售药店、医院、医疗保健组织、患者和保险公司的目标不同，这种情况目前并没有得到彻底改善[3]。放眼未来，我们更迫切需要一个整合的、透明的、高效的医药供应链来完善各关键参与者之间的协调，在确保成本降低和服务目标达成的基础上，提高医药供应链的整体绩效。而商业流通作为整个供应链的中间环节，任重而道远。只要未来的医药供应链存在不同的目标和利益，各个参与者之间的冲突就会持续不断。不过，发展的动力将更加驱向以客户为导向。

---

[1] Nozari, H., & Szmelter, A.,《制药行业的全球供应链》，IGI 全球，2018。

[2] Rossetti, C. L., Handdield, R., & Dooley, K. J.,《药品供应链管理的趋势与决策》，国际物流与物流管理杂志，2011，41（6），601~662。

[3] Whewell, R.,《制药行业的供应链：战略影响和供应链反应》，2016。

二 医药商业流通在医药供应链中的重要性

在我们的日常生活中，很少有药品生产企业直接向客户或患者销售药品，均由商业流通企业履行沟通和服务的职能。医药商业流通管理的目标是为完成集成的医药供应链管理而存在。与以往对商业流通等同配送的理解不同，医药商业流通不仅仅涉及药品的储存和配送等，更包括但不限于供应计划保障、合同执行合规性、安全性和迎合客户的差异化需求等。医药商业流通供应链管理是医药供应链管理中最重要的业务活动之一，因为它提供了特定的药品在市场供需情况下的可用性和可见性。医药商业流通供应链管理范畴的扩展必将带来巨大的经济贡献。今天的医药商业流通供应链管理已经整合了供应链的主要活动，同时也正在扩大其零售服务，以帮助药店以患者为中心提供服务。图1总结了医药商业流通供应链管理的所有最新变化，包括对客户需求保障的应对。该图中，虚线圈表示医药商业流通供应链管理可见性的改进，实线圈表示交货模型的开发，例如交货计划程序设计。它被认为是基于客户期望，以新的增值服务功能设置为导向。

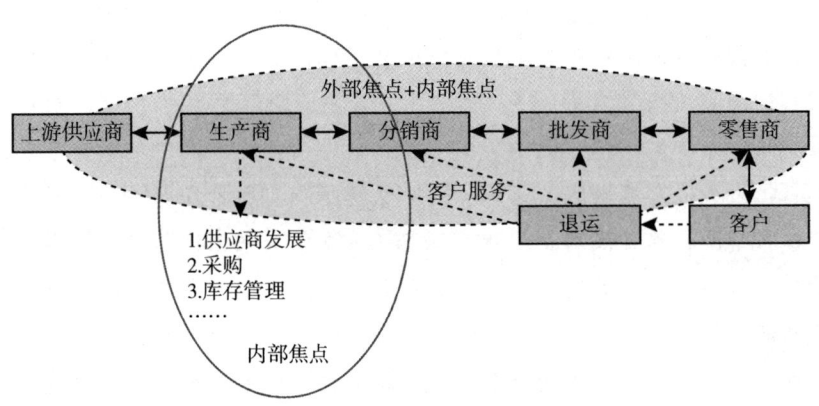

图1 医药商业流通供应链管理模式

当然，医药商业流通供应链管理的模式比较复杂。由于多渠道的决策者往往悄悄地制约着整个供应链管理的发展，而各国医药商业流通法规的遵从性更增强了医药商业流通供应链管理在整个医药供应链管理中的复杂性和重要性。放眼未来，随着全球医疗卫生改革的重点已从产品导向转向病人结果导向，医药商业流通供应链管理在不久的将来也将发生根本性的变化。例如，随着电子健康记录在医疗、药物配送过程中的广泛应用，电子处方、移动健康应用和远程监控将使医疗保健或药物配送超越医院、药店，直接传递给患者。利用实时信息，医药供应链可以管理更广泛的全球化分销网络，以更低的差错率来驱动制造生产和商业流通。此外，生物医药、疫苗和纳米技术的发展将使保质期短的医药产品组合多样化。与传统药物相比，它需要更复杂的商业流通分配过程。专业化、个性化的多维度的产品组合，将是医药商业流通供应链管理未来的发展趋势。

三 欧美医药商业流通供应链管理模式

近年来，美国和欧洲国家以客户为导向的商业流通管理模式与传统的分销管理模式有很大的不同，以高度集成、高规格和整体解决方案提供商身份来引领市场特别是新兴市场，实现标杆管理模式。

美国拥有全球领先的医药市场，其医药商业流通供应链管理模式是医药供应链整合和解决方案的典范。它结合了传统的批发商功能、物流运输功能，为患者增加了额外的客户服务和整体解决方案，在节约成本和改善服务方面实现并超越客户的期望。

从市场销售份额来看，前三大医药商业流通供应链管理公司的收入已占美国医药商业流通收入的 95% 以上。从业务组合的角度来看，上述三家医药商业流通供应链管理公司都将批发、分销和运输功能以及其他客户驱动的解决方案服务结合起来。以 McKesson 为例，公司有三个主要业务部门，95% 以上的收入来自其医药供应解决方案业务部门，其专注于特定的、面向客户的服务扩展，其供应商名单上有 3800 多家制药厂，主要客户是零售商、药店和卫生组织。通过超31 个地区商业流通分销中心，7×24 小时为客户履行订单和交付。同时，为了提高整个分销管理的可视性，依靠其强大的集成 IT 解决方案，使内部 ERP 系统与外部客户订单系统互联网集成，以便随时接收客户订单，并使用先进的仓库管理系统跟踪从制药公司到最终客户订单以及售后产品的交付，从而确保药品的可追溯性和供应链从端到端的移动的追踪。除此之外，它们通过与不同类型的运输公司合作，可以直接为客户或患者提供可追踪和可靠的运输服务。McKesson 战略

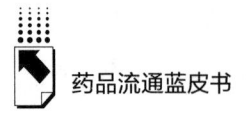

改变的主导因素是客户导向驱动的客户期望值的变化。

与美国的基础设施不同,在过去的十年中欧洲制药公司已经将其内部批发商职能外包给外部物流公司,不同于传统的单一运输方式,其主要功能是将制药厂的药品供应链整合起来,配送到批发商、零售商或药店,更贴近病人。例如,英国第二大药品分销商——EastAnglian制药的优势是其24小时的订单提前期和零违约率,以其富有成效的产品列表(约16500个)满足客户的期望。此外,作为冷链储运和配送解决方案的专业提供商,欧洲医药物流每年处理300多万份订单请求,以及时、准确地交付客户所需的商品和服务。

从最近欧美医药商业流通供应链的管理模式变化来看,公司的战略调整是适应新的市场趋势,以求生存而后赢得竞争。例如,在客户导向的推动下,欧洲药品运输的设计和实施都是为了更接近终端客户。此外,将零售商纳入分销公司也可以提高商业流通供应链的可见性和透明度。由此可见,以客户需求为导向是欧美医药商业流通供应链管理的发展方向。

四 中国医药商业流通供应链管理的发展路线

虽然改革开放后我国医药工业以每年20%的增长速度快速发展,但我国的药品流通供应链管理还处于起步阶段,远远落后于全球领先水平,制约着中国医药行业的发展。改革开放以前,中国医药市场完全由国内厂商主导。1980年后,中国作为一个巨大的潜在市场成功地吸引了全球制药企业的目光。1990~2000年中国台湾和香港两家贸易公司(WingYu medicine和DKSH)已垄断大部分海外成品从海外进口到中国市场的商业流通供应链管理。虽然这两家贸易公司提供的核心服务是进口和清关服务,但这是中国医药商业流通供应链管理发展中的一个里程碑。从那时起,中国开始有机会学习如何根据客户的需求分销成品药。2000年以来,随着我国国民收入的增加和人们健康需求意识的增强,各地分销商无论是与国际公司合资还是建立自己的分销公司,都试图根据从进口商到批发商的一体化供应链分销模式接近客户目的地。中国医药集团、上海医药和华润医药这三家国内规模最大的商业流通企业整体仅占市场份额的39%,集中度依然有待提高。与美国前三名相比,中国最大的医药商业流通企业中国医药集团目前的销售规模依然远落后于McKesson这个全球领头

以客户需求为导向，赋能医药商业流通供应链的变革

羊。但整体来看，中国医药商业流通企业正朝着正确的方向发展。大多数分销商都有 IT 系统，都通过专业认证，已建立一个跨业务职能的集成系统，并尝试与医院系统和零售商或药店系统接口，以获取有价值的信息，如数量、从工厂到分销商的流量、销售收入等来打造一个整体的医药商业流通供应链管理公司。

另一个以客户为导向的医药商业流通供应链管理的改革领域是 DTP 新模式的出现，它直接进入药店，由药品生产企业直接销售给分销商拥有的药店。因此，商业流通供应链管理公司拥有第一手资料，了解药店销售给谁、销售数量、销售额等，这也可以减少处理成本和提前期。同时，DHL、UPS 等全球物流公司在与中国药品流通企业合作后，主要进入在中国的药品运输或仓储领域。中国农村地区的药品配送也会委托中国本土的物流公司来实施，如京东物流、顺丰物流等。

目前，中国领先的药品流通企业也在努力提高其整体供应链竞争能力。中国医药集团正在通过其分销网络建设最先进的仓库，其上海配送中心建立了分拣输送带和自动存储、检索系统，以提高订单分拣、速度简化、操作流程和增强跟踪能力。华润医药为北京某医院建立了从仓库到医院的药房供应链解决方案，并对其药房平面图、工作流程等重新进行了设计，将知名度和杠杆能力向下游延伸到医院和药店。

自改革开放以来，中国医药商业流通企业供应链管理得到长足的发展。然而，法规遵从性、安全性、成本压力和高服务期望仍然使管理更加复杂。与全球第一梯队的医药商业流通供应链管理模式相比，仍有差距。不过，中国近期出台的药品流通优化政策以及近期在中国前三大药品流通企业中开展的大型硬件和软件提升活动都将加速变革，并在不久的将来纳入新的以客户为导向的医药商业流通供应链管理模式。

五 客户导向并不意味着客户满意

客户满意是我们日常经营的重要原则。企业应该在客户满意度和生产率两方面追求优势[1]。然而，这两个目标并不总是相容的，有时需要根据公司的长

---

[1] Anderson, E. W., Fornell, C., Rust, R. 等：《顾客满意、生产率和利润率在产品和服务间的差别》，《管理学报》2005 年第 2 期。

期或短期目标实现情况进行权衡。客户导向与客户满意有显著的相关关系。一般来说，客户满意是基于项目或任务、期望和成果；客户导向是一种战略思维，它关注客户需求，不仅关注项目基础细节，更关注未来变化趋势，同时了解市场规律、内外部竞争以及所有相关竞争因素。只有将客户导向与客户满意有效地结合起来，才能使企业的战略目标与企业的健康发展相适应。

总的来说，以客户为导向是医药商业流通供应链管理发展的关键驱动力。对于企业而言，任何战略设计和运营计划配置都需要在最高层面上进行跨职能互动和内部协调的战略讨论。它要求客观地认识到客户导向的价值，客户导向需要与公司生产力以及短期和长期目标充分联系起来。

六　结束语

医药行业之所以独特，是因为它塑造了全球医疗保健社会。同时，由于全球经济复苏、教育和公共医疗体系的普及，公众对药品降价和提供专业化、个性化医药服务的期望增强，医药行业的客户期望要求越来越高。

与世界上大多数市场和国家的许多行业的完全制造商控制的端到端供应链和商业流通管理模式不同，我国传统医药商业流通供应链管理主要是买卖管理模式，体现为批发商从生产企业购买药品，并以逐级加价的方式将药品配送到医院、药店，最后送到病人手中。医药供应链企业有意图影响市场定价模式，以配合整体销售和市场策略。然而，医药供应链企业在技术上和法律上的市场价格的最终决定权并非完全自主，它们必须与指定的分销商（批发商）进行合作和结盟才得以实现。这种复杂的医药供应链商业模式使绩效的竞争和挑战与其他制造业控制的行业一样更加激烈。当今的医药行业为了平衡服务要求和最佳成本，从而保持其竞争地位，对复杂的供应链管理给予了同等的重视。医药行业已经从单纯的技术驱动转向客户驱动。以客户为导向的理念、不断更新客户需求是当今医药商业流通供应链管理发展的关键驱动力。只有以客户需求导向为重点，企业才可以最大限度地赢得竞争，将整个医药行业的供应链提升到一个新的水平。

B.11 广州医药现代供应链体系建设探索与成效

广州医药股份有限公司*

摘　要： 基于政策背景及行业态势，广州医药股份有限公司（以下简称"广州医药"）积极发挥药品流通行业在医药供应链中的主导作用，有效组织供应链中关键资源，运用供应链思维、平台思维，恪守共享共赢理念，结合自身质量管理、运营管理等优势，通过物流配送网络一体化、枢纽搭建一体化、信息系统一体化、运作标准一体化，努力提高医药供应链的集约化水平，实现成本、效率和服务在新常态下的优化平衡。

关键词： 供应链体系　药品流通　广州医药

一　医药供应链体系建设背景介绍

近年来，医药分开、分级诊疗等医疗改革挤压商业规模，医药流通渠道向终端板块倾斜，加上两票制、GPO等医药改革，医药流通企业销售增速放缓、利润下滑、成本快速上升。医药供应链快速发展，但同时亦显现出较多短板，总体上小、散、弱的特征仍未消除。

一是物流设施规模偏小，自动化水平低。目前，大部分仓库均依赖人工进行物流作业，库内运作效率不高，并且区域发展不平衡的情况随着长三角、环

---

* 执笔人：邓健辉，中国医药商业协会供应链分会当值会长，广州市重大行政决策论证专家、药品流通行业医药物流现代化发展水平调查项目专家和广州物流与供应链协会信息化专业委员会专家。

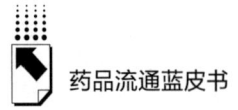

渤海、珠三角、东北地区的快速发展更加凸显。

二是传统医药流通供应链环节分散、节点多，流动渠道复杂，重复投入多，造成部分环节资源冗余，无法充分发挥资源的规模优势。

三是供应链各环节信息系统与数据分散且独立，缺乏完善的药品主数据管理系统，无法形成信息贯通链条，整个供应链协同不足，导致信息孤岛出现，难以监管与控制。

四是物流衔接流程规范散乱，缺少行业统一操作标准，导致医药物流行为不兼容、衔接不畅，缺乏药品流通行业中对质量管理体系、组织和人员、物流信息技术等方面的评估标准，制约了行业的进一步发展。

五是标准单元化物流程度低，不利于货物快速流转，同时导致包装、装卸、配送等环节的低效率及高成本。

六是运输网络灵活性弱，网点分布不足。运输网络稳定性较差，运输模式成本高，不利于终端市场的拓展及多元化服务的提供，难以满足客户需求。

当前医药物流供应链成本不断攀升、利润不断下降，导致资金压力增大，亟待供应链中各方发挥自身的优势，通过供应链创新组合，共同实现医药供应链的转型升级，共建医药供应链的新体系，重新获得成本、效率、服务的竞争优势。

广州医药股份有限公司面对以上六大痛点，积极响应国务院办公厅发布的《关于积极推进供应链创新与应用的指导意见》（国办发〔2017〕84号）、《商贸物流发展"十三五"规划》提出的完成"四化五统一"建议，通过四个一体化建设进行逐个击破，不断完善供应链体系建设。2019年8月，广州市商务局公布了"广州市流通领域现代供应链体系建设试点项目"，广州医药"现代供应链体系建设项目"成功入选（见图1）。

二 医药供应链体系建设总体思路和具体举措

广州医药股份有限公司是以医药供应链服务为主导的医药流通企业。广州医药发挥自身在药品流通供应链中的核心作用，整合供应链企业协同天图物流、华人物流积极共建，推广干支线运输快速复制模式，平衡服务、效率与成本三者关系，构建区域多层级一体化物流网络体系，带动行业运输模式转型升级，疏通供应链"毛细血管"；通过打造领先的区域物流中心枢纽，大幅提升

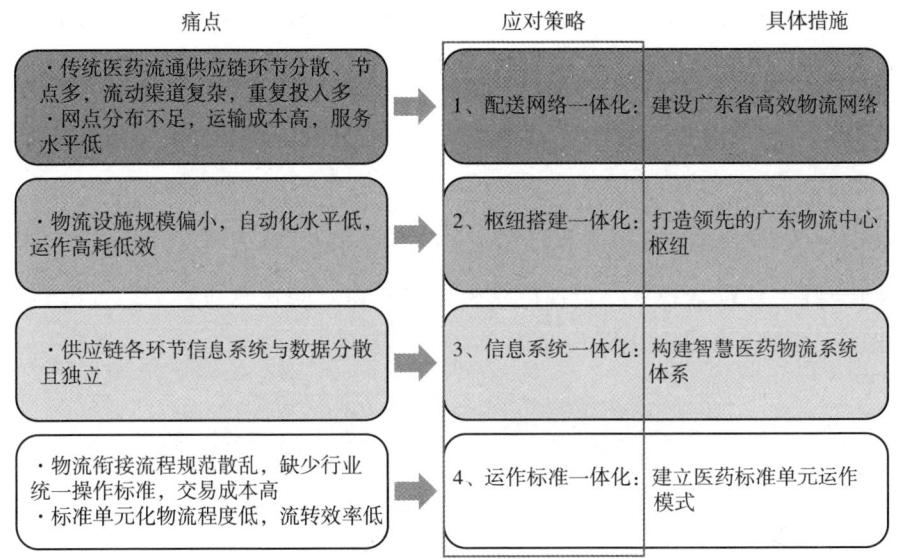

图 1 广州医药现代供应链体系建设项目示意

处理效率,增强中心强力泵血作用;借力国际软件商和实施商,采用新技术新平台,构建智慧医药物流系统体系模式,为降本增效和业务创新保驾护航;通过硬性标准容器配套、软性标准制度建设两大抓手,协同共建单位通过制度和协议建立了医药标准单元运作模式,实现运作标准一体化。最终,实现降本增效、提升发展质量,实现供应链企业互利共赢(见图2)。

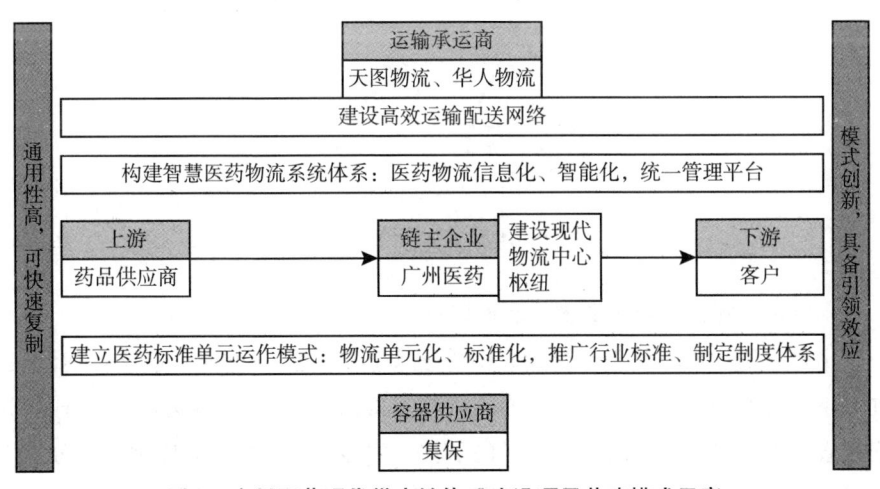

图 2 广州医药现代供应链体系建设项目共建模式示意

广州医药现代供应链体系建设项目还通过组织机构保障、管理制度保障、监督管理保障三个方面，切实将项目落地。

（一）模式一：构建区域多层级一体化物流网络体系

以聚焦客户服务需求为原则，满足区域覆盖半径标准进行科学规划，构建"物流中心/分拣中心—配送中心—中转点"的多层级物流网络（见图3），搭载干支线运输配送模式，实现广东省内客户需求快速响应，实现省内终端（医疗、零售）配送效率提升两倍。

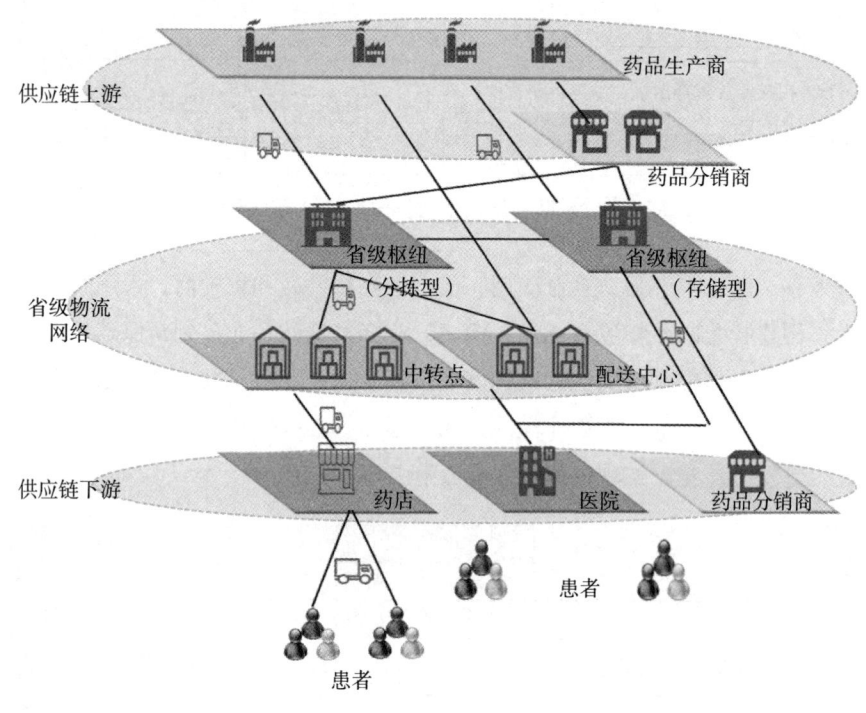

图3　多层级物流网络建设

1. 排兵布阵，打通多层级物流网络

中转点的布局亦是支持模式成功落地实施的重点。根据布点及规划原则，在满足一日两配需求下，存储仓库到中转点再到客户需要在4小时内完成。为实现省内终端最快4小时完成配送的目标，省内物流网络规划原则为：分拣中心/物流中心覆盖全省，配送中心服务覆盖半径100公里，中转点服务覆盖半径50公里。根据此原则,广州医药综合现有网点资源,逐步进行"2+5+27"的省内物流网点布局,以建成省内干支线运输配送4小时服务圈。

2017~2021年,广州医药完成了原有9个物流仓库节点中转配送功能升级,新增7个中转点,广东省深度配送网络搭建基本完成,为模式落地提供强有力的支撑。

2. 模式创新,探索物流铁三角最优解

广州医药整合优化快递灵活高效的配送模式,从集中存储、集中配送转变为集中存储、干支线配送,首创药品流通行业的干支线运输配送模式,形成多层级运输线路布局(见图4)。

图4 干支线运输配送模式

具体根据业务量制订干线运输计划,同时根据干线运输计划倒推仓库循环作业安排,并按下级线路归集货物。主仓完成拣选任务后按照干线线路生成相应单据;华人物流和天图物流按照指定时间安排干线车辆到达指定仓库,使用标准容器进行快速装车并发货,车满即走,降低干线运输成本。干线发车后将到达中转点(配送中心),凭单据与信息系统完成快速交接,并完成二次分拣;支线配送将根据货运量灵活调度自有或当地承运商的车辆。

干支线运输配送模式适应了医疗、零售客户配送点次多、单次送货量少的特点,并充分体现了效率、成本和服务优势。

(1) 效率:实现主仓备货场地向分配送中心延伸,加快主仓备货场周转速度。

(2) 成本:通过中转点/分配送中心快速接收归集货物,合理调配车辆,提高往返利用率,降低运输成本。

(3) 服务:支线实行属地车辆租赁,规避交通管制;配送服务人员属地化,提供优质服务,增强客户体验;制定贴合业务的服务响应时效:珠三角地区实现4小时配送,干线运输1.5小时,支线配送2.5小时。

（二）模式二：打造领先的区域物流中心枢纽

为配合多仓物流运作体系建设，提升分拣拆零能力以应对终端客户订单零散的特点，从而在终端市场获得主导地位，广州医药重点建设了国内一流的高自动化、高智能、高效率的以拆零分拨为主的大型现代化医药物流中心，打造华南地区分拣能力强、服务优、地位领先、智能高效的物流枢纽，发挥中心强力泵血作用（见图5）。

图5　物流枢纽项目规划设计图

新物流枢纽根据能力要求，精准地大量应用自动化、智能化的物流设备技术，如箱式货架穿梭车系统、螺旋式提升机、视觉拆垛机器臂、自动补货和分拣系统等，强化拆零拣选能力，打造仓储作业工业化模式。项目支撑广州医药在广东省内终端客户配送的全覆盖，为建成省内4小时服务圈的干支线运输配送模式提供强有力的支持，集中广东地区拆零分拣业务库存，降低整体库存水平，提升订单满足率；助力广州医药向广东省终端市场占有率增长的目标迈进，大大提升了广州医药在终端市场的竞争力。

整个枢纽建设主要有以下亮点。

（1）智慧物流：全方位应用自动化设备、AI智能物联网技术，均衡作业负荷，提升作业柔性和场地使用效率。

(2) 高效物流：大规模应用货到人设备，原散件作业和运输全链条标准化，作业人员可减少 50%，作业能力提升 5~10 倍。

(3) 绿色物流：恒温设备应用智能群控系统，可节能 5%~10%。

（三）模式三：构建智慧医药物流系统体系模式

配合多层级物流网络体系、干支线运输配送模式等实施，广州医药加大信息化技术应用，不断向"大、智、物、云"尝试探索。广州医药统一规划，分阶段投入数千万元，对系统进行改造与优化，购进专业化智能管理与控制软件，借力 IBM、SAP 等国际知名顾问和软件商，完成先进信息系统的搭建，连同自动化设备和创新技术设计、高效运作策略及 AI 智能算法，构建智慧医药物流系统体系，实现信息系统一体化，为降本增效和业务创新保驾护航（见图6）。

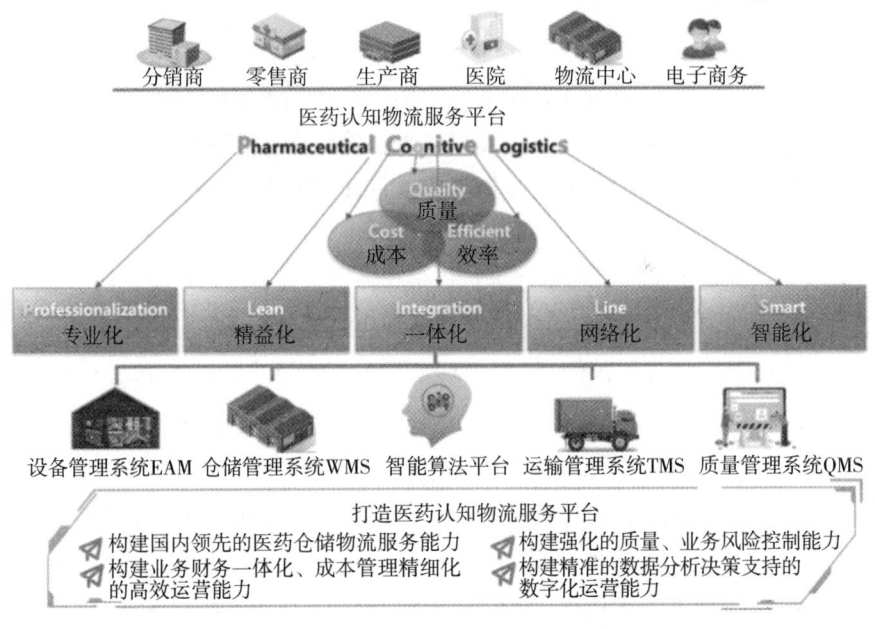

图 6　医药物流系统一体化平台

智慧医药物流系统体系建设以集团化、服务化和稳敏态三大原则为核心，统一规划、分段实施，逐步搭建物流订单管理、仓储物流管理、网络管理、算法管理、销售结算管理、采购结算管理、质量管理、设备管理、单据管理和意

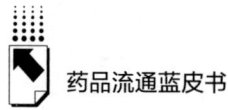

药品流通蓝皮书

外管理等十项功能模块,最终实现构建四项核心能力:一是构建国内领先的医药仓储物流服务能力;二是构建业务财务一体化、成本管理精细化的高效运营能力;三是构建强化的质量、业务风险控制能力;四是构建精准的数据分析决策支持的数字化运营能力。

大数据技术方面,通过建立数据仓库与数据中心等,以业务数据为依托,对数据进行抓取与运算,通过物流报表系统呈现分析结果,有利于加强仓库运作管理的信息化、数据化,提升决策准确性和前瞻性。

引入智能算法,开发手机签收坐标定位及电子围栏、物流可视化等,增强仓储与运输的控制和信息传输,做到管控、决策科学、智能,数据可追踪、可溯源。引入仓库设备控制系统(WCS)来协调、调度底层的各种物流设备,使之可以执行仓储系统的业务流程,通过任务引擎和消息引擎,优化分解任务、分析执行路径,为上层系统的调度指令提供执行保障和优化,实现对各种设备系统接口的集成、统一调度和监控。

温控管理平台的上线使用,细化与完善了15个品种温区、9个库房温区、4个车辆温区、9个包装温区的管控标准,通过关联仓储管理系统(WMS系统)及手机App实现商品在库内以及运输各环节的温控数据全链条可监控、可追踪,大大提升了验证工作效率。验证报告的出具效率可从原来每天3份提高至每天100份,同时增加了30个口径的温控运作报表监控,针对性解决问题,实现仓库库房超温记录累计降低15%。报警方式从原有的短信形式(高温天气月份的报警费用可达每月数十万元)优化为关联企业微信的方式,大大降低了运营成本。

供应链的本质是四流合一、高效协同,信息化是推动四流合一和高效协同的关键。广州医药以信息化为抓手,通过横向、纵向链接,借力射频识别、红外感应器、激光扫描器等信息传感设备和技术的应用,协同承运商通过信息服务平台进行商品流向、运输路线、签收情况、退货信息、车辆情况等信息的传输与记录,形成全过程的控制与监督,建立供应链追溯体系,提升端对端的透明度。

(四)模式四:构建"黑匣子"质量管控模式

广州医药实行全面质量管理,包括全过程管理和全员管理。全过程管理通过不断更新完善的质量管理体系进行保障,全员管理通过质量培训体系落地。

项目立足解决行业痛点,通过应用自动化封闭式存储设备、货到人输送设备、智能设备控制系统、AI视觉识别复核技术,从物理的管制到系统层面管控转变,创新实现"黑匣子"质量管控模式,以解决行业质量管控痛点,提升人员效率并提高仓库的存储空间利用率,向"零差错"作业更跨近一步。

AI视觉识别复核技术主要借助工业相机进行拍照采集,抓取并识别商品包装上的图像、文字信息,对商品信息进行智能比对,检验商品的特征,实现复核操作,大大减少人为作业差错,提升复核效率。

(五)模式五:建立医药标准单元运作一体化模式

通过硬性标准容器配套、软性标准制度建设两大抓手,并协同共建单位通过制度和协议建立了医药标准单元运作模式,实现运作标准一体化,以助力达到降本增效,提升发展质量,实现供应链企业互利共赢。

1. "工欲善其事,必先利其器",标准容器配套助力降本增效

发展单元化物流,加快形成覆盖仓储、运输、装卸、搬运、包装、分拣、配送等环节的流转标准体系,推广单元化容器的循环共用。广州医药牵头建立了容器单元配比标准,并投资数百万元实现各级仓库统一使用标准化托盘、周转箱、冷链包装箱等作为药品基本载具。联合标准容器供应商,应用标准托盘、标准周转箱、标准物流笼车、标准干线车辆等单元化物流载具,提高容器单元标准化率及单元化物流占供应链物流比例,最终实现降本增效的目标。完成相应的标准叉车、货架、运输车辆等关键设备的配置,使装卸货效率提升不低于2.8倍。

装卸货效率大幅提升,车辆周转大大加快,干线单车运输成本降低5%~10%。

广州医药还与集保物流设备有限公司合作,发挥其标准产品优、业务网络广、管理经验足的优势,将标准化托盘、周转箱、笼车更新至各级仓库及中转点,推广参与单元化容器循环共用体系,提升货物转运的效率,提高社会上标准化载具的供应总量。

2. "内外兼修",标准制度建设实现高质量发展

完善的医药物流行业标准是促进医药物流发展的重要保障。提升医药物流标准化与提升物流服务质量、运营效率和降低物流成本息息相关,广州医药通过由内而外的制度建设提升供应链建设质量。

在内部方面,物流管理团队在原有基础上完成近100项物流管理制度、操作

标准规范新增/修订，与共建单位建立了共建制度，并进行项目宣贯和相关规范培训。完善的制度规范与标准为公司物流运作提供全方位的规范标准，做到有章可循、有标可依，为药品安全配送保驾护航，亦为高效共赢的供应链建设提供坚实的基础。此外，广州医药统一中转点建设标准，将中转点覆盖半径范围设置为50km，统一服务（日均满足客户点最少36个，最多225个），统一选址，统一硬件、软件、人员、成本等建设标准。中转点建设标准化程度高，可复制性强。

在外部方面，广州医药协同全国、地方龙头药品流通企业，协助中国医药商业协会制定、推广医药物流标准化体系。在原单一规模硬件能力指标基础上，补充完善服务能力评价标准，完善医药物流服务能力认证标准。2019年，广州医药通过审评，获得了医药供应链物流评估委员会颁发的首批认证证书，达到"医药物流规模硬件能力四星""医药物流服务综合能力五星"的标准。同时，持续在物流规划、物流服务、物流成本、物流效率、物流运营、物流信息化等方面制定相关物流标准，继续深入参与行业协会的标准制定工作，通过协会直播活动、峰会形式进行模式推广，在供应链乃至行业内营造现代供应链新理念、新技术、新模式的氛围。

3. 合作共建，实现供应链共赢

广州医药与共建单位编制共建项目管理制度，建立组织架构，形成共建工作执行标准操作规范，提升供应链服务质量（见图7）。对于合作运输承运商，项目的实施可提高其业务标准水平，利于提升其专业化医药物流/运输服务能力，

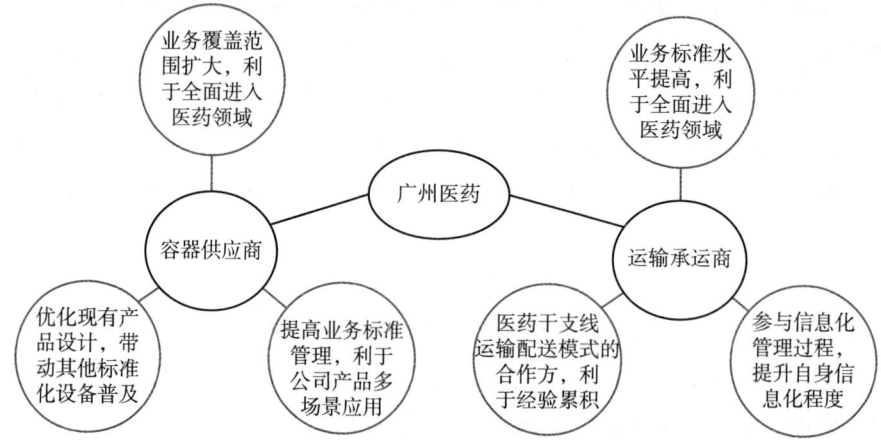

图7 协同共建单位，打造供应链企业共赢

同时全程参与信息化管理过程,提升自身信息化程度;作为医药干支线运输配送模式的合作方,更利于运作经验累积;对于容器供应商,项目引领其业务覆盖范围扩大,有利于全面进入医药领域,并可根据实施的情况优化现有产品设计,带动其他标准化设备普及,提高业务标准管理,利于公司产品多场景应用。

三 医药供应链体系建设成效

广州医药现代供应链体系建设项目于2018年正式立项申报,于2020年11月经政府部门、行业协会联合专家验收通过,获得了广州市商务局"广州市流通领域现代供应链体系建设试点项目"专项认证扶持。

(一)主要成果

在与共建单位共同努力下,项目四大建设内容落地,并形成了五个亮点模式总结,十项绩效目标全部完成(见表1)。

表1 医药供应链各项指标与实现的绩效

指标项	预期绩效	实际达成的绩效
托盘周转箱等物流单元标准化率	80%	达成
装卸货工时效率	提高2倍	超额达成
重点供应商质量合格率	92%	超额达成
平均库存周转率	提高10%	超额达成
包装耗材同比减少	减少10%	超额达成
系统数据对接畅通率	80%	超额达成
单元化物流占供应链物流比例	提高10%	超额达成
供应链综合成本同比降低	降低20%	达成
订单服务满意度	80%	超额达成
供应链协同标准体系构建情况	①编制共建项目制度,保障工作落地到位 ②编制共建单位执行标准操作规范 ③通过演讲、交流、内部宣讲等形式对共建项目进行宣传、推广	①参考依据4项国家标准、行业标准,编制共建制度,实施共建项目 ②新增修订近100项物流管理制度、操作标准规范 ③完成近10次项目宣贯、培训和宣传推广工作

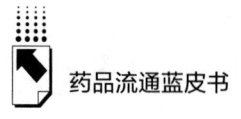

（二）实现效益

1. 经济效益

为达到成本与效率的平衡优化，本项目协同共建单位共同探索医药物流运作新模式，在建设期间链主单位和共建单位达到以下经济效益。

（1）财务状况增长

广州医药2019年主营业务收入同比增长18%；2019年利润总额同比增长19%；2019年税收同比增长54%。共建单位也实现了收入或利润增长。

（2）干支线运输配送新模式，降低物流运输成本

干支线运输配送模式在主仓完成拣选任务后按照干线线路生成相应单据，承运商华人物流和天图物流按照指定时间安排干线车辆到达指定仓库，使用标准容器进行快速装车并发货，车满即走，降低干线运输成本。通过中转点/分配送中心快速接收归集货物，合理调配车辆，提高往返利用率，降低运输成本。2019年承运商运费同比降低6.10%。

（3）物流成本精细化管理，降低物流综合成本

通过对包装耗材等相关物流成本的精细化管理，加强包装耗材的进销存管理，通过重复利用纸箱、冷藏泡沫箱等手段，减少包装耗材的使用量。2019年包装耗材采购成本同比减少14%。

（4）推广单元化物流容器使用，提高作业效率

联合标准容器共建单位，应用标准托盘、标准周转箱、标准物流笼车、标准干线车辆等单元化物流载具，提高容器单元标准化率及单元化物流占供应链物流比例，完成相应的标准叉车、货架、运输车辆等关键设备的配置，使装卸货效率提升不低于2.8倍。2019年装卸人员人工成本同比下降4%。

2. 社会效益

（1）模式示范性强，助力供应链降本增效

智慧医药物流系统体系的逐步搭建，整合了链条上的商流、物流、信息流、资金流，有利于加强医药流通信息的可追踪、可溯源，提升了链条上企业的紧密度和透明度，更加便于监管部门对药品流通过程及企业的管控；"黑匣子"质量管控方式直击行业管控痛点，为同行业提供了新的应对思路；物流新枢纽的创新设计尝试有效强化了拆零拣选能力，既为未来深耕终端市场、应

对订单碎片化提供物流支撑,也有助于促进行业技术转型升级,逐步实现高质量发展;与企业、协会等共建严格完善的行业标准与企业标准,形成标准单元化流转体系,既提升药品质量保障能力,同时也提升了行业的标准化水平,有利于供应链降本增效。

(2) 大幅度降低体力劳动,提升就业人员水平

全链条标准单元化容器流转,在装卸等相关物流环节大幅减少了体力搬运人员,同时增加了面向终端客户的服务人员,提升终端客户服务体验,提升就业人员服务水平;在新物流枢纽中,借助自动化设备进行全面补货和搬运,库内作业人员等体力劳动强度大幅降低,可更专注于服务优化、效率优化的高价值物流环节。

(3) 实施协同化建设模式,提升服务效率和质量水平

药品质量关乎国家百姓的生命安全,是每一位医药人需时刻铭记的行业准则。广州医药时刻践行"健康之桥、造福大众"的使命,协同供应链内企业,通过投入自动化、标准化的设备设施,结合智能化信息系统的监督控制,从全链条角度监督药品配送的安全性,保障每个药品都在符合要求的环境内进行安全存储、精准分拣;通过单元化物流与干支线运输配送模式的配合,减少了药品在各级物流节点运输、搬运的损耗,缩短了药品流通各节点间的流程路径,提高了终端配送的效率与灵活性,从而实现服务效率和质量水平的提升。

中国药店篇
Chinese Pharmacies Reports

B.12 2020年中国药品零售市场发展报告

中国医药商业协会

摘　要： 2020年受疫情冲击、宏观政策调整、行业发展趋势等的影响，药品零售市场风云激荡。本文通过对2020年药品零售市场现状、主要特点进行系统分析和梳理，揭示了药品零售行业内的变革、调整、升级；市场销售额再创新高；连锁率持续提升；市场份额进一步聚集，行业集中度进一步提高；资本进入后市场回馈利好；推进"互联网+医药"，医药电商发展迅速。未来，在医药政策和宏观药品市场的内外驱动下，药品零售行业升级换代、腾笼换鸟之势必将加快，差异化、专业化经营，线上线下紧密结合，药学服务水平提升等将成为重要趋势。

关键词： 药品零售企业　医药电商　药学服务　连锁药店

一　药品零售市场发展现状

2020年，受新冠肺炎疫情和药品集采、新医保等政策影响，防疫产品和创新药成为驱动药品零售市场增长的主动力。"互联网＋医药"、数字化、人工智能与药品零售行业融合加速,"第四终端"迅速发展,行业不断变革、调整、升级。受国家宏观调整影响,平台跑马圈地,连锁巨头并购加速,专业药学服务凸显,药品零售行业未来腾笼换鸟、高质量发展可期。

（一）药品零售市场整体规模

1. 全国零售终端销售规模

2020年药品零售市场销售规模总体呈现增长态势,增速保持稳定。据统计,2020年全国药品零售市场销售总额①为5119亿元,扣除不可比因素同比增长10.1%,增速同比加快0.2个百分点（见图1）。

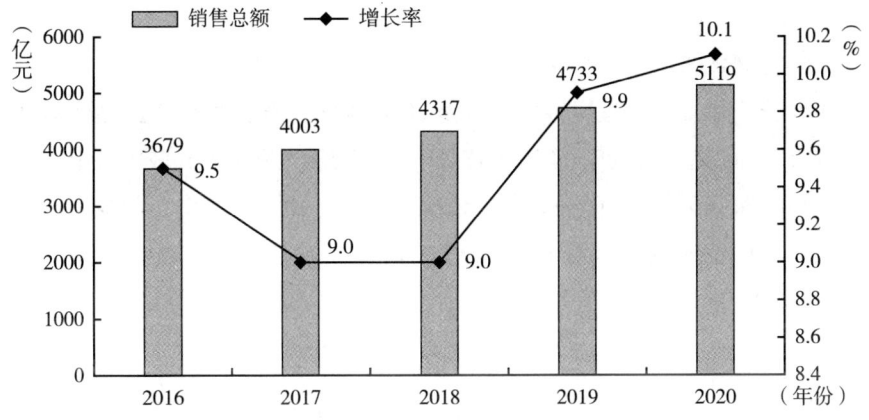

图1 2016~2020年药品零售市场销售总额及增长率

2. 全国药品零售企业结构

据国家药品监督管理局统计,截至2020年末,全国共有药品零售连锁企业6298家,同比下降6.01%,下辖门店31.29万家,同比增长8.07%;零售单体门店24.10万家,同比增长2.86%;零售药店门店总数达55.39万家,同比增长5.74%（见图2）。

---

① 销售总额为含税值。

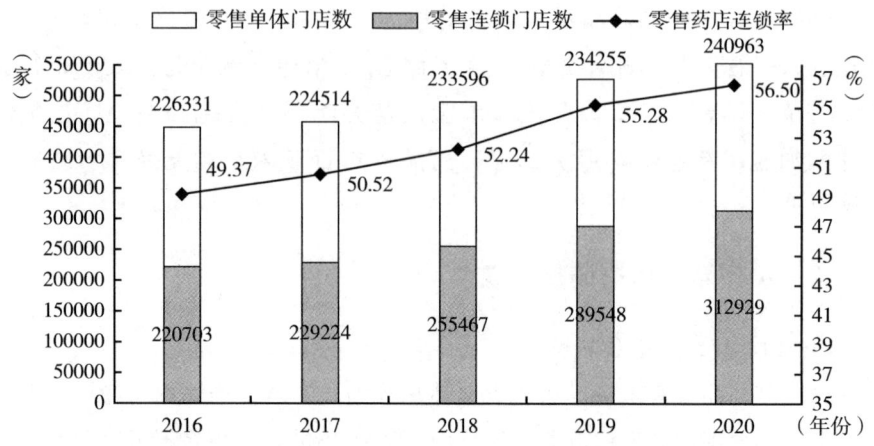

图 2　2016～2020 年全国零售药店门店数及连锁率变化

资料来源：国家药品监督管理局。

3. 各省区市药品零售企业情况

据国家药品监督管理局数据，截至 2020 年末，全国共有"药品经营许可证"持证企业 57.33 万家。全国各省区市零售药店连锁率差异较大，上海零售药店连锁率最高，达 92.05%；其后依次为四川、山东、海南、新疆，连锁率均已超过 70%，而西藏仅有 16.98%（见表 1）。

表 1　2020 年各省区市药品经营企业情况

单位：家，%

序号	省区市	小计	批发企业数量	零售单体门店数量	零售连锁		连锁率	连锁平均门店数
					总部数量	门店数量		
1	上海	4278	150	324	52	3752	92.05	72.15
2	四川	47721	934	5980	509	40298	87.08	79.17
3	山东	42351	578	10722	756	30295	73.86	40.07
4	海南	5334	330	1361	30	3613	72.64	120.43
5	新疆(含兵团)	10575	253	2985	152	7185	70.65	47.27
6	湖南	22527	445	6640	158	15284	69.71	96.73
7	广西	20391	344	6135	229	13683	69.04	59.75
8	青海	2088	92	618	31	1347	68.55	43.45
9	宁夏	4672	111	1438	62	3061	68.04	49.37

2020年中国药品零售市场发展报告

续表

序号	省区市	小计	批发企业数量	零售单体门店数量	零售连锁		连锁率	连锁平均门店数
					总部数量	门店数量		
10	河北	29098	600	11670	412	16416	58.45	39.84
11	湖北	16519	688	6722	184	8925	57.04	48.51
12	内蒙古	15260	208	6446	161	8445	56.71	52.45
13	辽宁	24730	368	10491	303	13568	56.39	44.78
14	江苏	30987	387	13519	307	16774	55.37	54.64
15	浙江	22030	540	9601	284	11605	54.73	40.86
16	安徽	20819	425	9215	275	10904	54.2	39.65
17	重庆	17881	692	8241	101	8847	51.77	87.59
18	河南	33153	395	15805	406	16547	51.15	40.76
19	北京	5367	225	2477	112	2553	50.76	22.79
20	黑龙江	22083	512	10685	278	10608	49.82	38.16
21	云南	21835	561	10718	93	10463	49.40	112.51
22	吉林	15395	527	7949	272	6647	45.54	24.44
23	江西	13245	449	7308	92	5396	42.47	58.65
24	福建	11314	239	6316	117	4642	42.36	39.68
25	广东	55610	1483	31848	455	21824	40.66	47.96
26	山西	14179	339	8420	111	5309	38.67	47.83
27	陕西	14933	447	9064	94	5328	37.02	56.68
28	贵州	15709	231	9836	122	5520	35.95	45.25
29	甘肃	7728	383	4752	72	2521	34.66	35.01
30	天津	4842	127	3193	52	1470	31.52	28.27
31	西藏	641	42	484	16	99	16.98	6.19
	合计	573295	13105	240963	6298	312929	56.50	49.69

资料来源：国家药品监督管理局。

根据国家药品监督管理局数据计算，全国平均每家零售连锁企业下辖门店49.69家，其中海南以120.43家夺得榜首，云南、湖南紧随其后，而西藏仅为6.19家，处于末位。

（二）药品零售企业经营情况

1. 销售额前100位经济效益情况

2020年药品零售企业前100位销售额为1805.7亿元，占同期药品零售

143

市场销售总额的35.3%,同比上升0.4个百分点,集中度进一步提升(见图3)。

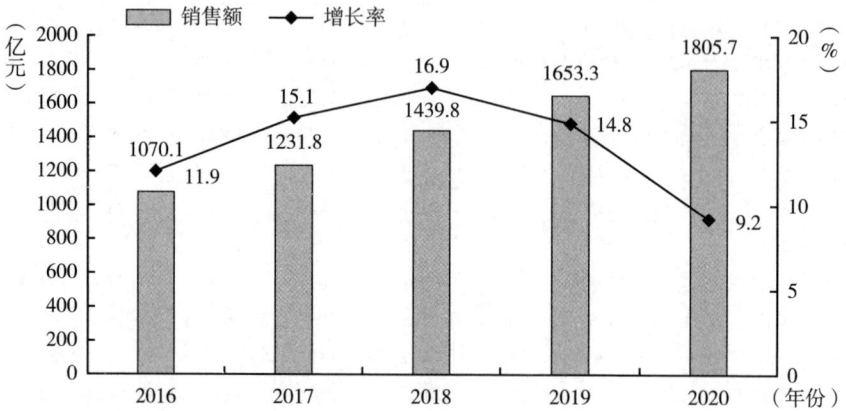

图3 2016～2020年药品零售企业前100位销售额及增长率

资料来源:商务部药品流通管理系统。

2020年,前100位药品零售企业平均利润率为4.6%,比上年提升0.6个百分点;扣除不可比因素平均毛利率为26.9%,比上年下降0.6个百分点;平均费用率为23.7%,比上年下降0.7个百分点(见图4)。

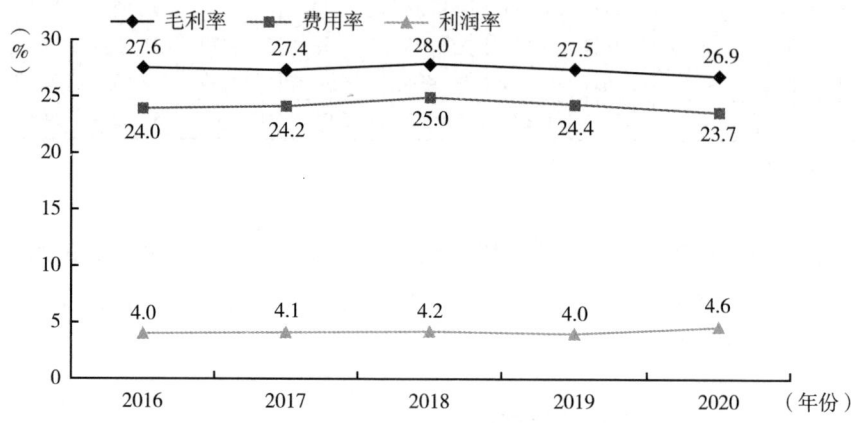

图4 2016～2020年药品零售企业前100位经济效益

资料来源:商务部药品流通管理系统。

2. 药品零售企业销售额前100位区域分布情况

2020年,销售额前100位药品零售企业家数分布前10位的省区市,依次为浙江、四川、山东、上海、广东、江苏、湖北、云南、湖南、河北;10省区市百强企业数量占全国的74%(见表2)。

表2 2018～2020年药品零售企业销售额前100位区域数量分布

单位:家

序号	省区市	2020年	2019年	2018年
1	浙江省	14	14	14
2	四川省	9	9	8
3	山东省	9	8	7
4	上海市	8	10	9
5	广东省	8	7	7
6	江苏省	7	6	7
7	湖北省	7	7	5
8	云南省	5	5	5
9	湖南省	5	4	5
10	河北省	4	4	3
11	重庆市	3	4	4
12	北京市	3	3	4
13	贵州省	3	3	3
14	黑龙江省	3	3	2
15	河南省	3	2	2
16	广西壮族自治区	2	2	2
17	江西省	2	2	2
18	甘肃省	2	2	2
19	山西省	2	1	1
20	吉林省	1	1	2
21	安徽省	1	1	1
22	陕西省	1	1	1
23	辽宁省	0	1	1
24	福建省	0	0	1

资料来源:中国医药商业协会。

2020年，前100位药品零售企业销售额占比中湖南省以较少的企业数，再次超过上海市成为销售额占比最高的省份（见表3）。

表3 2018～2020年药品零售企业销售额前100位区域销售占比

单位：%

序号	省区市	2020年	2019年	2018年	位次变化
1	湖南省	17.12	15.3	14.04	0
2	上海市	16.6	13.82	13.07	0
3	广东省	12.11	9.8	9.27	0
4	云南省	10.02	9.08	9.45	0
5	山东省	5.8	4.99	4.76	+2
6	浙江省	4.81	4.61	4.39	+4
7	北京市	4.8	5.84	7.46	-1
8	甘肃省	4.77	4.79	4.3	+1
9	湖北省	3.42	4.9	5.55	-1
10	河北省	3	2.89	2.78	+1
11	江苏省	2.82	2.66	2.74	+1
12	重庆市	2.68	7.47	7.66	-7
13	河南省	2.31	1.85	1.71	+2
14	四川省	2.19	2.44	2.63	-1
15	广西壮族自治区	1.75	1.48	1.22	+1
16	贵州省	1.51	1.43	1.53	+1
17	江西省	1.19	1.2	1.02	+2
18	吉林省	1.08	1.17	1.59	+2
19	黑龙江省	0.84	1.21	1.15	-1
20	安徽省	0.5	0.55	0.46	+1
21	山西省	0.41	0.28	0.2	+1
22	陕西省	0.27	0.26	0.37	+1
23	辽宁省	—	2.01	2.48	0
24	福建省	—	—	0.18	0

资料来源：中国医药商业协会

注：位次变化中正数表示位次上升，负数表示位次下降，0表示位次无变化。

3. 药品零售资本市场现状

2020年，一心堂、老百姓、益丰、大参林和健之佳五大上市医药零售企业保持快速发展。老百姓营业收入139.67亿元，同比增长19.75%；大参林营业收入145.83亿元，同比增长30.89%；一心堂营业收入126.56亿元，同比增长20.78%；益丰药房营业收入131.45亿元，同比增长27.91%；健之佳营业收入44.66亿元，同比增长26.58%（见表4）。

表4 A股上市的药品零售企业

单位：万元，%

证券名称	证券代码	2020年营业收入	2019年营业收入	同比增长	2020年综合毛利率	2020年净利润	2020年归母净利润
老百姓	603883.SH	1396670	1166318	19.75	32.06	76450	62110
大参林	603233.SH	1458287	1114117	30.89	38.47	108300	106200
一心堂	002727.SZ	1265628	1047909	20.78	35.82	78920	79000
益丰药房	603939.SH	1314450	1027617	27.91	37.98	86690	76830
健之佳	605266.SH	446636	352853	26.58	33.69	24940	25110
合计/平均		5881671	4708814	24.91	35.60	375300	349250

资料来源：上市公司年报。

据不完全统计，截至2020年底，A股医药制造板块、零售板块、批发业板块含药店零售业务的上市企业共有35家（见表5），新三板上市的药品零售企业共有4家（见表6）。药品零售企业作为药品使用终端市场的重要组成部分，承担着医药分开的破局重任。随着医改政策的推进，医院端有望逐渐将药品市场份额让渡给零售药店，药店受到资本市场的持续关注。

表5 含药品零售业务的A股上市企业

单位：万元，%

行业分类	证券名称	2020年主营业务收入	零售板块子公司简称	2020零售业务收入	同比增长	零售业务毛利率
流通业	国药控股	45641461	国大药房	2416434	22.02	28.80
	上海医药	19190916	华氏大药房、上海药房	851900	2.15	13.73
	华润医药	16868403	华润堂、德信行、礼安连锁、同德堂	544319	-6.02	10.30
	九州通	11085951	好药师药房连锁	203080	11.22	26.17
	国药一致	5964946	国大药房	1762601	32.25	24.74
	南京医药	3981736	百信药房	177527	21.54	17.30
	重药控股	4521957	和平药房	218099	13.27	22.32
	英特集团	2500820	—	178380	30.95	9.34
	嘉事堂	2325614	嘉事堂药店连锁	—	—	—
	鹭燕医药	1553128	鹭燕大药房	72529	22.65	—
	柳州医药	1566866	桂中大药房	248775	31.72	23.25
	人民同泰	800526	人民同泰连锁	128143	11.86	26.51
	浙江震元	343984	震元医药连锁	80642	15.90	21.84
	第一医药	158690	第一医药商店	85404	17.18	21.21
	*ST济堂	89382	同济堂	7714	94.87	34.32

续表

行业分类	证券名称	2020年主营业务收入	零售板块子公司简称	2020零售业务收入	同比增长	零售业务毛利率
制药业	白云山	6145036	采芝林药业连锁、健民连锁	4317712	1.86	6.41
	ST康美	541201	康美人生、康美之恋、康美大药房	—	—	—
	同仁堂	1282588	同仁堂药店	731627	2.72	32.16
	太极集团	1120780	桐君阁大药房	514929	9	19.63
	信邦制药	584562	科开大药房	485547	1.27	12.73
	东北制药	738435	东北大药房	316130	4.96	8.56
	济川药业	616497	为你想大药房	22055	8.51	31.76
	新华制药	600559	新华大药店	—	—	—
	以岭药业	878248	以岭药堂大药房	—	—	—
	恩华药业	336130	恩华统一	36768	70.20	15.20
	仁和药业	410610	仁和堂医药连锁	—	—	—
	千金药业	3626967	千金大药房连锁	180742	14.97	10.94
	九芝堂	355954	九芝堂零售连锁	100013	12.46	22.02
	太安堂	358195	康爱多	281866	8.85	18.95
	振东制药	484783	振东大药房	—	—	—
	片仔癀	651078	片仔癀国药堂	284364	0.51	8.86
	马应龙	279159	湖北天下明大药房、马应龙大药房	117117	1.11	7.04
	丰原药业	332118	丰原大药房	168791	10.43	19.75
其他	辽宁成大	1694478	成大方圆	1250310	12.61	5.03
	开开实业	76182	上海雷西大药房	71947	9.21	23.30

资料来源：上市公司年报。

表6 新三板上市的药品零售企业

单位：万元，%

名称	证券代码	所在省份	2020年营业收入	2019年营业收入	同比增长	2020年毛利率	2020年归属于挂牌公司股东的净利润
上元堂	830923	江苏	39671	29150	36.09	29.85	2400
易心堂	837742	浙江	13121	13106	0.11	35.98	-1352
鑫海药业	870572	广西	5884	6290	-6.45	46.20	-234
神农药房	870811	吉林	13936	10410	33.86	19.41	431

资料来源：上市公司年报。

（三）药品零售企业门店结构与分布情况

1. 药品零售企业门店结构情况

2020年，销售额前100位药品零售企业门店总数达到66408家（见表7），其中直营门店数59039家，占门店总数的88.9%。

2. 医保定点药店区域分布情况

随着医保目录谈判机制的进一步完善、药品招标在带量采购上的探索、"互联网+医保"信息化体系构建以及《零售药店医疗保障定点管理暂行办法》《基本医疗保险用药管理暂行办法》等政策、办法的陆续出台，政府部门对医保定点零售药店的管理将更加规范，监管将更加严格。

表7　2020年销售额前100位药品零售企业医保定点药店及DTP药店区域分布

单位：家，%

序号	省区市	企业数	药店总数	医保定点药店数	医保定点药店占比
1	山西省	2	375	374	99.7
2	黑龙江省	3	420	417	99.3
3	贵州省	3	1135	1122	98.9
4	四川省	9	1383	1320	95.4
5	安徽省	1	422	398	94.3
6	陕西省	1	185	173	93.5
7	甘肃省	2	4361	4058	93.1
8	河北省	4	1761	1618	91.9
9	广西壮族自治区	2	1166	1035	88.8
10	云南省	5	9700	8212	84.7
11	湖北省	5	2207	1864	84.5
12	江西省	2	606	497	82.0
13	江苏省	7	887	722	81.4
14	广东省	8	7510	5941	79.1
15	上海市	8	8718	6851	78.6
16	湖南省	5	13252	10110	76.3
17	山东省	9	4071	3105	76.3
18	吉林省	1	949	712	75.0
19	重庆市	3	2119	1586	74.8
20	北京市	3	917	662	72.2
21	浙江省	14	2237	1412	63.1
22	河南省	3	2027	1123	55.4
	合计	100	66408	53312	80.3

资料来源：商务部药品流通行业管理系统。

3. 医院边店和商圈边店占比

随着处方外流政策推进，医院周边药店成为承接处方外流的主要渠道。根据国家卫生健康委员会和国家医疗保障局的医院等级数据，选取其中的三级医院周围 400 米之内的药店为三级医院院边店，商业中心 150 米之内的药店为商圈边店，据未名企鹅（北京）科技有限公司统计，三级医院院边店共有 32711 家，占药店总数 5.91%；商圈边店 80995 家，占药店总数 14.62%。

4. 连锁药店并购整合情况

2020 年初受疫情影响药店圈的并购整合风平浪静，下半年疫情得到控制后，跑马圈地加速，针对区域龙头的大单并购不断涌现。根据老百姓、益丰、大参林、一心堂四家上市公司的公告，初步估算，2020 年被这 4 家企业并购的药店已经超过千家，涉及金额超过 12 亿元。其中老百姓共发起 11 起并购，花费近 10 亿元，涉及门店超过 500 家，较大的一起并购为以 6.8 亿元收购赤峰人川大药房连锁有限公司；益丰实施了 9 起并购，涉及门店 168 家；大参林发起了 8 起并购业务，涉及门店约 349 家；以自营店为主的一心堂也公布了两项收购业务。

此外非独立上市连锁企业亦有大动作：国大药房以 18.6 亿元全资收购拥有 1507 家门店的成大方圆；美尔雅以 2.3 亿元全资收购了甘肃众友的子公司青海众友；奥美医疗及其关联方以 8 亿元收购四川正和祥近 30% 股权。

（四）药品零售市场品类销售结构

1. 品类销售结构①

（1）大类销售情况

据典型样本城市零售药店②品类销售数据，2020 年零售药店各类商品销售中医疗器械（含家庭护理）类占比超过生物制品类，达到 11.8%，比 2019 年提高 5.7 个百分点；中成药类占比为 22.2%，比 2019 年下降 2.8 个百分点，其余类别占比变化不大（见图 5）。

在九大类商品中，化学药、中成药、医疗器械（含家庭护理）销售额位居前三；药品类（包括化学药、中成药、生物制品和中药饮片）在零售药店

---

① 统计口径与上年不可比。
② 19 个省区市 37 家药品零售连锁企业，约 2650 家门店。

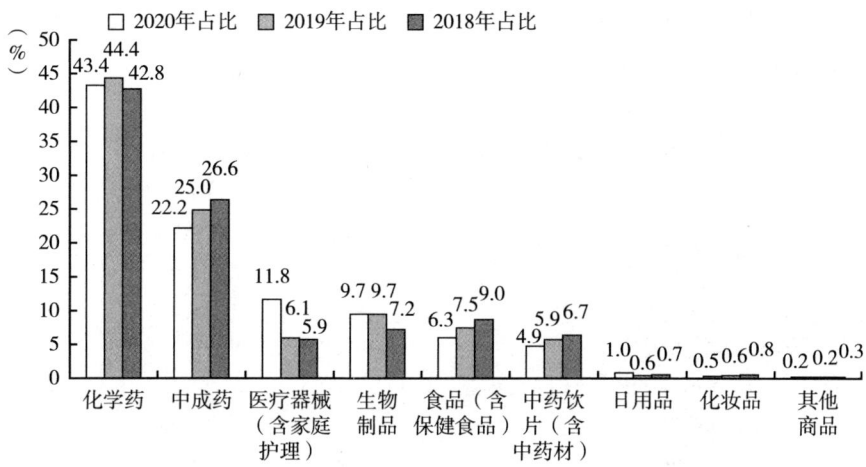

图 5　2018~2020 年典型样本城市零售药店销售品类结构分布

资料来源：中国医药商业协会。

的销售占比虽仍然稳定在 80% 以上，但同 2019 年相比下降了 4.8 个百分点，医疗器械（含家庭护理）销售占比连续三年提升（见表 8）。

表 8　2020 年典型样本城市零售药店大类产品销售占比

大类名称	排名	与 2019 年相比位次变化	销售占比(%)	销售占比变化(百分点)
化学药	1	—	43.4	-1.00
中成药	2	—	22.2	-2.80
医疗器械(含家庭护理)	3	2	11.8	5.70
生物制品	4	-1	9.7	0.00
食品(含保健食品)	5	-1	6.3	-1.20
中药饮片(含中药材)	6	—	4.9	-1.00
日用品	7	1	1.0	0.40
化妆品	8	-1	0.5	-0.10
其他商品	9	—	0.2	0.00

资料来源：中国医药商业协会。

（2）化学药大类

在化学药大类①中，除抗肿瘤药物外，其他各功能类别药品的销售额占比

---

① 依据《国家药管平台药品分类编码与基本数据库》进行药品分类。

变化不大,基本与上年持平。抗肿瘤药物销售额占比在2019年被心血管系统用药物超越后,于2020年重返首位(见表9)。

表9 2019～2020年典型样本城市零售药店化学药销售占比

单位:%,百分点

序号	化学药大类分类	2020年占比	2019年占比	变化
1	抗肿瘤药物	17.21	14.35	2.86
2	心血管系统用药物	15.76	15.45	0.31
3	神经系统用药物	10.67	10.73	-0.06
4	维生素类、矿物质类及营养类药物	8.78	7.62	1.16
5	专科用药物	8.37	8.43	-0.06
6	激素及调节内分泌功能类药物	7.34	8.05	-0.71
7	调节免疫功能药物	7.29	7.00	0.29
8	消化系统用药物	6.09	6.58	-0.49
9	呼吸系统用药物	4.02	5.31	-1.29
10	抗生素类药物	3.43	4.01	-0.58
11	泌尿系统用药物	3.13	3.34	-0.21
12	血液系统用药物	2.61	2.91	-0.3
13	抗病毒药物	2.17	2.88	-0.71
14	抗变态反应药物	1.05	1.16	-0.11
15	化学合成抗菌药	0.79	0.84	-0.05
16	抗真菌药物	0.41	0.55	-0.14
17	其他抗感染类药物	0.22	0.19	0.03
18	抗寄生虫药物	0.20	0.15	0.05
19	糖类、盐类与酸碱平衡调节药物	0.17	0.20	-0.03
20	酶类及其他生化药物	0.06	0.06	0.00
21	抗分枝杆菌药物	0.06	0.08	-0.02
22	特殊管理药物	0.05	0.05	0.00
23	治疗和预防用生物制品	0.00	0.04	0.04
24	麻醉及其辅助用药物	0.03	0.04	-0.01
25	诊断用药物	0.02	0.01	0.01
26	抗肿瘤及免疫调节剂	0.00	0.01	0.01
27	解毒药	0.01	0.01	0.00
28	其他化学药物	0.00	0.00	0.00
29	消化道和代谢药物	0.00	0.00	0.00
30	皮肤科用药物	0.00	0.00	0.00

资料来源:中国医药商业协会。

(3) 中成药大类

在中成药大类①销售中，清热剂销售额在 2020 年仍居首位，销售额占比增加 1.22 个百分点；除清热剂、理血剂、祛湿剂、开窍剂、安神剂、理气剂、消食剂、泻下剂、和解剂、固涩剂、外用药销售额占比有增长外，其他几类销售额占比较上年均有所下降，其中祛痰剂下降幅度较大（见表 10）。

表 10 2019~2020 年典型样本城市零售药店中成药销售占比

单位：%，百分点

序号	中成药大类分类	2020 年占比	2019 年占比	变化
1	清热剂	24.26	23.04	1.22
2	补益剂	19.32	19.74	-0.42
3	理血剂	15.75	15.21	0.54
4	祛痰剂	8.32	10.95	-2.63
5	解表剂	6.40	6.44	-0.04
6	祛湿剂	5.86	5.33	0.53
7	开窍剂	4.66	3.84	0.82
8	五官用药	4.07	4.30	-0.23
9	安神剂	2.68	2.55	0.13
10	理气剂	1.92	1.68	0.24
11	疏风剂	1.62	1.77	-0.15
12	消食剂	1.33	1.20	0.13
13	民族药	1.29	1.43	-0.14
14	妇科用药	0.99	1.07	-0.08
15	泻下剂	0.49	0.47	0.02
16	和解剂	0.35	0.34	0.01
17	温里剂	0.34	0.36	-0.02
18	固涩剂	0.18	0.09	0.09
19	外用药	0.14	0.12	0.02
20	治燥剂	0.04	0.05	-0.01

资料来源：中国医药商业协会。

---

① 依据《国家药管平台药品分类编码与基本数据库》进行药品分类。

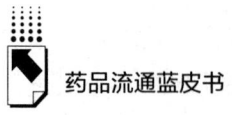

2. 品种销售结构

（1）单品种销售额 TOP10

在化学药、中成药和生物制品销售中，典型样本城市零售药店 2020 年药品销售额前 10 位如表 11 所示，其中，片剂、胶囊占 7 席，且有 9 种为跨国企业品种，有 3 种为抗肿瘤药（见表 11）。

表 11 2020 年典型样本城市零售药店单药品销售额前 10 位排序
（化学药、中成药、生物制品）

单位：万元，%

序号	品名	生产企业	销售额	占比
1	注射用曲妥珠单抗	Roche Pharma(Schweiz) AG	9929.48	1.18
2	盐酸安罗替尼胶囊	正大天晴药业集团股份有限公司	8685.12	1.03
3	甲磺酸奥希替尼片	AstraZeneca AB	7711.18	0.92
4	枸橼酸西地那非片	辉瑞制药有限公司	7090.31	0.84
5	阿托伐他汀钙片	辉瑞制药有限公司	6913.02	0.82
6	帕妥珠单抗注射液	Roche Pharma(Schweiz) AG	6656.05	0.79
7	他克莫司胶囊	Astellas Pharma Co. Limited	6578.15	0.78
8	艾曲泊帕乙醇胺片	Novartis Pharma Schweiz AG	6205.76	0.74
9	甲磺酸伊马替尼片	Novartis Pharma Schweiz AG	6083.11	0.72
10	贝伐珠单抗注射液	Roche Pharma(Schweiz) AG	5744.53	0.68

资料来源：中国医药商业协会。

（2）生产企业销售情况

2020 年，典型样本城市零售药店药品①供应商仍以本土企业②为主，销售额占比为 60.5%，同 2019 年相比下降 2.2 个百分点，跨国企业销售额占比同比增加 2.2 个百分点（见图 6）。

2020 年典型样本城市零售药店本土生产企业销售额排序中，正大天晴以 3.38% 的占比位居第一，约是第二位石药集团销售占比的 2 倍。但同跨国生产企业相比销售占比相比仍有较大差距（见表 12、表 13）。

---

① 药品指化学药、中成药、生物制品。
② 本文中本土企业仅指中国大陆企业，不含港澳台企业。

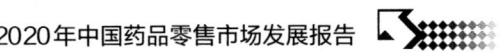

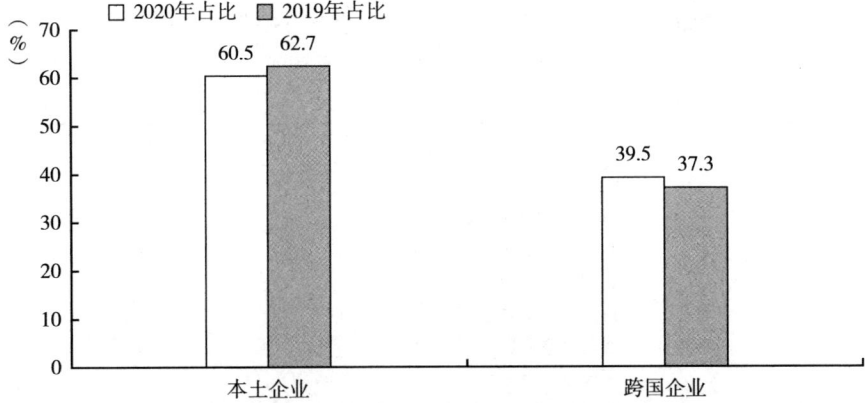

图6 2019~2020年典型样本城市零售药店药品供应商市场份额占比变化

资料来源：中国医药商业协会。

表12　2020年典型样本城市零售药店本土生产企业销售额前20位排序（化学药、中成药、生物制品）

单位：%

序号	生产企业	样本市场占比
1	正大天晴药业集团股份有限公司	3.38
2	石药集团欧意药业有限公司	1.64
3	北京同仁堂股份有限公司同仁堂制药厂	1.61
4	东阿阿胶股份有限公司	1.51
5	扬子江药业集团有限公司	1.41
6	石家庄以岭药业股份有限公司	1.25
7	江苏恒瑞医药股份有限公司	1.15
8	北京振东康远制药有限公司	1.12
9	云南白药集团股份有限公司	1.02
10	杭州中美华东制药有限公司	0.93
11	天士力医药集团股份有限公司	0.88
12	北京同仁堂科技发展股份有限公司制药厂	0.84
13	仲景宛西制药股份有限公司	0.74
14	信达生物制药（苏州）有限公司	0.73
15	常州金远药业制造有限公司	0.71
16	山西广誉远国药有限公司	0.71
17	华润三九（郴州）制药有限公司	0.69
18	漳州片仔癀药业股份有限公司	0.67
19	江中药业股份有限公司	0.64
20	济川药业集团有限公司	0.64

资料来源：中国医药商业协会。

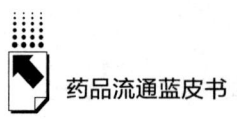

表 13 2020 年典型样本城市零售药店跨国生产企业销售前 20 位排序（化学药、中成药、生物制品）

单位：%

序号	生产企业	样本市场占比
1	Roche Pharma(Schweiz)AG	7.52
2	Novartis Pharma Schweiz AG	7.42
3	AstraZeneca AB	6.30
4	辉瑞制药有限公司	6.12
5	丹麦诺和诺德公司	2.61
6	阿斯利康制药有限公司	2.53
7	惠氏制药有限公司	2.21
8	Astellas Pharma Co. Limited	1.98
9	拜耳医药保健有限公司	1.87
10	上海罗氏制药有限公司	1.76
11	北京诺华制药有限公司	1.65
12	Bayer Pharma AG	1.54
13	中美上海施贵宝制药有限公司	1.48
14	Bayer AG	1.45
15	西安杨森制药有限公司	1.43
16	AstraZeneca UK Limited	1.34
17	德国威玛舒培博士药厂	1.24
18	Bayer Health Care LLC	1.11
19	Patheon Italia S.P.A.	1.04
20	Patheon Inc.	1.04

资料来源：中国医药商业协会。

2020 年零售药店化学药、中成药销售额前三大类中前 10 位生产企业排序见表 14 和和表 15。

表 14 2020 年零售药店化学药销售额前三大类中前 10 位生产企业排序

单位：%

序号	类别	厂家排序	供应商	销售占比
1	抗肿瘤药物	1	AstraZeneca AB	15.53
		2	正大天晴药业集团股份有限公司	15.02
		3	Novartis Pharma Schweiz AG	11.33
		4	石药集团欧意药业有限公司	5.42
		5	常州金远药业制造有限公司	4.35
		6	Roche Registration Ltd.	3.44
		7	Patheon Inc.	3.06

2020年中国药品零售市场发展报告

续表

序号	类别	厂家排序	供应商	销售占比
1	抗肿瘤药物	8	Pfizer Manufacturing Deutschland GmbH	2.88
		9	江苏恒瑞医药股份有限公司	2.63
		10	Bayer Pharma AG	2.56
2	心血管系统用药物	1	辉瑞制药有限公司	15.12
		2	阿斯利康制药有限公司	7.29
		3	北京诺华制药有限公司	5.77
		4	Novartis Pharma Schweiz AG	4.66
		5	Bayer Pharma AG	3.90
		6	泰州复旦张江药业有限公司	3.85
		7	施慧达药业集团(吉林)有限公司	2.75
		8	Sanofi Clir SNC	2.26
		9	鲁南贝特制药有限公司	1.99
		10	华润赛科药业有限责任公司	1.89
3	神经系统用药物	1	德国威玛舒培博士药厂	7.78
		2	石药集团恩必普药业有限公司	5.80
		3	Bayer S. p. A.	4.38
		4	江苏万邦生化医药集团有限责任公司	3.02
		5	上海绿谷制药有限公司	2.93
		6	中美天津史克制药有限公司	2.71
		7	Biogen Idec Ltd	2.57
		8	北京四环制药有限公司	2.18
		9	药大制药有限公司	2.07
		10	H. Lundbeck A/S	1.75

资料来源:中国医药商业协会。

表15 2020年典型样本城市零售药店中成药销售额前三大类中前10位生产企业排序

单位:%

序号	类别	厂家排序	供应商	销售占比
1	清热剂	1	扬子江药业集团有限公司	8.62
		2	石家庄以岭药业股份有限公司	8.03
		3	漳州片仔癀药业股份有限公司	5.57
		4	济川药业集团有限公司	3.01
		5	云南白药集团股份有限公司	2.62
		6	江西康恩贝中药有限公司	2.58
		7	天士力医药集团股份有限公司	2.49
		8	太极集团重庆涪陵制药厂有限公司	2.35
		9	马应龙药业集团股份有限公司	1.63
		10	广州莱泰制药有限公司	1.59

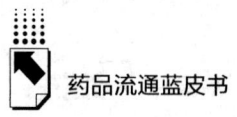

续表

序号	类别	厂家排序	供应商	销售占比
2	补益剂	1	东阿阿胶股份有限公司	15.96
		2	仲景宛西制药股份有限公司	5.55
		3	广州白云山陈李济药厂有限公司	4.05
		4	江西金水宝制药有限公司	3.33
		5	山西广誉远国药有限公司	3.31
		6	江西汇仁药业股份有限公司	3.21
		7	山东福牌阿胶股份有限公司	2.90
		8	扬子江药业集团江苏龙凤堂中药有限公司	2.41
		9	九芝堂股份有限公司	2.25
		10	辽宁康辰药业有限公司	2.15
3	理血剂	1	云南白药集团股份有限公司	6.37
		2	天士力医药集团股份有限公司	5.97
		3	云南白药集团无锡药业有限公司	4.53
		4	石家庄以岭药业股份有限公司	3.55
		5	陕西步长制药有限公司	3.39
		6	天津中新药业集团股份有限公司第六中药厂	3.16
		7	上海和黄药业有限公司	3.03
		8	河南润弘制药股份有限公司	2.93
		9	广州白云山和记黄埔中药有限公司	2.20
		10	深圳海王药业有限公司	1.73

资料来源：中国医药商业协会。

（五）执业药师配备区域性差异

据国家药品监督管理局执业药师资格认证中心统计，截至2020年12月底，全国具有执业药师资格者共115.64万人，其中药学类66.70万人，中药学类48.94万人。全国执业药师注册人数为59.41万人，注册比51.38%，其中药学类28.98万人，中药学类28.34万人，药学与中药学双类2.09万人。每万人口执业药师人数为4.2人，较2015年的1.9人增加2.3人，增长率达到121%。注册于药品零售企业的执业药师541264人，占注册总数的91.1%。注册于药品批发企业、药品生产企业、医疗机构和其他领域的执业药师分别为34329人、3929人、14514人、118人。总注册人数、零售企业注册人数攀升。各省区市具体情况如表16所示。

表16 2020年各省区市执业药师注册情况

单位：人

序号	省区市	总注册人数	注册于药品零售企业人数	每万人口注册执业药师人数（总）	每万人口注册执业药师人数（零售企业）
	全　国	594154	541264	4.21	3.83
1	吉　林	15195	13654	6.31	5.67
2	辽　宁	26334	25205	6.18	5.92
3	内蒙古	13759	12452	5.72	5.18
4	广　东	70279	65770	5.58	5.22
5	重　庆	16138	13897	5.03	4.34
6	黑龙江	15783	14434	4.96	4.53
7	天　津	6771	5914	4.88	4.27
8	山　西	16516	15051	4.73	4.31
9	宁　夏	3395	2553	4.71	3.54
10	陕　西	18140	16674	4.59	4.22
11	浙　江	28886	26772	4.47	4.15
12	山　东	45114	41653	4.44	4.10
13	四　川	36914	32557	4.41	3.89
14	广　西	21776	20653	4.34	4.12
15	安　徽	25335	22575	4.15	3.70
16	江　苏	34103	32203	4.02	3.80
17	河　北	29639	26764	3.97	3.59
18	甘　肃	9845	8470	3.93	3.39
19	湖　南	25904	24946	3.90	3.75
20	湖　北	22493	19662	3.89	3.40
21	河　南	36369	33642	3.66	3.39
22	福　建	14969	13924	3.60	3.35
23	北　京	7634	6159	3.49	2.81
24	海　南	3373	2517	3.35	2.50
25	上　海	7281	6433	2.93	2.59
26	江　西	13118	11824	2.90	2.62
27	云　南	13608	11597	2.88	2.46
28	青　海	1541	1254	2.60	2.12
29	新　疆	6103	5454	2.36	2.11
30	贵　州	7167	6146	1.86	1.59
31	西　藏	672	455	1.84	1.25

资料来源：《中国药品监督管理年鉴》。

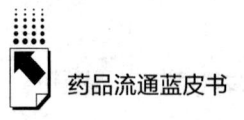
药品流通蓝皮书

二 药品零售市场发展主要特征

（一）药品零售市场销售规模进一步扩大

2020年，药品零售市场集中度及零售连锁率不断提高。截至2020年末，药品零售连锁率已达到56.5%，同比提高1.2个百分点。2020年销售额前100位的药品零售企业门店总数达到66408家，药品零售百强企业门店数量占全国零售药店门店总数的12.0%。

从销售情况看，2020年药品零售百强企业销售额1806亿元，较2019年增长9.2%，占药品零售市场销售总额的35.3%，同比上升0.4个百分点。其中前5位企业销售额占零售市场销售总额的15.2%、前10位占20.9%、前20位占25.7%。前100位企业销售额及市场占有率较上年均有所提高，进一步反映出药品零售市场份额逐渐向大型零售企业集中的趋势（见表17）。

表17　2019~2020年不同销售规模药品零售企业家数统计

单位：家

销售额规模	2020年	2019年	变化
超过50亿元	8	8	0
40亿~50亿元	2	1	1
30亿~40亿元	2	4	-2
20亿~30亿元	4	4	0
10亿~20亿元	18	18	0
超过10亿元（汇总）	34	35	-1

（二）药品零售板块更加受到资本市场关注

2020年，资本市场对药品流通行业的估值有所提升，从2019年的平均市盈率22.90倍上升为29.38倍。药品零售企业的估值仍继续攀升，从2019年的平均市盈率37.28倍上升为43.06倍，远远高于分销企业的平均估值，主要是因为：一是处方外流和整合加速带来了良好的资本市场预期；

二是药品零售企业模式可标准化复制，有利于快速扩张，持续扩张又能为上市公司带来实质的体量、利润和市场占有率；三是连锁药店规模化能提升新增店铺的管理效率和盈利能力，并降低单店运营成本。健之佳、京东健康、漱玉平民接连登陆资本市场，已上市的医药零售概念股涨幅也跑赢大盘。

（三）疫情加速医药电商发展

2020年，突如其来的新冠肺炎疫情，充分释放了市场需求，线上下单、送货上门的购物方式成为人们的最佳选择。"互联网+医药健康"受到国家大力支持，医药行业逐渐探索如远程会诊、慢病复诊、药品网络销售与配送等商业模式，医药零售市场逐渐由以线下为主转变为线上线下融合发展的新零售模式，众多企业纷纷入场。同时随着处方药网售政策开放，处方药的占比也逐步增长。社会智库网经社电子商务研究中心发布的《2020年度中国医药电商市场数据报告》显示，2020年我国医药电商交易规模达到1876.4亿元，同比增长94.58%。同时，国家政策也频频利好医药电商的发展。2021年4月7日，国务院办公厅在《关于服务"六稳""六保"进一步做好"放管服"改革有关工作的意见》中提出"在确保电子处方来源真实可靠的前提下，允许网络销售除国家实行特殊管理的药品以外的处方药"。

（四）医药领域政策更新换代

2020年医药行业政策密集发布。疫情期间，互联网医疗方面得到国家多项政策支持，众多互联网医院挂牌，电子处方流转，连接网上药店、零售药店或医院药房，多渠道流通模式逐渐形成，处方外流进一步发展，相关院外市场迎来利好；医保方面，医保目录调整体量逐渐增大，OTC原则上只出不进，"双通道"管理机制呼之欲出，集中采购常态化；医保支付改革方面，DRG、DIP试点工作展开，"分组"已成核心关键词，"组内"治疗需求药物备受关注；医疗政策方面，分级诊疗持续推进，医联体、医共体建设加速，基药、抗菌药、抗肿瘤药的合理使用进一步规范。

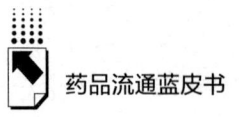

（五）药品零售行业监管日趋严格

2019年9月至2020年12月，最高人民检察院、国家市场监督管理总局、国家药品监督管理局联合开展了落实食品药品安全"四个最严"要求专项行动。据国家药监局统计，2020年各级监管机构共检查药品经营企业304.39万家次，其中，检查批发企业4.90万家次，发现存在违反药品经营相关管理规定行为的企业5941家次，完成整改6492家次；检查零售企业299.50万家次，发现存在违反药品经营相关管理规定行为的企业8.49万家次，完成整改9.18万家次。药品案件的违法主体以经营企业和医疗机构为主，分别占到药品案件总数的72.38%、21.88%。

为净化药品销售市场，监管部门打击药品线上、线下销售违法违规行为力度将会越来越重，药品零售行业将受到愈加严格的监管。在此超严监管背景下，药品安全水平及公众用药安全必将得到进一步提升。新涌现的药品零售市场线上线下新业态、新模式将会更加规范化、专业化。国内零售行业集中度也将得到进一步提升。

三 药品零售市场发展趋势

2021年是我国"十四五"规划开局之年，也是我国药品流通行业持续转型升级和高质量发展之年。随着人口老龄化和疾病谱的变化以及人们自我保健意识的提高，在政策和市场环境的双重影响下，使我国药品零售业新的生态系统加速布局，行业专业化、数字化、规范化发展进入快车道。

一是药品零售市场低速增长。"带量采购""双通道""医保支付方式改革"等政策持续推进，老龄化、消费升级、供给侧改革的影响，使我国药品零售市场整体规模不断扩大，依旧会保持增长趋势。二是低利润率运行或成常态。带量采购带来药品毛利率下降，数字化医疗、互联网企业进入，零售药店的低利润率成为目前的一个常态。三是行业集中度与连锁率稳步提升。资本助力龙头企业快速扩张，政府监管能力加强和市场竞争加剧，企业间并购、加盟等行业整合步伐仍将持续，集中度持续提升。四是数字化赋能加速行业创新转型。随着网售处方药逐步放开，零售药店或主动打造专属的线上商城或积极拥抱第三方平台，实现线上与线下深度融合。同时，打造医、患、药、险数字服务平台，加速行业转型升级。五是专业药学服务成为企业核心竞争力。随着医保"双通道"政策的逐步落地，医保统筹账户将逐步向规范化、专业化的零售药店放开；特药药房标准、慢病药房标准推动了零售药店高质量、专业化发展；专业药学服务，可以满足患者对于细分市场的需要，提升患者社区黏性和依从性。

B.13
2020年中国经营特殊疾病药品的社会药房发展报告

中国医药商业协会

摘　要： 近年来，随着医药卫生体制改革的深入推进、药品集中带量采购和基本医保支付方式的改革、全民医疗保障水平的不断提高，医院外以销售特药为主的特药药房得到迅速发展。本文通过回顾我国特药药房的发展演变，对1883家特药药房和229家特药标准达标药店的市场规模、区域分布等数据进行分析，探讨行业标准对于企业发展的影响和作用，归纳特药药房发展的主要特点，为未来特药药房的稳步发展提供思路。

关键词： 特药药房　行业标准　药学服务

近年来，我国经营特殊疾病药品的社会药房（简称"特药药房"）发展较快，这些药房专营或者兼营的药品大部分是由国家药品监督管理局新批准上市的进口或者国产创新药和改良型新药，用于治疗某些特殊疾病或者危重疾病，具有疗效确切、治疗费用高、需要专门的用药监护和特殊的储运条件等特点。因此，这类药房通常较普通社会药房而言，对药学技术人员的药学专业化水平要求更高，同时，必须配备专业化的软、硬件作为支撑条件。

特药药房在满足特药患者用药可及性方面起到了不可替代的作用。新药从上市到进入医疗机构供患者使用，需要经历等待时间，其中包括医疗机构药事管理与药物治疗学委员会的批准、医保部门的价格准入谈判、药品招采部门集采目录的制定等。为了使患者尽早有药可用，特药药房及时保障供应，填补了市场空白。随着国家科学技术和制药工业创新能力的提升，国内外新药审批加速，品种数量不断增加，有力地推动了我国特药药房的兴起与发展。从当前情况来看，特药药房模式在我国仍然属于一种新兴的发展模式，对于满足市场需求、保证药品供应、维护公众健康、深入推进"医改"、保障群众利益发挥着巨大作用。

一 特药药房的目前现状

（一）特药药房的基本情况

DTP（Direct-to-Patient）模式起源于美国，即制药公司尽可能地接近患者，这种模式比较成熟且应用广泛，故也有人将特药药房称为"DTP药房"。20世纪六七十年代，我国就开始出现经营特殊疾病药品的DTP药房雏形，但是，由于受到当时医疗制度和计划经济体制的影响，这种药房模式并没有得到充分的发展。到了21世纪，特药药房才真正开始在国内发展，尤其是2009年以来，我国陆续出台了一系列减轻居民就医负担和解决"看病难、看病贵"等问题的政策，有力地推动了我国特药药房的兴起与发展。

特药药房现在有两种基本经营模式，一种是传统药房隔离出部分区域经营特药，另一种是专门经营特药的药房。特药药房具有高坪效、高人效、低毛利率以及品规数少等特点。同时，大多数的特药药房还承担着协助慈善机构向患者发放援助药品的责任。当前，我国特药药房经营模式已经趋于成熟，能够较好地满足患者对于特药药品的需求，提高了患者用药的可及性，特药的市场份额处于一个较快上升的趋势。

据中国医药商业协会调查①，以开办时间5年为一个节点进行划分，我国特药药房从出现、发展至今一直处于增长态势，2011~2020年处于快速增长阶段（见图1）。

---

① 调研范围：申请特药药房标准达标认定的499家药房。

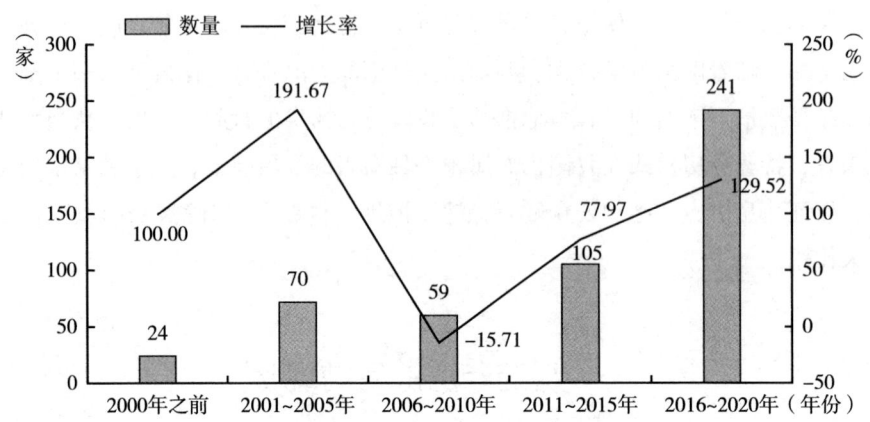

图1 2000～2020年参与调查的特药药房数量增长状况

据中国医药商业协会对全国26个省区市的1883家特药药房（经营5个及以上特药品种的药房①）典型调查统计，2020年，我国特药药房数量较多的省份为山东、河南、河北等地，而青海、上海、贵州等地数量较少，特药药房的区域分布并不均衡（见表1）。

表1 2020年部分省区市特药药房区域分布

单位：家，%

序号	省区市	零售药店数量	特药药房数量	特药药房占比
1	山东	41017	323	17.15
2	河南	32352	246	13.06
3	河北	28086	245	13.01
4	湖北	15647	196	10.41
5	山西	13729	123	6.53
6	湖南	21924	106	5.63
7	新疆(含兵团)	10170	96	5.1
8	陕西	14392	86	4.57
9	江西	12704	72	3.82
10	内蒙古	14891	62	3.29
11	黑龙江	21293	60	3.19

① 中国医药商业协会对特药药房经营的特药品种调研，涉及治疗各类疾病药品共215种。

续表

序号	省份	零售药店数量	特药药房数量	特药药房占比
12	江苏	30293	40	2.12
13	广东	53672	35	1.86
14	浙江	21206	32	1.7
15	福建	10958	28	1.49
16	四川	46278	25	1.33
17	安徽	20119	21	1.12
18	广西	19818	20	1.06
19	吉林	14596	16	0.85
20	甘肃	7273	14	0.74
21	云南	21181	8	0.42
22	辽宁	24059	8	0.42
23	重庆	17088	6	0.32
24	青海	1965	6	0.32
25	上海	4076	5	0.27
26	贵州	15356	4	0.21
	总计	534143	1883	100.00

资料来源：国家药品监督管理局，中国医药商业协会。

国内排名靠前的部分分销企业进入特药药房领域较早，截至2020年底国药控股有400余家特药药房、华润德信行有200余家。近几年，药品零售连锁企业也纷纷建立特药药房，截至2020年底老百姓有143家特药药房、大参林有100家特药药房；新兴企业如思派大药房、邻客智慧药房、圆心大药店，因具有上游生产企业和医疗机构资源，近几年也发展迅速，在特药药房领域拥有较高的市场份额。

据中国医药商业协会对229家特药达标药房典型调查，特药药房主要以院边店为主，院边店占比79.5%、商圈店占比5.2%、院内店占比5.2%、社区店占比4.4%，其他类型药房占比5.7%（见图2）。

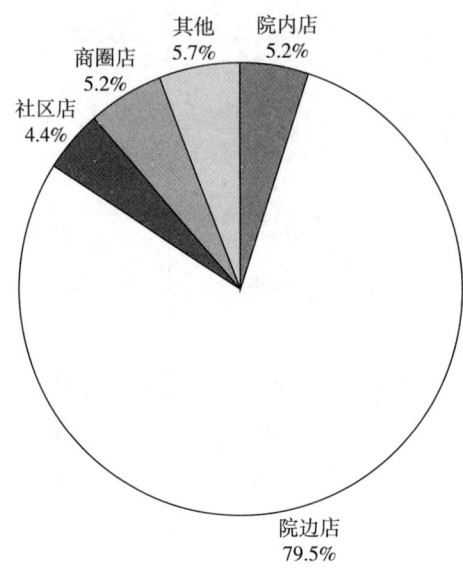

图 2 各类型特药药房数量占比

截至 2020 年底，典型调查的 229 家特药药房共有员工 3475 人，店均员工 15.2 人，其中药学技术人员店均 7.8 人，药学技术人员占员工总数的 51.5%。中国医药商业协会对特药标准达标药房的 1791 位药学技术人员专业技术职称调查发现，执业药师 683 人，执业（中）药师 31 人，共占药学技术人员的 39.9%，平均每家药店执业药师（含执业中药师）3.1 人；药师 242 人，占药学技术人员的 13.5%。对药学技术人员受教育状况调查发现，本科及以上学历 594 人，占药学技术人员的 33.2%；药学专业 934 人，占药学技术人员的 52.1%。

经营特药品种的药房店均营业面积为 351 平方米，其中特药经营面积平均为 99 平方米，特药经营面积占整体经营面积的 28.2%。特药药房中连锁药店占比 61.6%，单体药店占比 38.4%；医保协议药店占比 94.3%，非医保药店占比 5.7%；开通医保统筹药店占比 67.7%。特药达标药房销售处方数量店均 8722 张，平均每天 24 张；特药药房店均服务患者 37880 人次，平均每天服务患者 104 人次，建立患者档案店均 1701 份。

（二）特药药房的经营情况

2020年，229家达标特药药房店均经营药品品规数1720个，含税销售额7713万元。其中，店均经营特药品规数63个，全年实现含税销售额4918万元，占药房整体销售额的63.8%。

1. 经营品种数量

据调查，特药药房经营的特药品种共215种，主要涉及肺癌、肝癌、胃癌、肾癌、结直肠癌、卵巢癌、乳腺癌、胰腺癌等多个癌种，还包括罕见病用药及其他疾病用药。2020年，特药药房经营的品种中，抗肿瘤药经营品种数占比为46.51%；其次是免疫抑制剂药物，占比为14.88%（见表2）。

表2 2020年特药药房经营品种数量

单位：个，%

序号	分类	经营品种	经营品种数占比
1	抗肿瘤药	100	46.51
2	免疫抑制剂	32	14.88
3	全身用抗病毒药	23	10.70
4	内分泌治疗用药	12	5.58
5	抗出血药	8	3.72
6	免疫兴奋剂	7	3.25
7	眼科用药	5	2.32
8	抗高血压药	4	1.86
9	其他消化道和代谢用药	3	1.40
10	抗血栓形成药	3	1.40
11	垂体和下丘脑激素及类似物	3	1.40
12	抗贫血药	2	0.93
13	全身用抗真菌药	2	0.93
14	其他治疗药物	11	5.12
	合计	215	100.00

资料来源：中国医药商业协会。

2. 品类销售结构①

特药药房销售的药品以化学药和生物制品为主，2020年化学药排名前10位的药品销售额占全部化学药销售总额的47.29%。在化学药份额变化趋势中，甲磺酸奥希替尼片的销售额在2020年有较大提升，占比提高了约3个百分点，其他药品占比变化幅度较小（见表3）。

表3 2019~2020年化学药前10位销售额占比

单位：%，百分点

序号	药品名称	2020年销售额占比	2019年销售额占比	占比变化
1	甲磺酸奥希替尼片	11.48	8.52	2.96
2	盐酸安罗替尼胶囊	9.15	9.01	0.14
3	盐酸多柔比星脂质体注射液	5.07	4.16	0.91
4	甲磺酸伊马替尼片	3.87	4.62	-0.75
5	他克莫司胶囊	3.56	3.14	0.42
6	甲苯磺酸索拉非尼片	3.24	3.68	-0.44
7	注射用硼替佐米	2.94	3.91	-0.97
8	盐酸埃克替尼片	2.85	3.28	-0.43
9	克唑替尼胶囊	2.66	3.06	-0.40
10	盐酸阿来替尼胶囊	2.47	1.88	0.59
	合计	47.29	45.26	2.03

资料来源：中国医药商业协会。

2020年生物制品前10位药品销售额占全部生物制品销售总额的74.42%。在生物制品份额变化趋势中，注射用卡瑞利珠单抗2020年销售额大幅上升，占比提升了约11个百分点；而注射用曲妥珠单抗的销售额在2020年有较大下降，占比下降了8.69个百分点；其他药品占比变化幅度较小（见表4）。

---

① 中国医药商业协会对全国26个省区市的1883家特药药房（经营5个及以上特药品种的药房）销售情况进行的典型调查统计。

2020年中国经营特殊疾病药品的社会药房发展报告

表4 2019~2020年生物制品前10位销售额占比

单位：%，百分点

序号	药品名称	2020年生物制品销售额占比	2019年生物制品销售额占比	占比变化
1	注射用卡瑞利珠单抗	15.31	4.39	10.92
2	注射用曲妥珠单抗	13.48	22.17	-8.69
3	贝伐珠单抗注射液	11.37	12.82	-1.45
4	信迪利单抗注射液	9.59	8.94	0.65
5	帕博利珠单抗注射液	6.77	9.24	-2.47
6	利妥昔单抗注射液	5.99	8.14	-2.15
7	帕妥珠单抗注射液	3.94	4.17	-0.23
8	注射用重组人Ⅱ型肿瘤坏死因子受体-抗体融合蛋白	2.83	4.07	-1.24
9	特瑞普利单抗注射液	2.82	2.32	0.50
10	达雷妥尤单抗注射液	2.32	0.40	1.92
	合计	74.42	76.66	-2.24

资料来源：中国医药商业协会。

3. 特药药品销售排名①

2020年特药药房销售的特药药品销售数量及金额前10位排名如表5、表6所示。从销售数量看，贝伐珠单抗注射液、重组人干扰素α1b注射液和吗替麦考酚酯胶囊为销量较高的几个药品。

表5 2020年特药药品销售数量前10位

序号	药品名称	商品名	规格	厂家
1	贝伐珠单抗注射液	安维汀	100mg:4ml	Roche Diagnostics GmbH
2	重组人干扰素α1b注射液	运德素	50μg:1ml	北京三元基因药业股份有限公司
3	吗替麦考酚酯胶囊	骁悉	0.25g×40粒	上海罗氏制药有限公司
4	注射用重组人Ⅱ型肿瘤坏死因子受体-抗体融合蛋白	益赛普	25mg	三生国健药业（上海）股份有限公司

① 中国医药商业协会对全国26个省区市的1883家特药药房（经营5个及以上特药品种的药房）销售情况进行的典型调查统计。

续表

序号	药品名称	商品名	规格	厂家
5	信迪利单抗注射液	达伯舒	10ml∶100mg	信达生物制药（苏州）有限公司
6	盐酸埃克替尼片	凯美纳	125mg×21片	贝达药业股份有限公司
7	吉非替尼片	伊瑞可	0.25g×10片	齐鲁制药（海南）有限公司
8	他克莫司胶囊	普乐可复	1mg×50粒	安斯泰来制药（中国）有限公司
9	富马酸替诺福韦二吡呋酯片	韦瑞德	300mg×30片	葛兰素史克（天津）有限公司
10	吗替麦考酚酯分散片	赛可平	0.25g×40片	杭州中美华东制药有限公司

资料来源：中国医药商业协会。

从销售金额看，甲磺酸奥希替尼片、注射用卡瑞利珠单抗、注射用曲妥珠单抗销量较高（见表6）。

表6　2020年特药药品销售金额前10位

序号	药品名称	商品名	规格	厂家
1	甲磺酸奥希替尼片	泰瑞沙	80mg×30片	AstraZeneca AB
2	注射用卡瑞利珠单抗	艾瑞卡	200mg	苏州盛迪亚生物医药有限公司
3	注射用曲妥珠单抗	赫赛汀	20ml∶0.44g	Roche Pharma(Schweiz) Ltd.
4	信迪利单抗注射液	达伯舒	10ml∶100mg	信达生物制药（苏州）有限公司
5	盐酸安罗替尼胶囊	福可维	12mg×7粒	正大天晴药业集团股份有限公司
6	贝伐珠单抗注射液	安维汀	100mg∶4ml	Roche Diagnostics GmbH
7	帕博利珠单抗注射液	可瑞达	100mg∶4ml	MSD Ireland（Carlow）
8	甲磺酸伊马替尼片	格列卫	0.1g×60片	Novartis Pharma Schweiz AG
9	甲苯磺酸索拉非尼片	多吉美	0.2g×60片	Bayer AG
10	盐酸埃克替尼片	凯美纳	125mg×21片	贝达药业股份有限公司

资料来源：中国医药商业协会。

（三）特药药房社会责任

中国医药商业协会对229家特药达标药房的调查数据显示，有205家特药药房分别与87家慈善机构合作开展了药品援助项目，涉及140种援助药品，合计108.51万盒，价值45亿元。合作药品品规数前十位的慈善机构如表7所示。

表7 2020年特药药房合作的慈善机构品规数前10位

单位：个

序号	慈善机构名称	品规数	品种举例
1	中国初级卫生保健基金会	151	注射用贝利尤单抗、替雷利珠单抗注射液、甲磺酸仑伐替尼胶囊、帕博利珠单抗注射液、哌柏西利胶囊、盐酸安罗替尼胶囊、度伐利尤单抗注射液等
2	中国癌症基金会	118	纳武利尤单抗注射液、达雷妥尤单抗注射液、阿替利珠单抗注射液、阿昔替尼片、帕妥珠单抗注射液等
3	中华慈善总会	75	甲磺酸伊马替尼片、甲磺酸奥希替尼片、贝伐珠单抗注射液、吉非替尼片、尼洛替尼胶囊等
4	北京康盟慈善基金会	54	注射用硼替佐米、替雷利珠单抗注射液、盐酸多柔比星脂质体注射液、盐酸安罗替尼胶囊、信迪利单抗注射液等
5	白求恩公益基金会	52	来那度胺胶囊、特瑞普利单抗注射液、注射用伊尼妥单抗、注射用地西他滨、甲苯磺酸尼拉帕利胶囊等
6	中关村精准医学基金会	24	来那度胺胶囊、阿达木单抗注射液、注射用硼替佐米等
7	中国妇女发展基金会	20	塞瑞替尼胶囊、奥拉帕利片、氟维司群注射液等
8	中国红十字基金会	13	乌司奴单抗注射液、戈利木单抗注射液等
9	中华社会救助基金会	11	替格瑞洛片、康柏西普眼用注射液
10	北京红心相通公益基金会	11	盐酸多柔比星脂质体注射液、甲磺酸伊马替尼片、聚乙二醇重组人粒细胞刺激因子注射液

资料来源：中国医药商业协会。

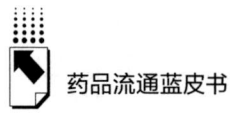

药品流通蓝皮书

二 特药药房行业标准介绍

(一) 特药药房服务规范的制定

我国特药药房虽然发展迅速,但行业内缺乏统一服务标准。为保障公众的用药安全,进一步推动特药药房专业化、高质量发展,迫切需要在药品零售行业中建立完善的服务规范。在此背景下,2019年,中国医药商业协会组织行业专家、学者和药品经营企业代表,依据《药品管理法》《药品经营质量管理规范》《处方管理办法》等,借鉴国外成熟的经验,立足国内零售药店经营特殊疾病药品的服务实践,制定了《零售药店经营特殊疾病药品服务规范》(简称"特药药房服务标准"),"特药药房"的概念也被正式确认,即专营或者兼营治疗特殊疾病药品的药店。

使用特殊疾病药品的患者不需住院治疗,但需长期依靠药物维持病情稳定,这类患者凭医院处方到指定药店购药,特药药房为其提供特殊用药指导、健康教育、冷链配送等专业药学与供应服务。特药药房服务标准对特药药房人员资质与培训、经营服务环境、信息系统管理、冷链药品管理、药学服务管理、药物警戒管理以及制度建设等方面均进行了规范。此标准的实施,可以规范特药药房的服务行为,提升服务质量,促进药房合规经营与药物的合理使用,保障公众用药安全,维护公众生命与健康。

2020年1月和7月,中国医药商业协会对特药药房服务标准及配套文件进行了修订,使其更加贴近实际操作,更加规范和专业。

(二) 特药药房服务标准的实施

中国医药商业协会围绕特药药房服务标准,制定了《零售药店经营特殊疾病药品服务规范达标检查管理办法》《达标现场检查表》《现场检查报告书》《现场检查流程》《检查员现场检查须知》等相关文件,搭建了特药标准申报平台,组建了由行业协会、高等院校、医疗机构、药品生产企业和药品经营企业等专业人员构成的检查员团队。为检验特药药房药学技术人员知识水平,协会组织行业专家制定了特药知识相关考试题库。特药药房服务标准自发布以来，在行业内得到积极响应，截至2020年底，全国共有229家特药药房通过了标准验收。

三 特药药房的主要特点分析

特药药房能够持续发展的根本原因，在于把握了"合规销售、保证质量、安全使用、全程服务"的基本原则。这也与药品经营企业管理层的高度重视是分不开的，企业纷纷增加对特药药房的投入，包括人力、物力和财力，加之国家医改政策推进，相互配合，相互作用，形成了一个良性发展循环。

（一）新医改政策是特药药房发展的根本动力

国务院印发的《"健康中国2030"规划纲要》以人民健康为核心，提出"加强医疗保障政策与公共卫生政策衔接，提供系统连续的预防、治疗、康复、健康促进一体化服务"。2020年，国务院出台的《关于深化医疗保障制度改革的意见》提到"增强医保、医疗、医药联动改革的整体性、系统性、协同性，保障群众获得高质量、有效率、能负担的医药服务"。同时，随着国家鼓励药品创新举措的密集出台，我国创新药研发进入快速发展阶段；我国执行抗癌药零关税、创新药优先审评审批等政策，加快新药上市速度，在新药上市初期，特药药房成为药品上市许可持有人的首选对象，这些都将助力特药药房的发展。

（二）"以患者为中心"推进特药药房的服务创新

特药药房"以患者为中心"，不断推动服务创新。如上药云健康研发"益药·DTP一体化平台"，通过信息化平台为患者提供专业的教育、随访与健康咨询服务，对患者的用药信息进行跟踪与记录；同时，通过互联网医院由医生线上和患者进行沟通，对患者进行用药指导，通过全方位患者管理方案，帮助患者合理、安全用药。华润苏州礼安医药连锁开通400药师咨询电话，接受患者用药咨询，提供健康管理等服务，与社区、居家养老机构共同建立大健康服务平台，成为助老商务平台的配送商和药学服务提供商。

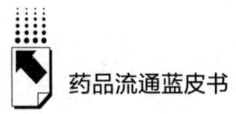

在创新方面，国外一些先进的做法也可以给行业一些启示，如美国沃尔格林专业药房目前推广的"将心比心"项目，是为癌症患者提供的健康美容服务，经过特别培训的药剂师和美容顾问，帮助患者应对由于癌症治疗所带来的副作用及外观上的一些改变。

（三）科学高质的服务规范是特药药房发展的基本条件

特药药房服务标准在药学服务和冷链管理两个方面提出了较为严格的规定，为了实现这些规定，又对相关人员的资质和能力、计算机和网络的配置做出了特别的要求，以确保药品处方的审核与发药、用药指导，以及药品的质量万无一失。同时，要求药房开展各种形式的健康宣教、药学咨询和药物警戒，使患者真正能够用得放心，用得安心，严谨务实的标准达标检查为特药药房发展提供了可靠保证。

四 特药药房发展趋势展望

目前，我国特药药房的发展仍然处于起步阶段，从这些年的实践可知，特药药房的发展与我国的医药卫生体制改革紧密相关。公立医院现代化管理改革的持续深入，基本医疗保险制度及补允医疗保险的不断完善，以及国内外治疗重特大疾病创新药的逐渐上市，都将促进特药药房可持续发展。

（一）特药药房整体规模保持持续增长

社会人口老龄化的上升、慢性病比例的增加，客观上导致特药需求量增加；国内创新药研发能力提升、创新药的审评和上市速度加快，新特药的获得渠道及市场规模将有所增加。新特药从获批上市到进入医保以及采购进院有较长的等待期，这期间特药药房成为患者获得药品的重要渠道。同时，医保"双通道"政策让更多特药药房承担医保统筹报销工作，不断满足患者支付可及性，促使特药药房的市场份额不断提升。

（二）专业服务是特药药房的核心竞争力

特药药房由于对售前售后人员的药学专业服务能力要求高，因此从业人员中执业药师等药学技术人员占比较多，专业药学服务能力普遍较强。特药药房在保证患者可及性的同时，还要做好售后随访，建立药历，从而提升患者用药依从性、有效性和安全性。特药药房服务标准还规定特药药房应建立药学服务信息系统、患者管理系统，建立完善的冷链药品质量管理体系，规范化管理和专业的药学服务将成为企业的核心竞争力。

（三）特药药房逐渐成为医保基金管控节流的重要端口

国家医保局、国家卫健委共同发布的《关于建立完善国家医保谈判药品"双通道"管理机制的指导意见》明确指出，拟将定点零售药店纳入谈判药品供应保障范围，与定点医疗机构一起，形成谈判药品报销的"双通道"，最大限度地提升药品可及性。特药药房最先成为"双通道"政策落地的地方，将逐渐成为医保基金管控节流的重要端口。

未来，特药药房将为医保部门收集信息、制定药品价格提供数据支持，通过配方审核，防止骗保；通过配备医生进行评估，避免无效用药、无效支出。

（四）商保将扮演越来越重要的角色

相关数据显示，我国商业健康保险保费收入由2012年的863亿元增长到2019年的7066亿元，年均复合增长率超过30%。2020年3月，中共中央、国务院发布《关于深化医疗保障制度改革的意见》，要求到2030年，全面建成以基本医疗保险为主体，医疗救助为托底，补充医疗保险、商业健康保险等共同发展的多层次医疗保障制度体系。未来，特药药房将结合商保真正从患者角度出发，提升创新药的可及性和可支付性。

（五）线上线下结合将成为重要趋势

特药药房未来将构建线上线下结合的处方药新零售模式，这是以患者、产品供应以及服务体验为中心，数据驱动下的智慧运营模式。特药药房与政府、医疗机构、生产企业、医保机构、商保机构等多方协调，推动线上线下联动，提升线下门店的服务体验，提高线上服务能力，如在线下单、用药咨询、患者回访、患者教育等，从而提升处方外流的承接能力。

（六）特药药房将承担更多的社会责任

经营特药的企业一般具有经营规范、有经济实力、有社会责任、社会信誉良好等特点。未来，特药药房利用自身数据为药企、医疗机构、医保机构、患者等提供完善的大数据解决方案，为国内创新药生产企业和政府提供研究依据。特药药房除了提供药品外，还需要为患者提供相关疾病的慢病管理服务、配送服务和相应的心理疏导、配套的营养建议等服务，开展更多的慈善赠药活动，开展科普宣传和患者健康教育活动等。

B.14 "双通道"与创新支付模式下零售药店的突围方向

周吉芳*

摘　要： 在国家"双通道"政策与医疗服务创新支付模式的影响下，医药零售行业面临更大的政策不确定性。本文通过比较中国和欧美国家医疗、医药发展的历史轨迹与未来趋势，从专科专业化模式、全科普惠式模式、线上诊疗一体化模式和用户社区模式等四个发展路径剖析零售药店在新时期发展的方向，并提出相应的建议。

关键词： 零售药店　双通道　处方流转　支付模式

一　"双通道"与创新支付模式的形成背景

2021年5月10日，国家医疗保障局、国家卫生健康委员会联合发布《关于建立完善国家医保谈判药品"双通道"管理机制的指导意见》，从分类管理、遴选药店、规范使用、支付、经办和监督管理等角度，在全国层面对国家谈判药品通过定点零售药店销售提出了与医疗机构相似的要求。这个政策，对破解谈判药物"最后一公里"的可及性问题有着相当重大的意义。由于人们对恶性肿瘤和治疗肿瘤高昂开销的恐惧，能否用更低的价格获得"救命药"是民众关注的重点，也是零售药店打开特药市场的重要机会。如果这个政策在

---

* 周吉芳，副教授，药物流行病学研究者，研究领域覆盖临床医学、卫生经济学、卫生政策和卫生管理。

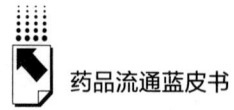

全国范围内顺利推行,从理论上零售药店能够与医院形成良性互补,形成多方共赢的局面。"双通道"药品销售模式下,患者不再需要每次从医院药房获得急需药品;药品生产企业可以通过分布广泛、经营方式灵活多变的药店打开销路;商业医疗保险公司,特别是近期布局惠民健康险的机构,也将追随社保项目为创新药品在医院和零售药店销售提供更大支付支持,并通过零售药店渠道低成本获客以谋求新兴业务的拓展。

"双通道"政策的推出,很大程度上是政府以最大的善意主动回应民众对药品可及性方面的关切。之所以会出现创新药品进院难的问题,原因在于最近十年来药品上市不断加速以及国家医保目录管理制度的深化改革。一方面,在监管机构、民众意愿的推动下,创新药品上市出现空前的加速度;另一方面,大型制药企业由于良好的盈利前景,在大资本加持下不断增加对创新药物的投资,深刻地改变了某些疾病无药可用的状况。由于大量药品创新集中在市场盈利空间明确、疾病负担庞大和临床未满足需要的这几个有限赛道,很大程度上缺乏突破性产品,大量快速跟随的创新药品在类似适应症下只能展开激烈价格竞争,在过于拥挤的市场争夺越来越小的份额。

与此同时,医疗领域的创新支付模式正在逐渐成形,并逐步取代以往的按项目付费的支付模式。以社会医疗保险为例,国外行之有效的医保控费手段正在逐步引入国内,在小范围成功试点并本土化后逐步在全国铺开。从2016年开始,国家密集出台了一系列旨在向医疗服务提供方让渡部分财务风险的政策,包括按病种付费、按疾病诊断相关分组付费试点以及按人头、按床日等多种付费方式。2020年10月,国家医疗保障局发布了《关于印发区域点数法总额预算和按病种分值付费试点工作方案的通知》,提出在1~2年时间内,点数法将与统筹地区医保总额预算相结合,实现住院以按病种分值付费为主的多元复合支付方式。在支付方式发生显著改变的情况下,按项目付费占比预计会出现明显下降,由此带来强大的溢出效应会从根本上改变医院和零售药店的药品消费结构。

"双通道"政策和创新支付模式的联合效应,将会对药品零售市场产生深刻的影响。医院从直接药品销售中获利的空间减少,会加快院内处方外流的速度和程度;处方流转平台有望在理顺盈利分配形式后,帮助有实力的零售连锁药店获得更稳定的慢病特药处方比例;尽管商业保险在可预见的未来难以成为

"双通道"与创新支付模式下零售药店的突围方向

医疗市场的主体支付模式,但是快速增长的各种商业保险项目正在逐步成为社会医疗保险的重要补充,并在高价创新药市场增加投保人的支付能力和意愿。药品零售市场也会继续进行颠覆式的重构,医药寡头们逐步打通上下游,在薄利时代试图实现逆周期发展。

本文将围绕处方从何处来、药品费用由谁支付和谁会是零售药品市场的赢家和零售药店如何突围这四个角度展开分析。

二 处方从何处来

创新药的"双通道"模式能否成功,直接取决于医院的处方能否外流到零售药店,而电子处方流转与监督平台是完善全流程监管和精细化管理的重要步骤。药品进入医院与进入零售药店,遵循不同的逻辑。药品进入医院需要经过药事和治疗委员会的批准,时间周期可能长达数月到半年。但是药品进入零售药店基本上是由商业逐利驱动的。考虑到允许"双通道"经营的药品一般是处方药,零售药店需要与医保结算平台、电子处方流转平台甚至医院的信息系统对接,保证处方的真实性,并对药品销售的全过程进行有效的追溯。

从首批19个试点品种看,11个(占58%)为口服药品,而8个(占42%)为注射药品。大部分药品比如曲美替尼/达拉非尼、氘丁苯那嗪片等主要用于治疗市场容量相对小的伴BRAF突变黑色素瘤与亨廷顿舞蹈综合症等适应症,其中也不乏类似仑伐替尼、恩扎卢胺、阿美替尼等潜在患者群体大的药品。更为重要的是,对零售药店来说,"双通道"政策下放开对纳入医保目录的小适应症药品在药店销售,或可撬动自费市场的更大市场份额。比如特瑞普利单抗注射液,尽管目前医保仅纳入黑色素瘤一个适应症报销,但是更多的药店得以销售该药物将让患有特瑞普利单抗其他适应症的鼻咽癌、尿道上皮癌的患者获益。自费市场可有效弥补这些药品相对于大企业大品种在医院推广受限的不足,也能够有效推动首批纳入"双通道"的全国1907家零售药店销售额上升。

零售药店要获得医保谈判药物"双通道"的政策红利,首先需要解决处方来源的问题。尽管学界和业界都在呼吁,但处方外流距离实际落地依然困难重重。这背后的原因是多方面的,医院无意让渡药品相关的利润是阻碍处方外

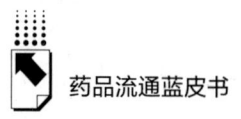

流到零售药店的主要原因。这个问题可以从中国，也包括大部分东亚国家的医疗体制的独特历史沿袭谈起。

在历史形成路径上东亚的医疗系统与欧美西方国家存在本质的区别。西方社会相对东亚国家人口居住密度较低，建立大型医院并不一定具备较高的投入产出比，因此更适合分散式的医疗服务组织模式。因此，西方社会从中世纪便形成了医生独立行医的制度，并随着科学进步医生诊疗疾病能力不断加强，形成行业协会等具有强大政治影响力的团体，并进一步影响政府和立法机关推动有利于独立执业医师的政策。因此，西方国家的民众在医师上门或者开业诊所接受医疗服务后，绝大部分药品通过医生处方在药房获取，零售药房会雇佣专业的药剂师保证药品质量和合理用药，处方外流这个问题并不存在，西方国家在传统医疗模式下医药分家自然而然地做到了处方分流。

但是东亚地区，包括中国台湾地区和日韩遵循另外的逻辑。这些地区人口密度较大，其医疗系统长期依赖大型综合性医院为民众提供从感冒发热到重症监护的几乎所有医疗服务，大型医院以外的独立诊所只是医疗服务系统的次要补充。随着强者恒强的马太效应，大型医院虹吸基层医院的现象越来越明显，很多地区都出现了几千张床位的超级医院。因为医院在我国的医疗系统中占据更有利的生态地位，在这种情况下与存在大量个体执业医生和独立诊所的西方国家不同，东亚地区的医疗系统更依赖同时包含门诊和住院服务的综合性大医院。而中、大型医院则依赖药品销售的现金流和隐蔽的利益输送链条维持医院运转，因此在缺乏外力推动的情况下大型医院很难在处方外流这个问题上有所作为。因为一旦处方大幅度外流，医院将失去药品费用占款的收入。大量公立医院通过药品销售费用占款，来弥补日常现金流的开销。如果高价值药品绕过医院在零售药品市场销售，医保需要尝试直接向药品生产和流通企业付费来加快药品生产企业的回款速度，增加零售药品市场对高价值创新药品生产企业的吸引力。

医疗服务，包括药事服务，未来与药品销售本身解耦，能让医院更加专注于治病，而不是卖药。尽管各方公认处方外流是未来医疗的趋势，但是对于处方外流在什么时候会发生依然充满分歧。事实上，各级地方政府是当地公立医院的主要管理者，地方政府在大型公立医院扩张方面的冲动是不可抑制的，而且医院短时间内难以破除对"以药养医"的依赖。目前的政策趋势

"双通道"与创新支付模式下零售药店的突围方向

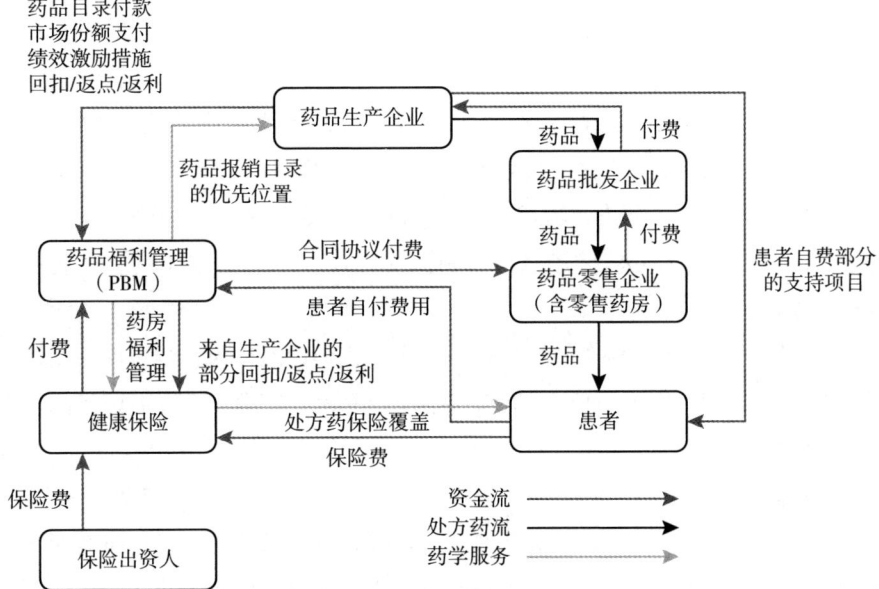

图1 美国的药品销售模式

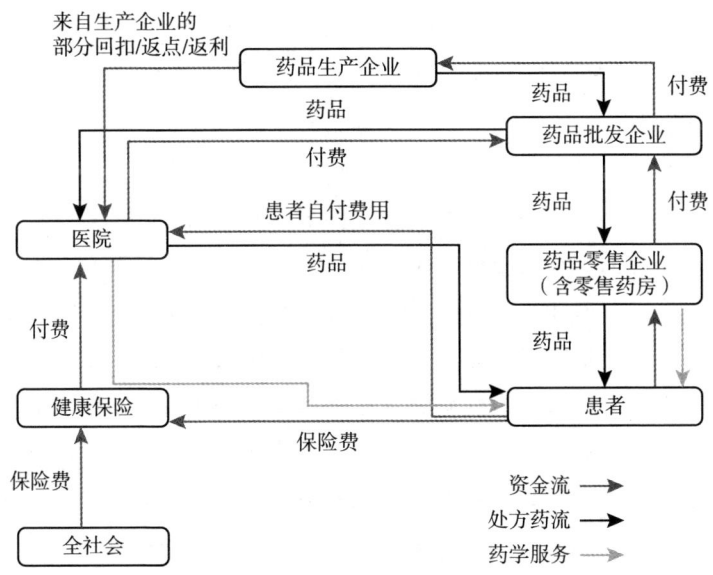

图2 中国的药品销售模式

是通过医保谈判和带量采购,大幅度降低专利保护期内的创新药价格与专利过期的药品价格,迫使高价值药物转换销售策略和进一步降价,最终实现改善药品消费结构的目的。由于大型医院对患者的锁定效应,习惯在医院药房购药的患者一般不会主动在零售药店接受服务。特别是在实行了两票制与"4+7"带量采购制度以后,药品销售的流通环节利润已经被大大压缩,药店的价格高于医院,因此患者缺乏去药店获得药品与接受药事服务的意愿。因此,拓展医院处方外流除了高值创新药品以外,另一个方向是慢性病用药与长处方。

在突如其来的新冠肺炎疫情影响下,医疗机构被允许为符合条件的慢性病患者开具药品用量增加、使用时间最高达三个月的长期处方。在海南省的长期处方药品管理办法中,囊括了137个品种,并分为高血压、糖尿病、血脂异常、慢阻肺、慢性肾脏、脑卒中、慢性前列腺、慢性心力衰竭、其他常用慢性病9个类别用药。这些药品将被允许通过在线开具电子处方,经过药剂师审核以后,患者可以自主选择在医疗机构或者零售药店进行调剂取药。

国外的实践表明,长处方可以有效改善患者的依从性,提升药品的治疗作用,进而降低全口径的慢病社会负担与医疗费用。但是在现实中,我国处方外流依然存在困难。不仅医院缺乏动力,而且医院和药店的电子处方系统没有对接。虽允许长处方与互联网医院的使用,但是没有合理的补偿机制弥补和激励处方流出,同时长处方需高度依赖处方流转平台,以承接上游的医院(包括互联网医院)和下游的药品流通销售企业。

广西壮族自治区梧州市处方信息共享平台的启动和归于平淡,正是处方流转平台面临重重壁垒的缩影。2017年11月15日,梧州市成为第一个落实国家处方信息共享政策的城市。全市首批20多家医院与百余家药店实现信息系统互联互通,协同保障患者的用药安全;在门诊统筹方面,药店正式接入医保统筹账户,并实现慢性病统筹账户在处方共享平台直接结算。梧州模式在医保、卫监、医院三方共同监督下,实现第三方信息共享。湖南省和甘肃省也都建立了覆盖全省的处方流转服务系统,能够为全省居民提供"互联网+药品"的零售服务。如果未来都能够建立开放式的处方共享平台,将会有助于医院外流处方向更具价格优势的零售药店或者医疗机构流动,实现真正的医药分开。

"双通道"与创新支付模式下零售药店的突围方向

三 药品费用由谁支付

众所周知,我国医保面临巨大的亏空风险。在中国老龄化程度逐年提高的大背景下,医疗费用也将随之增长,不断减少的年轻劳动人口无法有效筹资,代际转移支付的模式在抚养比逐渐升高的情况下日益捉襟见肘。"十三五"期间,医保基金收入从2015年的11193亿元增长到2020年的24846亿元,但是支出从9312亿元增长到21032亿元,2018年医保支出增速首次超过收入增速。国家医保局的建立就是国家希望进一步深化医改,通过整合人力资源和社会保障部、卫健委、民政部和国家发改委四个职能部门管理医保资金的职能,进而更好地统筹医保基金。

医疗需求本身是刚性的,在购买能力允许的情况下大部分人还是趋向于得到更高水平的医疗服务。保险通过风险共担的办法降低患者及其家庭在治疗费用上的支出,诱导医生和患者选择更高价格但不一定是更高性价比的治疗手段。如果缺乏来自支付方的有力制约,医疗资金就会如同火箭般飙升,美国每年占据18%的国民生产总值的医疗费用就是最明显的例子。一旦医疗费用增长的趋势成为社会的稳定预期固定下来,想要短期内遏制是不太现实的。

医保难以控制医疗机构行为,风险共担的创新支付模式成为医保减轻支付压力的利器。以DRG/DIP为代表的新型支付模式,一定程度上让医院承担过度医疗造成的财务风险。国家医保局未来将在各地探索实践的基础上进一步统一医保支付标准,统一全国医保目录,未来有望医院和院外零售药品市场实现同通用名下支付标准统一的价格协同,以期让市场因素在资源配置上起到更大的作用。因此,在医院的药品使用结构上,医保迫使医生回归治病救人的初心,遏制辅助用药与中药注射剂等易滥用品种的过度使用、无适应症使用和不合理的联用。医院会有更大动力使用疗效稳定、起效快的低价药品,以获得更多的医保额度结余。这对于院内使用的特药、中成药和中药注射剂恐怕不是什么好消息,但是对于这些产品积极布局医院外零售市场与自费市场以及未来可能出现的商业保险市场,或可起到有力的推动作用。

从已经公布的信息看,江苏徐州的"双通道"医保支付的每人次平均费用为3.2万元,成都约为1.8万元;四川省的数据更低,在80%"双通道"

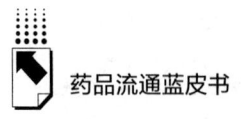

药品经过零售药店支付的情况下,每人次平均费用仅为0.67万元。由此可见,在认定机构、治疗机构、责任医师、供药机构、实名制管理等措施的严格监管下,"双通道"政策在现阶段并不会给医保机构带来大的财务风险。

我国实行的多层次医疗保障体系,在实践中充分考虑到社会保险保障基本的根本属性,以保大病重病、保经济负担大的疾病为中心,避免灾难性医疗开支,降低普通患者经济负担。各地正在推进的各种城市普惠险、特药险等商业保险品种,可以有效弥补政府医保对高价值药品的覆盖不足,推动新产品、新技术在医疗领域的应用与推广,缓解因为创新风险共担支付方式所造成的创新激励下降的问题。

四 谁会是零售药品市场的赢家

当处方开始从医院流向零售药店的时候,药店必须保证有足够的能力承接。在各地政府鼓励下,慢性病的长处方服务在多地都有试点。大量的临床研究结果显示,长处方制度对慢性病患者有很强的吸引力,对于提高患者的用药依从性、降低近期和远期再次住院的风险具有潜在的降低医疗费用的作用。

更为重要的是,专科药房在销售高价专科药物上还受到发展中国家进口药物的有力竞争。一些发展中国家,比如印度和老挝,依靠当地的仿制药生产线和相对宽松的专利保护制度能够生产大量价格具有竞争力的药品。国家最新的《药品管理法实施条例》,对于个人携带少量自用药品入境的,即使这些药品并没有获得合法的进口手续,一般也不会严格追究。因此,无论这些药物是否进入医保、是否在医院销售,只要存在正规渠道与地下渠道间的巨大价格差距,就会影响到这些药品的市场推广前景。几年前曾经出现过在一些丙肝发生率较高的地区,治疗丙肝的药物即使纳入医保,价格依然高于印度仿制药,所以基本无人问津;老挝等东盟国家生产的B细胞淋巴瘤2(BCL-2)蛋白抑制剂同样对这类创新药的市场前景造成巨大冲击,可能使其失去整个市场。

医院渠道与零售药店渠道不一定是相互排斥的模式。传统药企有着强大的地推手段,能够在非常短的时间内把药品打入医院并保证销售;但是缺乏强有力推广手段的后来者,更可能接受零售药店作为重要的药品销售渠道补充。与医院药房的直接竞争中,零售药店不占据优势。只有与医院存在千丝万缕关系的院边店,才能凭借地理位置的优越性获得市场优势地位。在后面的情况下,药品处方能否有效导流到药店、能否满足患者的药事服务需求以及价格是否具有优势,将成为后发药企能否弯道超车的重要因素。

中国医药市场由于较强的价格管制和较发达国家更低的居民实际购买力,很难出现类似美国那样的药品高溢价销售现象。在这种整体利润率较低的情况下,药店将更难从药企和药房福利公司获得返点和返利。在全国市场一体化和医保话语权不断增强的情况下,定点药店将获得在中选基础上适当加价的政策优待。基本医保在得到商业医保的补充后,筹资能力将会大大增加,有效缓解居民因为负债率升高导致的支付能力下降的矛盾。当药店获得更大的医保统筹额度和商业保险覆盖时,购药的便捷性和时间效率成为消费者更加注重的要素。用户有望根据自己的实际偏好和经济能力,选择大品牌或者价格便宜的药品。

因此,随着市场竞争加剧,零售药店将会进一步整合,最后形成几个地区性的连锁巨头。如同西方发达国家药品零售市场的趋势一样,中国的零售药店领域迟早会走上利润率不断下降、剩余玩家体量愈发庞大的道路。换言之,药品流通企业只有不断扩张获得规模优势,才能够有效压低成本,形成与上下游议价的资本。在这个过程中,药品零售企业将会加速横向和纵向的扩张。

零售药品市场越来越显示出"规模—成本"良性循环的发展模式,其根本原因在于零售药店的经营模式高度同质化,唯一的竞争力来源于价格本身。谁能够更有效地扩大规模,占据优势渠道,不断压低成本,谁就能够在残酷的市场竞争中生存下来。除了位置较好、缺乏竞争的单体药店,大部分单体药店未来都难以避免被收购或者关闭的命运。消费者是高度价格敏感者,除了传统的药店以外,互联网企业也开始布局医药零售领域。能够打败零售药店巨头的不是另一家零售药店巨头,而是来自其他行业的跨界者。饿了么、阿里盒马、叮当快药等外卖配送企业正在推动30分钟送药服务,有希望打破药品零售行业的传统药店"15分钟生活圈"的规律,让药店通过面向精准定向价格不敏感的用户实现更高的溢价。

五 零售药店如何突围

（一）向专科化、高精尖发展

从各地实践的公开报道看，"双通道"对于承接医院外流处方的药店有严格要求。随着"双通道"实施细则出台，未来的定点药店中，政府会鼓励资质合规、管理规范、信用度高、具有较高药品冷链仓储运输能力，并提供有效药学服务的零售药店优先进入高值药品零售领域，其中DTP药店可能占据较大的比重。国谈药品除了能够直接拉动DTP药店销售额外，更可以成为政府对药品零售企业能力的背书，带动其他商品的销售。当DTP药店成为产品重要的销售渠道后，可借助其体量向上游生产企业要求更高返利，以改善零售药店的经营状况。

在"双通道"政策的实施过程当中，零售药店更适合经营临床疗效明确、使用简单的口服药品。但是随着时间推移，不排除有大型连锁药店收购日间化疗注射病房，或者与具有资质的二级以上医疗机构合作，扩大注射药品的销售和使用。

（二）多元化，普适的全面商品供应

从现有资料分析，以DTP药店为代表的专科药房与其说是增量市场，不如说是存量市场的分流。市场总容量是由疾病的流行病学所决定的，和市场推广的关系并不是非常密切。从目前医疗资源的需求来看，拥有肿瘤专科治疗能力的医院是处方外流的主要来源。患者的数目在短时间内难以快速升高，肿瘤与风湿专科的治疗模式很难有大的改变，因此专科药房未来的市场地位依然受到医院院内药房和院边药店的有力挑战，很难有大的作为。

在这种情况下，零售药店可以拓展毛利更高的日用商品，包括化妆品、美容产品和食品，在便利患者的同时借助销售个人护理和生活用品提高经营利润。与国外零售药店不同，国内药店很少布局日用品，部分原因是监管部门禁止经营所致，目的是防止药店违规操作套用医保资金。但是随着我国推动大数据监管，药店多元化经营可能被松绑，零售药店在长处方服务、慢病处方等领域与多元化的日用品销售能形成良好契合。

"双通道"与创新支付模式下零售药店的突围方向

（三）线上发展，网络平台承接外流处方

"互联网+医疗"的模式在前几年轰轰烈烈地发展后逐渐回归理性，投资者开始认识到医疗行业终究是一个受到高度监管的资本人力密集型行业，而且相比其他快消、基建等行业投资周期更长、回报也相对低。但是线上发展的药店相比实体店有着巨大优势，能够把电商的流量转化为药品销售变现。与大型线下连锁药店一样，大型线上平台能够借助其市场优势地位获得更低成本和更高毛利率的产品，未来势必与线下药店展开非处方药和非药品类商品的竞争。在电商资本的作用下，药店的信息技术水平、产业规模和配送速度都不占优势，但是处方外流与电子处方流转平台成为药企间竞争的赛道后，药店可以自愿接入政府、私营机构和集团建立的处方外流平台，居民的常见病、多发病有望在零售药店解决，节约医疗资源。

（四）立足社区，提高用户的黏性和依从性

药品零售的模式在于融合线上和线下，为患者提供更多价值服务。药品是同质性很强的商品，而决定消费者意愿的关键还是在于产品的临床价值、品种丰富程度和专业的用药咨询服务。在这些维度上，配备药剂师的实体店能够实现人与人之间更加自然的沟通，提供更好的用药服务和售后服务。药品零售行业可以立足社区，通过患者教育、慢病筛查、名医坐堂、慈善赠药等活动提高患者的黏性，将低频次的就医行为转化成为高频次的用户体验模式。

从学术推广的角度看，零售药店能够从多方位收集药物的疗效、安全性和经济性的真实信息，为药企的市场准入和商业化开发提供学术支持。

六 结论

在后疫情时代的公立医院扩张背景下，零售药品销售行业是公立医疗系统的补充，但面临电商和跨行业者的激烈竞争。"双通道"将为零售药店分流创新高价值药品的销售利润，有望改善药品的准入难题，为更高临床价值的药品以产品的相对性价比赢得更高的市场份额。在这个过程中，大型连锁药企和预先布局DTP药店、医院旁药店的企业有望在这一轮变革中获得从医院分流的

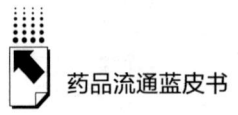

更多高质量客户，并投入更多资源到药事服务当中。

从创新性支付模式推广角度看，以医保对药品的统一支付为契机，医院药品消费结构会面临重整。没有药品规格和数目限制的零售药店能够有效弥补医院用药结构单一的不足，改变医院药房的中心地位，为患者带来便捷可及的购药体验，并形成社区用药的价值医疗模式。

B.15
网售处方药的发展现状与合规化落地建议

马光磊*

摘　要： 本文回顾我国网售处方药相关支持政策的演变情况，指出网售处方药的政策已逐渐清晰明朗，并且有条件放开，但还存在政府监管、电子处方真实有效性、市场混乱、药品配送等突出问题，需要进一步研究解决。同时，提出政府层面应该加快完善立法、建设第三方处方流转平台、企业合规经营、保证网售处方药安全等建议。

关键词： 网络销售　处方药　处方流转平台

药品网络销售是指药品上市许可持有人或药品经营企业以及第三方网络交易平台，在取得了相应的资质或条件后，通过网络进行药品销售，同时必须严格遵守法律法规。通过网络销售处方药（网售处方药）的销售者必须保证电子处方来源的真实性和可靠性，并对电子处方进行合规性的调剂审核，形成规范的追溯监管体系。从业务形态进行判断，网售处方药应当属于 B2C（Business to Customer）型医药电商模式。[①] 最近几年，国家相关政策对网售处方药态度一直在收放之间徘徊，新冠肺炎疫情的发生使现在的状况有所改变，同时互联网医疗行业迅速发展，网售处方药也重新进入跑道。新冠肺炎疫情期间，在线问诊、在线购药等新型线上医药服务模式越来越受到大家的关注，既

---

* 马光磊，中国医药商业协会副秘书长，青岛易复诊网络科技有限公司总经理。
① 陈玉文：《医药电子商务》，中国医药科技出版社，2007；孟令全：《我国网上药店管理的影响因素研究》，沈阳药科大学博士学位论文，2013。

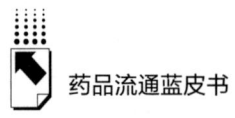
药品流通蓝皮书

能够有效降低感染的风险，又能方便快捷地提供药学服务。与此同时，"不凭方购药""药症不符"等网售处方药过程中的乱象也经常发生。线上购药确实给大家的生活带来了更多的便捷性，但药品毕竟跟普通商品不同，关系到广大人民群众的身体健康和生命安全，所以行业的合规发展更加重要。本文分析了现阶段我国网售处方药的发展现状和关键问题，为网售处方药的落地提出合规性建议。

一 我国网售处方药发展现状

（一）政策支持逐渐明朗

如果某一行业想要稳定健康地持续发展，国家必须出台相关支持政策，并且要配套相关法律法规来进行保护。对于网售处方药来说，国家层面的政策法规经历了一波三折。国家食药监局在2005年颁布了《互联网药品交易服务审批暂行规定》（国食药监市〔2005〕480号）文件，规定了企业如果向消费者提供药品网络销售交易服务，只能线上销售本企业经营的非处方药，不能销售处方药。2014年5月发布了《互联网食品药品经营监督管理办法（征求意见稿）》，要求互联网药品经营者应按照药品分类管理的各项规定，销售处方药必须凭处方，对于处方合规性的管理要有相关规定，包括处方的格式、标准、内容、有效期等，网售处方药有希望破冰，但是到目前为止并没有出台正式文件。之后国家在2015年7月4日发布的《国务院关于积极推进"互联网+"行动的指导意见》（国发〔2015〕40号）中提到了要积极去探索处方药电子商务销售和监管模式创新，网售处方药突现生机。但是在2016年10月国家发改委发布的《互联网市场准入负面清单（试行版）》再次对药品生产企业和药品经营企业做出强调，不可以采用网上交易、邮寄等方式向公众销售处方药，同时多个第三方药品网络销售平台的试点工作也被叫停，其中包括天猫医药馆。2017年1月，国家食药监局又发布相关规定取消了互联网药品交易服务企业（第三方平台除外）审批的行政许可，网售处方药被限制。

转折点出现在2018年4月，国务院办公厅印发《关于促进"互联网+医疗健康"发展的意见》指出，在掌握患者真实病历资料之后，允许医生在线上开具部分常见病和慢性病处方。2020年11月，国家药监局综合司公开征求《药品网络销售监督管理办法（征求意见稿）》意见，指出如通过网络销售处方药，药品经营企业应当确保电子处方来源的真实性和可靠性，有条件地放开网售处方药。2021年3月25日，包括国家发改委在内的28个部门联合印发《加快培育新型消费实施方案》的通知，明确提出探索医疗机构处方信息与药品零售消费信息互联互通，促进药品网络销售规范发展。2021年4月，国家发改委、商务部发布《关于支持海南自由贸易港建设放宽市场准入若干特别措施的意见》，以海南作为全国放宽市场准入试点，包括支持海南开展互联网处方药销售。

（二）市场需求日益明显

相关研究指出，我国网购用户在2020年规模超过7亿。在健康领域，随着需求多元化、个性化、人性化的转变，更多的人希望通过互联网的方式进行看病和购药；同时，我国网上药店的数量从2012年的几十个逐年攀升至2020年的700多个，销售规模从2012年的几亿元增至2020年的240多亿元，成为继公立二级和三级医院、零售药店、基层医疗机构之后的第四大销售终端。患者在网上购药有很多优势，比如价格低、购买过程方便快捷、网上药店的品种相对齐全、能够对患者隐私做到保护等，[①]并且根据调查得知，超过半数的消费者对网上购药行为以及网络药店的存在持正向态度。[②] 与此同时，我国居民整体寿命提升，也导致老龄化问题越来越严重，包括糖尿病、高血压、心脏病在内的慢性病患者人数越来越多，然而线下不断的复诊购药流程增加时间成本和精力负担，存在典型的"因药就医"现象，而线上复诊购药能很好地解决这一问题。

（三）医药电商竞争激烈

截至目前，我们能够查到超过8000家企业在国家药监局备案，这些企

---

① 杨世民：《我国网上药店现状及发展前景》，《中国执业药师》2014年第10期。
② 黄瀚博、杨世民：《我国个人消费者对网上药店认知及使用状况分析》，《西北药学杂志》2015年第5期。

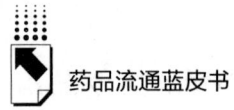

业的主要业务为互联网药品服务。向个人提供药品购买服务的网上药店超过700家。我国医药电商虽然起步晚,但增长速度很快,并深受资本市场青睐,2016年健客网获1亿美元融资,德开大药房获1.7亿元融资。同时,传统电商平台如京东、阿里也已经先行布局,2020年12月京东健康赴港上市,其2019年药品销售额约30亿元,而阿里健康2019年医药电商平台的总收入也接近50亿元。互联网医疗企业也大踏步进入医药电商领域,微医与多家跨国医药巨头展开合作,用于拓展其药品销售渠道,同时增加药品配送业务,包括辉瑞、赛诺菲、默克、默沙东等,从这些能看出医药电商领域的竞争日趋激烈。

(四)技术升级迫在眉睫

网售处方药有其特殊性,结合了网络交易和药品交易双重属性,企业不仅要保证其网络技术层面的安全稳定,更需要有合规高效的药品零售经营技术。另外还需要针对网售处方药完善相关配套政策,建立可实时监控、可追溯的政府监管体系,制定相关处方药的目录等。与此同时,网售处方药的模式依托互联网技术存在,如何系统化、稳定化、安全化地将网上药店与实体医院HIS、互联网医院平台、第三方交易平台以及医保统筹平台进行对接,都需要强大的互联网硬件和软件技术的支持和保证。经过十几年的发展,从我国电子交易技术整体来看,虽然相对成熟,但跟国外网售处方药还存在一定差距,还需要整个行业不懈努力。

二 我国网售处方药存在的问题

(一)政府监管问题

目前,线下销售处方药的主体是医疗机构和零售药店,主要监管部门为当地药监局。网售处方药则涉及多个部门,包括国家医保局、国家卫健委、国家药监局等,甚至还应该有当地政府相关部门。随着相关政策放开,线上购买处方药引发的各种问题随之而来,如何减少这些问题的产生以及产生后如何处理都需要这些部门进行协查与合作,同时还要划分明确的责任主体。

网售处方药的程序主要包括几个方面：进行相关资质认证，网上发布药品信息，消费者与网络药店订立合同，进行结算支付，网络药店负责配送。如有纠纷需要仲裁。① 每个环节都要责权划分明确，有法律法规可依，同时具备可执行性。

（二）安全性问题

不管是线上还是线下，处方药的安全性一直被各方重点关注，而质量安全性是重中之重。与非处方药不同，处方药不仅有很强的药理作用，还存在不同程度的毒副作用，不经过合理用药的筛选可能会对人体安全产生危害。网络环境非现实环境，患者对网上药店处方药来源的合规性和安全性更加关注，实体药店尚存在销售假冒处方药的现象，这些问题在网售处方药的过程中很难避免。另外，包括药品信息、患者信息、销售信息等信息的真实性和隐私性，也会影响网售处方药的安全性问题。

（三）电子处方信息真实、可靠性问题

国家政策要求，如通过网络销售处方药，药品经营企业应当确保电子处方来源的真实性和可靠性，但是在多数情况下还是存在很多不合规的现象。比如在2019年6月，人民网报道《人民直击：宠物照片充当处方竟能网购处方药》，记者调查了20家网上药店和第三方药品交易服务平台，其中有17家可以购买处方药；同时由于手中没有处方，记者通过上传宠物狗照片充当处方，竟能在网上成功下单，完成处方药阿莫西林的网购；还能不凭处方一次性网购多瓶毒性较大的处方药硫酸阿托品片，该处方药最低10mg就可能导致儿童死亡。从这些问题能看出，"处方制"并没有严格执行。

（四）医保基金对接问题

目前我国医疗保障制度明确规定，患者只有在定点医疗机构以及定点零售药店才能享受一定报销政策，否则患者只能全额自付，因此"骗保"现象会

---

① 陈玉文：《医药电子商务》，中国医药科技出版社，2007。

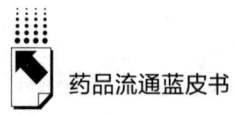

存在于实体药房购药过程中。处方药市场规模巨大、价格比非处方药高,因此网售处方药纳入医保报销支付需要更严格的技术要求,对于医保基金的合理安全使用,还需要不断地探索。

(五)医药电商恶性竞争问题

一方面,网售处方药有巨大的市场潜力,为此各大电商可能会采取不正当方式抢占市场、获取利益,比如使用不规范的广告宣传、销售虚假处方药,对网售处方药产生不良的社会影响。另一方面,为了满足网售处方药的政策要求,必须保证电子处方的真实可靠,医生的处方权会产生流量入口,电商可能会与医生勾结牟利,造成药品滥用、过度使用等问题。同时,部分电商平台会依托促销活动的开展,违规出售处方药,另有不少电商平台在促销活动期间掺入处方药,患者购买处方药必须凭处方,但很多用户在没有提供处方的情况下就可以完成支付购买处方药,这些问题都亟待解决。

(六)执业药师配备问题

不管是在医疗机构还是在零售药店,处方药流通过程中存在多个环节,其中凭处方购药和执业药师审核尤为关键,这也是处方药流通的基本原则。就目前来看我国执业药师数量不多,尚无法满足实体药店需求,只能兼顾网上药店,导致处方的审核和用药咨询等药事服务不能满足实时需求。由于网购处方药的特殊性,执业药师配备的数量、质量和工作时效性等都会影响合规化的落地进程。

(七)处方药配送问题

配送过程是网售处方药的关键环节之一,相比于非处方药或其他医疗器械,处方药的配送条件更加严格,对于湿度、温度等均有明确要求,并且其订单的品种、规格、数量因患者不同的需求导致不固定,因此对负责配送的物流公司的业务能力提出更高要求,配送企业应当在满足其成本控制的前提下,更多关注配送过程的合规性问题。

三 有关建议

（一）搭建处方流转服务平台

建议统筹建立全国性的处方流转服务平台，完善信息服务建设，需深入对接政府主管部门、医疗机构、线上线下药品零售企业、药品配送企业等，打通各方信息壁垒，共同搭建处方来源与处方需求之间的信息和服务桥梁，真正实现医疗机构处方信息与药品零售消费信息互联互通、实时共享。平台对接医疗机构HIS系统和互联网医院，将患者线上、线下包括历史处方、实时处方、外延处方等多种来源的处方进行标准化管理，形成统一电子处方中心；患者通过电子处方中心可以查询个人历史处方，并以其首诊处方为基础，进行在线复诊续方，完成合规化的网购处方药。处方流转服务平台能够对电子处方在网络流转过程中的全流程关键环节进行实时动态监管，做到诊疗、处方、交易、配送全程可追溯，信息流、资金流、物流全程可监控，满足政府主管部门的监管需求；同时确保处方真实性、患者真实性、销售真实性，保证医保基金的合理安全使用。

（二）政府方面形成有效监管

想要有效的监管，必须要有国家立法支持。考虑到处方药的特殊性，政府主管部门必须在其流通监管中占据主导地位。[1] 对于网售处方药来说，国家应积极调研需求，征求并综合各方建议，修订和完善相关法律法规，加快立法的进程，明确各环节责权主体，增加各部门人员配备，形成一套系统化、可落地的执行方案，强化执法依据，加大惩罚力度，防止出现"有法可依无法执行"，[2] 形成符合中国特色的统一标准。

---

[1] 陈锋、洪晓顺：《FDA网上售药管理研究及对中国的借鉴》，《中国新药杂志》2000年第12期。
[2] 张佳颖、陈玉文、李野：《对完善我国医药电子商务相关法律法规的思考》，《中国医药导报》2008年第4期。

（三）企业方面完善机制

药品销售企业应当充分认识目前机制的不足之处，并积极学习行业内部成功经验，重视品牌和信誉度建设。同时要不断提升互联网软硬件技术水平，完善平台和网站的信息化建设，特别是网售处方药关键环节的监管和警示功能，形成实时查询、随时追溯、全程可控的监管机制。同时药品经营企业还应当注重与实体医疗机构、互联网医院、配送企业等多方的信息交流，做到企—医—患—店—配之间的良好合作，做到信息流、资金流、物流的全程可监控①。企业还应该配备充足的、符合资质的执业医师和执业药师对消费者网上购药进行教育和正面引导，②让消费者知晓正规购买渠道、流程、售后服务，提高合理购药和用药安全的风险意识。

（四）实践探索

随着我国医改不断深入，多地积极探索推进医药分开、落地三医联动、净化医药流通环境等创新服务模式。青岛易复诊网络科技有限公司 2017 年成功打造"梧州模式"，创造性提出"处方共享平台"这一概念，随后又承建了全国第一家省级处方流转平台——甘肃省"电子处方信息共享平台"和湖南省"电子处方流转监管服务平台"以及北大人民医院"智慧服务诊后管理体系"。目前，易复诊承建的处方流转服务平台已经在沈阳、梧州、大连、济南、晋城、邯郸、渭南等多个地市建设实施，为医药分开、三医联动等政策落地积累了丰富的经验。

四 小结

随着网售处方药政策的逐步放开以及市场需求的日益增长，加之资本市场关注度的持续升温，处方药零售将进入互联网时代。同时，现阶段医保制度、

---

① 陈德宝：《我国医药电子商务发展面临的问题及改进措施》，《对外经贸实务》2016 年第 1 期。
② 宿凌：《我国与美国网上购药消费者教育方面的比较及启示》，《中国药房》2011 年第 13 期。

网售处方药的发展现状与合规化落地建议

互联网环境、实体药店信息化水平、专业药事服务水平等导致网售处方药存在多种问题,无论是政府主管部门还是医疗机构等主体都在积极寻找处方流转的最佳模式,这对于降低药品价格、破除"以药养医"等现象都有积极推动作用。随着医改不断推进,我们能够大胆预测,通过建立第三方处方流转服务平台,获取专业流量,以患者为核心,平衡好政府部门、医疗机构、电商企业、配送企业等各方利益关系,在对接医院信息系统和药店进销存系统的同时,给卫健、医保、药监等部门开放数据接口,既能够有效监管处方流转关键环节,又能够保障医保基金合理安全使用,实现网售处方药政策的平稳落地。

医药电商篇

Pharmaceutical E-commerce Reports

B.16 2020年药品流通行业信息化应用情况调查分析

中国医药商业协会智能化应用分会

摘 要: 伴随新技术不断对医药领域的赋能,药品流通企业看到了技术创新带来的全新机会,持续运用智慧化信息技术可对业务进行深度创新。中国医药商业协会智能化应用分会课题组通过企业访谈和调查问卷等多种形式,收集2020年企业在信息化战略与投入、信息化需求情况、数字化转型及开展、数字化技术选择、药品追溯系统建设等方面的情况,结合行业专家的建议加以分析,形成该调查分析报告。希望能为企业决策者、信息化建设参与者提供有效参考,参照对标企业的应用情况并对本企业的信息化建设策略做出修正和优化;同时,也为主管部门的政策优化、技术和专项资金支持提供参考。

关键词: 药品流通行业 数字化转型 数字化技术 药品追溯

一 调研的基本情况

近年来，药品流通企业在国家药品带量采购、医保支付改革、"互联网+医疗"等一系列政策持续推进下调整了自己的"加速度"，在不断转型创新中前行。在药品流通行业集中度不断提升、"互联网+药品流通"不断推进、发展现代绿色医药物流等背景下，药品流通企业不断调整自身模式来顺应行业和市场环境的变化。2021年初，中国医药商业协会完成了对188家药品流通企业关于信息技术应用的有效问卷调查和重点访问。被访企业的营收规模等级分类及占比，如图1所示。

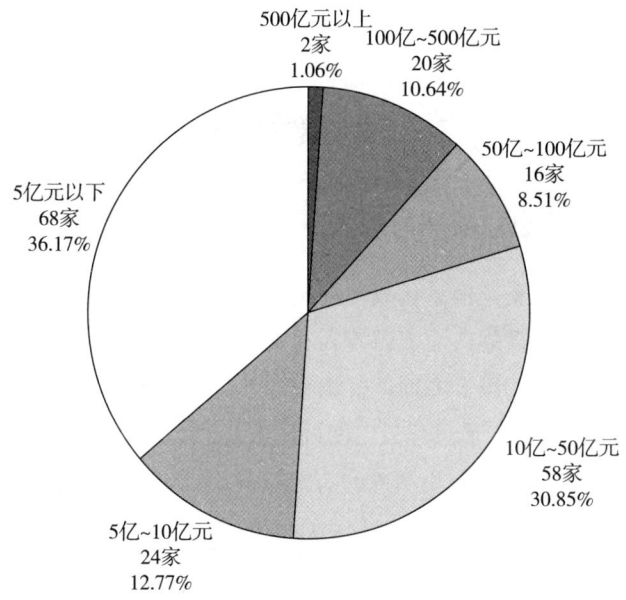

图1 被访企业按收入规模分类情况

在188家被访企业中，有158家企业的主营业务中包含批发业务，84家企业的主营业务中包含零售业务，42家企业的主营业务中包含第三方物流业务，38家企业的主营业务中包含电子商务业务，34家企业的主营业务中包含单体零售药店业务，另有25家企业的主营业务中包含医药信息服务业务。在业务经营区域范围方面，25.53%的企业为全国范围经营，22.34%的企业为多个省区市经营，37.24%的

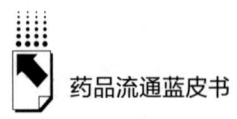

企业为省内经营，12.23%的企业为市内经营，2.66%的企业为县区内经营。

本次调查主要针对目前药品流通企业重点关注的几个方面做了详细数据采样，包括信息化战略与投入情况、信息化需求情况、数字化转型开展情况、数字化技术选择情况、药品追溯系统建设情况。同时，继续关注企业在信息化建设过程中的创新应用、未来三年信息化技术方面的投入和希望政府及相关单位做的支持工作等。

本次调查持续关注中小药品流通企业信息化应用及发展情况，营业收入规模在10亿元以下的样本占比接近一半。

本次调查数据收集汇总后，中国医药商业协会智能化应用分会与多位业内信息化专家一起，对回收的有效调查问卷进行了编码、统计分析和研讨，最终撰写完成本报告。

二 调查数据分析

（一）企业信息化战略与投入情况

本次对药品流通企业信息化战略与投入情况调查，主要从企业信息化战略是否清晰、信息化建设的人力资源投入和资金投入、信息化部门在企业组织中的设置情况和所处的层级等方面进行调查。

188家被访企业中，信息化战略明确的有81家，占比43.09%；较为明确的有69家，占比36.70%；不明确的有38家，占比20.21%。从中可以看出，近八成（占比79.79%）的企业有较为明确的信息化战略。此数据较2019年78.50%的占比基本持平，说明企业将信息化战略与企业总体发展战略密切结合，通过信息化建设提高企业竞争力的意愿仍较为强烈。同时，从数据中发现中小企业信息化战略不明确的占比较多，营收10亿元以下的被访企业中有近一半的企业信息化战略不明确，这跟中小企业信息化水平较低有很大的关系。

从信息化部门在企业组织中的设置情况看，188家被访企业中有60家企业设置了单独的企业信息部，占比31.91%；45家企业以"集团信息中心+分子公司信息部"的形式开展信息化工作，占比23.94%；32家企业以"集团内独立的信息技术公司+集团信息中心+分子公司信息部"的形式开展信息化工作，占比17.02%；13家企业以成立企业信息小组的形式开展信息化工作，占比6.91%；38家企业选择由其他部门兼职来开展信息化工作，占比20.21%。这些数据也刚好跟上面信息化战略情况相匹配，兼职信息化工作部门没有更多的精力关注企业的信息化战略。

从信息化建设的人力资源投入来看，在被访企业中信息化人员配备数量不超过20人的有162家，占比86.17%；超过20人的有26家，占比13.83%；其中，超过100人的有8家。可见，企业在信息化人力资源投入上出现了两极分化的情况，大型企业在信息化建设的人力储备上是相对充足的，而中小型企业则相对偏少，且较2019年人力投入不超过20人和81.95%的占比有所上升，中小型企业在信息化工作中的人力投入数量进一步下降。

从信息化建设的资金投入来看，企业信息化资金投入在1000万元以上的企业占比9.03%，与2019年8.29%的占比相比有所提升；企业信息化资金投入在200万元以下的企业占比76.07%，其中50万元以下及无投入的企业占比高达51.07%，这两个数据较2019年的74.14%和50.73%均有所上升。从样本数据上可以推断，大型企业的信息化建设的资金投入稳步提升，而中小型企业信息化建设的资金投入则进一步降低，这也跟整个药品流通行业信息化服务商2020年大中型企业信息化建设项目增多而中小型企业信息化建设项目偏少的情况相互印证（见表1）。

表1　2020年企业信息化资金投入统计

单位：家，%

信息化资金投入	企业数量	占比
1000万元以上	17	9.03
500万~1000万元	4	2.13
200万~500万元	24	12.77
50万~200万元	47	25.00
50万元以下	72	38.30
无投入	24	12.77

从企业整体信息化的投入情况来看，188家被访企业中44.15%的企业认为整体信息化的投入不够，3.19%的企业认为投入严重不足，认为投入已经足

够的企业仅占27.66%，另有25.00%的企业未对此做出评价。整体来看，近五成（占比47.34%）的企业认为在整体信息化建设方面的投入仍然不足，企业信息化在支撑企业发展过程中还有很大的提升空间。

（二）企业信息化需求情况

本次主要对药品流通企业各方面的信息化需求情况进行调查，具体从各个业务线、业务部门、产品线对应的信息化需求等方面进行调查。根据信息化需求的变化，从中找出企业内部在信息化需求上的差异，归纳出企业信息化需求的方向，希望可以为药品流通行业的信息化建设提供参考。

在188家被访企业中，从业务线的角度出发，各自信息化需求的强烈程度排名依次为批发业务线、电商业务线、零售业务线、物流业务线和创新业务线。与2019年排名数据相比，电商业务线的排名由第4位跃居至第2位，这也证明了本次新冠肺炎疫情推动了"互联网+药品流通"方式的快速发展（见图2）。

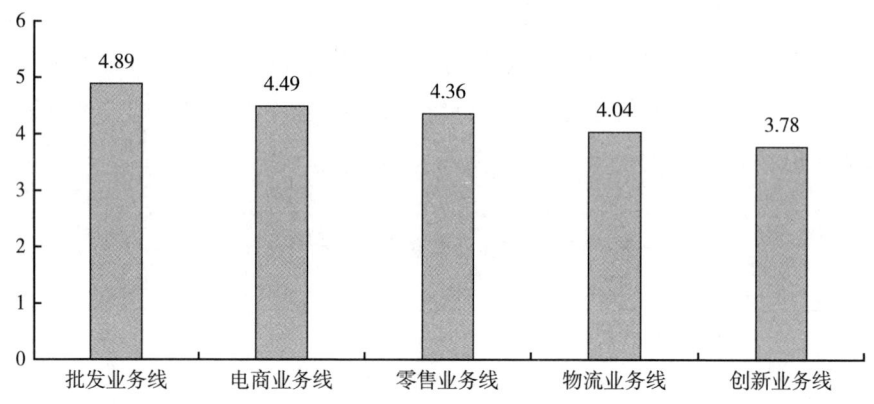

图2 被访企业各业务线的信息化需求强烈程度统计

注：平均综合得分=（Σ频数×权值）/本题填写人次。

在企业各部门的信息化需求调查中，各部门对信息化需求强烈程度排名依次为销售部门、采购部门、财务部门、电商部门、储运部门、运营部门、质量部门、创新业务部门、门店管理部门、门店及其他零售终端、人力资源部门、战略管理部门和其他部门（如信息中心等），具体数据见表2。

表2　被访企业各部门的信息化需求强烈程度统计

排序	部门	综合得分	排序	部门	综合得分
1	销售部门	11.14	8	创新业务部门	9.03
2	采购部门	10.61	9	门店管理部门	7.88
3	财务部门	10.21	10	门店及其他零售终端	7.71
4	电商部门	9.96	11	人力资源部门	6.31
5	储运部门	9.38	12	战略管理部门	6.00
6	运营部门	9.25	13	其他部门	4.57
7	质量部门	9.18			

注：平均综合得分=（Σ频数×权值）/本题填写人次。

在产品线信息化需求的调查中，85.25%的企业认为中成药/西药产品线的信息化需求强烈，72.13%的企业认为医疗器械产品线的信息化需求强烈，61.75%的企业认为中药材及中药饮片产品线的信息化需求强烈；另有42.08%的企业认为保健品产品线的信息化需求强烈，39.89%的企业认为毒、麻、精、放等特管药品产品线的信息化需求强烈，27.32%的企业认为非药品及其他产品线的信息化需求强烈。与2019年数据相比，药品和医疗器械的信息化需求依然强烈，特管药品及非药品的需求强烈度下降。

由此可见，各药品流通企业对信息化的需求非常强烈，但各业务线、各部门、各产品线存在较大的差异。企业各业务线对信息化的需求程度上，批发业务线仍排在第1位，但同时不可忽视的是随着电商业务线在药品流通企业中的快速发展，其对企业信息化建设的需求已逐渐凸显出来。企业各部门中，销售、采购、财务、电商、储运等涉及企业核心业务的部门对信息化的需求仍然更强烈，人力、战略等相关管理部门的需求则相对较低；企业各产品线中，西药、中成药、中药材等药品类相关产品线对信息化的需求更强烈，特管药品、非药品等的需求则相对较低。

（三）企业数字化转型开展情况

2020年，党的十九届五中全会通过的《中共中央关于制定国民经济和社会发展第十四个五年规划和二〇三五年远景目标的建议》要求"推进数字产业化和产业数字化，推动数字经济和实体经济深度融合，打造具有国际竞争力

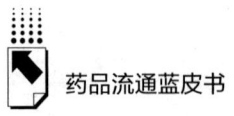

的数字产业集群"。快速打通药品生产、消费、分配及流通各个环节数字化,带动药品全产业链的智能化升级,实现效率变革、动力变革与质量变革,将逐渐成为药品流通企业提升运行效率、谋求赋能转型的必然选择。

本次从企业数字化转型的开展情况、企业数字化的投入方向及转型成果两个方面进行调查,了解企业数字化转型情况。

1. 企业数字化转型的开展情况

此部分主要从企业对数字化建设的开展、数字化组织机构设立、数字化战略的制定、数字化转型的进度和切入点等方面进行了调查,以此来了解企业数字化转型的整体开展情况。

其中,75.00%的企业表示已经开展或正在建设数字化(2019年为65.00%),25.00%的企业未开展数字化。在新型数字化组织机构方面,48.40%的企业已经设立或正在设立新型的数字化组织机构(2019年为38.89%),51.60%的企业对是否设立此机构持观望态度。在数字化战略方面,57.45%的企业已经制定数字化战略(2019年为46.94%),42.55%的企业持观望态度。可见,与2019年相比,企业在数字化建设开展、数字化组织机构设立和数字化战略制定等方面均有所提升,但多数企业仍未设立新型的数字化组织机构,对数字化转型的落地执行力度仍需要加大,并且企业需要专业的组织对其数字化转型加以指导。

在数字化转型的进度方面,已开展数字化转型的134家被访企业中63.43%的企业处于建设初期,22.39%的企业处于计划期,14.18%的企业处于推广期。数字化转型的切入点方面,38.06%的企业将创新业务作为数字化转型的切入点,26.12%的企业将场景应用作为切入点,20.90%的企业将系统架构作为切入点,12.69%的企业将组织架构作为切入点。具体数据见表3。

表3 被访企业数字化转型切入点统计

单位:家,%

转型切入点	小计	比例
创新业务	51	38.06
场景应用	35	26.12
系统架构	28	20.90
组织架构	17	12.69
其他	3	2.23

从企业数字化转型过程中面临的挑战来看，188家被访企业中有六成左右认为信息技术、管理思想、业务流程和财务资金是数字化转型过程中要面临的挑战，占比依次为66.12%、61.75%、61.20%和57.92%；49.18%的企业认为人力资源是要面临的挑战；22.40%的企业认为企业文化是要面临的挑战；10.93%的企业表示不清楚。可见，企业数字化转型过程中在信息技术、管理思想、业务流程和财务资金等四个方面尤其需要重点关注。

2. 企业数字化的投入方向及转型成果

在企业未来数字化转型投入方向上，67.96%的企业选择在软件应用建设上投入，59.12%的企业选择在数据中心建设上投入，56.91%的企业选择在数字化技术建设上投入，29.28%的企业选择在服务器建设上投入，另有4.42%的企业选择在其他方向上投入或不清楚投入方向。

在企业已有的数字化转型成果方面，51.15%的企业已经建设互联互通、共享的信息化系统；43.68%的企业已经和上下游企业实现部分数字的共享；37.36%的企业在企业决策上大部分以"数字"为基准；20.11%的企业已经成立专门的数字化组织机构；17.24%的企业选择其他。结合企业数字化建设的开展情况来看，七成以上的企业表示已经开展或正在建设数字化，但从实际转型成果来看企业的各项成果占比多低于50%，说明企业的数字化转型仍有较长的路要走，需要政府以及行业协会对企业给予协助。具体数字化转型成果情况见表4。

表4 企业数字化转型成果情况

单位：%，百分点

成果	比例（多选）
已经建设互联互通、共享的信息化系统	51.15
已经和上下游企业实现部分数字的共享	43.68
企业决策上大部分以"数字"为基准	37.36
已经成立专门的数字化组织机构	20.11
其他	17.24

（四）企业数字化技术选择情况

企业数字化转型离不开数字化技术。在云计算、大数据、物联网、移动化、人工智能等技术的快速发展中，除了基础的公共设施、互联网技术外，全新的企业云、分布式技术框架等已经逐渐被药品流通企业认知并应用。本次调查，从企业对各数字化技术的关注度、数字化技术助力解决的企业问题、技术投入的考量因素、数字化技术框架选择、基础设施服务商、公有云应用和数字化中台建设等方面调查了企业对数字化技术的选择情况。

在188家被访企业中，85.79%的企业较为关注大数据技术，51.91%的企业较为关注移动化技术，50.27%的企业较为关注云计算技术，46.99%的企业较为关注物联网技术，另有41.53%、26.78%和2.19%的企业较为关注人工智能、区块链和其他数字化技术。可见，大数据技术赋能药品流通行业、助推企业发展在药品流通企业中逐步形成共识，也是企业最为关注的数字化技术；而人工智能、区块链等数字化技术的关注度较低，与药品流通行业的应用场景融合仍需进一步探索。

在数字化技术助力解决的企业问题方面，75.41%的企业是为了传统ERP系统的优化，72.68%的企业是为了提升客户服务水平，67.76%的企业是为了创新业务的支撑，60.11%的企业是为了业务场景的实现，44.26%的企业是为了开发效率的提高，另有2.19%为了降低成本等其他问题。具体数据见表5。

表5 被访企业数字化技术助力解决的企业问题统计

单位：家，%

解决的问题	小计	比例（多选）
传统ERP的优化	138	75.41
提升客户服务水平	133	72.68
创新业务的支撑	124	67.76
业务场景的实现	110	60.11
开发效率的提高	81	44.26
其他	4	2.19
数据缺失	5	—

在企业数字化技术投入的考量因素中，93.99%的企业认为需要考虑是否满足需求，77.05%的企业认为需要考虑技术投入成本，56.28%的企业认为需要考虑技术实现的难度问题。可见，企业在数字化技术的投入上首要考虑的因素仍然是企业需求，并需结合技术投入成本的评估。

在数字化技术架构选择上，50.00%的企业选择传统一体化架构，29.79%的企业选择微服务架构，16.49%的企业选择SOA架构，3.72%的企业选择其他架构，说明在数字化技术架构方面传统一体化架构仍占主流，微服务架构正逐步被企业应用。

在对基础设施服务商的选择方面，阿里云的占比仍最高，为79.67%，但较上年87.50%的占比有所下降；其次为腾讯云、华为云和京东云，分别占比45.05%、35.16%和19.23%；选择国外厂商（AWS云、微软云等）的企业占比5.49%，较上年11.46%的占比有所下降；另有5.49%的企业选择了其他。这说明在基础设施服务商的选择上，企业更倾向于国内的服务商，且在国内服务商的选择上也更加多元化。

在公有云的应用方面，37.24%的企业正在考虑使用公有云，34.57%的企业已经开始部分云化，26.06%的企业不考虑使用公有云，另有2.13%的企业已经全面云化。可见，大部分企业在应用公有云方面持开放态度。值得关注的是，大型企业逐步认可公有云应用带来的价值，更多的企业希望将部分业务上云，也接受了部分数字化工具的SaaS化。

在"数字化中台"建设方面，认知上有14.36%的企业表示非常了解，54.26%的企业表示略知一二，31.38%的企业表示不了解；在实施方面有15.96%的企业已经开始建设，46.27%的企业正在考虑建设，37.77%的企业不考虑建设；遇到的困难方面有五成以上企业认为资金投入大和技术人才缺口大，分别占比62.42%和53.94%，37.58%的企业认为建设周期长，32.73%的企业认为服务器等基础设施成本高，29.70%的企业认为对业务支撑不明显，另有27.27%的企业认为技术选择困难，19.39%的企业认为建设厂商选择困难，12.73%的企业认为存在其他困难，仅6.67%的企业认为没有困难。数据中台是数据价值化的加工厂，是未来企业的标准配置，但从现有的数据反馈来看，企业对"数字化中台"的认知度尚需增强，建设力度仍需加大，而资金和技术则是企业在建设"数字化中台"时遇到的最大阻力。

（五）药品追溯系统建设情况

2020年3月6日，为贯彻落实《中华人民共和国药品管理法》规定，按照《国家药监局关于药品信息化追溯体系建设的指导意见》（国药监药管

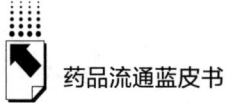

〔2018〕35号）等文件要求，国家药监局组织制定了《药品上市许可持有人和生产企业追溯基本数据集》《药品经营企业追溯基本数据集》《药品使用单位追溯基本数据集》《药品追溯消费者查询基本数据集》《药品追溯数据交换基本技术要求》等5项信息化标准。这5项信息化标准涉及的对象包括药品上市许可人、生产企业、经营企业、使用单位、消费者等多个关键主体，是实现全品种、全过程追溯，促进药品质量安全综合治理的重要环节建设，将在很大程度上对药品追溯体系的全面建立起到关键作用。本次调查，主要从企业目前使用的追溯系统的基本情况及是否满足企业需求、企业在建设追溯体系时主要考虑的因素以及遇到的困难等方面进行了考察。

在188家被访企业中，有60.11%的企业使用阿里"码上放心"系统，23.40%的企业自建追溯系统，6.38%的企业上传到其他第三方平台。其中，25.53%的企业认为所使用的追溯系统完全符合企业的管理需求，66.49%的企业表示基本符合需求但还需完善，另有7.98%的企业表示不太符合需求但还没有找到可替代的系统，同2019年11.96%的占比相比有所下降。这说明现阶段市场九成以上的药品追溯系统已基本符合企业管理需求，但仍有较大的完善空间，需要相关部门和企业共同努力并采取强有力的措施完善追溯系统。

在符合国家政策要求的情况下，企业建设追溯系统时最主要的考虑因素中数据安全为首要考虑因素（占比48.94%），其次为应用方便快捷（占比36.70%）、建设成本低（占比9.04%）和其他（占比5.32%）。数据安全与应用方便快捷等方面与2019年基本持平，但考虑建设成本低的企业占比有明显下降。具体数据见表6。

表6　企业建设追溯系统最主要的考虑因素

单位：%

考虑因素	比例(2020年)	比例(2019年)
数据安全	48.94	46.54
应用方便快捷	36.70	34.56
建设成本低	9.04	17.97
其他	5.32	0.92

企业在追溯系统建设过程中也遇到了诸多问题，68.54%的企业认为追溯系统的建设成本过高，58.99%的企业认为追溯采集效率低，32.02%的企业认为追溯系统数据存储或传输环节存在安全问题，9.55%的企业认为存在其他问题。这与2019年的数据整体相比虽略有下降但占比仍然较高，说明企业在追溯系统建设中遇到的困难仍然较多，其中追溯系统建设成本过高和追溯采集效率低等问题占比仍然过半，企业追溯系统建设急需专业指导以及更为完善的解决方案。

（六）未来三年企业在信息化方面的重点投入

随着药品流通企业业务转型及行业发展，加之2020年受疫情和新医改政策的影响，企业在未来信息化建设的投入方向上也有所调整。根据调查，未来三年企业希望在大数据应用、全渠道运营、批零一体化、公有云服务、数字化中台等方面进行重点投入，这些投入更多的是对未来发展的布局。

1. 大数据应用

在188家被访企业中，有85.79%的企业较为关注大数据技术，企业希望通过拥抱行业大数据，为自身经营策略的调整、客户和品种的选择、业务流程的优化等多方面提供帮助。企业希望通过对自身数据进行资产化管理，让自己的数据真正发挥作用，提升自己的竞争能力。被访企业中，已经有很多大数据技术应用开始发挥作用，例如从企业自身的会员数据中挖掘出慢病会员的数据价值；从对下游客户的分析中实现动态定价、实时调整信誉额度等。

2. 全渠道运营

随着电商业务的发展、线上线下加速融合，以客户或者会员为中心的全渠道运营已经被企业提上日程。在本次调查中，有将近50%的企业已经开始进行全渠道运营，并积极通过信息化系统进行全渠道融合，实现批零一体化、线上线下一体化、会员和客户一体化、营销和服务一体化。

3. 批零一体化

在药品流通行业中，批发和零售业态具有不同的特点：经营品类不同、定价模型不同、运营体系不同、上下游关系有差异。在本次调查中，大中型企业逐步开始进行批零一体化整合，希望通过建设统一的信息化系统实现批零主数据统一、采购统一、运营策略统一、物流配送统一、服务体系统一等。

4. 公有云服务

在本次调查中，73.93%的企业正在考虑或已经开始使用公有云，36.70%的企业已经部分或全面云化，企业在公有云应用方面持非常开放的态度，尤其是越来越多的大型企业也逐步认可了公有云的价值。同时，随着公有云在安全性方面的提升，其成本低、免维护、扩展性好的优势更为凸显，会逐步成为企业的选择方向。

5. 数字化中台

随着药品流通行业集中度越来越高、多业态逐步融合、创新模式层出不穷、创新场景日新月异，大型企业希望逐步建设自己的数字化中台，以应对企业未来的变化，适应对大数据平台化和创新业务的支撑作用。企业希望从信息化角度抽取公共服务部分形成业务中台，希望能有效地帮助企业在互联网时代大幅提升自身的业务敏捷度，驾驭和应对各个角度的变革，将应对变革的能力转化为企业竞争力，获得业绩增长。

（七）企业希望未来获得政府部门或相关机构的支持

1. 政策和资金

在188家被访企业中，七成左右的企业表达了希望政府或行业机构能够给予企业在数字化转型时明确的政策导向和资金扶持。政策方面，在处方流转、数字化转型、追溯系统标准化等方面给予引导；资金方面，希望行业协会可以成立行业信息化创新支持基金，支持行业信息化创新发展。

2. 行业标准化

希望政府或行业机构相关的信息部门与企业信息部门加强沟通，实现药品主数据、追溯体系、物流体系、基药采购平台、医保系统接口等标准化建设，尽快实行企业证照的电子化传递标准、药品检验报告的电子化传递标准。

3. 大数据共享平台

希望政府能够在公有云建设上给予一定的指导和监督，在大力发展公有云服务的同时保障数据安全，为企业的降本增效保驾护航。打破数据孤岛，建立数据库中心，提供大数据共享平台，提高数据利用效率，实现资源互享、数据互通。

4. 渠道和平台

希望由政府或者相关机构为企业提供行业信息服务、产业链整合服务、信息化应用培训（尤其是数字化转型方向）、创新平台等综合性服务，希望通过平台加强企业间技术交流、信息共享等。

5. 税收优惠

希望政府部门可以降低药品流通企业税费，在企业数字化转型的关键阶段给予税收优惠，并设立专项扶持资金给予支持。

三 结论

（一）企业信息化建设出现明显分化迹象

在本次调查中发现，79.79%的企业都结合自身总体发展战略制定了较明确的信息化战略，都希望通过信息化提高企业竞争力，不只体现在信息化资金投入，将近八成的企业都比较重视信息化工作并设置独立的部门。与前几年调查的数据对比来看，大型企业在资金和人力投入上稳步提升，而中小型企业则有所下降。可见，企业通过信息化建设提高竞争力的意愿仍较为强烈，但在资金和人力投入上出现了明显的分化迹象。

（二）电商和全渠道融合系统需求强烈

在本次对企业各业务线的需求调查中发现，电商业务的信息化需求从上年的第4位跃居至第2位，仅次于批发业务的需求，超过之前排在第2位、第3位的零售业务和物流业务，这也从侧面说明了疫情助推医药电商业务的信息化进程。而以集团化企业为代表的批零一体化、库存共享、集团采购、线上线下全渠道融合的信息化需求强烈，表达了企业在新的业务环境下开始思考如何将自己的集团化优势、供应链优势、品种优势与行业发展特点进行融合，这些都需要对应的信息系统来支撑。

（三）企业数字化转型需对标和专业指导

从被访企业反馈的数字化转型数据来看，90%的企业已经意识到医药行业正在面临数字化转型,而企业自己也意识到自身数字化转型的必要性,但是企业在实际的数字化转型开展过程中面临较大的困难。企业在数字化建设开展、组织机构设立和战略制定等方面的发展虽均有所提升,但在数字化建设和转型成果上,多数企业处于建设的初期且仍未成立新型的数字化组织机构,数字化转型的各项成果占比多低于50%。这说明企业数字化转型虽已成为共识,转型工作也在陆续开展,但转型的各项成果占比均偏低,需要行业标杆指引方向,更需要行业协会或者政府机构对企业的数字化转型做出专业性的指导。

(四)企业正应用新技术建设信息系统

在本次调查中,中小型企业开始使用SaaS版本的核心业务系统,比如POS系统、CRM系统等,更为可喜的是一些大型企业开始接受了公有云部署和SaaS系统应用,也在积极思考如何将自己的信息系统"上云";部分条件允许的大中型企业已经开始将传统的信息化系统解耦,使用更为开放的微服务架构对信息系统进行重构;也有部分企业开始着手建设"数字化中台",建设企业未来的信息化平台,实现企业内部信息系统生态的建构。云计算、大数据、物联网、移动化等新技术的发展及广泛应用,正潜移默化地支撑着药品流通行业的信息化发展。

(五)企业药品追溯系统建设仍面临一些困难

2018年10月,国家药监局印发了《关于药品信息化追溯体系建设的指导意见》(国药监管〔2018〕35号),之后陆续发布了10项建设标准。2020年10月10日,国家药监局发布了《国家药监局关于做好重点品种信息化追溯体系建设工作的公告》(2020年第111号),明确提出在2020年12月31日之前基本实现集中采购中选品种、麻醉药品、精神药品、血液制品等重点品种可追溯。目前,国家药品追溯体系建设正在逐步推进,医药行业链条上的各类业务主体也正在为全品种追溯做准备。本次调查从被访企业对药品追溯反馈的数据来看,在追溯系统建设方面仍然面临一些困难。具体表现在:一是药品上市许可持有人和生产企业承担药品追溯系统建设的主要责任,药品流通企业将同时面对上市许可持有人和生产企业建设的追溯系统,多追溯系统下的信息和数据如何共享问题突出;二是零售门店在前台销售时对追溯码的采集和批发相互验证问题；三是追溯采集的效率问题和追溯数据存储的安全问题，一直是药品流通企业在进行药品追溯系统建设时不可忽略的考虑因素。

（六）企业信息化转型需要政策引导、技术和资金支持

药品流通企业在近年来的数字化转型过程中，需要大量的专业技术人员、技术研发等投入，系统建设成本较高，尤其是行业先行者在信息化创新时需要投入大量的人力、物力和财力。希望政府和相关单位能从政策、技术和资金上给予大力支持，让药品流通企业引入更优秀的人才和应用更先进的技术。

B.17
叮当快药的快速成长与促进医药电商发展对策建议

徐欢生[*]

摘　要： 随着《关于促进"互联网+医疗健康"发展的意见》等新政策的颁布，以及当前移动互联网技术的发展，医药电商平台不断完善，呈现持续增长的趋势。本文通过对互联网健康赛道头部企业"叮当快药"快速发展的分析研究，对我国医药电商的现状进行分析，研究新型"医+药"模式下的医药电商平台存在的制约发展的因素，为推动医药电商平台转型发展提出对策建议。

关键词： 医药电商　叮当快药　医药产业

一　中国医药电商的发展概况

医药电商，是在我国互联网产业高速发展的背景下，在医药行业实现"互联网+"，将医药行业与互联网行业进行结合，促使医药行业通过互联网实现现代化发展的一种手段。医药行业和企业与医药消费者之间通过互联网平台进行连接。医药消费者能够通过平台实现与医生的沟通，进行病情咨询和诊疗，而医药企业也能够极大地节约业务上以及上下游产业链之间沟通运行的成本。互联网产业以及医药电商平台的出现和发展，给传统医药行业带来了新的

---

[*] 徐欢生，互联网战略专家，原百度智能硬件创始人，北京健康云创始人，主要研究方向为传统行业与互联网的融合发展。

发展机遇,拉近了医药企业与医药消费者之间的距离。

我国医药行业与电商行业经过几年的结合,逐渐形成了以增加医药企业和医药店铺与医药消费者接触和沟通为主要营销渠道的发展模式,同时以分流医院就医人群,并为相关人员提供无接触诊疗服务为手段和目标。医药消费者从线上求医问药、拿到药方到药品选购这一系列流程都能够通过互联网平台实现。同时互联网平台根据自身在运营中获取的相关大数据能够不断进行自身的优化和调整,从而为医药消费者提供更好的产品和服务。

经过医药电商平台一段时间的发展以及市场对其的观察,我们发现,虽然医药电商平台在其内部和发展的过程中,能够实现全产业链的优化整合,在线上线下数据交换方面也有优异表现,并且其完善的数据信息系统能够为医药消费者提供周到贴心的服务,但是,我国医药大数据的分析和整合整体看起来仍然较弱。所以,信息化的进一步建设是我国医药电商领域下一步的发展方向。同时,在医药产品的物流方面,由于医药产品的特殊性,其对时效、温度、湿度等诸多因素有一定的要求,所以推动在整个行业当中建设一个专业、快捷的物流体系对医药企业和医药消费者以及医药电商平台的意义都非常重大。

二 新型电商模式助力医药电商业务快速发展

近年来,国内涌现出众多新型互联网健康企业,一批"互联网+医疗+医药"的高新技术企业,创建了"网订店送"线上线下一体化运营新模式。以叮当快药为典型代表,它们为用户提供7×24小时服务、28分钟送药到家、专业医生药师在线咨询等惠民便民的健康服务,业务得到了快速的发展,主要有以下几方面原因。

(一)企业实力雄厚、资质过硬

自营线下连锁药店,自营线上平台,自建配送团队,同时拥有互联网药品交易服务资格证书A类、B类、C类三种,申请并获得互联网医院牌照,打造"网订店送"线上线下一体化医药新零售模式。

叮当快药是首家在国内引入核心用药环节并打通上下游产业链的医药电商企业。它与国内外知名药企共同打造了"FSC(Factory Service Customer)药企

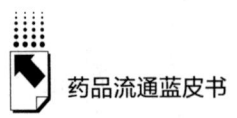

联盟健康服务工程"。其互联网中心仓内,药品存储种类过万,全面覆盖心脑血管、风湿骨痛、肝胆用药等慢病用药以及营养保健、家用医疗器械等健康品类,有效缓解了线下药店品种少和远郊区县药店少的问题,在国内医药零售界是一次大胆的模式创新和服务升级。

(二)追求技术创新,科技引领发展

科技时代对创业者来说是最好的时代,叮当健康集团创始人兼董事长杨文龙先生是这样想的也是这样做的。人工智能、5G、大数据等技术给市场、企业带来巨大机会。他组建团队自主研发了多项创新技术系统,实现了"大中台、小前台"的技术架构,构建了智能选址、智慧药房、智能调度、智慧运营四大技术优势。

在健康管理服务方面,每个人的健康状况不同,体征数据千差万别,所需要的健康管理也各有不同。叮当快药系统为每一位用户建立健康档案,通过用户的健康标签实现千人千面的个性化健康管理服务。

2018年,发布叮当快医业务,打通"医+药"闭环,推出医生在线咨询问诊等服务。

叮当快药还与泰康在线等战略合作伙伴携手开发新型医药保险产品,布局"医+药+险"健康新生态。

自主研发电子围栏技术,实现药房的智慧选址,药店覆盖半径从500米拓展至5公里;开发手机拣货系统,门店拣单效率显著提升。

2020年8月,首款无人配送车正式亮相。无人配送车的意义不仅在于提升安全系数和效率,还有望持续降低配送成本。无人配送车的应用已经在医药配送领域建立先发优势,结合此前大力打造的五大智能系统(电子围栏、智能调度、智能拣货、路径规划、热力沙盘),未来即时配送领域的表现值得期待。

2020年12月10日,发布全新升级的"安全智能温控药箱",持续做专药品到家配送能力,保障药品冷链的"最后一公里"安全到家。"安全智能温控药箱"基于5G、物联网、区块链等前沿技术建立并拥有多项创新技术,具备了冷链数据采集传输和药品追溯能力,保障了温度数据的海量存储及实时传输。安全智能温控药箱的推出和普遍应用,使用户可以通过App实时查看药品的温度湿度,保障药品全程配送的质量安全。这将使叮当快药最大限度地丰

富配送药品品类,满足用户全品类药品需求,让用户对收到的每一粒药都更加放心。

叮当快药正是基于对科技创新、模式创新的不断追求,在过去六年多时间保持着迅猛的发展势头,频频获得来自用户、市场、资本以及媒体的认可。未来,其还将继续以"健康"为主线,加快研发、拥抱新技术,持续推进无人拣单系统,推广无人配送,布局家庭场景下的智能终端机器人,通过科技创新赋能行业、服务百姓。

(三)以用户需求为本,24小时在线服务

通过线上线下一体化运营,叮当快药始终从用户需求出发,为用户提供便捷的服务。首先,在业内率先承诺"28分钟送药到家",并依据订单量的增长动态优化叮当智慧药房网点布局,确保良好的用户体验,这是叮当快药的核心竞争力之一;其次,叮当快药7×24小时服务,提供紧急送药和夜间送药服务,为用户解决后顾之忧;并且配备专业药师24小时在线为用户提供用药咨询服务,满足了用户需求,赢得了用户信任。

(四)顺应政策东风,彰显企业担当

叮当快药通过快药服务与在线诊疗咨询、慢性病及健康管理等其他服务供应的整合,期望形成闭环业务模式,用户通过快药服务购买药品及大健康产品,为其他服务提供自然流量。

在业务取得飞速发展的同时,叮当快药也承担了更多的社会责任。2020年,为了抗击疫情,面对防疫用品短缺的情况,叮当快药迅速组织防疫专项小组,发起"保价格、保质量、保供应"的三保行动,积极承担起保障物资供应的责任,依靠供应链优势设法调集物资,为全国14座城市市民的健康生活保驾护航。

三 中国医药电商平台发展的优势

(一)政策放宽助力医药产业发展

近年来,政府部门相继出台了一系列鼓励政策,支持医药电商服务发展,

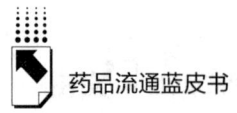

从严格管控向逐步有序放宽的方向迈进。近几年，医药电商交易规模持续增长，渗透率持续上升。同时，医药电商的发展离不开用户的关注，政府部门在制定相关法律法规时要保障消费者的利益。为用户提供一个安全、高效的购物平台是一个合格的电子商务平台必须做出的承诺。

（二）科技进步推进医药产业转型发展

随着"健康中国"战略的持续推进，以医药电商为代表的"互联网+医疗健康"模式正在成为新的趋势。以大数据、人工智能、物联网、区块链等为代表的新兴技术能够为医药电商带来新的增长势能，推动产业转型升级发展。

大数据：电商具有天然的数据记录属性，大数据在精准把握患者用药需求、全生命周期健康管理、数字化营销、辅助药企研发等方面具有优势。

人工智能：利用人工智能技术构建药学知识图谱，提供合理用药、智能药方等服务；拓展智能分诊、辅助诊断等技术。

物联网：通过设备实时监测、预警用户行为，为用户定制更加贴心、应急的实时配送服务。

区块链：因其技术的高度透明、不可丢失、不可篡改等特性，可以保证药品流通过程的唯一性、可溯性，优化用户体验，助力实现精准医疗等。

在"互联网+"的时代背景下，随着科学技术的革新，新兴技术与医药产业的不断融合，将不断地推动医药电商走向智能化、信息化，推动医药产业转型发展。

（三）后疫情时代我国的医药电商热度高涨

从2020年初到现在，全世界都经受着新冠肺炎疫情的巨大考验，疫情对全世界的经济和各类行业都产生了巨大的冲击，但是对医药行业来说，新冠肺炎疫情推动了全世界医药行业的快速发展。与其他行业不同，医药行业在2020～2021年这两年备受全世界的关注，且整体实现了快速发展。目前，虽然国内疫情基本上得到了有效控制，但是后疫情时代医药行业的发展前景依旧不容小觑。在今后医药电商行业发展当中，医药零售新增量、处方外流、医保支付接入和慢性病全周期管理是可预见的四大趋势，医药电商平台在未来的发展前途一片光明。

四 当前医药电商平台发展存在的问题

目前,我国医药电商平台数量众多、运营模式也比较单一,其发展受到了来自国家政策、法规、市场、用户等多方面的限制以及医药行业自身特殊性的制约。

(一)对平台认可程度不高、信任不足

用户购药的主要途径是医院药房和零售药店。相对于以上传统的途径,通过医药电商平台买药缺少了与医生面对面的直接交流和问诊。网络购物以年轻人居多,而有较高用药需求的多是中老年人群,但不少中老年人群对互联网应用、在线医师问诊效果以及平台不太认可和信任。加之相应法律法规的监管还不够完善,用户担心个人的病历、购药记录等个人隐私被泄露,一定程度上也降低了线上问诊购药的意愿。

(二)处方药的限售政策限制医药电商的发展

政府相关的政策已对网售处方药的行为做出了规范。2018 年 12 月 25 日国家发展改革委、商务部发布《市场准入负面清单(2018 年版)》指出,"药品生产、经营企业不得违反规定采用邮寄、互联网交易等方式直接向公众销售处方药"。这些政策和法规制定的目的是规范网售处方药行为,但同时也在一定程度上限制了医药电商的发展。

(三)平台现有模式下运营成本较高

互联网行业的价格体系一直是高度透明的,很多缺乏核心竞争力的电商平台利用价格战来获取客户,商家为了将消费者引流到线上降低线上商品销售价格,加大了线上线下价格差异,而承诺送达等服务更是增加了高昂的人工成本,难以长期维持。大多数的医药电商平台都摆脱不了过高成本难以长期支撑运营的局面,这成为如今医药电商平台发展最大的痛点。①

---

① 陈璟祎、郭好:《"医+药"模式的医药电商平台问题与对策研究》,《现代商贸工业》2019 年第 29 期。

五 促进中国医药电商发展的建议

医药电商平台是医药企业今后转型升级发展的一个新方向。目前,已有不少医药企业开始走出传统模式,通过线上和线下的有效结合来促进医药电商的发展。但医药电商企业想要得到长足发展,已经不能再以单纯追求利益为目的,而应该更加看重消费者的服务体验,医药电商的线上和线下深度融合在未来定能给医药行业带来广阔的发展前景。而综观现有的医药电商平台,物流配送、线上线下协调、在线服务的专业性以及采购成本等都是阻碍医药电商发展亟须解决的问题。现提出以下发展建议。

(一)提高消费者的信任度

多管齐下提高消费者的信任度。一方面,要提高服务质量,如邀请专业医师、药师提供用药咨询、诊断等服务。另一方面,企业自身要加强对药品质量的监管,严控采购渠道,做到药品可追溯。同时,加强对消费者个人隐私的保护,体现专业性。多措并举,提高消费者信任度。

(二)加快医药产业链融合

传统的医药销售方式成本较高,而附加值低。经过医药产业整合,融合发展的医药产业链可以助力企业从单纯的药品销售业务拓展出以药品电商销售服务为基础的咨询服务、诊疗服务、健康管理服务等多元化的增值服务,构建药品流通服务的产业生态和"医+药"闭环健康服务生态。医药供应链的线上线下整合管理,能够降低流通成本,为电商平台带来更大的利润。进行产业链融合的医药电商企业,将凭借先进的互联网技术迸发新的活力。

(三)发展专业的第三方物流

医药产品在实物形态上,具有体积小、重量轻、价值高的特点;在市场环节中,具有生命周期短、有失效日期限制、用户供货要求时间紧的特性;在流通环节,对储存、包装、运输有特殊的要求,这就需要配套更专业的第三方物流。专业第三方物流的优点是,能够通过现代化设备、自主研发的信息系统提高流通效率，形成快配模式，不仅可以降低经营成本，确保配送的安全性与时效性，还能提高企业竞争力，助力医药电商平台的转型升级。

（四）寻求终端合作，积极探索医保在线支付

医药电商平台可以积极尝试与银行和支付宝、微信等运营商开展合作，探索医疗保险体系与电商平台的对接，以便提供完整便捷的移动支付渠道。布局移动端 App，是医药电商平台的一个重要领域。只有努力为消费者提供更细致的服务，才能赢得更多客户资源。

B.18 互联网医疗电商新生态的探索和实践

平安健康互联网股份有限公司

摘　要： 新冠肺炎疫情和集采政策分别从需求端和供给端加速了互联网医疗模式的兴起，用户对在线诊疗和在线购药的认知和接受度越来越高。在整个互联网医疗闭环路径中，处方权和支付权是核心关键，二者共同决定用药决策和转化体量。相比医药电商，医疗电商在处方权和支付权上有更大的影响力，符合医疗属性的本质和初心，从长远看也是互联网医疗的发展方向。

关键词： 医疗电商　处方外流　处方权　支付权

一　新冠肺炎疫情和政策加速互联网医疗电商兴起

（一）医疗电商介绍

"医疗电商"是指以互联网诊疗为核心的线上医疗平台，核心价值是"医"，即为C端用户提供规范化、高质量的诊疗服务。不同于医药电商，"医疗电商"更注重医疗服务属性，流量入口是问诊，业务路径为特有的从"医"到"药"，而非单纯的电商交易平台。基于其对处方权的影响力，医疗电商与药店、药企和保险存在更大、更广的合作协同空间。

传统医药电商切入的是购药环节，将传统线下药店搬到线上，以OTC、保健品和医疗器械等偏电商属性的产品为主，因对处方影响力弱，相应地对药企和支付端的吸引力不强，与传统线下药店更多的是竞争关系。

医疗电商从诊疗端切入，本质是线上医院，与医保、商保和其他创新支付模式天然契合，即通过处方影响支付、赋能支付，同时与支付方的合作又可反哺处方，形成良性循环。以处方为抓手，医疗电商可与线下药店形成"医"+"药"的错位合作，助力药店承接处方外流红利，合作共赢；与药企开展数字营销、患者管理等创新合作，助力药企培育院外新渠道。特别是有保险资源的医疗电商，处方权和支付权双轮驱动，进一步升华对药企和药店的赋能，全面打通"医"+"药"+"险"的闭环。

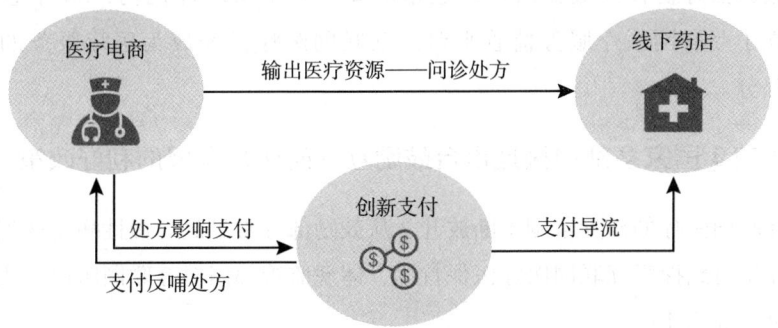

图1 医疗电商与线下药店关系

国内典型的医疗电商平台主要包括平安健康（原名平安好医生）、好大夫、春雨医生、微医等。根据2020年年报披露，截至2020年底，平安健康平台注册用户达到3.73亿，月度活跃用户超7200万，月度付费用户398万。

截至2020年12月，占据流量优势的头部医药电商平台亦纷纷加码"医疗"属性。由此可见，电商巨头不断认可"医疗"属性的价值。

（二）互联网医疗助力战"疫"为"互联网+医"完成大规模用户教育

新冠肺炎疫情防控期间，在物理隔离、人流限制的背景下，互联网医疗优势凸显、成功出圈，为广大民众提供病情咨询、分诊分流、情绪安抚服务，降低轻症患者前往医院造成交叉感染的风险，打破医疗资源的地理限制。新冠肺炎疫情为"互联网+医"的创新模式完成了大规模、高效率、低成本的用户

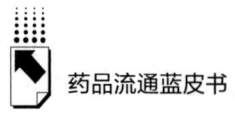

教育，业内各大互联网医疗平台服务量和用户数呈井喷式增长，开启"互联网+医"的新时代。

2020年3月，国家卫健委委属管医院互联网诊疗比上年同期增加17倍，部分第三方互联网服务平台的诊疗咨询量比上年同期增长20多倍，处方量增长近10倍。

互联网医院数量快速增长，根据国新办新闻发布会数据，截至2021年3月我国已有1100家互联网医院，7700多家二级以上医院可提供线上服务，远程医疗协作网覆盖所有地级市的2.4万余家医疗机构，30个省份已经建立了互联网医疗服务监管平台。互联网医疗已经成为医疗服务的重要组成部分。

（三）国家多部门接连出台鼓励互联网医疗发展的利好政策

互联网医疗的诊疗范围不断放开，从鼓励部分常见病、慢性病复诊到线上处方互认再到探索互联网医疗医保首诊，体现监管部门对互联网医疗模式的日益认可（见表1）。

在支付端，一系列"互联网+"医疗医保支付政策也在稳步推进，"医+药+医保支付"有望在线上打通（见表2）。

表1 2020年出台的鼓励互联网医疗相关政策

时间	政策	摘要
2020年2月3日	《关于加强信息化支撑新型冠状病毒感染的肺炎疫情防控工作的通知》	鼓励在线开展部分常见病、慢性病复诊及药品配送服务，降低线下就诊交叉感染风险
2020年2月4日	《关于优化医疗保障经办服务 推动新型冠状病毒感染的肺炎疫情防控工作的通知》	提出疫情期间实施"长处方"报销政策，支持医疗机构根据患者实际情况合理增加单次处方用药量，减少病人到医疗机构就诊配药次数；对高血压、糖尿病等慢性病患者，支持将处方用药量放宽至3个月
2020年4月7日	《关于推进"上云用数赋智"行动培育新经济发展实施方案》	在卫生健康领域探索推进互联网医疗医保首诊制和预约分诊制，开展互联网医疗的医保结算、支付标准、药品网售、分级诊疗、远程会诊、多点执业、家庭医生、线上生态圈接诊等改革试点、实践探索和应用推广

互联网医疗电商新生态的探索和实践

续表

时间	政策	摘要
2020年7月14日	《关于支持新业态新模式健康发展激活消费市场带动扩大就业的意见》	推进线上预约检查检验;探索检查结果、线上处方信息等互认制度,探索建立健全患者主导的医疗数据共享方式和制度;探索完善线上医疗纠纷处理办法;将符合条件的"互联网+"医疗服务费用纳入医保支付范围;规范推广慢性病互联网复诊、远程医疗、互联网健康咨询等模式
2020年7月21日	《关于进一步优化营商环境更好服务市场主体的实施意见》	要求完善对新业态的包容审慎监管,在保证医疗安全和质量前提下,进一步放宽互联网诊疗范围,将符合条件的互联网医疗服务纳入医保报销范围等
2020年11月18日	《关于组织开展5G+医疗健康应用试点项目申报工作的通知》	提出围绕急诊救治、远程诊断、远程治疗、远程重症监护(ICU)、中医诊疗、医院管理、智能疾控、健康管理等8个重点方向,通过建设试点项目,开展智慧医疗健康设备和应用创新,培育可复制、可推广的5G智慧医疗、健康新产品、新业态、新模式
2020年12月10日	《关于深入推进"互联网医疗健康""五个一"服务行动的通知》	针对"互联网医疗健康"服务中存在的主要矛盾问题,聚焦"一体化"共享服务、"一码通"融合服务、"一站式"结算服务、"一网办"政务服务、"一盘棋"抗疫服务等五方面内容,推动"互联网医疗健康"便民惠民服务向纵深发展。《通知》提出,推进互联网诊疗服务,充分发挥互联网医院在基层医疗服务中的作用,各地可从门诊慢特病开始,逐步扩大医保对常见病、慢性病"互联网+"医疗服务支付的范围

表2 2020年"互联网+医保支付"政策

时间	政策	摘要
2020年2月	《关于深化医疗保障制度改革的意见》	坚持系统集成、协同高效增强医保、医疗、医药联动改革的整体性、系统性、协同性;适应异地就医直接结算、"互联网+"医疗和医疗机构服务模式发展需要,探索开展跨区域基金预算试点;支持互联网医疗等新服务模式发展建立健全跨区域就医协议管理机制
2020年2月	《关于全面推广应用医保电子凭证的通知》	决定在全国范围推广应用医保电子凭证
2020年3月	《关于推进新冠肺炎疫情防控期间开展"互联网+"医疗服务的指导意见》	将符合条件的"互联网+"医疗服务费用纳入医保支付范围,加强医保基金监管,明确对符合要求的互联网医疗机构为参保人提供的常见病、慢性病线上复诊服务,各地可依规纳入医保基金支付范围,互联网医疗机构为参保人在线开具电子处方,线下采取多种方式灵活配药,参保人可享受医保支付待遇

227

续表

时间	政策	摘要
2020年9月	《关于规范保险公司健康管理服务的通知》	健康管理服务成本占净保费上限从12%提高至20%
2020年11月	《关于积极推进"互联网+"医疗服务医保支付工作的指导意见》	做好"互联网+"医疗服务医保协议管理,完善"互联网+"医疗服务医保支付政策,优化"互联网+"医疗服务医保经办管理服务,强化"互联网+"医疗服务监管措施

(四)处方外流和集采政策打开医疗电商与生态伙伴的合作共赢空间

线下药店和医疗电商优势互补,二者可联手合作,把握处方外流的政策红利。近年来,公立医院限制药占比、取消药品加成、禁止医院限制处方外流等政策频出,使医药分家、处方外流的路径逐渐清晰。根据IQVIA预测,随着医药分开的推进,预计2023年处方外流市场规模将达到5500亿元,其中直接流入零售药店的规模预计为1800亿元。虽然药品带量采购会对处方药的盈利水平带来一定挑战,但可及性的提高将带来销量的增加和引流效应,承接外流的处方对药店来说有可攻可守的重要战略价值,有助于线下药店从单纯的货架销售模式向专业药事服务转变。基于此背景,"医疗电商"凭借其在医疗端的优势可与线下药店深入合作,输出专业诊疗资源和嫁接互联网流量,通过药店和O2O等合作模式共同分享处方外流的政策红利。

与此同时,国家集采外药品急于寻找院外投放新渠道,院外处方权("医疗电商")和院外最大销售阵地(线下药店)有望组成新动销路径,成为药企重点关注的增长方向。自2019年9月"4+7扩围"以来,前三批国家药品集采共有112个品种中选,中选产品价格平均降幅达到54%,第四批集采中标价平均降幅也达到52%。在新的招采体系下,处方药进院价格大幅下降,除了大量的药企品种流标外,部分药企有可能主动选择弃标转向院外零售市场,特别是专利未到期、有维护全球价格体系需求的新特药。另外,在供给侧,近年来新特药审批加速(2018~2019年获批新特药均超50种)、同质化竞争加剧,进一步驱动药企寻找院外创新动销路径。根据IQVIA报告,未中标原研药受集中采购影响,在零售渠道市场占有率呈现上升趋势。

医疗电商自带处方权，线下药店又是院外最大的销售阵地，二者结合可为药企提供全方位的患者管理和品种动销服务，同时也为医疗电商和药店打开了新的增长空间。

二 互联网"医疗电商"对药企的赋能

截至2020年底，国家已完成3批带量采购谈判，实际采购量已达到协议采购量的2.4倍，节约费用总体上超过1000亿元。1000亿元是什么概念？2020年在华投资的外资药企前四名阿斯利康、默沙东、罗氏、赛诺菲在华销售总和约为1000亿元，可见带量采购已经带来整个药品市场的剧烈变化。

市场的变化也直接影响了药品销售推广方式的变化。药品在医院的准入变得越来越难，药企不得不面临新的难题，如国谈落标产品怎么卖、如何在落标情况下尽量延长产品销售生命周期、院外市场如何布局等。

（一）国谈外药品转战"互联网+医"线上场景销售

2020年中，部分敏锐的药企已和"互联网+医"行业公司接触，将药品从院内引出到线上进行交易。这种方式可解决部分药品无法进医院的问题，同时也不过度依赖院边店和院内药房，可快速、轻量、规模化完成渠道覆盖并展开销售。

（二）医疗电商联合线下药店，助力药企实现患者管理和持续的服务

在患者用药过程中，由于种种原因会出现患者脱落的情况。现在越来越多的药企开始选择不仅能满足患者购药需求，还能通过医生对患者进行病程管理的医疗电商进行合作，通过24小时在线医生解决患者的用药问题，改善生活习惯，促进用药续方，在确保患者治疗效果的前提下将患者从医院引到线上诊疗场景或线下药店进行持续服务。

（三）医疗电商、保险和药企三方合作，通过创新支付模式缓解患者购药负担

针对部分国采落标的高价药品，对大部分患者而言，全额自费成本过于高

昂。为了解决患者支付的顾虑，药企与有保险基因的医疗电商合作，研发带有病程管理元素的疗效险，即患者满足药品依从性的要求后，由保险公司给予一份带病体的保险，不仅将足疗程使用药品的患者作为低风险的带病体给予参保机会，也在一定程度上督促患者足疗程使用药品。同时，在药品的支付上也由保险公司进行报销和补贴。此类产品的出现，代表着药企与商业保险就药品报销商业化的合作前进一步，也为后期商保定制普惠性的医疗商业保险打下了基础。

◆平安健康"全病程、全场景、多元化支付体系"赋能药企、药店服务患者解决方案，围绕药品全生命周期，有效扩大药品可及性，延长药品生命周期，提升药品销售表现

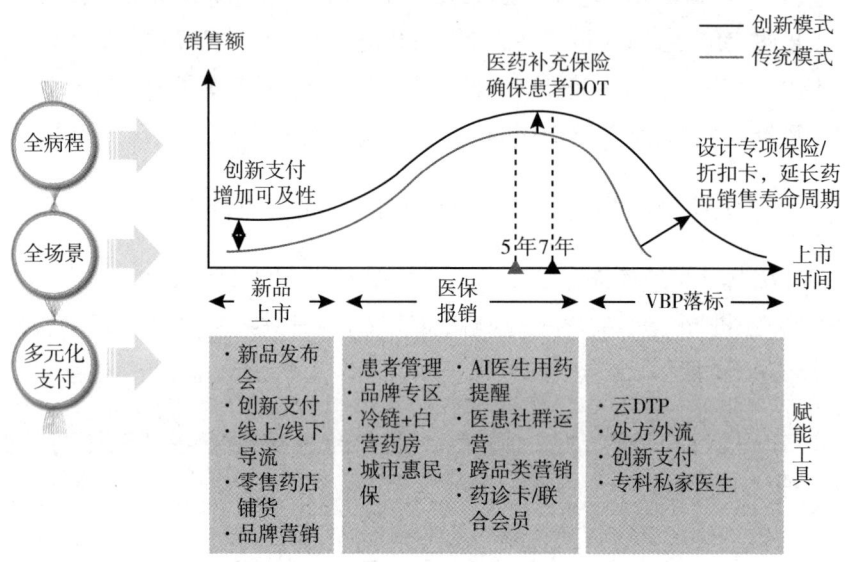

图2　平安健康赋能药企、药店提升药品销售

医疗电商通过诊疗服务切入，同时引入保险支付元素，整个线上不再是冰冷的售药环节，而是集成了患者问诊、病程管理、保险支付等多元素、全方位、有温度的医疗服务平台。因整合了完整的医疗服务要素，该模式后期将成为线下医疗服务的重要补充，在满足用户医疗服务需求的基础上助力药企应对政策环境变化而成功转型。

三 互联网医疗电商可在多方面与药店合作优势互补

(一)"医"资源输出

销售处方药的一大前提就是获取处方,医疗电商可向药店嫁接在线诊疗资源,客人到店即可在线问诊开方,实现便捷、高效的购药体验。除此之外,在部分传统药店拓展 DTP 业务的过程中,新特药销售有着更高的专业性要求,药店需要为患者提供档案建立、药效追踪、用药咨询等一系列药事服务。而药店可与医疗电商联手,后者可向药店输出患者管理、药师培训等标准化工具。以平安健康为例,基于合作共赢、错位发展的出发点,平安健康向 15.1 万线下合作药店输出了"药店云"问诊补方工具,同时向药店提供"店员端"等运营工具。

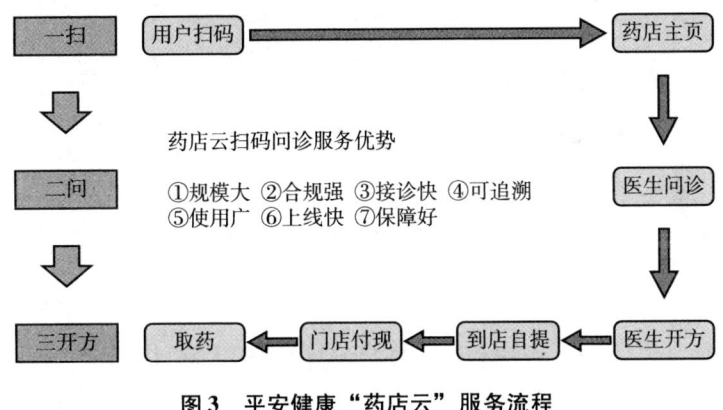

图 3 平安健康"药店云"服务流程

(二)O2O 线上导流

在线问诊和线下药店合作的 O2O 是目前较为成熟的模式,京东健康、平安健康、美团等互联网平台与线下均有相关合作。对于"医"而言,与药店合作能实现高效的快速购药闭环;对于"药"而言,与"医"的合作一方面可实现线上拓客,另一方面亦可扩大线下服务半径。

（三）创新支付为药店导流

支付权在整个"医—药"闭环中拥有最大的话语权。在医保控费的大背景下，以商保为代表的创新支付将为药店注入新的发展动力。依托平安集团的保险实力，平安健康已在商保创新支付小试牛刀，取得一定成果。2020年，平安健康与平安保险向保险客户联合推出药诊权益卡，持此药诊权益卡可在平安健康App享受免费问诊咨询，同时可在几万家合作药店线下刷卡购药。于药店而言，该权益卡通过商保支付带来的是增量客源。

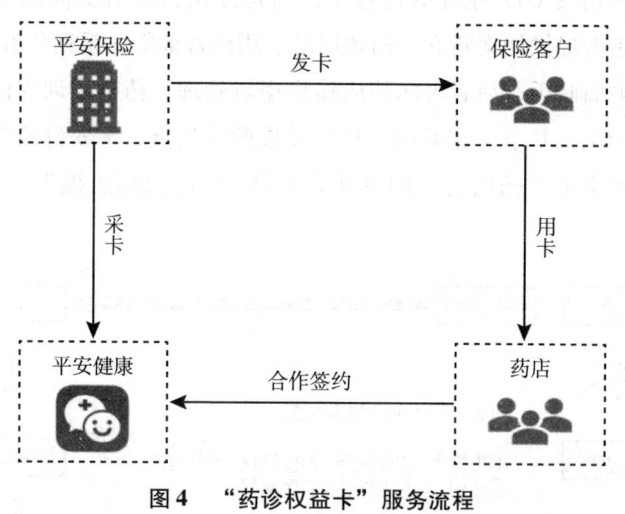

图4 "药诊权益卡"服务流程

四 总结：医疗电商未来展望

展望未来，医疗电商与医药电商必将共生共存，依据各自特有的商业属性助力医疗行业向多元化、差异化发展。相较于医药电商流量为王的特征，医疗电商因其强服务属性会匹配更完善的医疗要素，短期需要专业、齐全的（线上）医师团队提供即时、优质的医疗服务；而长期，对比传统医疗，支付权将成为其决战用户选择的强有力工具。

（一）短期看处方权

处方权是医疗电商和医药电商的核心区别。"医"资源直接决定处方权，而处方权又会直接影响患者用药和患者黏性。侧重"医疗"属性的医疗电商，虽然在起步阶段不如医药电商那般接受度广、爆发性快，但因其对医疗闭环中核心资源的卡位，未来势必会厚积薄发、走得更远。鉴于资源错位、优势互补的本质，医疗电商与生态伙伴有广阔的合作空间，于药店可输出问诊资源和线上流量，于药企可探索院外动销和患者管理等合作。

（二）长期看支付权

支付权直接决定患者的购药决策，是真正的 decision-maker。目前，国内商保和其他创新支付模式"口袋尚浅"，相比医保微乎其微，但长期将崛起为新的支付力量。医疗电商如有保险资源加持将如虎添翼，全面打通"医"+"药"+"险"的闭环，并为药店和药企等生态伙伴带来转化性极高的增量流量。有理由相信，赢得支付权之争的"医疗电商"有很大可能将最终成为"互联网+医"行业的领头羊。

创 新 篇
Innovation Reports

B.19 商业医疗保险对医药创新发展的影响研究

康蕊 朱恒鹏 洪凌华*

摘 要： 本文首先梳理了我国医药行业和医药创新发展的基本概况，总结分析了我国医药创新发展的特征与问题。其次，从经济学的视角，对"商业医疗保险促进医药创新发展"的立论展开了理论分析；对美国商业医疗保险和医药创新发展进行概述，总结提炼可借鉴经验。最后，从商业医疗保险发展的角度切入，分析当前我国医药创新发展面临的突出问题，提出未来长期高质量发展的对策建议。

关键词： 商业医疗保险 医药创新 医药行业

---

* 康蕊，中国社会科学院经济研究所博士后，主要研究方向为医疗保险、养老服务；朱恒鹏，中国社会科学院经济研究所副所长、研究员，中国社会科学院公共政策研究中心主任，主要研究方向为社会治理、卫生经济学；洪凌华，复旦大学国际关系与公共事务学院硕士研究生，主要研究方向为新政治经济学、劳动经济学。

医药行业是国民经济的重要组成部分，医药创新对保护和增进人民健康、促进社会经济发展进步具有十分重要的作用。我国目前已经形成了比较完备的医药工业体系和医药流通网络，但在医药创新领域仍与发达国家存在一定差距。一方面，"十四五"时期医药产业"高质量发展"的目标对医药创新提出了更高的要求，医药创新将成为未来五年内我国医药产业发展的重要任务之一。另一方面，我国商业医疗保险的发展也存在较大空间，目前仍未形成与收入差距水平对应的保险有效需求，未能发挥对医药创新的引致作用。从商业医疗保险这一创新药物需求方的视角出发，分析如何促进医药创新具有一定的现实意义。

一 我国医药创新的发展历程及现状

（一）发展历程

现代生物技术开启于20世纪70年代，欧美诸多国家和地区纷纷将生物医药产业视为经济增长的重要动力，生物医药产业在发达国家的进展十分迅速。与之相比，我国在社会经济发展水平约束下生物医药产业起步较晚，20世纪80年代开始基本形成体系。2000年以后，生物医药产业总体实现了较快发展，企业的科技创新能力也在不断增强。但是，生物医药产业具有较高的产业技术门槛，对投资的要求也越来越高，因而我国的发展相较国际水平而言也较为滞后。

（二）发展现状

1. 发展规模

《中国科技统计年鉴》数据显示，如表1所示，截至2018年底，我国拥有生物医药企业7423家，生物医药企业主营业务收入23918亿元，相较2000年企业数和主营业务收入分别增加了约9.20倍、20.17倍。医药创新在2000年之后的发展远远超过医药产业的发展，截至2018年底，生物医药企业专利申请数量年平均增长22.69%，约为2000年专利数量的40倍。

2. 典型特征

第一，医药创新型产业集群不断壮大。科技部先后于2013年、2014年、

表1 2000~2018年我国生物医药创新发展概况

年度	生物医药企业数（家）	生物医药企业主营业务收入（亿元）	生物医药企业技术开发人员数量（个）	生物医药企业专利申请数量（个）	生物医药企业科技活动经费筹集总额（亿元）
2000	728	1129.97	22480	547	37.51
2005	768	2621.41	51832	—	84.18
2010	1106	6740.82	70780	5767	102.44
2015	7391	25700.30	177028	16020	405.90
2018	7423	23918.00	185762	21698	555.80
年均增速（%）	13.77	18.48	12.45	22.69	16.16

注：为与2000年、2005年的数据保持统一，此处报告的均为"医药制造业大中型企业"的数据。

资料来源：《中国科技统计年鉴》，2001~2019年。

2017年认定了三批创新型产业集群，共计61个试点，其中医药领域的创新型产业集群有14个试点。将医药产业划分为化学制药、生物制药、医疗器械和中药四个领域，14个试点中仅有1个涉及某一领域，另有2个试点涉及三个领域，3个试点涉及四个领域，分别是泰州生物医药创新型产业集群、沈阳生物医药和健康创新型产业集群、抚州生物医药创新型产业集群。在61个试点中，定位生物医药产业集群的有9个，占全部试点医药产业集群的64.29%。医药创新型产业集群的建立，不仅带来人员的集聚，而且还促进了集群内的企业集聚，2014~2016年试点的企业总数年增长率高达8.43%。产业集群的创新产出不断上涨，7家医药产业集群的专利申请量年增长率为17.70%。[①]

第二，地区差异明显。总体来看，东南沿海地区的生物医药产业发展明显优先于内陆地区，医药创新也大多集中在沿海地区，主要与各地政府对生物医药企业和企业创新活动的补贴相关，财政补贴水平高的地区生物医药企业及其医药创新的发展也就相对较快。对上证、深证和创业板上市的118家生物医药企业的数据分析来看，目前我国生物医药产业主要集中在浙江、上海，这两大地区的生物医药企业总规模分别为265.1亿元、223.5亿元，居全国前两位；其次是广东、四川、重庆，其生物医药企业固定净资产也均在150亿元以上。

---

① 数据来源于《中国火炬统计年鉴》，2014~2017年。

相应地,东部沿海的上海、广东、浙江等地医药创新发展较快,以四川、贵州和重庆为代表的生物医药创新在近些年也得到迅速发展;其余地区的医药创新仍较为滞后。①

第三,与国际水平相比研发投入不足。尽管经历了数十年的快速发展,我国生物医药产业中的一些方面已经达到世界先进水平,医药创新方面却缺乏代表性的竞争力,不足以支撑生物医药技术向世界顶尖水平发展,重要原因和表现之一是医药企业的研发投入与国际水平存在较大差距。如表2所示,2019年全球排名第一的生物医药企业为美国的强生公司,研发投入为113.55亿美元,而在我国排名第一的国药控股公司的研发投入仅为3.87亿美元,是强生的3.4%。我国医药研发投入最多的是江苏恒瑞医药有限公司,为6.04亿美元,但和全球研发投入最多的罗氏制药142.1亿美元相比相差20多倍。

表2 2019年全球与我国前五大生物医药企业的研发投入比较

单位:百万美元

全球前五生物医药企业	研发投入	我国前五生物医药企业	研发投入
信诺	—	江苏豪森	—
辉瑞	8650	云南白药	27
诺华	9400	上海医药	234
强生	11355	国药控股	387
罗氏	14211	江苏恒瑞	604

资料来源:Forbes Global 2020;同花顺网站,根据2020年2月18日,1美元=6.4525元人民币计算。

二 商业医疗保险促进医药创新发展的理论分析

(一)收入差距对商业医疗保险发展的影响

从世界范围内多数国家的社会保障体制来看,社会医疗保险制度大多为社会范围内普遍性建立,目的是补偿全体国民因医疗造成的经济损失,这一社会

---

① 根据国泰安数据库数据整理所得。

福利不因种族、阶层、收入等社会特征而有差别供给，仅以国民身份作为社会医疗保险的准入资格。而商业医疗保险由参保人决定是否购买，购买何种保险是参保人依据购买能力和报销需求所作出的个人决策。因此，社会医疗保险和商业医疗保险具有天然的分工和市场格局划分。商业医疗保险对应的是中高收入群体的需求，中高收入群体的出现本质上是收入差距的产生。收入差距并非完全负面的社会现象，一定水平之上的收入差距侧面体现了中高收入阶层对高水平消费品的购买能力。因而，也可以说收入差距是商业医疗保险发展的重要原因之一。

（二）商业医疗保险对医药创新发展的影响

商业医疗保险是为具有购买能力的社会成员提供社会医疗保险责任范围之外、保障水平之上的那部分风险的保障服务。较社会医疗保险而言，商业医疗保险只针对部分社会成员，这个群体一般收入较高、家庭经济情况较好，具有缴纳保险费的能力。尽管社会医疗保险实现了"广覆盖"的目标，具有积极的社会公平效应，但在重大疾病保障等方面的发展仍显得十分不足。随着经济增长和生活水平的提升，人们对医疗保障需求个体差异越来越明显，这对医疗保险补偿赔付的层次性与多样性提出了更高的要求。"高风险、高赔付"的特征决定了商业医疗保险产品所对应的是更高消费水平的医疗产品与服务。

根据"需求引致创新"的论断，商业医疗保险支持下的高水平药物的需求引致该领域产品的创新。随着经济发展与医疗技术的进步，拥有高新科技和研发专利的新药、新药材、新技术层出不穷，依赖于技术创新实现的新药供给，满足的是商业医疗保险支付的新药需求。这是因为，国民对高品质医疗产品的需求不断增加，社会医疗保险受限于国家财政、用人单位和参保人缴费能力，无法在短期内保证医疗保障水平的大幅提升，而商业医疗保险恰好弥补了这一市场空白。

（三）收入差距通过商业医疗保险促进医药创新发展的论证

收入差距对创新的影响，包含价格效应和市场规模效应两个方面。聚焦到医药创新之上，两方面影响可概括如下。一是系统总收入一定的情况下，收入差距加大会降低低收入者的收入,因而降低了低收入者对创新药物的支付意愿,进一步地,将导致创新药物的市场规模缩小、企业的创新利润减少,也就会相应地降低科研创新投入,即"市场规模效应"。二是收入差距加大将增加高收入者的收入,因而提升了高收入者对创新药物的支付意愿,作为创新产品垄断者的药企可以通过高价格获得更高的利润,最终推动药企增加研发投入,即"价格效应"。随着收入差距的不断扩大,低收入者支付意愿的边际效应越来越小,即市场规模效应越来越弱,价格效应将越来越大。因而总体看,收入差距对医药创新的影响具有积极的促进作用。

收入差距对医药创新的影响,在收入差距水平上、在商业医疗保险发展水平上存在临界点。如前所述,"市场规模效应"与"价格效应"是两个相反的效应;当"市场规模效应"大于"价格效应"时,医药创新中的投入与收入差距是负相关的关系,反之则为正相关关系。当收入差距较小时,收入差距增加会使较多的人收入下降,另一部分人收入上升的幅度不大,因而"市场规模效应"比较大、"价格效应"比较小,此时收入差距对医药创新的影响为抑制作用。随着收入差距的不断扩大,低收入者的收入更低,直到"市场规模效应"等于"价格效应",此时收入差距对医药创新没有影响。收入差距继续扩大,低收入者本来就不购买创新药物了,收入变得再低也将不再产生"市场规模效应",高收入者的收入上升幅度变大,购买能力仍在持续增长,因而"价格效应"不断增加,将超过"市场规模效应",此时收入差距对医药创新的影响为积极的促进作用。当然,在收入差距继续扩大的过程中,也可能出现几个阶段,尽管收入差距对医药创新的影响始终是正向的促进作用,但各阶段的影响程度不同,将随着收入差距增加或其他因素的影响不断增强。

同理,在不同的商业医疗保险发展水平上,"市场规模效应"与"价格效应"的大小和效应差距将发生变化。在商业医疗保险发展水平较低的阶段,低收入者购买医疗保险的"市场规模效应"大于高收入者购买医疗保险的"价格效应",保险需求所引致的创新的格局亦是如此。经过"市场规模效应"等于"价格效应"的时点后,在商业医疗保险发展水平较高时"市场规模效应"小于"价格效应"。因此,随着商业医疗保险的发展,收入差距对医药创新的影响将越来越大,且在不同发展阶段的影响程度递增。

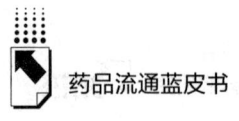

三 他山之石：美国的经验借鉴

（一）美国的商业医疗保险发展概况

历史上看，商业医疗保险在美国的医保行业中始终占据主体地位。以1966年落地的老人医疗保险（Medicare Plan）和医疗救助保险（Medicaid Plan）为标志，美国形成了多层次的医疗保险体系，但商保依然占据主体地位。根据美国医疗保险和医疗救助服务中心（Center For Medicare & Medicaid Services，CMS）的数据统计，截至2018年底共2.01亿人参加了商业医疗保险，覆盖53%美国人口，明显超过Medicare和Medicaid分别覆盖的0.59亿和0.73亿人口。Medicare和Medicaid由政府主办，为65岁以上老年人、残疾人、低收入人群提供因医疗造成的经济损失的补偿。商业医疗保险则由私营性质的商业保险公司提供，通常保费更高，保障范围和赔付率也相应更高一些。2018年，美国商业医疗保险赔付支出达到1.24万亿美元，占国民健康支出的34.1%，同期Medicare和Medicaid的支付则分别占20.6%、16.4%[1]，如图1所示。

美国商业医保覆盖的主要是中高收入群体。如果将家庭收入按十等分或五等分划分，收入越高群体商业医保的参保率越高，而且高收入阶层的可支付能力和风险意识更强，因而从保费规模上看贡献也最多。2019年，美国的基尼系数为0.484[2]，前1%收入群体的收入占全部人口总收入的比例为18.7%，后50%收入群体的份额仅为13.5%[3]。将一地区的居民按照收入进行五等分，收入最少的20%群体与收入最多的20%群体的平均收入之比更能体现收入差距水平，指标的数值越小，说明该地区的不同收入水平的群体间的收入差距越大。2018年，这一指标在美国的平均水平约为13.3%，美国大多数州的水平约为12%。收入差距导致商业医疗保险的参保率在美国的不同收入群体之间

---

[1] 数据来源于美国医疗保险和医疗救助服务中心（Center For Medicare & Medicaid Services，CMS）网站。
[2] 数据来源于美国圣路易斯联邦储备银行（Federal Reserve Bank of St. Louis）网站。
[3] 数据来源于美国圣路易斯联邦储备银行网站、世界财富及收入数据库（The World Wealth and Income Database，WID）网站。

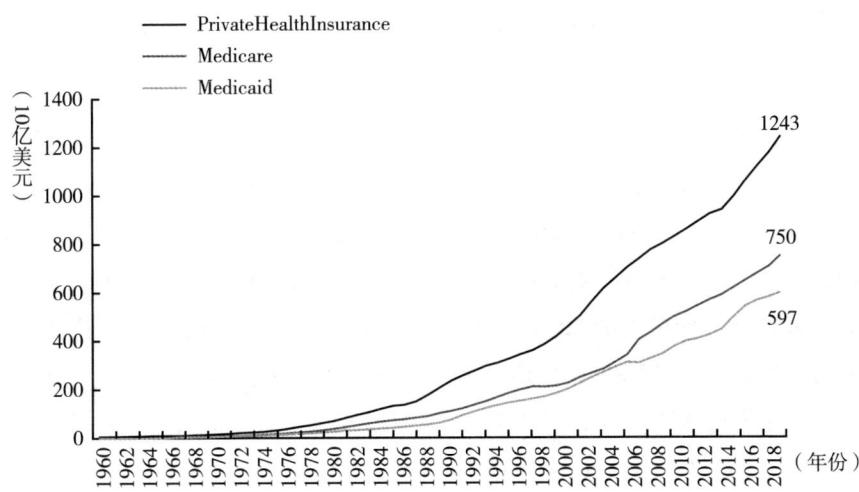

图 1　2018 年美国国民健康支出结构

资料来源：美国 CMS 网站。

的分布也存在差异性，将全体国民按照收入进行五等分，收入由低到高排序，五个组别的参保率在 2016 年分别是 24.3%、43.9%、57.1%、67.5%、73.1%，如图 2 所示。也就是说，商业医疗保险的参保率随收入的提升而增加，有效需求大多来自高收入阶层。

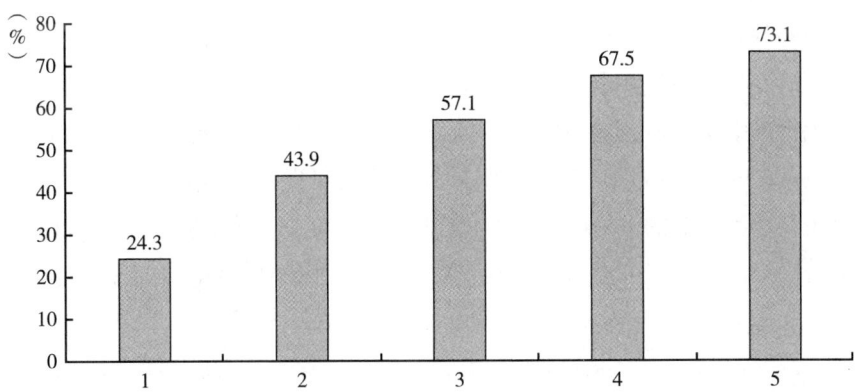

图 2　2016 年美国不同收入阶层的商业医疗保险参保率

资料来源：American Community Survey 统计数据。

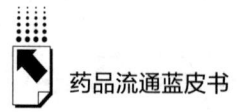

（二）美国的医药创新发展概况

在美国，商业医疗保险每年的医疗费用赔付额支出约为1.2万亿美元，为生物医药的产出提供了强大的市场需求。2018年，美国医疗费用支出中医疗保险占比约为74.6%，其中商业医疗保险支出占比约为33.9%，分别为老人医疗保险（Medicare Plan）和医疗救助保险（Medicaid Plan）份额的1.7倍和2.3倍。美国的生物医药创新在世界范围内处于领先地位，入选2019年世界最具创新力公司榜单中的10家生物医药领域公司全部来自美国[①]。从跨国制药公司数量来看，世界排名前10的制药公司中有5家来自美国，其中美国的辉瑞和默克公司分别位居第一和第二。从研发投入来看，根据彭博数据库的数据，2018年美国642家生物医药企业的研发投入约为4.8万亿美元。2019年研发强度排名世界前10的制药企业中有5家来自美国，其中默克公司98亿欧元的研发投入排名最高[②]。从创新药物成果来看，美国的医药创新类专利约占全球的60%，1950年至今获批新药最多的是来自美国的默克公司，已累计有56个新药获得美国食品药品监督管理局（Food and Drug Administration，FDA）的认证[③]。如此高的药物创新水平，其根源是中高收入者的新药物需求以及商业医疗保险对中高收入阶层医疗产品的购买支付。

（三）商业医疗保险促进医药创新的经验证据

医药创新能力是体现一个国家医药产业发展水平的核心考量指标，美国医药产业研发技术的创新水平在全球范围内居于首位，由美国食品药品监督管理局首先批准上市的新药约占全球市场上市新药的64%。2017年，除财政支出的National Institutes of Health（NIH）等机构的研发投入以外，美国生物医药和生命科学类企业的R&D投入共计1734.86亿美元。美国吸引了大量医药领域的跨国公司成立研发基地，是医药领域研发创新的集聚地。根据美国FDA

---

① Fast Company, "The world's 50 most innovative companies 2018", https://www.fastcompany.com/most-innovative-companies/2018/secotrs/biotech.

② Guevara H. H., Grassano N., Tuebke A., et al., "The 2019 EU Industrial R&D Investment Scoreboard", JRC Working Papers, 2019.

③ Mullard A., "2019 FDA drug approvals", Nature Reviews Drug Discovery, 2020, 19 (2): 79-84.

的统计数据，2017年按总部所在国家划分，美国的医药研发公司所属国家数占全球医药研发公司所属国家总数的47%。因而，美国国民也成为全球范围内最迅速、最广泛享受医药新技术所带来福利的群体，这与美国的医疗保险体制是密不可分的。无论是Medicare、Medicaid这类政府办医保还是商业医保，均呈现"供方友好型"而非"供方管控型"特征。美国是国际上少有的对医药价格没有进行行政控制的国家，尽管Medicare和Medicaid作为费用支付方占据美国医药市场较大份额，美国政府也没有充分利用这种市场力量抑制医药价格；分散的商业保险更没有能力管控医药价格，而是采取了跟随Medicare和Medicaid的策略。在这种支付机制影响下，美国不仅是全球范围内医药领域的新技术、新设备、新耗材、新药物投入市场最迅速、使用范围最广泛的地区，同时还是创新产品最快进入医保覆盖范围的地区。医药创新的高投入带来巨大的市场份额，刚投入市场24个月以内的新产品市值占美国药品支出年度增长总额的50%以上①。高额的市场回报成为推动企业创新的重要动力，新药带来的可观利润吸引了更多资本投资医药研发，市场需求和医药创新之间形成良性循环，并由此成为推动经济增长的重要动力。

四 我国医药创新领域存在的问题及对策分析

（一）医药创新发展存在的问题：基于商保的视角

1. 未形成与收入差距水平对应的商业保险格局

在我国，医疗保险在医药产业中的消费分为两个主体，即政府主办的社会医疗保险和企业主办的商业医疗保险。一方面，社会医疗保险基本实现了全覆盖，在促进社会公平、增进社会福利方面起到了至关重要的作用。但是，作为全民福利"保基本"的保险水平决定了购买支付的医药服务是中低水平的，尽管能够有效带动整体医药市场规模的扩张，但对医药创新发展的作用十分有限。另一方面，商业医疗保险在我国的发展仍然较为薄弱。2018年，美国商业医疗保险参保率约为53%，年赔款与给付总额约为

---

① 数据来源于美国食品药品监督管理局（Food and Drug Administration，FDA）网站。

1.2万亿美元①；而我国仅分别为10.2%、265.9亿美元②。商业医疗保险"高筹资、高赔付"的保险特征能够满足中高收入群体对高保障水平保险的多样化需求，但是从我国商业医保的发展来看，这一群体的需求满足仍有较大空间。尽管从社会保障发展的历史来看，中美两国是两种不同的社会保障与社会福利模式，美国高度发达的市场经济天然决定了商业医疗保险的市场规模优势，但事实上我国的基尼系数（0.474）基本与美国（0.485）持平③。对比美国经验可以发现，我国中高收入群体参加商业医疗保险并刺激高精尖医药技术发展的积极效应并未得到释放。

2. 商业医疗保险对创新药品有效需求不足

从商业保险市场的全口径来看，医疗保险的保险主体偏少。传统的机动车辆保险、人寿保险等业务为保险公司带来丰厚利润，保险公司对于开发商业医疗保险的动力不足，保险公司所开发的产品结构不合理、实用性不强。目前我国的商业医疗保险的产品定位主要集中在和社会医疗保险具有替代性的保险产品，如与社会医疗保险相衔接的团体补充保险、重大疾病保险等，新兴的高额医疗费用保险等产品的占比极低，这种不合理的保险产品结构无法应对日益增长的疑难杂症、大病重病的赔付需求。即便有些公司目前开发了应对癌症等的医疗保险产品，但由于未形成规模、缺少经验数据和定价基础，最终演变成理财性质的保险或"准寿险"。因而，目前我国商业医疗保险市场形成了这种矛盾的局面：一方面积累了9000亿元的健康保障风险准备金，另一方面纯赔付率仅为发达国家的一半。分析深层次原因发现，我国的商业医疗保险产品忽视了创新药物的购买支付，不仅大大降低了保险资金使用效率，而且还无法使参保人获得实际的收益。从医药创新的发展来看，当前我国的商业医疗保险市场并未释放出对创新药品的有效需求。

（二）促进我国医药创新发展的对策分析

第一，正视收入差距。当前，我国正处在社会加速变革的转轨时期，收入

---

① 数据来源于美国医疗保险和医疗救助服务中心（Center For Medicare& Medicaid Services，CMS）网站。
② 数据来源于中国银行保险监督管理委员会网站。
③ 数据来源于国家统计局网站，美国人口普查局（U. S. Census Bureau）网站。

分配秩序还未完全建立起来，居民收入发生着剧烈变化。收入差距可以视作经济社会发展的机遇，应认识到适度的收入差距能够助推消费升级。要合理利用当前的社会收入分配格局，将这一社会问题、社会矛盾转变成推动创新发展乃至经济发展的动力。

第二，鼓励支持商业医疗保险发展，将商业医疗保险对高收入群体的赔付作为医药产业创新的支撑。发展商业医疗保险的前提是合理划分社保和商保的保障水平层次，商业医疗保险的定位应是保障社会医疗保险无法支付的医药需求，这不仅是促进医药创新的重要手段，还能令社保释放空间，更好地发挥对低收入者"保基本"的功能。未来应着眼于社保之外的高收入群体的多样化、高水平的保险需求，商业保险公司开发对应高消费、高赔付的产品，针对重特大疾病保险产品形成对创新药物的有效需求。

第三，医药行业应加强与商业医疗保险行业的合作，建立创新药品的沟通机制。一方面，以商业医疗保险公司为媒介，向制药企业反映当前创新药品需求；另一方面，药企作为供给方，定期公开研发动向，并向商业医疗保险公司提出将投入研发的创新药物纳入保险目录的建议。以两个行业的双向建议沟通方式，完善创新药品的供需信息交互，以纳入保险目录的方式，刺激创新药物的研发投入。

B.20
医药智慧供应链助力企业数字化转型升级

南京医药股份有限公司*

摘　要： 南京医药在"十三五"期间，实施了"可视、可控、可预测"的智慧供应链运营方案。该项目以供应链基础数据可视化为基础，通过对数据的专业化处理实现了企业数据增值，同时利用供应链业务中台系统，实现了集团总部所在区域的中央物流中心库存共享与互调互销等协同管控，借助人工智能系统对未来经营数据进行预测，从而有效地提高库存周转率、降低供应链综合成本，进一步实现集团型企业的数字化转型升级。

关键词： 南京医药　智慧供应链　大数据　数字化转型

一　企业概况及信息化发展历程

南京医药股份有限公司（简称"南京医药"或"公司"）成立于1951年，1996年在上海证券交易所上市，是中国药品流通行业首家上市企业。2014年末，公司完成与沃博联公司（世界500强企业，全球首家以药店为主导的世界级医药保健企业）的战略合作，积极探索混合所有制改革。

南京医药目前是跨地区、集团化、网络型的特大型企业，注册资本10.4

---

* 执笔人：马云涛，南京医药股份有限公司信息技术总监，高级工程师，南京大学MBA，东南大学电子信息工程博士在读，主要研究方向为人工智能、医疗大健康等。

亿元。公司现有 80 余家子公司，市场覆盖苏皖闽鄂等地及云川部分地区（在苏皖闽三省市场占有率居各省前三位）；2020 年主营业务收入超 397 亿元，规模在 2020 年药品批发企业主营业务收入百强排名中居第 8 位。

南京医药是国内药事服务业务的先行者。公司的"医药流通企业基于利益协同的药事服务管理"项目曾荣获第 17 届"中国企业管理现代化创新成果"一等奖（系国内药品流通企业首次获此殊荣），药事服务创新模式已成为深化中国医改、实践医药分开的可借鉴可操作的成功路径之一。

在新一轮的经济发展和医改背景下，南京医药以信息化和现代物流为基础，以健康消费需求订单为导向，以利益协同的药事服务及建设自有终端为核心，打造以医疗机构业务和多模式零售业务为主业的集成化供应链，努力成为大健康产业可信赖的健康产品和服务提供商。公司面向 C 端用户（患者、医生、店员等）、B 端用户（医疗机构、上下游供应商、保险公司、企业等）和 G 端用户（医保、卫健委、药监等），从产品需求、服务需求出发，在批发、零售等不同业态针对不同生态圈参与者，形成面向最终患者的闭环服务。从单纯的药品供应物流延展成端到端的服务提供商，通过数据积累及合理分析利用，创造数据价值、服务价值和品牌价值。

多年来，信息化建设一直是南京医药战略实施以及数字化转型的重要支撑与基础保障。经过"十二五""十三五"期间的发展和积累已完成集团信息化的基础布局，实现了管理信息系统全覆盖。通过建立信息标准化体系，推动了集团管理的制度化、规范化和科学化全面发展，大幅提升了企业的组织力和管控力。同时，利用现代信息技术，打造"可视（互联）、可控（风险）、可预测（智能）"的智慧供应链运营体系，不仅聚焦客户需求，也可实现主业创新与整合运作协同。

二 智慧供应链运营项目建设背景

药品流通行业处于医药产业链中游，承担着传统的医药商品集中与分发功能，在医药卫生事业发展和健康价值链中发挥着十分重要的作用。随着近年来"互联网 + 药品流通"不断深入，受整体经济环境和其他因素影响，行业增长也在承受较大压力，面临更多的挑战与革新。

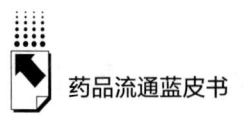

（一）药品流通行业发展趋势：集中度不断提升

首先，在政策推动下，药品流通行业集中度将持续提升。与美国、日本等发达国家相比，我国药品流通企业数量众多，但规模普遍较小，市场集中度低，导致行业整体竞争力薄弱。为此，政府出台相应政策促进集中度提升。如2016年12月商务部发布《全国药品流通行业发展规划（2016～2020年）》（商秩发〔2016〕486号），提出到2020年培育形成一批网络覆盖全国、集约化和信息化程度较高的大型药品流通企业，药品批发百强企业年销售额占药品批发市场总额90%以上。

其次，药品流通行业发展趋向专业化、信息化和标准化。为顺应时代发展的趋势，提高运营效率和服务品质，药品流通企业正不断加大现代物流基础设施的投资，领先的医药物流企业已广泛采用先进物流设备和管理软件及管理手段。专业化、信息化、标准化的现代医药物流已成为药品流通行业最主要发展趋势之一。

再次，供应链扁平化趋势显著。随着带量采购政策进入常态化，药品流通行业的集中度将进一步提升。"国采"本身是一个自上而下给医药企业、流通企业、行业结构带来巨大颠覆的促进政策，而在"国采"基础上进行的"省带量采"势必会加剧地方药品流通企业的整合。以往层级配送的药品流通形式和管理体系，已经不符合政策需求和市场导向，医药供应链管理的扁平化将成新趋势。

最后，医药电商从严监管趋势不改。尽管国家明确支持"互联网+药品流通""网订店送、网订店取"等创新模式，但对互联网药品交易服务企业的监管并未放松。医药电商企业面临的不再是拿证时一次性考察，而是事中、事后监管相配套的真正全程管理。

（二）行业面临的主要问题：信息共享与供应链运营

在药品流通行业中，大型企业大多建有自己的物流中心，基本上不将配送业务外包给第三方物流企业，而小型企业则大多将配送业务外包给第三方物流企业。已有的少数医药第三方物流企业运行不够专业，比如有些试水医药业务的跨界企业虽属第三方，也具备资质，但在运作上基本类似传统医药物流模式，难以上升到医药行业专业物流的高度。而大多数第三方物流企业不合规范，受资金的限制导致物流设施建设不完善，无法承担医药物流的角色。总体来说，物流企业小、散、乱的问题突出，各节点企业没有形成信息化网络，普遍存在信息孤岛，缺乏信息共享与工作协同。

同时，医药供应链中的供应商、零售商、医疗机构等供应链参与方无法将信息整合共享，采用传统的链式信息传递模式造成信息共享程度低。这种模式最大的缺陷在于信息传递过程中容易发生延迟与失真等现象，一方面削弱了供应链系统对顾客需求的响应能力，另一方面信息失真导致决策出现偏差，会加剧医药供应链的"牛鞭效应"，最终使得整个供应链的运作难以实现协同以及对客户需求的快速响应。

由于药品流通行业具有很强的专业性和特殊性，对质量管理要求严格，流通过程必须安全可靠，故迫切需要建立以客户需求为导向、以提高质量和效率为目标，通过整合上下游资源实现设计、采购、生产、销售、服务等供应链全过程协同落地，且能够推动行业可持续深度发展的供应链体系。同时，采用云计算、大数据等现代化技术构建信息共享平台，实现供应链上下游信息及时共享，并引入区块链技术实现医药产品的精准溯源，确保供应链安全可靠。

三 打造"可视、可控、可预测"的智慧供应链运营体系

南京医药通过内生性增长结合外延式发展，现已发展成为行业内规模排名前十的区域性集团化企业，集团内各企业、各业态间的信息互通和协同日益重要。为能够更加及时、全面地掌握集团内各企业、各业态的经营状况，更好地助力科学决策，南京医药计划围绕"可视、可控、可预测"三个关键环节，从根本上升级供应链体系，全面实施智慧供应链运营方案。

（一）第一阶段：可视（通过供应链可视化系统实现基础数据展现）

南京医药的集团总部已经完成 ERP 系统、基础数据系统、业务财务一体化平台、HR 系统、OA 系统等覆盖，并逐步建成面向业务数据经营分析的数

据仓库，但因各子公司信息系统是分批建设完成且各成体系，故数据被分割成孤岛，难以在南京医药的集团层面对各子公司业务状况进行直观与准确把握。

南京医药供应链可视化系统（见图1）是一套集团总部与各子公司之间业务数据的抽取、集成与交换处理系统，形成"业务源数据库"，同时将业务源数据关联主数据并转换后载入应用数据模型中，形成供展示使用的"数据集市"，并以"固定报表""主题分析""信息查询""异常监测""信息订阅"等可视化形式，向使用者展示各种汇总及分析数据。

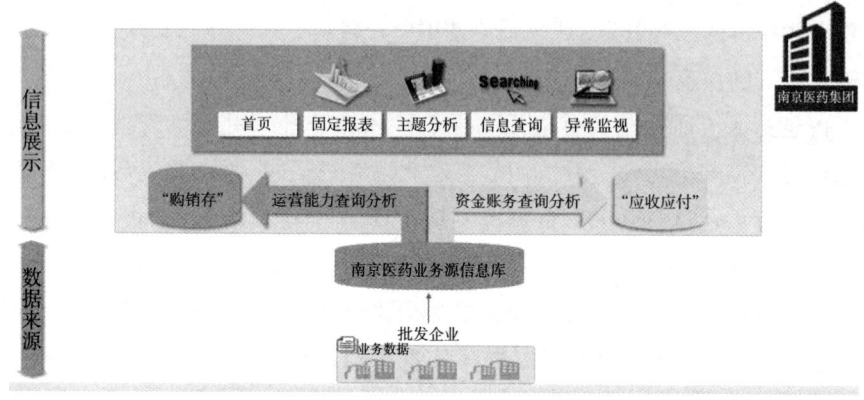

图1　南京医药供应链可视化系统

供应链可视化系统的意义在于对庞大数据进行专业化处理，实现数据增值，开发出基于事实和具有结果性的展示信息，使集团型企业的决策管理者从多角度、多层次，全面地看清企业的现状、风险，及时采取应对措施，优化经营管理，避免或最大限度降低风险，洞察行业蕴含的价值和优势，助力企业健康发展。

供应链可视化系统实现了南京医药数字化营销及产业链延伸，帮助集团从单纯的药品流通供应商发展为"互联网+药事服务"综合提供商。通过数据采集和智能分析，提升企业在产业链中的价值，增强企业核心竞争力。

目前，系统已经完成统计报表、主题分析、异常监测、信息查询、运营管理、质量管理、填报录入等主要模块，总计100多个功能点的开发，已开放给集团内包括总部与12家一级子公司的管理层级业务骨干使用，用户数达到1000人以上，已广泛运用于会议、统计汇报、业务考核等各个管理环节。

（二）第二阶段：可控（通过业务中台系统实现库存共享与互调互销等协同管控）

南京医药总部所在区域的中央物流中心目前负责南京区域多家子公司的商品存储、发运业务，各企业之间商品有交叉，主要存在以下问题。

多方企业的交叉商品分别存储于各企业的存储区域中，仓库的存储空间利用率较低；企业销售前需要从另一企业进行调拨，双方通过电话、邮件沟通后分别在各自 ERP 系统中录入采、销订单，再由物流中心作业人员进行仓库内调拨移库（平均需要一天时间才能完成仓库内调拨）；从南京医药整体考虑，同一商品需要多家企业分别采购、存放，整体商品库存量较高。

南京医药通过业务中台系统建设（见图 2），为中央物流中心提供库存互销业务支持。通过互销业务及信息自动化，将业务流程中涉及的人工操作由六步简化为两步，并实现以下目标。

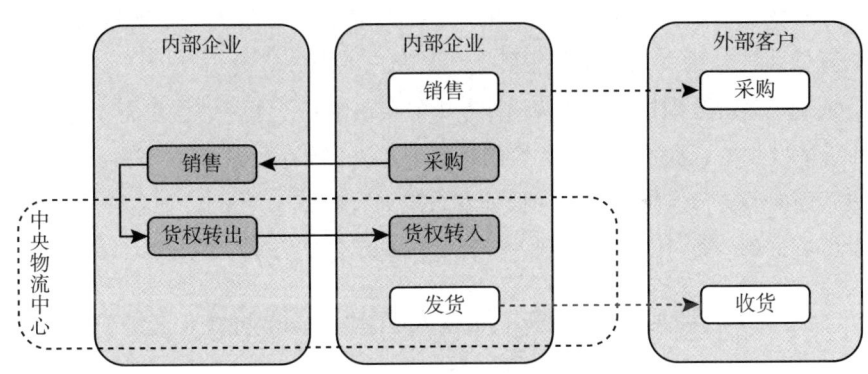

图 2　南京医药业务中台系统

1. 降低各企业库存量，减少库存空间占用

根据目前的业务统计，南京区域相关子公司通过互调备货总共占用 9300 个整件货位、970 个散件货位，通过互销业务，销售企业无须再提前进行备货，则可以节约出这些备货所需要的库存以及占用的库存空间。

2. 优化物流作业环节，减少物流作业时间及工作量

根据内部销售业务统计，2020 年全年共进行 30000 余次库内调拨业务，平均每月超过 2500 次，根据实际作业情况计算每次互调业务需要 2~4 人/时

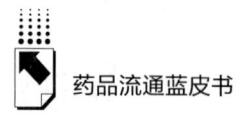

的人工作业。通过互销业务可减少这部分人工工作量，节约出来的处理能力则可对其他作业环节予以补充。

3. 优化业务流程环节，减少业务人工时间及工作量

从业务过程来看，每次内部调拨都需要采购方企业和销售方企业事先沟通后分别在各自 ERP 系统中人工录入采购订单和销售订单。通过互销业务模式则可以将此类内部交易订单的人工工作变为系统自动化订单，将可减少沟通、系统操作等大量人工消耗。

4. 库存集中便于总体库存控制

从集团的总体库存量角度来看，提高库存周转率、降低总体库存需要集约化的业务模式，从采购层面上实行集中分销才能最大限度地进行库存总量控制。在这样的业务体系中，通过互销业务可最大化地节约流程成本和作业成本。

5. 提高客户服务质量

通过优化后减少的业务流程环节、物流作业环节，可以有效提高业务效率、降低业务差错率，由此可显著提高对客户的服务质量。

此外，系统分别打造整体架构体系中的订单中心、库存中心系统（见图3）。其中，库存中心依据主数据统一编码将各子公司的库存数据集中，并通过信息共享方式面向所有节点企业开放（根据发布规则有选择地发布）；而订单中心处理各种渠道订单，通过统一的规则进行订单收集、分发、转换等处理。

（三）第三阶段：可预测（通过人工智能系统预测未来经营数据）

长期以来，药品流通企业采用传统的库存管理模式，在供应链的各个节点都保有过高的安全库存，从而导致库存管理成本高、效率低，药品的库存积压，利润空间不断缩小，降低了医药商业公司的市场竞争力。

因此，南京医药在供应链管理可视、可控的基础上，结合历史数据和相关因素的分析，对总部和各分子公司（包含批发企业、零售企业）涉及未来采购、销售、库存、应收、应付等经营数据进行预测，从而有效提高库存周转率、降低供应链综合成本（见图4）。

利用神经网络模型，单独建立每一个品种对应的数据预测模型。在南京医药的业务操作中，每个品种从采购入库、储存和销售出库对应唯一的药品编

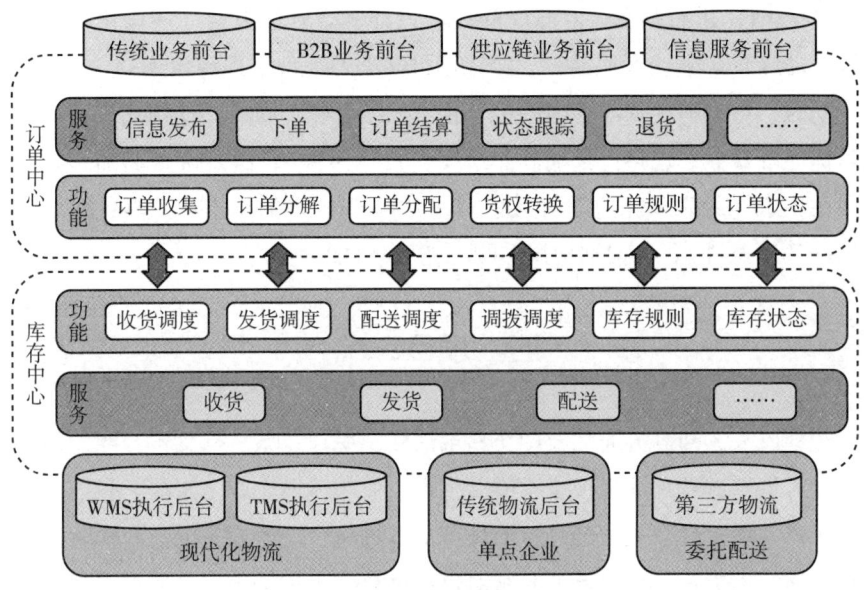

图3 订单中心与库存中心系统

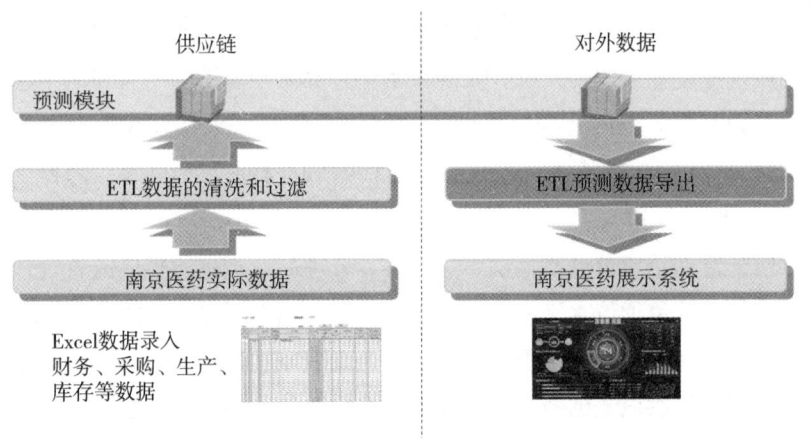

图4 人工智能预测系统

号,通过这个编号可以查询到单个品种所对应的所有历史库存量,把历史库存量预处理后导入数据模型中,最终得到每个品种对应的数据预测模型。

根据南京医药历史数据特点,可将品种分类,并使用相对应的预测模型方案。具有明显时间趋势或季节趋势的品种,采用时间序列(例如 ETS 或

ARIMA模型)进行预测。对除时间因素以外,受其他因素(药店出货量、季节性波动等)影响较大的品种,拟采用机器学习模型来进行预测。

同时,将采购计划与之前的销售预测相结合作为参考,使用动态规划法达到最优经济效益,包括:预期利润最大(目标条件);满足次月药品销售,避免库存告急(约束条件);库存数量不得大于2个月的销售量,避免造成库存积压(约束条件);各剂别均衡采购(约束条件)。

四 项目总结

长期以来,药品流通环节中交易层次多、渠道复杂、信息不透明,加上多数企业对供应链管理的重视度不够,生产企业与流通企业之间缺乏长期合作的战略伙伴关系,导致整个药品流通环节成本过高,流通效率低下。同时,药品的特殊属性也决定了流通环节必须对供应链总体水平提出更高要求。

南京医药实施的"可视、可控、可预测"的智慧供应链运营方案,以供应链基础数据可视化为基础,对数据进行专业化处理,实现了企业数据增值,同时利用供应链业务中台系统,实现了集团总部所在区域的中央物流中心库存共享与互调互销等协同管控,借助人工智能系统对未来涉及采购、销售、库存、应收、应付等经营数据进行预测,从而有效提高库存周转率,降低供应链综合成本。

供应链管理是价值链增值的管理过程。合理高效地进行供应链管理,对于提高供应链的价值增值水平有着举足轻重的作用。围绕智慧供应链不断创新,将助力南京医药未来的可持续发展,也是企业战略转型的关键所在。南京医药将不断探索智慧供应链创新运营模式,并根据业务发展不同阶段提供相应的信息化支撑,坚持以技术引领创新,以创新驱动发展,全力打造"数字南药",为公众和社会提供更多更好的健康产品与服务。

"十四五"时期,南京医药仍将继续高度重视信息化建设,在集团信息化建设成果的基础上进一步实现集团型企业的数字化转型升级。在围绕对内降本增效驱动的"价值创造+智慧运营"的同时,对外构建协同共赢的"智慧场景+健康生态"。通过信息化改进与业务流程优化,促进业务效率提升,增效降本,追求价值最大化。

B.21
跨境药械电商"北京模式"的成功打造

科园信海（北京）医疗用品贸易有限公司*

摘　要： 2019年北京"跨境医药电商试点"政策正式获得国家药品监督管理局批复，同意在北京开展试点工作，这是中国跨境电商政策在涉及医药产品方面的破冰。科园信海(北京)医疗用品贸易有限公司（以下简称"科园贸易"）依托天竺保税区的优惠政策，基于天竺保税区3万多平方米的GSP认证的库房，承载医药产品的跨境业务，解决了药品作为特殊商品的仓储问题，同时建立跨境医药产品追溯体系，实现跨境医药产品境内最小包装单元可追溯、可核查，建立健全安全监管机制。科园贸易成为我国首家实践医药类产品跨境电商仓关服务商，助力阿里健康、京东健康实现跨境医药产品的销售，打造了跨境药械电商"北京模式"。

关键词： 跨境电商　医药　仓关服务

一　中国跨境电商市场发展现状及趋势

跨境电子商务是指分属不同关境的交易主体，通过电子商务平台达成交易、进行支付结算，并通过跨境物流送达商品、完成交易的一种国际商业活动。从贸易方向上，跨境电商从进出口方向分为进口跨境电商和出口跨境电商两种模式，从交易模式分为B2B跨境电商和B2C跨境电商两种模式。

---

* 执笔人：楚晨曦，科园信海（北京）医疗用品贸易有限公司总经理，中国医药商业协会副会长，北京市"天竺综合保税区跨境电商销售罕见病药品保障先行区"课题组成员。

跨境电子商务突破空间的限制，有效地满足了用户的购买需求，促进了国际贸易发展。随着市场需求增大、政策推陈出新、技术环境成熟，用户购物向智能化、数字化、全球化、标准化发展，使市场规模、电商平台数量不断攀升，跨境电商业务蓬勃发展。

（一）中国跨境电商业务逐年增加

近年来，我国跨境电商业务发展迅速。数据显示，2008~2019年我国跨境电子商务交易额从0.7万亿元增长至10.5万亿元，平均增长率28.38%（见图1）。

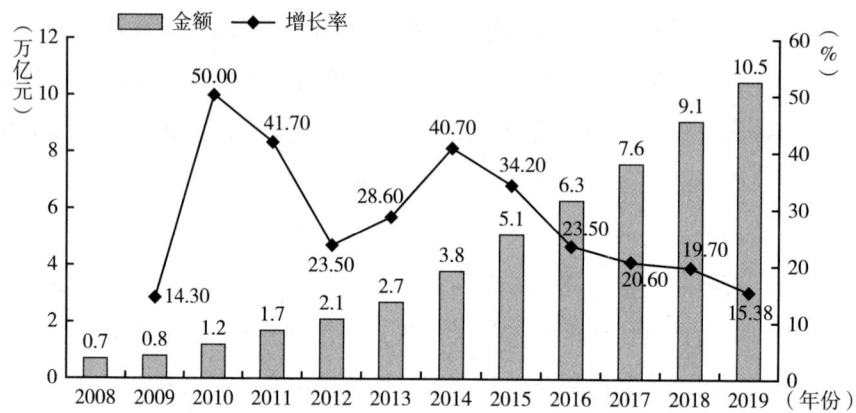

图1 2008~2019年中国跨境电商交易额及增长率数据

资料来源：中国电子商务研究中心。

（二）行业渗透率明显提升

跨境电商的成长部分来自对传统贸易的替代，2019年跨境电商的交易额占中国进出口总值31.54万亿元的33.29%。2015~2019年数据显示，跨境电商渗透率稳步提升，其助推外贸发展的作用愈加凸显（见图2）。

（三）中国跨境电商零售进出口总额持续增长

根据海关总署数据，2015~2019年我国跨境电商零售进出口总额呈现逐年增长态势。其中，2019年全国新增跨境电商企业超6000家，跨境电商零售进出口总额达1862.1亿元，同比增长38.2%（见图3）。

跨境药械电商"北京模式"的成功打造

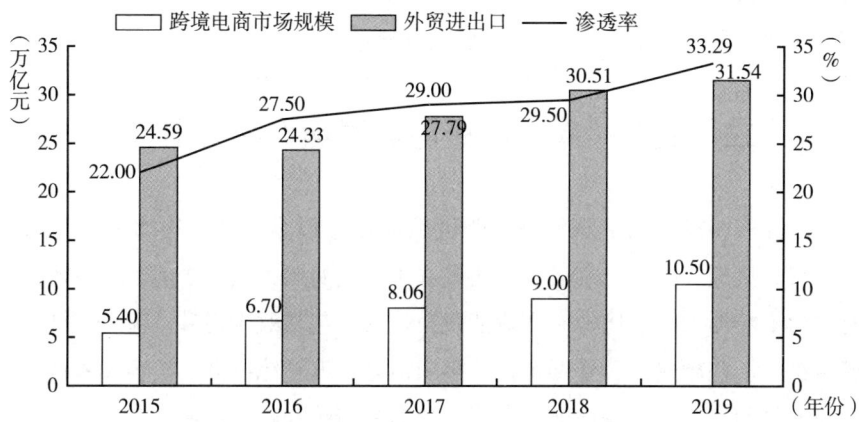

图 2　中国跨境电商行业渗透率

资料来源：海关总署，《2015～2019年全年进出口情况新闻发布会》，http://www.customs.gov.cn/。

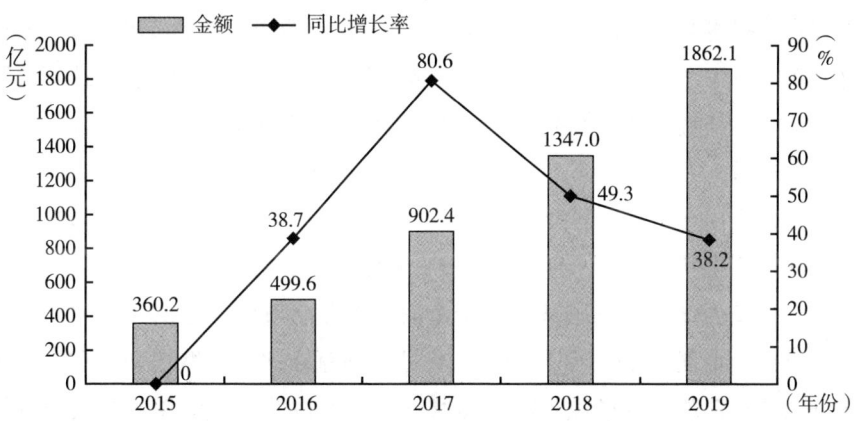

图 3　2015～2019年中国跨境电商零售进出口总额数据

资料来源：海关总署，《2015～2019年全年进出口情况新闻发布会》，http://www.customs.gov.cn/。

受新冠肺炎疫情、居家隔离、短视频直播快速发展等因素影响，2020年我国跨境电商市场快速发展。据海关总署数据，2020年我国跨境电商进出口1.69万亿元、增长了31.1%，其中出口1.12万亿元，增长40.1%，进口0.57

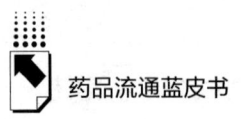

万亿元，增长16.5%。2020年，我国跨境电商进出口市场采购出口分别增长了31.1%和25.2%，成为稳外贸的重要力量。①

二 北京"跨境医药电商试点"政策出台

随着互联网技术的革新发展，跨境电商业务逐步发展。2012年，国家首次在上海、重庆、杭州、宁波、郑州设立跨境电商服务点，之后，中央和地方政府部门不断加大对跨境电商产业的政策扶持，包括效率提升、流程优化、试点城市扩容、基础建设、降低税费等多项措施，五轮综试区的扩容不断提升跨境电商贸易便利水平，跨境电商零售进口商品清单和购物限额逐步放宽，进一步加速了跨境电商行业高质量、规范化发展。

由于医药产品的特殊性，其一直是跨境电商的禁区。由于药品和医疗器械注册准入程序烦琐、成本较高，许多质量较高的新产品、好产品并未在中国上市或难以第一时间进入中国，但消费者对于海外医药产品的需求十分旺盛。根据相关行业报告等综合估计，目前跨境药品、医疗器械的消费市场大部分通过直邮、个人海淘、代购等方式进行。一方面受制于跨境电商单笔交易额的限制，无法满足高端药品的消费需求，且获得医药产品的时间周期长、成本高、便捷性低；另一方面此类渠道方式购买的商品追溯可行性低，运输、仓储未有资格认证，易损坏，对于消费者在药品使用前、中、后的协助和专业指导规范也没有任何管控及约束力，存在退货难、赔偿难以及用药安全等问题。

2019年2月22日，《国务院关于全面推进北京市服务业扩大开放综合试点工作方案的批复》（国函〔2019〕16号）同意在北京市继续开展和全面推进服务业扩大开放综合试点，原则同意《全面推进北京市服务业扩大开放综合试点工作方案》提出的在符合现行规定的前提下，探索通过跨境电商模式进口部分医药产品。2019年10月，国家药品监督管理局发布《国家药监局综合司关于开展跨境电商销售医药产品的复函》（药监综药管函〔2019〕518号），北京"跨境医药电商试点"政策正式获得国家药品监督管理局批复，同

---

① 海关总署：《2020年全年进出口情况新闻发布会》，http://fangtan.customs.gov.cn/tabid/1106/Default.aspx。

跨境药械电商"北京模式"的成功打造

意在北京开展试点工作。中国跨境电商政策首次在涉及医药产品方面破冰。

为做好北京市跨境电商销售医药产品试点工作，北京市药监局、北京市商务局、北京海关、天竺综保区管委会四部门联合成立跨境电商销售医药产品试点工作推进小组，并建立联席办公机制，于 2019 年 12 月 30 日出台了《北京市跨境电商销售医药产品试点工作实施方案》，以"让首都市民享受更高水准的药品安全保障"为根本目标，适应当前医药零售"新产业、新业态、新模式"的发展态势，深化互联网智慧监管探索，研究试点企业的准入条件、运营标准、监管办法，建立和完善保障跨境医药产品安全的长效机制，促进医药电商行业的协调发展。

三 跨境药械电商"北京模式"的进展情况

2019 年 12 月，《北京市跨境电商销售医药产品试点工作实施方案》正式发布，北京成为全国首个"跨境医药电商"试点区域。方案要求，试点企业应当是注册在北京市行政区域内、具备企业法人和医疗器械网络交易服务第三方平台资格的企业，相关跨境医药产品应当在北京口岸通关，并在天竺综保区内具有符合跨境医药产品存储要求的仓储能力（可以委托符合条件的物流仓储企业）。试点企业需具备符合开展试点要求的电子商务平台交易服务系统，实现对跨境医药产品的质量管控、追溯管理，并建立完善的跨境医药产品风险防控体系、售前售中售后服务体系和质量保障体系。方案规定，试点品种为在境内已经注册上市的以及财政部等 13 部门联合发布的清单内产品，主要为家用药品和医疗器械品种。

拥有跨境电商资质的阿里健康（香港）科技有限公司（简称"阿里健康"）、JD Express Investment I（Hongkong）Limited（简称"京东健康"）成功获批跨境电商医药产品业务试点；科园贸易作为注册在北京天竺保税区的我国医药行业内领先的药品及疫苗进口商，在保税区内拥有 3 万多平方米的 GSP 认证库房，可以承载药械及非药产品的跨境业务，其专业的医药产品质量管控能力及专业的电商服务团队可保证药械的仓储运输质量安全及跨境业务的顺利开展。因此，科园贸易成为我国首家医药类产品跨境电商仓关服务商，同时也是唯一同时为阿里健康和京东健康服务的提供商。科园贸易与阿里健康、京东

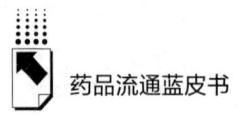

健康的合作保障了跨境医药电商试点模式的成功运行。2020年6·18电商节期间，阿里健康首批入仓的进口跨境非处方药品（OTC）在6月18日全部售罄，通过菜鸟部分商品更是当日送到消费者手中，天猫6·18阿里健康跨境非处方药品自营业务同比增长100%以上。京东2020年6·18期间，跨境药品销售呈现爆发式增长，日均销售额增长20倍。

跨境药械电商"北京模式"的成功，首先是依赖于北京天竺保税区的多项优惠政策，快速实现跨境医药产品的通关、报关环节流程。其次是科园贸易在天竺保税区拥有3万多平方米的GSP认证的库房，承载并解决了药品作为特殊商品的仓储问题，同时科园贸易专业的医药产品质量管控能力及服务团队为药品进行赋码，以"一物一码、物码同追"为基本原则建立跨境医药产品追溯体系，实现跨境医药产品境内最小包装单元可追溯、可核查，从而形成了跨境医药产品追溯数据链，实现跨境医药产品境内流通全过程来源可查、去向可追，防范非法药品、医疗器械进入市场，建立健全安全监管机制，保证了进口药品质量的可控。跨境药械电商"北京模式"，实际上是我国医药产品B2C进口和跨境电商医药政策在国内的双重首次破冰，实现了跨境医药电商新业态的突破性进展。

四 跨境药械电商"北京模式"的优势

（一）实现更安全、更便捷、更实惠的正规国际医药产品获得方式，提升人民幸福感

从质量安全角度来看，跨境药械电商"北京模式"的产品具备一物一码的全程追溯管理，并建立完善的跨境医药产品风险防控体系，以及售前、售中、售后服务体系和质量保障体系，相对于海淘、代购等方式更加安全可靠。

从时效角度来看，相关跨境医药产品在北京口岸通关后在天竺综保区内进行仓储。该模式与传统海外直邮跨境药品相比，货物可由北京保税仓直接发出，同城可保障送货当日或次日抵达，不仅提高了配送时效，大大地缩短了运输的时间成本，还降低了消费者购买费用，极大地优惠了消费

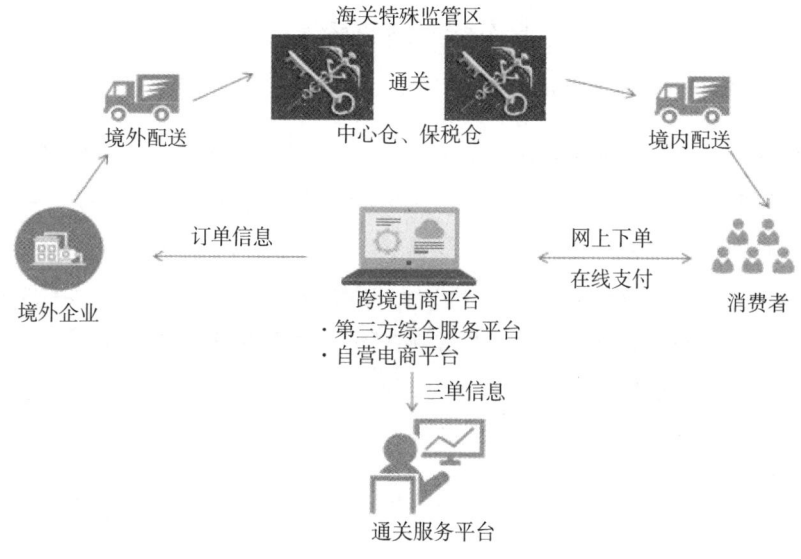

图 4　跨境药械电商模式示意

者；而且很大程度上提高了药品在储存、配送过程中的安全性，保障消费者的合法权益，也进一步满足百姓购药便利性、便捷性需求，提升整体购药消费体验。

从成本角度来看，跨境药械电商"北京模式"时效成本、税收成本均大大降低。跨境电商零售进口，一般通过"网购保税进口"（海关监管方式代码1210，下同）、"网购保税进口 A"（1239）、"直购进口"（9610）三种方式运递进境。在个人年度交易限值以内进口的跨境电商商品，关税税率全部是 0，进口环节增值税、消费税暂按法定应纳税额的 70% 征收，个人消费限额也提高至单次交易不得超过 5000 元，年度交易限值不得超过 26000 元[①]，对于现行邮税及一般贸易模式来说，税收政策优势明显。

跨境药械电商"北京模式"的推进和推广，未来有望满足消费者对优质、价廉、个性化医药产品的强劲需求，并将对标美欧日等发达国家市场，大幅提高我国药品、医疗器械种类的丰富度。

---

① 财政部、海关总署、国家税务总局：《关于完善跨境电子商务零售进口税收政策的通知》（财关税〔2018〕49 号）。

（二）健全的跨境电商医药产品的质量监管体系，提升跨境药械电商"北京模式"的可推广性

跨境药械电商"北京模式"的试点，初步实现了境外未上市药品、医疗器械合理合规的采购销售模式，也初步形成了跨境电商医药产品的试点标准，形成了仓储物流服务管理的相关规范要求，建立健全了跨境电商医药产品的质量监管体系。北京也形成并完善了相应的管理和标准的文件，如《北京市跨境电商销售医药产品试点申请程序》和《北京市跨境电商销售医药产品试点企业仓储物流管理规范》①，极大提升了跨境药械电商的可推广性。随着试点经验的积累，其也为政府部门的监管提供了有力的参考依据。

（三）跨境药械电商"北京模式"逐步推进行业新业态发展

2020年新冠肺炎疫情的发生，对于跨境电商业务是机遇与挑战并存。一方面，疫情导致国际航班数量锐减，跨境电商遇到了物流配送慢、成本上升、退换货和清关难等问题；另一方面，疫情影响了全球消费者的消费习惯，出于无接触的消费需求，线上购物成为主流的购物方式，电商渗透率持续提升，消费者的线上购买习惯逐步形成并加深，中国进口跨境电商迎来长期成长空间。

随着消费升级和国家利好政策的密集出台，我国经济双循环发展格局要求扩大国内需求，将消费留在国内。持续扩大进口跨境电商规模，有利于吸引境外消费回流，对国内消费市场起到补充作用，因此跨境进口电商也成为推动双循环发展的重要推力。

目前，跨境药械电商试点品种为在境内已经注册上市的以及财政部等13部门联合发布的正面清单内产品，主要为家用药品和医疗器械品种。如果未来清单进一步扩容，一方面跨境药械电商的市场规模将实现进一步甚至跨越式增长，另一方面更加能够满足人民群众日益增长的健康需求。

科园贸易始终致力于医药供应链的整合和服务创新，不断提升医药产品流通和使用的高效率。随着跨境药械电商"北京模式"试点项目落地效果的验

---

① 《北京市药品监督管理局关于加强北京市跨境电商销售医药产品试点相关工作管理的通知》，http://yjj.beijing.gov.cn/yjj/zwgk20/zcwj24/tz7/10901634/index.html。

证和经验积累,加上可跨境进口销售的药械品种在跨境商品正面清单中逐步增加,科园贸易未来期望可供应全球更多安全有效的好产品,满足民众对海外好产品的消费需求。同时,也相信跨境医药产品 B2C 结合保税仓进口、结合专业 GSP 供应链管理的正规路径和优势,必会拉动境外消费回流,延伸医药产业功能链条,保障人民群众健康权益,持续提升跨境电商这一新兴业态的市场竞争力。

B.22 医疗大数据驱动"零氪互联网医院+邻客科研型DTP药房"模式落地

朱志东*

摘　要： 本文介绍邻客生物科技（天津）有限公司基于多年对高质量医疗大数据与DTP药房运营数据的深耕，促进"零氪互联网医院+邻客科研型DTP药房"患者服务模式落地，推动患者重疾诊疗院外化、线上化，形成医患一体化管理闭环。互联网医院成为管理患者的桥梁，依靠互联网的力量让医生与患者紧密关联，提高了患者依从性；节约了制药企业营销运营成本，线上处方与线下处方并行，新增购药渠道，提高了药品市场占有率；在线电子处方与医患互动，有效为患者打造院外"第三服务空间"。

关键词： 互联网医院　医疗大数据　电子处方流转　DTP药房

一　"零氪互联网医院+邻客科研型DTP药房"运营模式简介

邻客生物科技（天津）有限公司（简称：邻客）依托大数据与头部医院、国内外众多大型药企深度合作，通过其互联网医院的平台连接能力，梳理了患者在疾病对抗期、修复或进展期、康复期的不同需求，并通过具有自主知识产权的患者管理系统，为不同患者提供教育、随访、关爱等全流程服务，实现了患者管理、随访、数据处理、药房ERP系统、AI应用等环节全链条打通，形成了以患

---

* 朱志东，邻客生物科技（天津）有限公司市场管理中心总经理。

者为中心，直达患者、服务患者的新模式。

邻客科研型 DTP 药房与零氪互联网医院的打通，使患者通过手机操作即可足不出户在短时间内接收到处方药，不仅具有惠及民生的社会价值，同时对药品流通行业价值增长起到促进作用，延伸生态链，促进市场份额增加，提升营运效率。

目前，零氪互联网医院与阿斯利康瑞宁得、默沙东意美项目的合作也引起行业极大关注，真正实现了患者端、企业端、医生端、药房端的医患一体化服务闭环，并具有以下特点：提高业务洞察力、医生在线调研、描绘患者画像、认知在线调研、进行科室数据潜力跟踪；创新学术推广模式、关键信息在线学术推广（图文、视频、案例征集讨论）、精准学术推送、互联网医院渠道电子处方线下流转；科室定制化科研、随访服务；提供精准患者教育（治疗、基因检测、营养、社区）、不良事件管理（自评表格推送、系统/医生及时反馈干预）、患者诊疗咨询（在线医生、会诊、阅片会诊）、患者随访数据报告（随访数据、治疗方案、生活质量等）；促进科研产出、生成电子病历报告、提升治疗安全性、改善治疗疗效、缩短治疗周期等。

零氪互联网医院线上解决方案针对复诊开方患者设立外部医生上线原则：医生均有独立二维码，实现门店、品种、医生三者唯一对应关系，处方直接流转至对应门店。设立邻客医疗综合体自有医生上线原则：患者可自选就近门店，发起问诊获得处方后，处方流转至患者自选门店，门店所在地患者采用人工配送，非所在地患者采用顺丰邮寄。

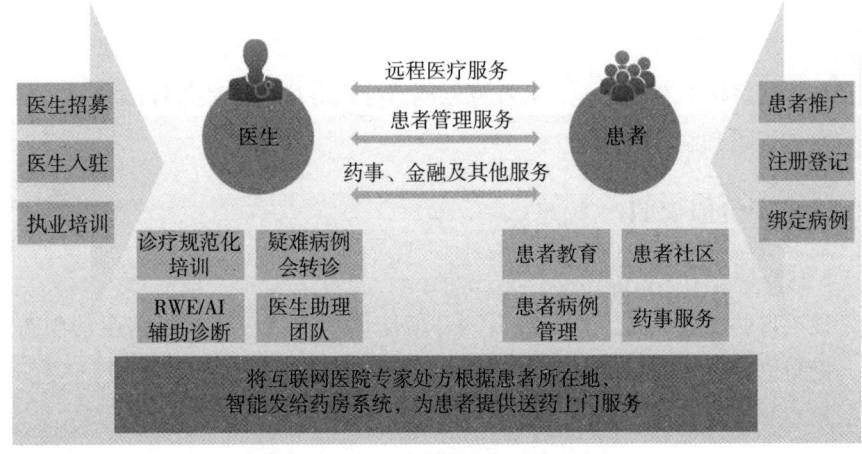

图 1　零氪互联网医院患者复诊流程

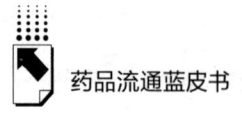

零氪互联网医院提供专业医生在线问询，拥有11000+在线医生，并签约相关医生对出院后患者进行管理，提供专业咨询、问诊服务，平均反馈率高达85%。在线问询平台注册流程简便，患者扫描二维码将基本病史拍照上传即可跟医生进行沟通，并支持微信和电话问诊。设立长期医患沟通平台，制定项目激励制度，进一步提高应答速率。

二 以瑞宁得互联网医院处方流转项目为案例的价值说明

（一）项目概况

瑞宁得（Arimidex）是由阿斯利康公司生产，用于治疗绝经后激素受体阳性乳腺癌患者。瑞宁得与零氪互联网医院合作的互联网医院处方流转与重疾处方药流转项目属业内首创。从互联网医院平台搭建、医生入驻，到患者在线咨询、病历资料与病理报告上传、线上处方开具、患者互联网医院内购买、DTP药房处方流转与配送、数据导出、财务结算等全流程各环节顺利实现，更多乳腺癌患者能够从中获益，并极大提高了药品的流通效率。

从2020年9月项目落地起3个月内，该项目通过互联网医院流转处方200余份，药品总计销量近1000盒。随着项目逐渐成熟，药品销量持续提升。

在《国务院关于积极推进"互联网+"行动的指导意见》（国办发〔2015〕40号）和《国务院办公厅关于促进平台经济规范健康发展的指导意见》（国办发〔2019〕38号）等有关精神指导下，该项目成功实现了互联网医院与智慧医疗的有效落地，并在互联网医疗服务优化、监管标准与方式制度等方面进行了有益的探索。

（二）价值说明

1. 社会价值

该项目的实施提高了重疾患者购药便捷度，利用医疗大数据驱动创新渠道，提高了特定处方药市场的占有率，具有重要意义。

2. 商业价值

优化互联网医院平台架构与患者使用体验，促进互联网医院与线下DTP

药房ERP系统的联动，便于处方药在零氪互联网医院中的流转。

基于互联网医院项目与平台价值，除提高瑞宁得市场占有率外，在患者教育、慈善赠药、MDT服务深化与转诊闭环等方面具有可见性社会与商业价值。

三 互联网医院赋能数字化营销，增加药品零售新渠道

零氪互联网医院与DTP药房的闭环服务，不仅增加了药品零售新渠道，同时也落地了患者依从性管理。在医生与患者进行在线沟通后，由医生向患者出具处方意见，患者便可在电子商务平台进行购药。同时，在医保控费和多省市弃标的背景下，这是一个全新的药品零售渠道，能够满足患者用药的安全性及可及性需求，帮助药企提升药品的销量。

邻客·智慧药房打造的重疾患者全程精准管理平台，秉承"与医为邻，以患为客"的理念，在重疾慢病、恶性肿瘤、罕见病等特殊疾病领域精准而有温度地为患者服务；与国内外多家知名制药企业合作，目前有200多种高值药品销售，如阿斯利康、罗氏、三生、安斯泰来、百济神州、默沙东等新特药，并获多项药品的独家经营权。未来，通过"零氪互联网医院＋邻客科研型DTP药房"的模式复制，可极大提高药品流通效率，并通过数字化营销为重疾患者提供便利，提高市场占有率。

四 邻客特色管理系统与工具，提高医疗总效率

邻客重视患者长期健康管理，尤其是依从性管理项目。邻客的"Linkdoc患者管理"系统与零氪互联网医院的落地，能够让医生与患者通过手机软件建立线上的沟通联系，医生在线对患者进行复诊随访，患者后期如果有配药需求可以在线下药店咨询购药。医生还可以根据线上沟通信息和购药数据对患者添加随访和病例记录，对患者建立全诊疗周期的完整病例，更好地帮助患者管理疾病。

此外，零氪互联网医院与商业保险相结合，把握住医患在线沟通的入口，特别是患者随访和慢病续方，持续地发挥巨大的价值。

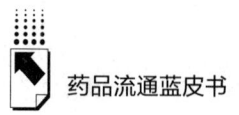

邻客·智慧药房公众号为服务患者，帮助患者用上好药、治得好病，让患者能在康复治疗期获取最精准的科普教育，可实现药品搜索、线上购药、获取患者招募信息、链接互联网医院等功能，方便患者快捷地联系到自己的主诊医生，系统有效地监察病情，进行干预管理，还具备一定的辅助审核和线上患者管理能力。

DTP患者管理系统可通过患者管理模块、互联网医院运营模块和增值服务模块更精准更全面地服务和管理患者，严格按照诊断证明录入疾病名称，把控患者用药适应症，实现合理化用药，管理患者的不良反应，并对不良反应和药物疗效进行跟踪随访记录。实行以患者为中心的精准管理，包括患者的住院情况、购药记录、随访记录、用药周期、付款方式等。

患者管理中心包括患者基本信息、疾病信息、处方信息、购药记录、赠药记录、随访记录、基因检测、住院病历及各类影像报告等内容，作为医保端与医院端患者信息资料核查的端口，可与医保系统对接，按照目前最新版疾病分类情况进行患者疾病信息录入，门店人员严格按照处方或诊断证明书上疾病名称进行勾选，可以帮助药师根据适应症确保药品的正确使用。同时，为使用医保的药品建立了完善的档案，严格审核医保使用范围；处方上传患者管理系统，对患者用药周期、用药效果等进行有效医学随访。

谈判药品的使用以及院外使用疗效数据为药物经济学研究提供证据，同时此模块可以跟踪合理化用药，帮助医保相关部门监管合理用药。

邻客的增值服务对接三方合作项目，比如商业保险、绿通服务、基因检测等，以患者为中心多渠道地减轻患者的经济压力，增加患者其他就医机会，提供更多的医疗解决途径。

五 省级合伙人制与执业药师护航让模式顺利复制

为保证专业药房的顺利运营，邻客还特别设置了省级合伙人这一岗位。省级合伙人主要职责是整合药企、医院专家和患者资源，并在当地专业药房的筹备以及日常运营管理中进行整体的统筹工作，以保证邻客模式落地并得到有效执行。通过连接制药企业、医院、患者以及具备经营资质的批发企业，邻客可满足药企创新药推广与数据回收需求、医院接纳处方流出及承担用药管理需求,以及患者在便捷获得所需药品的同时获取专业用药指导服务的需求。

邻客长年深耕恶性肿瘤、重疾慢病、罕见病等领域,门店选址距离核心医院平均在1公里以内,在延展线下网络时充分利用互联网的优势扩展门店的服务半径,并结合医疗大数据、人工智能等技术为患者带来更为专业的服务。

目前,邻客在全国已有36家线下实体药房,各门店面积不少于200平方米,均标配一支至少4人的执业药师和经验丰富的临床医师团队;药房配备具有UPS保障的全程冷链配送系统等先进设备设施,药房人工智能辅助诊疗中心可实现MDT综合多学科远程会诊与属地化管理等服务。

邻客·智慧药房除了通过系统科学管理外,更注重线下药房患者的贴身服务。为此,建立了标准的患者进店服务流程,定期组织各种形式的患教会,同时也可以协助医保部门开展患者医保教育。邻客注重执业药师的专业打造,定期组织MTM药师培训;拥有专业运营人员,使"零氪互联网医院+邻客科研型DTP药房"的服务模式顺利快速复制。

六 "零氪互联网医院+邻客科研型DTP药房服务模式"为患者打造院外第三服务空间

邻客·智慧药房应用医疗大数据的最终目的是让每一位患者看好病、用对药、付得起钱,所以从前期的药房选址到运营过程的服务支撑,邻客·智慧药房一直以患者的需求为切入点。"零氪互联网医院+邻客科研型DTP药房服务模式",从诊到治到用药,从优质会诊、转诊到权威治疗方案的推荐,以及系统而专业的随访,规范化线上诊疗+用药+用药安全性跟踪,为高风险人群推送个性化服务内容等,这些都是新型DTP药房的优势。

通过该服务模式的落地与快速复制,邻客赢得患者的信赖,为肿瘤等重疾患者打造院外优质"第三服务空间",为重疾患者提供专业化、集成化、多功能化的药事服务和一站式健康管理解决方案,并集合了"大商业、大药房、大诊所、大课堂"四大平台功能,为患者、工业企业、医院带来更高的交互价值。

患者还可通过互联网医院平台的专家享受问诊、健康咨询、电子处方等服务。药房与梅奥诊所等国内外机构合作开展的MDT服务,也可以为患者提供

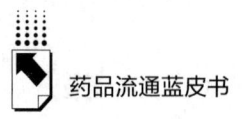

远程会诊、海外就医、二次诊断等系列诊疗服务。其门店还配备自主研发、具有独立知识产权的哈勃人工智能诊疗技术,向肿瘤患者提供辅助诊疗服务,以及提供基于数百万肿瘤病例所积累的精准化疗、营养和康复方案。

邻客通过与患者的直接接触,可以了解其在疾病对抗期、修复或进展期、康复期的不同需求,按需准确设置相应的服务,开发出了具有自主知识产权的患者管理系统。由于患者的病情不一样、分型分期不同,平台会对其治疗及用药方案、疾病控制情况、停换药等信息进行识别,通过结构化的数据推送给患者疾病知识、药物及不良反应应对、最新检测项目推荐等个性化精准教育内容。

目前,所有地区邻客·智慧药房均为当地医保定点药房,其中成都、合肥、济南、兰州的邻客·智慧药房已获大病保险特殊药品定点药店资格。邻客利用保险和金融杠杆为患者提供如手术险、疗效险等核心险种以及分期付款等金融服务,同时积极争取大病保险特殊药品定点药店资质,将更多的药品和药房纳入国家大病保险体系、慈善赠药网络。疫情期间,邻客与各制药厂家合作进行百余场线上患教直播活动,次均观看人数超过1万人。这些都延伸了DTP的服务价值,延伸了医疗与流通的生态链,提高了工商业营运效率。

七 邻客商业平台助力药品流通

邻客生物科技(天津)有限公司全资收购重庆庆通医药有限公司(简称庆通医药,为批发企业)是邻客商业板块的重要组成部分,使邻客具备批发经营生物制品及冷链药品的资质。

邻客商业平台的建立,通过数据流等技术为工业提供更优质的服务,也为全国范围内药房的销售闭环提供保障。发货与采购信息化,可以通过平台实现调换货,改变以往每个门店对接的烦琐,避免囤货回款等压力。

庆通医药的批发资质,可以通过内部调拨、全国批发配送至各大药房、医院、商业公司等单位,改变了零售药房的消费者限制,与零氪互联网医院+邻客科研型DTP药房运营模式共同优化产业链,提供更高效、更便捷、更高性价比的服务。

区域篇
Regional Reports

B.23
"十三五"京津冀区域药品流通行业发展分析报告

北京医药行业协会　天津市医药商业协会　河北省医药商业协会*

摘　要： 本文依据我国药品流通行业直报系统的统计数据，主要从药品流通市场渠道细分以及经营药品类别细分两个维度，对"十三五"期间京津冀区域同全国市场进行系统性对比研究，分析京津冀区域药品流通市场在渠道重构和行业转型创新方面的情况，以及亟待突破的瓶颈问题，并对"十四五"时期京津冀区域药品流通行业高质量发展提出对策建议。

关键词： 药品流通　渠道重构　京津冀

一　"十三五"京津冀区域药品流通市场规模及结构分析

"十三五"期间，京津冀两市一省药品流通市场整体呈现持续增长的发展

---

* 执笔人：孙建伟，国药控股天津有限公司高级经理，天津市医药商业协会副秘书长，高级经济师。

态势。其中，北京市场保持5.1%的复合增长速度，2020年超过1800亿元，占区域总体60.48%，构成京津冀药品流通市场的主体；天津市场在550亿元左右波动，期末市场规模复合增速呈负增长，占区域总体16.84%；而河北省市场"十三五"期间快速发展，2020年迈上700亿元台阶，占区域总体22.68%。整体来看，"十三五"期间京津冀药品流通形成了以北京为主导、河北快速发展、天津相对滞后的区域市场格局。

（一）京津冀区域药品流通市场渠道及品类构成

1. 京津冀药品流通市场按渠道细分构成及特点

从京津冀药品流通在医疗机构终端、药店零售终端和分销三个大类渠道细分结构看，体现同区域整体市场占比结构类似的特征。北京市在三个细分渠道占比在60%~62%，而天津市和河北省两地则各有特点，两地医疗机构终端渠道占比均在20%左右，但天津市在药店零售终端渠道占比不足8%，在分销渠道占比仅有约15%，与河北省在药店零售终端渠道快速增长形成了鲜明对比。

从京津冀药品流通市场各自的终端渠道细分构成看，2020年北京市销售到各级医疗机构和药店零售终端渠道的规模，大致占到本地市场规模的74%，其中医疗机构终端渠道则占到终端规模的近80%，药店零售终端渠道占比大致20%；天津市两个终端渠道规模大致占到本地市场规模的78%，其中医疗机构终端渠道占到终端规模的近92%，药店零售终端渠道占比大致8%；河北省两个终端渠道规模大致占到本地市场规模的72%，其中医疗机构终端渠道占到终端规模的近72%，药店零售终端渠道占比大致28%。

京津冀药品流通市场各自的终端渠道细分构成，呈现天津终端渠道规模占比较高，但药店零售规模占比很低，更偏重医疗机构终端渠道的特征；而北京和河北两地终端细分渠道规模占比在72%~74%，河北省药店零售终端渠道规模占比较高，达28%，较北京市高8个百分点。另外从分销渠道构成看，天津市分销渠道规模占比从期初近60%急剧下滑到期末约22%的水平，五年复合增长率为-21.5%，而相比较北京市为-8.7%，河北省则实现2.5%的小幅增长（见表1）。

综合来看，"十三五"期间京津冀药品流通市场渠道构成变化，总体呈现终端市场规模不断提升、分销规模持续下滑的发展态势；天津市整体市场规模呈现负增长，且终端渠道细分构成过分倚重医疗机构终端渠道。

"十三五"京津冀区域药品流通行业发展分析报告

表1 京津冀区域药品流通市场按渠道细分市场规模变化

单位：亿元，%

渠道分类	地区	2016年	2017年	2018年	2019年	2020年	2020年占比	五年复合增速
医疗机构终端	北京	650	778	1043	1172	1102	60.02	14.1
	天津	188	218	309	374	369	20.10	18.4
	河北	199	245	292	294	365	19.88	16.4
区域合计		1037	1241	1644	1840	1836	100.00	15.4
药店零售终端	北京	191	232	301	322	283	62.06	10.3
	天津	52	59	97	78	34	7.46	-10.1
	河北	106	121	146	192	139	30.48	7.0
区域合计		349	412	544	592	456	100.00	6.9
分销	北京	685	688	435	469	475	61.77	-8.7
	天津	305	253	148	116	116	15.08	-21.5
	河北	161	164	183	192	178	23.15	2.5
区域合计		1151	1105	766	777	769	100.00	-9.6
合计	北京	1530	1703	1787	1972	1867	60.48	5.1
	天津	545	531	554	567	520	16.84	-1.2
	河北	466	544	638	694	700	22.68	10.7
区域总计		2541	2778	2979	3233	3087	100.00	5.0

注：药店零售终端包含批发企业对零售药店和零售药店对居民的销售。
资料来源：中国医药商业协会。

2. 京津冀按经营大类主要品类构成

从区域整体来看，"十三五"期间京津冀药品流通市场的产品主要经营类别呈现以西药类为主体、中成药次之、医疗器材及化学试剂发展迅猛的特征。其中，西药类达到所有产品类别规模的2/3以上，中成药达到1/6以上，医疗器材及化学试剂经营品类占比6%以上，五年复合增长率超过25%，远远高于其他经营类别，规模已经达到"十三五"期初的2倍。

"十三五"末从京津冀经营品类构成区域规模占比看，北京市西药类、中成药和医疗器材及化学试剂占比分别达到59.6%、63.55%和48.72%，三大类主要经营类别均在京津冀市场处于绝对领先地位。京津冀各自市场经营品类构成分别呈现如下不同特征。

北京市场的西药类、中成药和医疗器材及化学试剂占到本地市场比例分别为67%、17.8%和5.1%，医疗器材及化学试剂构成占比与天津市和河北省9.8%和7%的占比相比较低；天津市场的中成药构成占比高达23.5%，不仅远高于北京市和河北省中成药占比，且规模也大于河北省；河北省市场的西药类构成占比高达73.6%，远高于北京市67%和天津市64%的水平。因此，单从药品流通市场的产品经营三大主要类别差异看，河北省在西药类、天津市在中成药方面都具有非常明显的地域特征，而北京市在医疗器材及化学试剂方面表现为市场增速较为迟缓（见表2）。

表2 京津冀区域药品流通市场按经营品类细分结构变化

单位：亿元，%

品类	地区	2016年	2017年	2018年	2019年	2020年	2020年区域占比	5年复合增速
西药类	北京	1066	1146	1118	1302	1251	59.60	4.1
	天津	233	255	396	413	333	15.86	9.3
	河北	354	414	489	509	515	24.54	9.8
	区域合计	1653	1815	2003	2224	2099	100.00	6.2
中成药	北京	263	287	382	331	333	63.55	6.1
	天津	163	92	111	98	122	23.28	-7.0
	河北	64	70	81	109	69	13.17	1.9
	区域合计	490	449	574	538	524	100.00	1.7
医疗器材及化学试剂	北京	47	64	89	125	95	48.72	19.2
	天津	16	24	34	47	51	26.15	33.6
	河北	15	19	24	28	49	25.13	34.4
	区域合计	78	107	147	200	195	100.00	25.7
其他	北京	154	206	198	214	188	69.89	5.1
	天津	133	159	13	9	14	5.20	-43.0
	河北	33	42	44	48	67	24.91	19.4
	区域合计	320	407	255	271	269	100.00	-4.2
	区域总计	2541	2778	2979	3233	3087	100.00	5.0
大类占比	西药类	65.06	65.34	67.24	68.79	67.99		
	中成药	19.28	16.16	19.27	16.64	16.98		
	医疗器材及化学试剂	3.07	3.85	4.93	6.19	6.32		
	其他	12.59	14.65	8.56	8.38	8.71		

资料来源：中国医药商业协会。

(二)京津冀对全国药品流通市场各细分渠道及品类规模贡献占比

1. 京津冀与全国药品流通市场按渠道细分市场销售规模占比

"十三五"期间,京津冀药品流通市场规模占全国药品流通市场总规模的13%左右,其中北京市场规模占8%左右,占京津冀市场规模的60%以上,拉动京津冀成为全国主要区域市场;另外,天津市场规模在"十三五"期间呈停滞的趋势,成为导致京津冀市场规模增长速度低于全国市场平均增速的主要原因,京津冀在全国药品流通市场总规模占比从期初近14%逐渐下滑至不足13%。

从京津冀药品流通市场各细分渠道构成在全国药品流通市场的占比看,呈现如下特点:一是销售医疗机构终端的药品规模大致占到全国细分市场规模的15%左右,明显高于全部渠道在全国总体市场占比;二是销售药店零售终端的药品规模占比则从"十三五"中期超过12%下滑到期末不足9%;三是分销渠道规模占比从15%左右持续下滑到期末11%左右。

综合看,"十三五"期间京津冀药品流通市场渠道构成中,医疗机构终端占据绝对优势地位,而且15.3%的复合增长速度高于全国平均增速4个百分点,是推动区域药品市场整体增长的主要力量。然而,药店零售终端6.9%的复合增长则远远小于全国药店零售终端13.3%的复合增速,药品分销渠道-9.6%的复合增长率也明显小于全国-2.2%的复合增速。因此,京津冀药品流通市场渠道结构,在"十三五"期间呈现医疗机构终端市场快速增长、药店零售终端市场增长迟缓、分销渠道规模快速收缩的显著分化特征(见表3)。

表3 京津冀与全国药品流通市场按流通渠道总体规模占比分析

单位:亿元,%

渠道分类	地区	2016年	2017年	2018年	2019年	2020年	5年复合增速
医疗机构终端	京津冀	1037	1241	1644	1840	1836	15.3
	全国	7673	8766	10413	11888	11760	11.3
京津冀占比		13.5	14.2	15.8	15.5	15.6	
药店零售终端	京津冀	349	412	544	592	456	6.9
	全国	3141	4003	4317	4733	5168	13.3
京津冀占比		11.1	10.3	12.6	12.5	8.8	

续表

渠道分类	地区	2016年	2017年	2018年	2019年	2020年	5年复合增速
分销	京津冀	1151	1105	766	777	769	-9.6
	全国	7520	7227	6454	6876	6881	-2.2
京津冀占比		15.3	15.3	11.9	11.3	11.2	
全渠道合计	京津冀	2541	2778	2979	3233	3087	5.0
	全国	18393	20016	21586	23667	24149	7.0
京津冀占比		13.8	13.9	13.8	13.7	12.8	

注：药店零售终端包含批发企业对零售药店和零售药店对居民的销售。
资料来源：中国医药商业协会。

2. 京津冀与全国药品流通市场按品类结构总体规模占比

"十三五"期间，京津冀药品流通市场按经营品类在全国同品类总体规模的占比大体呈现如下特征：西药类在全国总体规模占比约为12%，中成药占比由近18%下滑到近16%，医疗器材及化学试剂占比从中期14.2%峰值跌落到2020年的9.5%，其他类（包括中药饮片等）占比由28.4%峰值下滑到2020年的18%左右。

综合看，京津冀在中成药的市场规模扩展虽然在"十三五"期间增长乏力，但由于规模基础厚实，因此在全国整体市场的占比更具备规模优势；京津冀在医疗器材及化学试剂品类方面增长动力不足，同时在西药类的规模增长方面仅稍高于全国平均水平，造成京津冀市场规模的全国占比逐步下滑的结果（见表4）。

表4 京津冀与全国药品流通市场按经营品类销售占比

单位：亿元，%

品类	地区	2016年	2017年	2018年	2019年	2020年	5年复合增速
西药类	京津冀	1653	1815	2003	2224	2099	6.2
	全国	13686	14646	15585	17300	17267	6.0
京津冀占比		12.1	12.4	12.9	12.9	12.2	
中成药	京津冀	490	449	574	538	524	1.7
	全国	2754	2996	3259	3408	3357	5.1
京津冀占比		17.8	15.0	17.6	15.8	15.6	

续表

品类	地区	2016年	2017年	2018年	2019年	2020年	5年复合增速
医疗器材及化学试剂	京津冀	78	107	147	200	195	25.7
	全国	611	940	1036	1420	2053	35.4
京津冀占比		12.7	11.4	14.2	14.1	9.5	
其他	京津冀	320	407	255	271	269	-4.2
	全国	1342	1434	1706	1539	1472	2.3
京津冀占比		23.8	28.4	14.9	17.6	18.3	
全品类合计	京津冀	2541	2778	2979	3233	3087	5.0
	全国	18393	20016	21586	23667	24149	7.0
京津冀占比		13.8	13.9	13.8	13.7	12.8	

资料来源：中国医药商业协会。

（三）京津冀药品零售企业与门店结构变化

1. 京津冀区域零售药店门店数量及构成

"十三五"期间，京津冀药品零售市场整体呈现向连锁化结构优化方向发展的态势，连锁率从期初40.6%稳步提升到54.1%。其中，河北省的连锁企业数量为412家，达到了京津冀总量的71.53%，连锁门店数量为16416个，占比更是超过区域总量80%，连锁率达到58.4%，大幅超过京津两市的连锁率水平。因此，河北省是拉动京津冀药品零售市场门店结构向连锁化持续发展的主要推动力量。

截至2020年底，北京市的药品零售连锁企业数量为112家，超过天津市1倍，而连锁门店数量为2553个，区域占比超过天津市近5个百分点，表明北京市场连锁企业的平均规模相对较小，另外北京市场单体药店数量2477个，区域占比低于天津市场4个百分点。北京零售药店连锁率则由"十三五"期初34.6%提升到期末50.8%，表明北京市处于依托连锁业态推动零售市场发展的良性趋势中；反观天津市药品零售市场"十三五"期间的药店连锁率一直在30%上下波动，始终没有形成向上突破的趋势，无论与河北省还是北京市的药店状况相比，其在零售门店结构优化推动方面仍存在非常大的差距（见表5）。

表5 京津冀区域零售药店门店数量及构成

分类	地区	2016年	2017年	2018年	2019年	2020年	2020年区域占比(%)	5年复合增速(%)
零售连锁企业(家)数量	北京	93	97	112	107	112	19.44	4.76
	天津	39	57	48	53	52	9.03	7.46
	河北	267	323	340	380	412	71.53	11.45
	区域合计	399	477	500	540	576	100	9.61
连锁门店数量(个)	北京	1914	2062	2309	2412	2553	12.49	7.47
	天津	1077	1232	1188	1352	1470	7.19	8.09
	河北	9193	11636	12018	14704	16416	80.32	15.60
	区域合计	12184	14930	15515	18468	20439	100	13.81
零售单体药店数量(个)	北京	3610	3517	3428	2909	2477	14.29	-8.99
	天津	3063	3444	3113	3194	3193	18.41	1.04
	河北	11139	11550	10518	11705	11670	67.30	1.17
	区域平均	17812	18511	17059	17808	17340	100	-0.67
连锁率(%)	北京	34.6	37.0	40.2	45.3	50.8		
	天津	26.0	26.3	27.6	29.7	31.5		
	河北	45.2	50.2	53.3	55.7	58.4		
	区域平均	40.6	44.6	47.6	50.9	54.1		

资料来源:国家药品监督管理局、中国医药商业协会。

2. 京津冀与全国药品零售市场门店数量及构成对比变化

"十三五"期间,京津冀药品零售市场门店结构的连锁化发展同全国整体药品零售市场门店连锁率发展趋势存在明显差距。2020年,全国药品零售市场门店连锁率同比增速趋缓,而京津冀药品零售市场门店连锁率则增加到54.1%,与全国连锁率差距大幅缩小,仅差2.4个百分点,这主要是河北省药品零售市场门店连锁化方面持续优化增长、保持良好态势拉动的结果。

从零售门店整体结构占比变化趋势看,京津冀药品零售连锁企业数量和连锁门店数量在全国药品零售市场整体结构占比呈持续增长态势,零售单体药店数量占比不断下降,反映了京津冀药品零售市场向连锁化发展、门店结构不断优化的趋势(见表6)。

值得关注的是,天津市药品零售市场在"十三五"期间零售单体药店"多小散乱"的特征没有根本改变,零售药店连锁发展基本处于停滞状态,这是造成京津冀区域整体的零售连锁率始终未能超过全国药品零售市场门店连锁率的主要因素。

表6 京津冀与全国药品零售市场门店数量及构成对比

分类	地区	2016年	2017年	2018年	2019年	2020年	5年复合增速(%)
零售连锁企业数量(家)	京津冀	399	477	500	540	576	9.61
	全国	5609	5409	5671	6700	6298	2.94
京津冀占比		7.1	8.8	8.8	8.1	9.1	6.48
连锁门店数量(个)	京津冀	12184	14930	15515	18468	20439	13.81
	全国	220703	229224	255467	290000	312929	9.12
京津冀占比		5.5	6.5	6.1	6.4	6.5	4.29
零售单体药店数量(个)	京津冀	17812	18511	17059	17808	17340	-0.67
	全国	226331	224514	233596	230000	240963	1.58
京津冀占比		7.9	8.2	7.3	7.7	7.2	-2.21
连锁率(%)	京津冀	40.6	44.6	47.6	50.9	54.1	
	全国	49.4	50.5	52.2	55.8	56.5	
连锁率对比(百分点)		-8.75	-5.87	-4.61	-4.86	-2.39	

资料来源：国家药品监督管理局、中国医药商业协会。

（四）京津冀药品流通市场的集约化发展

1. 京津冀药品流通商业市场的集约化程度

"十三五"期间，京津冀药品流通行业百强入围企业数量始终保持在11家，如果考虑到国药、华润等全国医药商业巨头在京津冀的控股公司，天津市和河北省分别有2家和1家可以跨入全国百强门槛，使区域入围百强企业达到14家。另外，由于北京市百强入围企业包括国药、华润等巨头，其规模统计口径是全国市场，故不能客观反映对北京市场集约化发展的真实影响。从整体上看，京津冀药品流通市场百强入围企业规模保持持续增长，在全国百强总体规模中的占比持续提升，发挥了区域市场推动集约化发展的核心作用。

"十三五"期间，从京津冀药品流通行业各自市场的集约化发展看，不考虑北京市场的特殊情况，天津市药品流通行业百强入围企业在本地区域市场规模占比大致在50%水平，2020年天津天士力营销公司并入重庆医药被剔除出百强名单,使得天津百强入围企业在本地市场规模占比大幅下滑到20.91%。然而,由于天津天士力营销市场区域分布于全国,在天津本地市场规模存量大致为20亿元,如果再考虑到国药天津和天津华润两家最大的天津流通龙头合计近200亿元规模,天津4家入围全国百强企业规模在本地市场占比大致70%,大体与全国百强企业在全国药品流通市场总规模占比相当。河北省药品流通行业百强入围企业在本地区域市场规模占比大致在30%水平,2020年规模占比也出现较大下滑,达到22.54%的低点。考虑到河北省流通龙头国药乐仁堂进入全国商业百强20强榜单,可以推断河北省3家入围全国百强企业规模在本地市场占比实际达到40%左右水平,与4家全国性头部企业在全国药品流通市场总规模占比相当,但仍与天津市场高度集约化程度有着较大差距(见表7)。

表7 "十三五"时期京津冀药品流通行业百强入围企业统计

区域	百强企业	2016年	2017年	2018年	2019年	2020年	复合增速(%)
北京	入围数量(家)	5	6	6	6	7	8.78
	合计规模(亿元)	5381	5910	6510	7555	8521	12.17
天津	入围数量(家)	3	3	3	3	2	-9.64
	合计规模(亿元)	297	237	247	266	109	-22.24
	区域市场规模(亿元)	545	531	554	567	520	-1.16
	占比(%)	54.57	44.61	44.58	46.79	20.91	
河北	入围数量(家)	3	2	2	2	2	-0.94
	合计规模(亿元)	155	162	185	195	158	0.53
	区域市场规模(亿元)	466	544	638	694	700	10.72
	占比(%)	33.16	29.87	28.97	28.14	22.54	
区域入围企业数量合计(家)		11	11	11	11	11	0
区域入围企业规模合计(亿元)		5833	6309	6941	8016	8787	10.79
全国百强规模合计(亿元)		13042	14142	15664	17351	17788	8.07
占比(%)		44.72	44.61	44.31	46.20	49.40	

资料来源:中国医药商业协会。

2. 京津冀药品零售市场的集约化程度

"十三五"期间,京津冀入围药品零售百强的企业数量保持在7~8家,到2020年北京市、河北省各有3家和4家入围,而天津市始终没有零售企业入围百强企业。京冀两地入围百强的零售企业销售规模,从"十三五"期初的113亿元发展到2020年的141亿元,年复合增长率为5.67%,保持小幅增长的趋势。

相较于全国零售百强企业整体规模,从"十三五"期初的1070亿元发展到2020年的1806亿元,达到13.98%年复合增长率,实现规模的快速扩张;京冀两地入围全国百强的零售企业销售规模在全国零售百强合计规模的占比,从期初超过10%到期末不足8%,呈现逐步下滑的态势。从全国药品零售市场规模区域分布格局看,京津冀区域零售集约化水平要明显落后于我国西南和东部等药品零售市场发达的地区。

分区域来看,"十三五"期间北京入围全国零售百强企业销售规模从最高近110亿元滑落到期末的近90亿元,规模重新回到期初水平,占比则从期初最高时46.04%下滑到期末30.6%,造成北京市场集中度水平持续下降;河北省入围全国零售百强企业销售规模则保持快速发展,五年复合增速超过20%,占比则从期初的23.6%提升到39.0%,略高于全国零售百强规模在全国药品零售市场整体规模35%的占比水平(见表8)。

表8 "十三五"京津冀药品零售百强企业入围统计

区域	百强企业	2016年	2017年	2018年	2019年	2020年	5年复合增速(%)
北京	入围数量(家)	4	4	4	3	3	-6.94
	合计规模(亿元)	88	100	107	97	87	-0.38
	区域市场规模(亿元)	191	232	301	322	283	10.33
	占比(%)	46.04	42.92	35.67	29.97	30.60	
河北	入围数量(家)	4	4	3	4	4	0
	合计规模(亿元)	25	35	40	48	54	21.33
	区域市场规模(亿元)	106	121	146	192	139	7.01
	占比(%)	23.60	28.82	27.40	24.92	39.01	
区域入围企业数量合计(家)		8	8	7	7	7	-3.28
区域入围企业规模合计(亿元)		113	134	147	144	141	5.67
全国零售百强规模合计(亿元)		1070	1232	1440	1653	1806	13.98
京津冀占比(%)		10.56	10.91	10.23	8.73	7.80	

资料来源:中国医药商业协会。

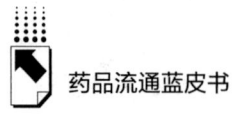

总体上看,京津冀药品零售市场无论是在市场规模增长还是入围零售百强企业在全国零售百强规模占比,都处在一个下滑趋势中,这主要是区域零售市场增长明显低于全国药品零售市场增长的缘故。虽然北京市药品零售市场规模基础大,但药店连锁规模企业增长迟滞;河北省虽然集约化发展较快,但药品零售市场规模相对较小,对京津冀零售市场的集约化推动作用有限;相比之下,天津未有企业进入全国零售百强排行榜,从一个侧面说明天津零售企业在市场资源整合能力、销售规模、管理水平和效益产出方面与河北省和北京市均有较大的差距。

二 京津冀区域药品流通市场结构发展趋势分析

回顾"十三五"期间京津冀药品流通市场的发展,销售规模实现从2500亿元到3000亿元的跨越。其中,北京市场构成区域市场的规模基础,稳定在60%以上份额,河北省和天津市期初大致各占20%的份额,其间河北省市场取得较快发展,到2020年占比超过天津市约6个百分点,天津市场五年复合增长率为负,区域整体占比构成出现明显的分化。

从区域市场不同结构层面看,呈现以下几个方面特征。首先,从渠道结构细分层面,医疗机构市场为京津冀区域市场规模构成基础,且增长速度超过全国整体市场,占比持续增长;药店零售市场在门店连锁化方面结构持续优化,到"十三五"期末接近全国零售连锁率水平,但是零售市场规模增长较为迟缓,且显著低于全国零售市场规模发展速度;分销渠道细分市场规模呈现较快下滑的趋势,显著高于全国分销渠道市场下滑速度。其次,从品种结构构成层面,京津冀区域以西药类为规模构成基础,超过2/3的占比,且呈现逐渐提升趋势,河北省市场的西药类构成占比已超过70%;中成药规模增长速度则不及全国整体市场平均水平,但是天津市场中成药占比超过23%,显著超过全国平均占比;医疗器械及化学试剂类别的规模增长速度明显不及全国整体市场增长平均水平,主要由于北京市场增长远低于全国市场平均增速。

从区域市场集约化发展水平看,首先,对于药品流通市场而言,由于北京市入围全国百强商业企业包括国药集团、华润医药等总部型公司,不具备区域对比条件；天津市场实际跨入全国百强门槛企业规模在本地市场规模占比高达70%，具备高度集约化市场发展特征；河北省实际跨入全国百强企业规模占比大致为40%，集约化仍处于较低水平。其次，对药品零售市场而言，天津市场没有入围全国零售百强企业，且无论是规模基础还是发展速度均与区域乃至全国市场平均水平差距较大；北京药品零售市场规模在京津冀区域零售市场规模的占比步入下滑趋势，"十三五"末出现同比负增长；河北省市场一枝独秀，无论是在推动区域零售连锁化提升还是在推动区域零售市场规模增长方面，都发挥了积极促进作用。

整体来看，"十三五"期间京津冀药品流通市场呈现不同结构性特征，表现为天津市场集约化程度高，但市场总量停滞不前，尤其是零售市场发展基础脆弱；与之相对应，河北零售市场结构优化效应显著、发展迅速，但药品流通市场整体集约化程度不够；北京作为区域市场的主体，虽占比超过60%，但增长速度同全国总体平均增速有差距，从而导致京津冀药品流通市场整体上发展略显迟滞，同全国药品流通市场发展较快区域的差距在逐步拉大。

三 京津冀区域药品流通行业发展展望

（一）"十四五"时期我国医药产业将保持稳步发展态势

随着我国社会经济领域迈向"十四五"高质量发展的新时期，我国城镇及农村人口可支配收入水平不断提升，自我保健意识逐步增强，并且因为疾病谱改变、老龄化加速、逐步放开生育政策，加上国家出台《"健康中国2030"规划纲要》，以及深入推进新医改，可以预期人民群众将获得更多更好的医疗服务，这将有力促进我国医药产业可持续发展，带动药品市场销售规模持续不断扩张，发展趋势长期向好。

（二）京津冀协同发展战略助力区域药品流通行业高质量发展

2014年，京津冀协同发展上升为国家战略。北京市除作为国家的政治和文化艺术中心外，也是国家实力最为雄厚的金融、经济、医疗卫生、科研教育以及高科技产业中心之一；天津市于2018年进一步明确"一基地三区"的国家战略定位，叠加滨海新区开发开放、自由贸易试验区和国家自主创新示范区等国家战略布局定位；河北省拥有国家战略级别的"雄安新区"，为京津冀区域都市圈奠定了未来的经济社会发展基础，为区域经济协调和社会高质量发展起到举足轻重的作用，加之超过7000万的人口，在京津冀区域具备独特的优势，从而支持区域经济实现长久持续增长。总体来看，京津冀区域在国家战略布局中具有显著区位优势，首都北京市引领区域整体具备较强的经济综合实力、雄厚的医疗资源和突出的高科技产业实力，这些都将推动区域药品流通行业创新发展，并提供强大支撑。

（三）京津冀区域医疗卫生事业协调发展具有独特的优势

京津冀在区域协同国家战略推动下，产业结构不断调整优化、综合经济实力继续较快提升。特别是在医疗卫生事业发展方面更加紧密协作，近年来努力落实《京津冀卫生计生事业协同发展合作协议》，在检验结果互认、影像结果互认、区域医联体建设等方面取得了突破性进展，有力地推动了三地医疗服务的同质化。到2020年河北省133家医疗机构和京津278家医疗机构已实现36项临床检验结果互认，89家医疗机构和京津87家医疗机构已实现20项医学影像检查资料共享，60多家定点医疗机构实现京津冀跨省异地就医门诊费用直接结算，京津30多家医院纳入河北省医保定点范围。此外，2016年底，京津冀签署了《京津冀公立医院医用耗材联合采购框架协议》，截至2020年底，三地人工晶体类眼科耗材以及第一批"3+N"联盟药品联合带量采购已经启动实施，而其他相关品种的药品医用耗材集中采购也已形成常态化机制并逐步展开。这些变革为区域药品流通行业高质量发展提供了有利的机遇。

（四）京津冀区域药品流通市场发展仍面临诸多挑战

从各区域社会经济发展总体水平来看，2020年京津冀区域经济总量达8.6万亿元，北京市进入全国经济总量前10强城市，但突出的短板在于北京作为区域核心城市对区域经济发展的辐射带动作用尚不足，而天津市在"十三五"期间未能发挥推动区域创新经济发展模式和引领经济发展新动能的先导作用，其结果是河北省作为主要依靠第一产业和劳动密集型第二产业为主的传统区域，难以实现经济发展模式的换挡和提速。具体到京津冀区域的医疗资源结构调整优化方面，北京市显然需要在国家建设"雄安新区"和推动"京津冀一体化"战略的宝贵窗口机遇期，将拥有全国最雄厚的医疗资源合理分配到津冀两个医疗资源相对匮乏的区域，推动区域整体医疗卫生资源均衡发展，带动京津冀区域药品流通行业加快转型升级和突破经营模式创新的瓶颈，使区域药品流通行业走向可持续发展的道路。

B.24
2020年长三角地区药品流通行业发展分析报告

长三角区域药品流通行业研究课题组[*]

摘　要： 2020年长三角地区（上海、江苏、浙江、安徽）药品流通行业含税销售总额6398.65亿元，同比增长1.32%，占全国药品流通市场销售总额的1/4以上，达到26.50%。根据习近平总书记关于推动长三角一体化发展的重要讲话精神，一体化发展将进入前所未有的加速期，同时防疫工作的常态化也将给药品流通行业发展带来机遇。未来，长三角地区的药品流通行业将呈现上海龙头高位引领、江浙两翼开合奋进、安徽强势发力的高质量发展态势。

关键词： 长三角地区　药品流通行业　服务创新

一　长三角地区药品流通行业概况

（一）销售规模

2020年，长三角地区（上海、江苏、浙江、安徽）药品流通行业含税销售总额6398.65亿元，同比增长1.32%，占全国药品流通市场销售总额的1/4以上，达到26.50%。其中上海市含税销售总额1798.98亿元，同比增长

---

[*] 本文由上海医药商业行业协会、浙江省医药行业协会、江苏省医药商业协会、安徽省医药商业协会共同编撰。

2.65%；江苏省含税销售总额 1795.05 亿元，同比增长 3.88%；浙江省含税销售总额 1674.98 亿元，同比下降 3.29%；安徽省含税销售总额 1129.64 亿元，同比增长 2.41%（见图1）。

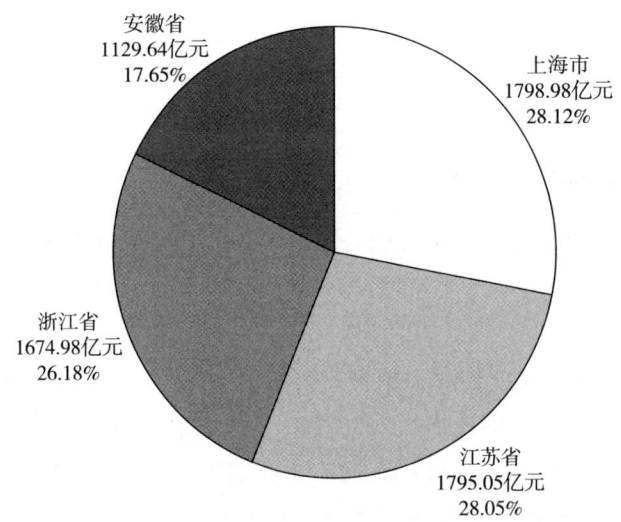

图1　2020 年长三角地区药品流通行业销售总额及占比

（二）行业结构

长三角地区药品流通行业主要包括批发、零售连锁、单体门店、医药物流、电子商务等多种业态模式，形成以国有及国有控股企业为主导，外商独资和中外合资以及民营、私营企业等多种经济成分并存的市场格局。根据国家药品监督管理局网站数据，2020 年长三角地区的药品法人批发企业 1444 家、零售连锁企业 918 家、零售连锁门店 43035 家、单体零售门店 32659 家（见表1）。

表1　2020 年长三角地区药品流通企业数量

单位：家

省市	法人批发企业数量	零售连锁		单体零售门店数量
		企业数量	门店数量	
上海	150	52	3752	324
江苏	363	307	16774	13519

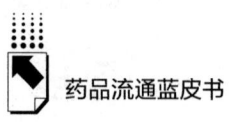

续表

省市	法人批发企业数量	零售连锁		单体零售门店数量
		企业数量	门店数量	
浙江	523	284	11605	9601
安徽	408	275	10904	9215
小计	1444	918	43035	32659

（三）品类销售结构

按药品、非药品分，2020年长三角地区药品类销售5619.60亿元，占总销售额的87.82%，其中西药类销售4771.05亿元，同比下降1.98%，中成药类销售848.55亿元，同比增长10.98%；非药品类销售779.05亿元，占总销售额的12.18%，其中医疗器材类销售262.35亿元，同比增长0.52%，化学试剂类销售72.49亿元，同比增长205.62%，玻璃仪器类销售2.35亿元，同比增长131.54%，中药材类销售150.93亿元，同比下降0.32%，其他类销售290.93亿元，同比增长18.15%（见表2和图2）。

表2 2020年长三角地区药品流通市场销售额（按大类分）

单位：亿元，%

大类名称	本年累计	同比增减
西药类	4771.05	-1.98
中成药类	848.55	10.98
医疗器材类	262.35	0.52
化学试剂类	72.49	205.62
玻璃仪器类	2.35	131.54
中药材类	150.93	-0.32
其他类	290.93	18.15

（四）销售渠道

按销售渠道分，2020年长三角地区对生产企业销售44.73亿元，同比增长10.44%；对批发企业销售2248.05亿元，同比下降5.93%；对医疗终端销售2877.35亿元，同比下降0.24%；对零售终端销售644.73亿元，同比增长

41.83%;零售药店对居民销售544.80亿元,同比增长5.57%;直接出口38.99亿元,同比增长28.37%(见图3)。

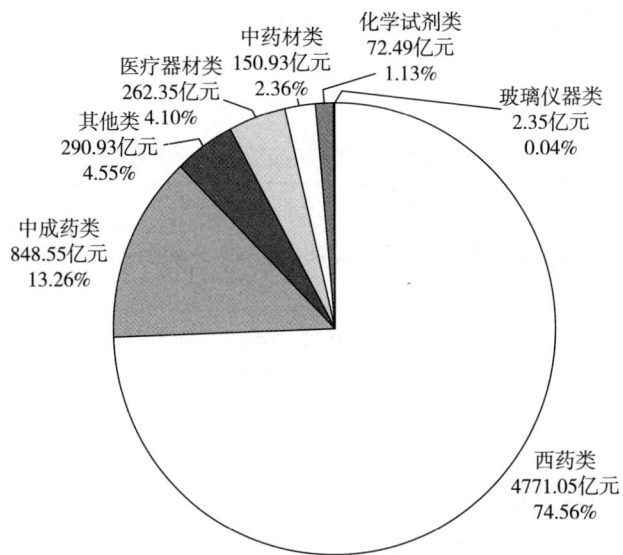

图2 2020年长三角地区药品流通市场销售额及占比按大类分

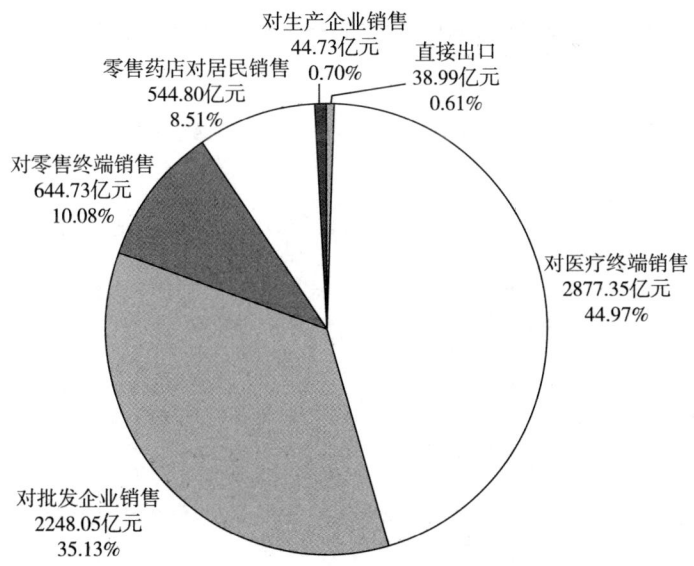

图3 2020年长三角地区药品流通市场各渠道销售额及占比

（五）长三角地区头部企业排名

2020年长三角地区各省市药品批发企业、药品零售企业销售额前五位分别见表3和表4。

表3　2020年长三角地区各省市药品批发企业销售额前五位

排名	上海	江苏	浙江	安徽
1	上药控股有限公司	南京医药股份有限公司	华东医药股份有限公司	安徽天星医药集团有限公司
2	国药控股分销中心有限公司	国药控股江苏有限公司	浙江英特集团股份有限公司	国药控股安徽有限公司
3	国药控股上海医院销售总部	上药控股江苏股份有限公司	浙江省医药工业有限公司	上药控股安徽有限公司
4	罗氏（上海）医药贸易有限公司	华润江苏医药有限公司	浙江震元股份有限公司	华润安徽医药有限公司
5	上药康德乐（上海）医药有限公司	江苏省医药有限公司	海尔施生物医药股份有限公司	重药控股安徽有限公司

表4　2020年长三角地区各省市药品零售企业销售额前五位

排名	上海	江苏	浙江	安徽
1	上海华氏大药房有限公司	江苏益丰大药房连锁有限公司	瑞人堂医药集团股份有限公司	安徽国胜大药房
2	国药控股国大复美大药房上海连锁有限公司	南京医药国药有限公司	浙江震元医药连锁有限公司	安徽丰原大药房连锁有限公司
3	上海益丰大药房连锁有限公司	先声再康江苏药业有限公司	浙江英特怡年药房连锁有限公司	滁州华巨百姓缘连锁股份有限公司
4	上海第一医药股份有限公司	江苏润天医药连锁药房有限公司	杭州海王星辰健康药房有限公司	安徽百姓缘大药房
5	上海得一大药房有限公司	华润苏州礼安医药连锁总店有限公司	杭州九洲大药房连锁有限公司	马鞍山曼迪新大药房有限公司

二 长三角地区药品流通行业发展特点

(一)长三角地区药品流通行业销售情况喜忧参半

2020年国际、国内经济环境复杂严峻,整个医药行业乃至社会各行各业都笼罩在新冠肺炎疫情的阴影下,由于疫情期间医院端诊疗服务受到限制,医药销售也受到一定的影响。但由于药品流通行业承担着抗疫药品和防护物资保供任务,相关领域的需求呈爆发式增长,有效缓解了新冠肺炎疫情对行业的整体影响。长三角地区作为全国复工复产最早、成效最好的区域之一,以自身的"稳"和"进"支撑了全国发展大局,全年药品流通市场总销售实现正向增长。2020年长三角地区药品流通行业实现含税销售6398.65亿元,同比增长1.32%。其中,对医疗终端销售2877.35亿元,同比微幅下降0.24%;零售药店对居民销售有明显上升,同比增长5.57%;上海市、江苏省、安徽省销售同比上升,浙江省同比下降。

(二)深化供应链服务,应对市场挑战

随着仿制药医保带量采购、创新药医保谈判准入的常态化发展,医药生产与流通格局加速变革,医药商业企业也纷纷寻求转型策略,积极应对变化冲击,通过不断丰富产业链来获取更大的增长空间。药品流通企业积极布局新零售、拓展医疗器械和生物制品经营新业务、探索数据服务等,不断开创企业新的增长引擎。

2020年8月,国药控股上海医院销售管理总部与华北制药股份有限公司签订战略合作协议,双方在市场拓展、项目开发等方面进行多点、多业态、多模式的深度合作。2020年9月,上药控股与上海医药下属第三批国家带量采购中标企业进行上海医药工商全国集采战略合作签约,本次签约既是上海医药优质产品集采中标红利的共享,也是上海医药多年来贯彻工商联动、优势互补的一次重要实践。除了集团内部工商业资源共享联动外,上药控股积极拓展与上游工业厂家的深度战略合作,在创新药全生命周期管理、成熟药一体化营销以及大健康产品市场拓展等方面持续加宽合作范畴,拓展服务能级。安徽天星

医药集团有限公司在创新求变中实现高质量发展，以满足上下游客户需求为出发点，大力推动企业数字化转型，自主研发B2B"星药采"、B2C"星药购"、TMS"星药达"等电子商务平台，满足下游客户产品查询及在线下单、广大患者用药咨询及在线购买、配送车辆物流定位及在线跟进等个性化需求；针对上下游客户需求，全面做到"药品可及""渠道可及""服务可及""信息可及""数据可及"，为客户提供多元化定制服务。

（三）药品批发企业专业化、差异化定位谋发展

随着药品流通"两票制"、国家医保带量采购等新政的实施，药品流通市场份额加速向头部企业集中，中、小企业在传统医药分销业务中的生存发展空间受到严重挤压。面对挑战，部分企业立足发展自身特色定位，如提供医院处方延伸的药品配送、发展中医药特色服务及慢病管理等，以差异化经营谋求转型突破。

江苏省医药有限公司以"保存量、争增量、调结构"为原则深耕南京市场，加快全省渠道布局。南京医药股份有限公司加快各地商业并购项目，着力打造区域专业销售平台，拓展基层医疗终端市场。国药控股江苏有限公司持续优化业务布局，补齐网络短板，增强核心区域控制力，积极推动业务网络下沉，进一步提升在江苏省的市场份额与服务能力。

（四）药品零售市场加速整合，拓展营销、服务创新

伴随我国药品市场逐步形成创新药和优质仿制药并重的市场格局，药品零售行业面临机遇和挑战。政府带量采购推动医院外零售市场的发展，零售药店发展迎来新机遇。未中标产品由医院临床终端市场转向院外药品零售终端市场，但采购价格下降使药店盈利空间大幅压缩。同时，随着药店分级分类管理制度的深入推进和实施，零售药店的规范化经营要求不断提升、监管不断趋严，进一步带动零售药店行业整合，加快行业洗牌。

在后疫情时代，健康消费升级，互联网诊疗、支付等技术日新月异，行业内外竞争加剧，在大健康市场消费不断多元化、细分化、年轻化的大背景下，药品零售行业传统的经营模式面临巨大挑战。创新营销布局、拓展服务能力，已成为零售企业应对挑战的重要策略。

上海第一医药基于百联集团大健康产业平台，以专业产品和专业服务为抓手，打造专业大健康品牌，在洞察消费者的基础上推进变革和创新。2019 年 9 月首家定位于年轻女性的"健康小站"创新药店进驻上海曲阳商务中心。店内大量应用互动屏、智能货架、无人支付、人脸识别、慢病检测等新技术，差异化特征明显。2020 年在各行各业受到疫情冲击的大背景下，上海第一医药药品零售业务高速增长，创新转型步伐加快。

（五）医药现代物流建设不断扩大

《药品管理法》《疫苗管理法》等法律以及《国家药监局关于药品信息化追溯体系建设的指导意见》等一系列政策的修订落地执行，对医药企业的物流服务能力提出了更高的要求。而物流服务能力是药品流通企业的核心竞争力之一，物流仓储网络的布局、物流项目建设和物流信息化建设等仍是各企业考虑的战略重点。

大型医药企业积极探索智慧智能技术在物流网络布局、仓储拣选、运输调度及配送线路优化、订单信息跟踪、终端用户便捷签收等方面的应用，希望通过技术驱动医药物流管理走向精细化、标准化和数字化。同时，积极推动改善医药物流管理，提升医药物流运营效率，提高服务响应水平，降低成本。

三 发展趋势展望

（一）药品流通行业前景看好，长三角地区迎来发展机遇

药品流通行业是关系人民身体健康的全生命周期的行业。随着我国经济的持续发展、社会财富和人民收入的稳步增长、医疗健康知识的日益普及、人口老龄化的迅速加快、疾病谱的不断变化，人们对生命质量和身心健康的意识越来越强烈，对医药健康产品及服务的需求也越来越大，而长三角地区是经济比较发达的人口流入区，对应医药健康产品及服务市场必将进一步扩大。

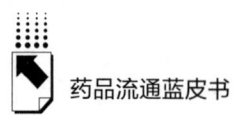

（二）行业集中度进一步提升，企业加快转型升级步伐

在国家政策的推动下，药品流通市场的竞争日趋激烈，企业两极分化的步伐加快。一些具有优势的大型药品批发企业，一方面迫于形势，必须设法弥补由政策因素导致药价降低而损失的销售利润；另一方面将通过并购重组等多种手段提升行业集中度，增加销售网络的广度与深度，扩大销售量，提高医疗终端的覆盖率和市场占有率。

药品流通行业长期依赖价差的纯销、分销业务采购价差大大缩小，甚至可能完全消失，企业的角色将由经销商转变为服务商，同时还要面对第三方医药物流及互联网企业加入的竞争，因而商业模式的转型成为必然的趋势。

（三）药品零售市场创新转型，进入数字化和智能化服务新发展阶段

由于疫情和医院药占比管理的影响，选择到零售药店购买常见病、慢性病药物的人数增多。多种有利因素促进零售药店销售业务稳步增长。但零售药店也需要居安思危，积极主动地向"医药新零售"转型，不断提升专业化服务水平，通过互联网、物联网、大数据、云计算等高科技手段打造智能商务的标准化服务体系，将传统的零售药店向DTP专业药房、分销专业药房、慢病管理药房、智慧药房、无人售药柜等新零售领域转变，为消费者提供精准的、专业的、一对一的服务。通过消费升级与"信息—数据—物流"技术的深度融合，实现为消费者服务价值的最大化和零售药店专业服务能力、经营效益的大幅提升。

（四）医药电商进入快速成长期，实现规范化发展

2020年的新冠肺炎疫情极大地激发了网上医药健康产品的需求，而随着国家对网上销售医药产品限制的不断放开，医药电商将迎来蓬勃发展。以上海为例，截至2020年3月9日，上海市通过审批获得互联网药品交易服务资格证的企业有23家，由审批制改备案制后，2020年上海互联网药品信息服务企业增加到944家。2020年11月，国家药品监督管理局公布《药品网络销售监

督管理办法（征求意见稿）》，从政策层面上不断规范药品网络销售行为。

药品网络销售进入快速成长期。药品网络销售具有方便、价廉等显著优势，而药品网络销售市场的竞争也会非常激烈。医药电商已经推出O2O（线上—线下）、B2B（企业—企业）、B2C（企业—顾客）、FBBC（工厂—企业—顾客）等多种销售模式。随着药品网络销售的不断发展和日益完善，人们也会像购买日用品一样习惯从网络平台购买药品。药品零售市场将进入医院药房、实体零售药店、线上零售药店的"三国"时代。

（五）医药物流加速洗牌，智慧物流加快发展

药品国家集采的持续实施、药品网络销售的加快兴起、生物药研发投入的加大、新冠疫苗的集中批量上市等，对于医药物流的发展提出了更高的要求。医药物流发展数字化、智能化，一是实现药品仓储物流全流程可追溯管理，二是将人工智能的技术应用到医药仓储物流作业各个环节。

医药第三方物流、C端物流迎来快速发展。随着药品流通体制改革的深入推进以及专业化分工趋势加剧，第三方医药物流逐渐得到业内外的普遍重视，并呈现良好的发展势头。龙头医药企业加快自身物流的建设，一方面满足自身销售快速增长的需求，另一方面大力发展第三方物流。受新冠肺炎疫情的影响，实体医院纷纷推出线上问诊服务，"线上问诊，送药上门"的需求大增；医药C端物流需求的增长，也会促使医药物流出现更多的创新型服务模式。

（六）多因素催化，院外药品市场发展空间进一步扩大

近年来，控制药占比、药品零加成、带量采购等政策陆续实施，医保支付方式改革不断推进，与此同时，医保内药品无法满足不同人群的健康需求和个性化需求，这为自费药留下了较大空间。院外药品市场迎来了发展机遇期。

而疫情期间互联网医疗迅速兴起，线上医疗服务信息化水平日渐提高，医药电商更日趋专业化，患者就诊习惯正逐渐改变，由此催生了一系列支持政策。医院处方外流即将水到渠成，将进一步带动院外药品市场的发展。

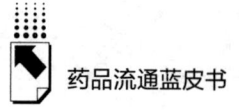

（七）长三角地区药品流通一体化发展联动

根据习近平总书记关于推动长三角一体化发展的重要讲话精神，一体化发展将进入前所未有的加速期；防疫工作的常态化，也将给行业发展带来机遇。未来，长三角地区的药品流通行业将呈现上海龙头高位引领、江浙两翼开合奋进、安徽强势发力的高质量发展态势。

国际篇
International Reports

B.25 弥合医药供应链新冠肺炎疫情前后之鸿沟

Randy V. Bradley*

摘　要： 新冠肺炎疫情对全球每个国家都产生了负面影响，虽然企业已经建立高效和精简的供应链，但在这样的背景下依旧极其脆弱和缺乏弹性。尽管全球疫情带来了供应链中断和其他社会问题，但在过去12个月里，无论是在生物制药领域、保健服务领域、制造业还是包装消费品行业，全球供应链专业人员和许多其他一线工人持续奋战，付出了巨大的努力，使得我们能够继续获得迫切需要的产品和材料，以确保全球经济继续运行。对我们来说，认识到一些已经显现或影响全球供应链的核心问题是极其重要的，文中重点分析强调四个方面的问题。

关键词： 供应链　新冠肺炎疫情　未来发展

---

* Randy V. Bradley，哲学博士，田纳西大学信息系统和供应链管理副教授，生物供应管理联盟生命科学领域数字化转型执行副总裁。

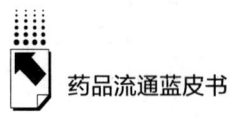

药品流通蓝皮书

一 新冠肺炎疫情前的供应链问题

一是,供应链和业务中断的原因是缺乏关于数字化或推进供应链基础设施、供应链网络设计、供应链模型方面的预先规划。

二是,企业如何进行风险管理。我们都知道风险管理极其重要,但是当新冠肺炎疫情全面蔓延时,企业才开始意识到风险管理和业务连续性需要的不仅仅是纸上谈兵。风险管理过去需要,现在仍然需要成为企业实际工作的核心部分。

三是,缺乏关注供应链设计的预先检验评估。预先检验评估是一种管理策略,企业设想一个项目或计划已经失败,然后进行反推,以确定可能导致项目或计划失败的潜在因素。许多机构非常缺乏或无法做到这一点,在评估可能对供应链绩效和运营产生重大影响的事件时尤为明显。在新冠肺炎疫情之前,有关医疗保障供应链的挑战和限制的研究表明,现有大多数企业的供应链将很难应对即将发生的重大自然灾害。

四是,缺乏准确的消费信息以及供应链上下游存在信息不对称。这个问题早已为人所知,但新冠肺炎疫情变得愈加严重,如果信息不对称存在,将很难进行高效和有效的商品供应。更重要的是,企业无法真正确定具体需求情况。因此,缺乏准确的消费信息以及供应链的上下游信息不对称是医疗供应链中断的核心原因。

这就引出了第五点,需求模式变异。因为疫情影响,人们被迫在家工作和学习,促使个人消费模式发生了变化,导致需求高峰由春末夏初提前至冬末春初。对于消费零售领域,这些消费模式的变化,产生了我们从未见过的"牛鞭效应"。

二 弥合新冠肺炎疫情鸿沟

(一)可持续供应链

在思考供应链问题时,我们往往会谈到可见性、可追溯性、完整性和透明度的问题。这些问题至关重要,但值得注意的是,这些不是目的而是达到目的的手段。换句话说,它们是实现弹性、响应和敏捷供应的途径。如果把它们做好,就能对抗供应链的脆弱性。这些是我们在生物制药和更广泛的生命科学领域建立供应链和供应链基础设施时,需要关注的问题。

展望未来,仍然需要从供应链的角度加大对风险管理的关注。需要真正深入研究供应网络的设计,并思考这几个问题:潜在的弱点在哪里?如何利用这些弱点?如果这些弱点被实际利用并显现出来,我们的潜在风险或损失会是什么?

在新冠肺炎疫情前我们更多从这些角度来谈论这个问题:如何确保产品的完整性?如何确保市场上没有劣质或者假冒产品?如何确保商品来源正规?然而,疫情极大地阻碍了货物、材料和信息的流通。

因此,每个企业和国家都在努力寻找跨越这个困境的方法,即如何转变思维,不再仅仅是"信息即力量",而是真正思考"洞察力赋予力量"。如果不能洞察有效信息,并采取相应行动,就无法衡量行动的结果,并取得优势地位。

优势地位对于很多企业至关重要,甚至在某种程度上对很多国家亦是如此。但是因为疫情产生冗余的信息,导致许多企业无法从中提取有效的信息,因此企业无法意识到重要信息的含义并采取相关行动。这使得多数企业处于劣势地位。

许多企业意识到单一采购有重大风险。因此企业通常从不同来源的供应链采购货物,但在生物制药和医疗领域多来源采购实际上等同于单一来源采购。因为企业缺乏供应链上游信息,使得企业开始发现多个不同来源供应链的产品均来自一个来源点。因此,当每个国家都试图采购相同的产品,便造成了供应的中断,并无法解决。

(二)回流和近岸外包

随着时间的推移,供应链的影响并没有消失。企业开始考虑相对激烈的"回流"措施,也就是说将制造过程带回企业的主要运营基地。过去的一年有着在过去十年中规模最大的回流行动,① 但是很多医药企业也并非完全回流,

---

① https://www.supplychaindive.com/news/5-ws-reshoring-supply-chains-diversify-localization/579943.

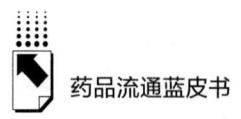

因为一些不在生物制药领域的中小型企业可以作为医疗商品的主要补充供应来源。随着企业期望在供应策略中拥有更大的弹性，此类方法会被越来越多的企业使用。

（三）供应链上的潜在问题

目前的供应链存在一个大多数企业察觉不到的问题，即供应链缺乏上下游可见性、安全性、敏捷性和响应性。① 通过识别这些问题及其来源，将有机会提高供应链端到端的可见性。为实现这一点，贸易伙伴需要更加透明，而这取决于从不同数据源、不同系统中收集并整合数据的能力。

企业急需转变处理供应网络的方式，构建一种数字化的供应网络（DSN）。DSN实际上更像是一种点对点的网状设计模型，在供应网络的各个点上都能有持续的信息交换。因此DSN使企业能够摆脱线性单向的信息流动，不必手动构建反馈回路。

DSN不要求信息流通过一个核心企业。这并不意味着所有企业都直接和所有贸易伙伴交流，但它意味着有一个数字核心作为信息加速器，使DSN中的每一方都可以使用相应信息。在DSN网络中，数据是一种资产和重要资源，是保证供应链企业和客户群生存和维持的基本因素。因此企业要保障数据的可访问性和质量。

因为数据的重要性，企业倾向于关注相关领域的新兴技术，例如神经网络、自然语言处理、机器学习等。但更重要的是企业要确保拥有强大、可靠的数字连接，其路径是人与机器的融合与平衡（"人机运转"），而不是用机器代替人。

三 前进的道路

（一）"人机运转"

"人机运转"是在全面自动化和人工操作之间寻求平衡。这种方法可以

---

① IDC：《解决新冠肺炎药品供应链的难题》，2020。

简化企业工作流程，避免重复性劳动。利用"人机运转"，企业可更准确地执行流程、保证过程执行与结果的一致性，提高效率和利润率，实现消费者和企业的双赢。

（二）数据策略

很多供应链上的潜在问题是由于企业缺乏数据策略和确保数据策略整合的关键组成部分。数据策略是一套完整的指导原则，促进一系列行为和决策，使企业能够在数据资产的整个生命周期中更好地管理它。重要的是，数据策略需要与总体业务战略、分析策略和数字化战略保持一致。分析策略和数字化战略是互补的。因此，没有明确定义的数据策略将会极大地阻碍分析策略和数字化战略。此外，缺乏数据策略说明企业从其数字化战略和分析策略中体验到的价值不一致。并且，数据策略还需要由现有技术相关的能力来驱动或支持。

数据策略的重要组成部分是数据管理。数据管理是指企业记录和制定政策和程序，以确保数据方面的行为正确。企业需要有意识地组织、管理、分析和利用它们现有的数据资产、可以访问的数据资产以及计划获取的数据资产。重要的是不忽视专有数据，即拥有或可以访问竞争对手没有的数据。这些数据对企业产生和创造竞争优势，甚至改变其市场轨迹都至关重要。数据的专有性质使其有价值，也使其有影响力。

谈到数据策略有许多方面，但有两个非常常见的方向。一个是"进攻"，另一个是"防御"。这两个方向相互对立，处于数据策略范围的不同端。在此背景下，"进攻"意味着一个企业思考数据、生成数据和利用数据。而"防御"更倾向于服从的思维模式。因为在生物制药领域，甚至在医疗服务领域，服从是业务的一部分。当企业处理数据的方法仅是为了符合规定或准则时，它们的防御思维模式需要调整。

坚持一个数据策略方向并不意味着要被它束缚，也有可能从"防御"转向"进攻"。转换过程并不简单，而且会有一个学习曲线，但是随着数据处理方法和理念的逐步发展，策略切换是可行的。此外，企业拥有多个数据策略的情况并不少见。当试图确定是否应该有一个或多个数据策略方向时，应考虑整个企业及在其战略业务单位和部门内的运营方式。如果企业有不同的运营模式、目标、业务战略和愿景，那么它们应该有不同的数据策略方向。

四 总结与结论

为了应对新冠肺炎疫情导致的供应链问题，企业需要采取几项行动。

第一，需要停止由内而外的运作（相对于由外而内的思考）。企业是全球生态系统和全球商业社区的一部分，但从此次疫情的表现看，很多企业只是在本地思考和行动。因此，企业需要真正放眼全球，其做出的每一个决策都是基于决策者对全球动态的了解，即世界各地正在发生的事情，以及这些事情如何影响与特定交易相关的既定决策。因此，企业需要优先考虑可操作和准确的数据，并关注和收集供应链上下游的信息。

第二，优先考虑协调的方法，将重点放在建立敏捷供应链上。敏捷指的是供应链具有适应性和响应性，能够对本地和全球商业环境中的意外变化做出响应，而不会导致成本异常增加。

第三，企业应该开始汇总和分析需求数据。大多数供应链领导者最关心的不是供应方，而是需求链。当企业发现并开始解决供应链上的潜在问题时，数据和需求链将是需要首要考虑的问题。

B.26
国际医疗保险制度浅析

廖晨妤*

摘 要: 本文通过简要比对国际主要医疗保险制度的筹资方式、支付方式、宏观绩效及国际医疗保险制度面临的共同挑战,希望从高收入国家的医保支付政策和控费、鼓励医药创新、应对人口老龄化挑战等方面为我国医疗保险制度的利益相关方提供启示和借鉴。"十四五"时期,我国医疗保障制度改革与体系建设应当坚持以人民健康为中心的发展思想,积极借鉴国际经验,探索具有中国特色的医疗保险制度体系,不断增进人民的健康福祉。

关键词: 医疗保险 医保支付 控费 医药创新 医保改革

一 国际主要医疗保险制度

《医保改革的经济学分析》一书中根据医疗资金筹集方式与医疗服务提供方式的不同,将世界各国的医疗卫生模式和医疗保险制度大体上分为五种,即国民健康保险模式、社会医疗保险模式、商业医疗保险模式、储蓄型医疗保险模式以及混合型医疗服务模式。从某种意义上讲,世界医改的过程就是这些模式在自我完善、自我修正的同时相互取长补短、相互融合、逐步趋同的过

---

* 廖晨妤,博士,中英医疗大健康合作计划首席执行官,英国华人医疗信息协会执行会长,牛津大学首席医疗信息官奖学金获得者,英国数字医疗评选的"明日之星"。

程。① 新冠肺炎疫情暴发后逐渐在全球范围扩散，各国医疗卫生体系、社会保险体系经受了巨大考验。

（一）商业医疗保险模式

目前，美国的医疗保障体系主要包括以下三方面内容：一是美国大多数人看病都通过雇主或自行购买商业医疗保险，其中由雇主购买的医疗保险是最主要部分；二是由政府主导的联邦医疗保险（Medicare）、联邦医疗补助（Medicaid）及州儿童健康保险计划（SCHIP）；三是面向退伍军人、现役军人、印第安人等的公费医疗制度。②

Medicare 现由联邦医疗保险和联邦医疗补助服务中心（CMS）负责管理，主要通过政府对雇主和雇员征收薪资税（双方各自负担一半），为 65 岁及以上的美国居民和特定残障人士提供住院项目保险覆盖。Medicare 不会为被保险人的医疗费用作全额支付，没有足额缴纳薪资税的被保险人另需按月缴纳保费。商业医保机构在 Medicare 传统项目基础上，提供门诊和处方药计划等优势项目保险覆盖。商保机构具有健康维护组织（HMO）、优选医疗机构（PPO）、定点服务组织（POS）、责任医疗组织（ACO）、健康储蓄账户保险（HSA）等多种形式。2002～2014 年，美国保费相对较低且倡导全科医生守门人制度的健康维护组织（HMO）所占比例由 27% 下降到了 13%；保费和自付比例较高但允许患者直接向专科医生就医的优选医疗机构（PPO）所占份额增加至近 60%；自付比例较高但提供免税福利的健康储蓄账户保险（HSA）的市场份额也达到了 20%。③

经济合作与发展组织（OECD）2010～2019 年的数据显示了 OECD 国家的平均医疗支出大约占 GDP 的 8.8%，西欧国家大约占 GDP 的 10.0%，美国高达 GDP 的 17.5%（意味着美国的医疗行业相当于全球第五大经济体）（见

---

① Benedict Clements，David Coadyand Sanjeev Gupta，"The Economics of Public Health Care Reform in Advanced and Emerging Economies"，IMF Publications，2012.
② 马志爽、李勇、胡安琪等：《美国医疗服务供给模式对我国的启示》，《中国药物经济学》2018 年第 5 期。
③ 文太林：《美国医疗保险改革演进及对中国的启示》，《中国卫生政策研究》2014 年第 12 期。

图1）。① 在美国医疗卫生总费用中，医疗保险的比重为5.6%，药品占比仅为10.0%，医院和医生费用占比超过一半。一方面因为美国全科医生数量低于OECD国家平均水平，患者直接找专科医生就医推高了全社会整体医疗费用；另一方面也反映了美国医疗体系因私有化、垄断化导致医院运营（主要是新型医疗技术）定价缺乏透明度，并且医生在美国具有更高的薪酬水平。以美国梅奥诊疗中心（非营利性医院）为例，一台膝/髋关节置换术收费7.4万美元，一个心电图收费65美元，一个心脏超声收费2350美元。②

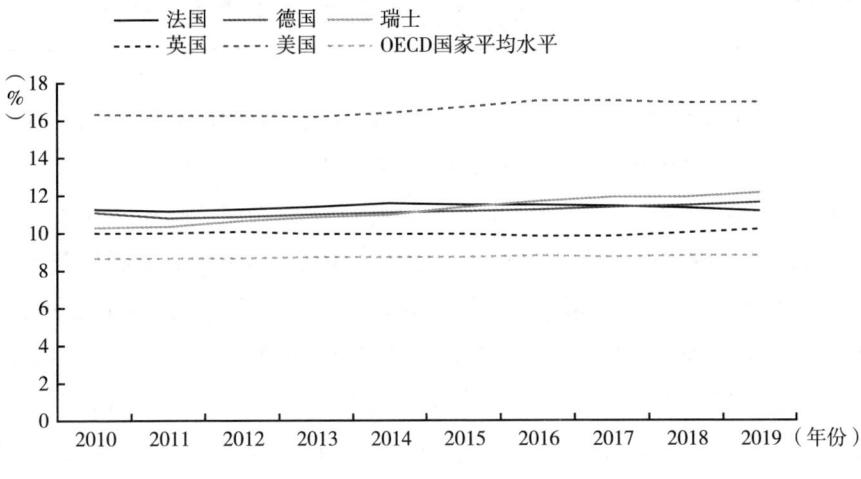

图1　2010~2019年各国医疗支出占GDP的比例

2017年英联邦基金会曾以72项指标为基础，对11个高收入国家的医疗保健系统进行了评估，美国自2004年以来在六个类似的报告中均排名倒数第一。③ 美国与其他10个高收入国家相比，在过去30年中虽然在医疗保健上的开支远远高于其他国家，但是美国人的健康水平最差。通过对五个关键领域（护理过程、普及程度、行政效率、公平和医疗保健结果）的表现进行评分，11个国家的医疗保健系统排名见表1。

---

① "OECDhealth statistics 2019"，http：//www.oecd.org/health/health-systems/Table-ofContent-Metadata-OECD-Health-Statistics-2019.pdf.
② https：//www.medlinker.com/m/share/question/30042198?__opned=1.
③ Karen Davis et al，"Health Care Reform：What the United States Can Learn from the Experience of Other Developed Nations"，*Health Services Research*，2010，45（2）：588-601.

表1　2017年11个高收入国家的医疗服务体系绩效排名

项目	澳大利亚	加拿大	法国	德国	荷兰	新西兰	挪威	瑞典	瑞士	英国	美国
总排名	2	9	10	8	3	4	4	6	6	1	11
护理过程	2	6	9	8	4	3	10	11	7	1	5
普及程度	4	10	9	2	1	7	5	6	8	3	11
行政效率	1	6	11	6	9	2	4	5	8	3	10
公平	7	9	10	6	2	8	5	3	4	1	11
医疗保健结果	1	9	5	8	6	7	3	2	4	10	11

美国是全球高收入国家中唯一没有实现医疗保险全民覆盖的国家，截至2018年全国有2800万人没有任何形式的医疗保障福利。美国形成目前的医疗保障制度体系，具有其历史原因和政体独特性，其医改进程遵循"立法先行""民主参与"的原则，在党派间的不同主张、角逐和妥协中，进程极其缓慢。美国医学会（AMA）、美国医院协会（AHA）与美国药品研究和制造商协会（PhRMA）都是反对美国推行医保改革的供方利益集团。与之相对应的是医疗保险所覆盖的65岁及以上人群，尽管只占美国人口的17%，但是由于其强大的经济实力、社会及政治影响力，他们利用美国民主政治的特征，不断扩大医疗保险的覆盖范围，提高医疗保险的保障水平，最大限度地增加其自身的医疗保障福利。①

（二）国民健康保险模式

"二战"后英国首先在西方国家中建立起由政府提供卫生服务经费、由国家统一管理卫生保健事业、依靠公立医院面向全民普遍提供免费医疗服务的国民健康保险制度（NHS）。NHS的原创者是苏联，而英国则在市场经济的背景下，将其发展成为目前西方高收入国家中主要的医疗保障制度之一。近年来，英国用于NHS的预算已超1000亿英镑（人均1980英镑），达到其GDP的9%左右。这笔资金80%来自英国政府一般税收，约10%来自国民健康保险税，

---

① "How is Medicare funded?", https://www.medicare.gov/about-us/how-is-medicare-funded。

4%~5%来自病人自付费用,其他来自商业医疗保险、利息等收入。① NHS 不设居民个人账户,能够最大限度提升统筹效率并实现共济保障功能。

英国 NHS 医疗和护理服务体系由初级卫生服务、社区服务和专科服务三个部分组成。初级卫生服务由全科医生提供(自负盈亏的中小型诊所和少数连锁品牌诊所);社区服务由当地公立或私立机构组织提供;专科服务由公立医院主导;私立专科医院在英国整个医疗行业的占比只有 5% 左右。② 英国的 NHS 服务范围涵盖了从预防到康复、从孕检到临终护理、从头疼感冒等小病到心脏搭桥等大病的各类医疗保健服务。NHS 的资源配给根据医学需要进行成本效益分析之后确定优先顺序,根据病情安排最合理、最需要的治疗手段。所有英国合法居民都有权基本上免费地享受 NHS 的服务。所谓"基本上免费",是指民众在看病治病时还需要支付小额费用,主要是用于购买处方药。

2010~2019 年英国卫生总费用占 GDP 比重只有 9%,低于德国、法国和瑞士等 OECD 国家,并且远远低于美国。③ 英国的初级卫生服务和社区服务比重仅占总体医疗费用的 10%,却完成了英国超过 80% 的门急诊业务(包括由日间手术中心完成的大量外科手术)。④

英国保守党政府进行了两次对 NHS 的改革:第一次是撒切尔夫人执政时期建立了法人化的公立机构,代表民众负责向医护人员和医疗机构购买医疗服务,通过"内部模拟市场"促进社会服务提供者之间的竞争;第二次是保守党和自由民主党联合执政的新时期,建立全科医生预算管委会(Clinical Commissioning Group),进一步强化全科医生守门人制度,打通医保和社保资金池以提高基层医疗和护理机构的效率和质量,允许和鼓励私立机构加入医保

---

① "What We Spend and How We Spend It?", https://www.england.nhs.uk/contact-us/pub-scheme/spend/.
② 谢春艳、何江江、胡善联:《英国卫生服务支付制度经验与启示》,《中国卫生经济》2015 年第 1 期。
③ Karen Davis et al., "Health Care Reform: What the United States Can Learn from the Experience of Other Developed Nations", *Health Services Research*, 2010, 45 (2): 588-601.
④ "What We Spend and How We Spend It?", https://www.england.nhs.uk/contact-us/pub-scheme/spend/.

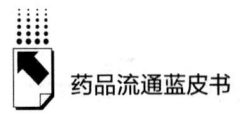

体系,让患者拥有选择权。①

在"按需分配"的原则下,NHS的管理也存在官僚主义和资源浪费的问题,其中最为诟病的是患者等待急诊和手术治疗的时间太长,急诊等待时间按照法定标准为4小时,癌症以外的手术排期为18周,②但是近年来越来越多的NHS医疗机构无法达标,对患者安全和医患关系造成了影响。

(三)社会医疗保险模式

德国率先在工业革命时期颁布了世界上第一部《疾病保险法》,要求低收入的劳工必须加入医疗保险系统。德国的法定医疗保险遵循"社会共济""高度自治"两个核心原则,资金来源主要是劳工和雇主共同承担,早期由雇主和被保险人代表组成的非政府组织负责管理。③从20世纪90年代开始,公民可以自由选择医疗保险机构。法定医疗保险在德国的全民覆盖率超过90%,商业医疗保险覆盖率约8%,2%的人群(如军人和警察等)享受公费医疗。德国法定医疗被保险人的保费取决于其经济收入,雇主负担46%,雇员负担54%。缴费基数设有封顶线和保底线,而工资收入在保底线以下的则可免除缴费义务。政府每年会对封顶线、保底线标准进行适当调整,但法定医疗保险提供的医疗服务是完全一样的。法定医疗保险同时实行实物待遇原则和报销原则。④

德国实行门诊和住院双轨制。德国的患者必须首先到诊所接受诊疗,只有当诊所医生认为患者有必要住院治疗时,患者才能够凭转诊单前往医院治疗。之后,医院医生会根据患者病情确定治疗方案,如果需要住院治疗,则还需经过医疗保险机构的审批。德国公立医院、非营利性医院、私营医院构成占比分别约为39%、40%、21%,从20世纪90年代开始,德国公立医院比重逐步降

---

① "The Health and Social Care Bill", https://www.kingsfund.org.uk/projects/health-and-social-care-bill.

② "The Four-hour NHS Waiting Time Target Saves Lives—Government Should Think Carefully About Changes", https://www.ifs.org.uk/publications/14677.

③ 李滔、张帆:《德国医疗卫生体制改革现状与启示》,《中国卫生经济》2015年第4期。

④ 李珍、赵青:《德国社会医疗保险治理体制机制的经验与启示》,《德国研究》2015年第30期。

低，私立医疗机构的比重逐步提高。① 2010~2019年德国平均医疗支出约占GDP的11%，保险机构每年支付的费用近150亿欧元，是世界上医疗费用支出最高的国家之一。

日本也确立了以社会医疗保险为主体、公费医疗制度和医疗救助制度为补充的医疗保障体系，资金来源包括个人强制保健储蓄、社会医疗保险和政府医疗津贴的混合型筹资模式。日本医保主要分为职工保险和居民保险。职工保险分为大企业组合保险、中小型企业协会保险与公务员共济保险，保险缴费依据不同收入水平分为1~47级不等，由雇主和雇员各承担一半。居民保险主要是针对农业人口、退休人员、自由职业者，可分为市町村国保、组合国保，由国民健康保险团体承担，90%的职工退休后转入居民保险，使用医保时普通疾病需承担总费用的30%。针对医疗费用高昂的大病采用8万日元（约合人民币5294元）的封顶政策，超过8万日元的费用由医保承担。患病达到一定时间后，还有进一步减免规定，到后来基本免费。另外，日本针对65~74岁的老人实行财政补贴制度，针对75岁以上老人有专门的"后期高龄者医疗制度"。

二 国际医疗保险支付和控费

随着时代的发展和社会经济结构的变化，世界各国的医疗保险体系也面临严峻挑战。高收入国家政策关注的重点在于如何从本国实际出发控制一些不合理因素带来的医疗费用增长，例如医保支付逻辑、医药生产流通体制和医疗管理体制的弊端，政府投入不足、医院和医生缺乏控制医疗费用的激励等。②

（一）医保支付政策

根据诺贝尔经济学奖得主弗里德曼在《自由选择》一书中提出的消费矩阵，医疗卫生领域的消费行为模式经常表现为：患者不讲节约，只讲效果；医

---

① 李乐乐、张知新、王辰：《德国医疗保险制度对我国统筹发展的借鉴与思考》，《中国医院管理》2016年第11期。
② 郭敏、赵钦风、焦晨等：《国内外医保基金监管信用体系建设综述》，《中国医疗保险》2020年第11期。

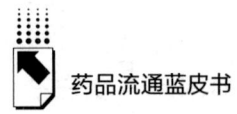

生不讲节约,不讲效果,更关心何种治疗能够给自身带来最大收益;医保机构更多关注治疗成本。医生、医保机构与患者之间存在双重委托代理关系,医保支付需要在信息不对称的前提下统一各自的目标,建立三者之间的经济利益约束机制。①

以美国为例,保险支付是美国医生和医疗机构的主要收入来源。政府主导的社会保险采用行政定价的方式,商保机构以社会保险的支付标准为基准,与医生和医疗机构协商议价。美国住院费用对医生主要采用按项目付费、对医院主要采用按诊断组(DRG)付费,对私人医生诊所(PCP)采用按人头打包付费。商保优势项目参考历史费用,同时将参保者的性别、年龄纳入考量范围,由社会医保对承办优势项目的商业医保机构按人头打包付费,商业医保可以从中获取结余,参保者也可能因健康状况良好、医疗支出较少而获得项目的资金返还或者降低保费。②

由于美国健康保险的监管立法权限在各州,规则差异较大,健康保险基本不能跨州经办,这就导致商业健康险市场出现"多、散、小"特征。美国保险市场份额排名前十的机构,加起来占有的市场份额也不过一半,其中最大的一家 United Health Group Inc. 只有11.4%的份额。这导致当占据市场优势的社会医保采用打包付费时,会促使服务方走向联合或兼并,以寻求谈判优势及规模经济,而这种整合很可能推高医疗费用。③

日本医院大部分以私立为主,采用由定额支付部分(预付制)和按服务项目支付部分(后付制)相结合的混合型支付方式。通过按项目收费体现医生价值,在医保审核支付流程中施行点数法以控制医院费用。④ 英国 NHS 在其"内部模拟市场"实行"按绩付酬"的支付政策(PbR),按照不同地区提供

---

① 王旭、李芬:《基于国际经验的整合型移交卫生服务医疗保险支付方式研究》,《中国卫生资源》2020年第5期。
② Stausberg, J., "International Prevalence of Adverse Drug Events in Hospitals: An Analysis of Routine Data from England, Germany, and the USA", BMC Health Serv Res 14, 125 (2014), https://doi.org/10.1186/1472-6963-14-125.
③ Jose R. Guardado, Carol K. Kane, "US Insurance Company Competition", American Medical Association, 2018, https://www.ama-assn.org/system/files/2018-11/competition-health-insurance-us-markets_1.pdf.
④ 吕学静:《日本医疗保险筹资与费用控制措施》,《中国医疗保险》2014年第5期。

服务的成本差异进行费用价格调控。① 德国医疗保险局联合会（GBA）与医生联合会达成协议，实行费用支付限额制度，将控制费用的义务分解到每一位合同医生身上。②

近年来，高收入国家都积极建立医保大数据库，形成医保智能化信息管理平台，对医疗机构经济运行现状、医疗服务价格行为、医药费用结构等进行动态监测，实现由后付费转变为全流程监控的管理式医疗。同时，高收入国家还重视健康管理、疾病预防、康复护理，逐步实现从"支付服务模式"转化到"以临床价值为基础的支付模式"。③ 除此以外，英国 NHS 和北欧国家在全民健康医疗大数据的收集、安全与隐私保护和应用创新也走在世界前列。④

（二）用药控费

德国最先在欧洲建立药品参考定价制度，目前已覆盖国内大多数药品。法定医疗保险用药分为三个类别，第一类价格的制定需要考虑药品的包装，即剂量和包装大小，第二和三类按照"相当活性成分"，并且规定一组之内药品的参考价格不应当高于该组范围内三个最低价格中最高的一个。参考定价制度的实施达到两个效果：一是患者在购买高于或低于参考定价药品时都要求分担部分药费；二是通过药品价格竞争，使原本质优的药物变得价格低廉，在挤压制药业利润空间的同时，把经济利益让渡给医保基金，最终把健康利益和经济利益让渡给患者。⑤

2017 年起英国开始干预部分基础类仿制药物的"不合理高价"。英国卫生

---

① 杨巧、陈登菊、张伟：《美、英医保按绩效支付方式对我国的启示》，《中国卫生质量管理》2018 年第 2 期。
② 曾理斌、倪少凯：《"双轨"运营模式下的德国全民医保发展经验与启示》，《中国卫生经济》2014 年第 6 期。
③ Ashrafi, N., Kelleher, L., &Kuilboer, J-P., "The Impact of Business Intelligence on Healthcare Delivery in the USA," *Interdisciplinary Journal of Information, Knowledge, and Management*, 2014, 9: 117–130. Retrieved from http://www.ijikm.org/Volume9/IJIKMv9p117-130Ashrafi0761.pdf.
④ 张蕾、王乐陈：《英国初级卫生保健转诊系统对我国分级诊疗及基层医疗信息化建设的借鉴》，《中国全科医学》2019 年第 16 期。
⑤ 于梦根、何平、刘晓云等：《社会医疗保险下的整合型战略购买——德国保健改革的实践与启示》，《医学与社会》2020 年第 12 期。

部商业药品处（CMU）和国家药品供应组（NPSG）还要求品牌药商在英国上市五年后实行法定降价，2018年后通过与英国医药工业协会（ABPI）合作，逐步转变为实行自愿降价计划。① 英国国家临床规范研究所（NICE）负责英国 NHS 目录新特药品的准入和动态评估，采用药物经济学评价数据或价值评估作为参照依据，其决策者包括各个利益相关方（如保险者、被保险者、医生、药师、专家、制药企业等），建立公开透明的决策机制，药价不是"谈"出来的，而是"算"出来的，从而实现药品价格和患者长期健康获益一致。②

日本厚生劳动省对仿制药既鼓励又抑制泛滥，采取分类定价（新药和仿制药分别定价，仿制药以原研价格为参照），注重鼓励药品创新，以临床疗效和价值定价，并以日费用为计算方式。③ 给予创新药审批绿色通道和价格优惠，提升企业创新的积极性，营造良好的市场环境，同时有利于患者享受创新成果，而不是盲目按照行政指令一味降价。日本排名前 10 位的制药企业占市场份额一半以上，70%的企业以生产原研药为主，只有 30%的企业生产仿制药。

日本通过设置"处方流出费""专业技术服务费"补偿医生权益，设置"基本调剂费""药品服务记录指导费"补偿药剂师权益，成功实行"医药分业"。同时通过政府行政指导，把处方药和非处方药分开。④ 非处方药的普及，不仅引导公众进行自我护理，还减少不合理用药的发生，节约了患者对处方药及其他药品的费用开支。日本医疗机构的药品购销差价通常控制在 10%以内，药品流通环节的利润空间保持在 8%～10%。⑤

---

① "What is the new Voluntary Scheme on branded medicines?", https：//www.abpi.org.uk/new-medicines/medicine-pricing-in-the-uk/what-is-the-new-voluntary-scheme-on-branded-medicines/#cd075d55.
② Alec Miners, John Cairns, Allan Wailoo, "Department of Health Proposals for Including Wider Societal Benefits into Value Based Pricing: A Description and Critique", Niece Decision Support Unit, 2013.
③ 王亮、李爱花、岳晓萌：《日本药品价格制度研究及对我国药品价格管理的启示》，《中国卫生经济》2017 年第 10 期。
④ 颜维华、谭华伟、张培林等：《日本诊断群分类支付制度改革经验及启示》，《卫生经济研究》2019 年第 3 期。
⑤ 邵蓉、席晓宇、裴佩等：《日本药品费用控制的措施与借鉴》，《中国医疗保险》2020 年第 1 期。

美国的药品福利管理（PBM）组织通过与保险机构、药企、医疗机构等合作，介入用药过程，提供医保控费和药品零售等服务，在不影响患者治疗效果的情况下，对处方（用药）进行审核和仿制药代替。①

三 国际医疗保险制度面临的共同挑战和启示

第一，近年来，全球社会医疗服务几乎处在超载的状态，即使是高收入国家的医疗不平等问题依然是社会热点，面向罕见病、孤儿药等特需医疗服务的制度安排仍处于探索阶段。② 未来各国的医疗投入还会持续增长，医保改革的成效不会表现为医疗费用的减少，而更多地体现为满足当下未被满足的社会需求。未来政府将进一步引导和鼓励私立机构参与医保体系，增加社会医疗和护理服务总供给。③ 相比全民免费医疗的理念，让全民享受可负担的医疗保障既能发挥制度的教育意义，又不会给国民造成过重的负担，同时还有利于引导国民选择健康的生活方式，提升生活质量，通过社会风险共担实现医疗健康与护理服务体系的可持续性。④

第二，日本是世界上最早进入老龄化的国家之一，目前65岁以上老龄人口已经占总人口的30%。在日本，"社会性住院"已成为常态，越来越多的老年人选择住院并不是为了接受治疗，而仅是为了获得专业和廉价的护理服务。日本的"介护保险"与"国民健康保险"、"国民年金保险"等全民性保险一样，是以国家颁布法律的形式来实施的一种社会保障制度，通常65岁以后可以享受介护服务。⑤ 但是有专家认为长期护理险不过是把过去的"年轻人养老

---

① 高红玉、周利生：《美国 PBM 药品福利管理模式应用及其对中国的借鉴》，http://www.chinamsr.com/2014/0729/80557.shtml。
② "Universal Health Coverage and Health Financing", https://www.who.int/health_financing/universal_coverage_definition/en/
③ Abiiro G. A. and De Allegri M., "Universal Health Coverage from Multiple Perspectives: A Synthesis of Conceptual Literature and Global Debate", *BMC International Health and Human Rights*, 2015: 15: 17.
④ Bock J - O., Hajek A., and Brenner H., et al., "A Longitudinal Investigation Willingness to Pay for Health Insurance in Germany", *Health Service Research*, 2017, 52 (3): 1099 - 1117.
⑤ http://jasic.org.au/welfare/ 2019.

年人"转变成"年轻人和不需要护理的老年人共同来养需要护理的老年人",长期护理险制度显然只是缓兵之计而非制胜之道。①

第三,我们绝不可将美国医保制度体系的弊端全都归咎于商业保险。美国由于商业医保覆盖的人口超过一半,对于更多人来说这种制度的压力主要体现在保险金增长的速度大幅超过工资收入增长和物价通胀的程度。但是正如2015年诺贝尔经济学奖得主安格斯·迪顿在其著作《逃离不平等》中所说:"美国医疗系统的一个重要特征是新的发明总会很快被付诸应用。"② 如果说OECD国家最有利于医疗和医药新技术的推广和普及,那么当前格局下的美国医保制度体系是促进全球医疗和医药技术进步与创新的催化器。商业医保机构形成制衡供方的市场力量,实现规模经济产生的降费效应,提升商业医保的行政管理效率,对增加投保人的选择权、提升医院的管理效率和减轻社会保险的负担具有正面意义。

第四,实践证明,英国拥有强大的全科医生队伍和完善的全科医生守门人制度,这是控制医疗费用明显低于美国和其他西欧高收入国家的主要原因。英国NHS建立的三级医疗和护理服务体系、"内部模拟市场"机制及全科医生预算管委会(CCG)制度,是全球最具宏观经济效益的全民医疗保险模式。如果再结合美国私人医生诊所(PCP)在初级医疗中实行的按人头打包付费模式,以及德国法定医疗保险要求患者在住院转诊前需先经过医疗保险机构的审批制度,都值得我国在探索县域医联体新模式、基层医疗与医保对接时比对和借鉴。同时,基层医疗卫生信息化和全民健康医疗大数据建设是关乎基层能否担当起"健康守门人"重任的战略性基础设施支撑。

第五,医保控费的关键在于建立医生、医保机构和患者三者之间的经济利益约束机制。与我国医疗保险制度相近度较高的德国和日本等高收入国家虽然重视对医药卫生市场的管制,却并没有忽视市场机制的作用,而是把政府行政干预与市场机制有机地结合起来。德国医保改革经验反映出医药平行进口制度能够极大地推动自由竞争,患者用药费用分摊制度能够减轻患者用药负担过重产生的社会不平等,同时提升医药的可及性。日本医保改革经验通过补偿医生

---

① 吕学静:《日本医疗保险筹资与费用控制措施》,《中国医疗保险》2014年第5期。
② 安格斯·迪顿:《逃离不平等》,崔传刚译,中信出版社,2014。

和药剂师权益实行医药分业，政府引导处方药和非处方药分开，推动非处方药的普及，减少不合理用药并缓解医保报销压力。对仿制药生产采取既鼓励又抑制泛滥的原则，注重鼓励医药创新，以临床疗效和价值为药品定价，给予创新药审批绿色通道和价格优惠，提升企业创新的积极性，营造良好的市场环境，而不是盲目按照行政指令一味降价，有利于患者享受创新成果。

附 录
Appendix

B.27
2020年药品流通行业相关数据

表1　2015~2020年药品流通行业销售统计

单位：亿元

年份	2015	2016	2017	2018	2019	2020
销售额	16613	18393	20016	21586	23667	24149

表2　2020年药品流通行业区域总销售排序

单位：万元，%

序号	区域	销售总额	西药类销售占比	中成药类销售占比	中药材类销售占比
	合计	241489059	71.46	14.14	2.30
1	广东省	25596812	65.55	14.82	2.37
2	北京市	18674471	67.00	17.85	4.41
5	上海市	17989848	69.33	12.66	3.81
3	江苏省	17950466	77.80	13.98	1.40
4	浙江省	16749805	76.64	13.27	3.24
6	山东省	14406046	75.43	11.34	2.19
7	河南省	14135150	72.34	12.34	1.24
8	安徽省	11296388	74.68	13.06	0.27
9	四川省	10962873	77.70	13.40	2.28

2020年药品流通行业相关数据

续表

序号	区域	销售总额	西药类销售占比	中成药类销售占比	中药材类销售占比
10	湖北省	9959959	67.13	4.57	1.31
11	云南省	9425916	62.22	11.45	1.26
12	湖南省	9158209	75.11	13.56	2.75
13	重庆市	8223582	67.20	18.18	3.27
14	河北省	7003912	73.59	9.85	5.67
15	天津市	5196718	64.18	23.42	0.86
16	辽宁省	5111012	82.41	12.66	0.73
17	山西省	4792011	74.32	10.67	0.58
18	福建省	4746641	77.82	7.74	2.15
19	广西壮族自治区	4587569	73.22	12.99	2.18
20	陕西省	4298469	77.46	17.72	1.33
21	江西省	4011364	71.66	19.18	1.64
22	贵州省	3089867	60.28	19.85	1.54
23	吉林省	2882389	73.40	22.07	1.84
24	黑龙江省	2573975	58.00	36.73	1.44
25	新疆维吾尔自治区	2256979	72.19	14.01	0.31
26	海南省	1642132	80.84	7.12	1.49
27	甘肃省	1566851	53.98	30.57	3.52
28	宁夏回族自治区	1329568	74.89	13.45	2.36
29	内蒙古自治区	1046777	85.55	8.63	0.26
30	西藏自治区	498445	19.59	80.39	0.00
31	青海省	324854	66.37	22.43	4.75

资料来源：商务部药品流通管理系统。

表3 2010－2020年药品流通行业企业数量统计

单位：家

年份	批发企业数量	零售连锁企业数量	零售单体药店数量
2010	13500	2310	262000
2011	13900	2607	277100
2012	16300	3107	271100
2013	14900	3570	274415
2014	13274	4266	263489
2015	13508	4981	243162
2016	12975	5609	226331
2017	13146	5409	224514
2018	13598	5671	233596
2019	13628	6701	234255
2020	13105	6298	240963

资料来源：国家药品监督管理局。

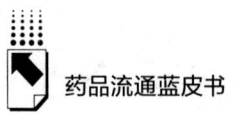

表4 2020年药品流通行业区域企业数量统计

单位：家

序号	区域	企业数量		
		企业总数	其中:批发企业数	其中:零售企业数
1	北京	5367	225	5142
2	天津	4842	127	4715
3	河北	29098	600	28498
4	山西	14179	339	13840
5	内蒙古	15260	208	15052
6	辽宁	24730	368	24362
7	吉林	15395	527	14868
8	黑龙江	22083	512	21571
9	上海	4278	150	4128
10	江苏	30987	387	30600
11	浙江	22030	540	21490
12	安徽	20819	425	20394
13	福建	11314	239	11075
14	江西	13245	449	12796
15	山东	42351	578	41773
16	河南	33153	395	32758
17	湖北	16519	688	15831
18	湖南	22527	445	22082
19	广东	55610	1483	54127
20	广西	20391	344	20047
21	海南	5334	330	5004
22	重庆	17881	692	17189
23	四川	47721	934	46787
24	贵州	15709	231	15478
25	云南	21835	561	21274
26	西藏	641	42	599
27	陕西	14933	447	14486
28	甘肃	7728	383	7345
29	青海	2088	92	1996
30	宁夏	4672	111	4561
31	新疆	8973	212	8761
32	新疆兵团	1602	41	1561
	合计	573295	13105	560190

资料来源：国家药品监督管理局。

表5 2020年药品流通行业区域零售企业门店数量统计

单位：家，%

序号	区域	企业数		门店数				
		零售企业总数	其中:连锁企业数	门店总数	上年同期	门店同比增长	其中:单体门店数	其中:连锁门店数
1	北京	5142	112	5030	5321	-5.47	2477	2553
2	天津	4715	52	4663	4546	2.57	3193	1470
3	河北	28498	412	28086	26409	6.35	11670	16416
4	山西	13840	111	13729	12343	11.23	8420	5309
5	内蒙古	15052	161	14891	14236	4.60	6446	8445
6	辽宁	24362	303	24059	23198	3.71	10491	13568
7	吉林	14868	272	14596	13706	6.49	7949	6647
8	黑龙江	21571	278	21293	15183	40.24	10685	10608
9	上海	4128	52	4076	4189	-2.70	324	3752
10	江苏	30600	307	30293	25760	17.60	13519	16774
11	浙江	21490	284	21206	20894	1.49	9601	11605
12	安徽	20394	275	20119	16905	19.01	9215	10904
13	福建	11075	117	10958	9552	14.72	6316	4642
14	江西	12796	92	12704	12417	2.31	7308	5396
15	山东	41773	756	41017	40277	1.84	10722	30295
16	河南	32758	406	32352	26891	20.31	15805	16547
17	湖北	15831	184	15647	14885	5.12	6722	8925
18	湖南	22082	158	21924	21731	0.89	6640	15284
19	广东	54127	455	53672	56559	-5.10	31848	21824
20	广西	20047	229	19818	19344	2.45	6135	13683
21	海南	5004	30	4974	4538	9.61	1361	3613
22	重庆	17189	101	17088	13390	27.62	8241	8847
23	四川	46787	509	46278	46031	0.54	5980	40298
24	贵州	15478	122	15356	14866	3.30	9836	5520
25	云南	21274	93	21181	19060	11.13	10718	10463
26	西藏	599	16	583	478	21.97	484	99
27	陕西	14486	94	14392	17227	-16.46	9064	5328
28	甘肃	7345	72	7273	7538	-3.52	4752	2521
29	青海	1996	31	1965	3760	-47.74	618	1347
30	宁夏	4561	62	4499	2902	55.03	1438	3061
31	新疆	8761	105	8656	8110	6.73	2379	6277
32	新疆兵团	1561	47	1514	1557	-2.76	606	908
	合计	560190	6298	553892	523803	5.74	240963	312929

资料来源：国家药品监督管理局。

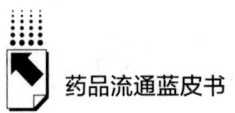

表6　2020年主营业务收入前100位的药品批发企业排序

单位：万元

序号	企业名称	主营业务收入
1	中国医药集团有限公司	48061078
2	上海医药集团股份有限公司	16816700
3	华润医药商业集团有限公司	15111029
4	九州通医药集团股份有限公司	11081903
5	中国医药-重庆医药联合体	8441596
6	广州医药股份有限公司	4256793
7	深圳市海王生物工程股份有限公司	3993491
8	南京医药股份有限公司	3970021
9	华东医药股份有限公司	3368306
10	安徽华源医药集团股份有限公司	2847377
11	瑞康医药集团股份有限公司	2697612
12	浙江英特集团股份有限公司	2495266
13	嘉事堂药业股份有限公司	2325614
14	云南省医药有限公司	2146000
15	广西柳州医药股份有限公司	1562980
16	鹭燕医药股份有限公司	1550416
17	四川科伦医药贸易集团有限公司	1415295
18	江西南华医药有限公司	1253878
19	石药集团河北中诚医药有限公司	1158336
20	中国北京同仁堂(集团)有限责任公司	1072993
21	江西汇仁医药贸易有限公司	841192
22	哈药集团医药有限公司	794275
23	民生药业集团有限公司	761545
24	罗氏(上海)医药贸易有限公司	747124
25	陕西医药控股集团派昂医药有限责任公司	730464
26	重庆桐君阁股份有限公司	696009
27	湖北人福医药集团有限公司	650970
28	江苏省医药有限公司	640360
29	青岛百洋医药股份有限公司	586414
30	江苏康缘医药商业有限公司	580100
31	天津中新药业集团股份有限公司医药公司	541275
32	礼来贸易有限公司	519070
33	修正药业集团营销有限公司	450174

续表

序号	企业名称	主营业务收入
34	天津医药集团太平医药有限公司	420254
35	浙江省医药工业有限公司	410780
36	江苏先声药业有限公司	405938
37	昆药集团医药商业有限公司	398798
38	创美药业股份有限公司	396521
39	浙江震元股份有限公司	342913
40	云南东骏药业有限公司	325551
41	北京双鹤药业经营有限责任公司	291689
42	东北制药集团供销有限公司	290333
43	齐鲁医疗投资管理有限公司	273797
44	四川合纵药易购医药股份有限公司	272634
45	山东罗欣医药现代物流有限公司	270399
46	康泽药业股份有限公司	267759
47	福建省医药集团有限责任公司	262150
48	葵花药业集团医药有限公司	262116
49	吉林万通药业集团药品经销有限公司	255126
50	广州采芝林药业有限公司	252071
51	海尔施生物医药股份有限公司	252058
52	贵州康心药业有限公司	249922
53	四川金仁医药集团有限公司	247138
54	厦门片仔癀宏仁医药有限公司	244720
55	上海康健进出口有限公司	241750
56	辽宁汇明医药有限公司	241609
57	必康润祥医药河北有限公司	238616
58	泰州医药集团有限公司	233680
59	上海海吉雅医药有限公司	224480
60	昆明滇虹药业销售有限公司	224183
61	浙江来益医药有限公司	223631
62	山东新华医药贸易有限公司	215051
63	湖南达嘉维康医药有限公司	211295
64	浙江华通医药集团有限公司	189401
65	四川本草堂药业有限公司	189007
66	四川贝尔康医药有限公司	187684
67	山西亚宝医药经销有限公司	185614
68	西藏神威药业有限公司	172435

续表

序号	企业名称	主营业务收入
69	贵州科开医药有限公司	171195
70	四川粤通医药有限公司	169606
71	浙江恩泽医药有限公司	169091
72	重庆长圣医药有限公司	158975
73	浙江英诺珐医药有限公司	157769
74	兰州强生医药集团有限公司	148416
75	山东康诺盛世医药有限公司	146853
76	必康百川医药(河南)有限公司	144959
77	商丘市新先锋药业有限公司	140926
78	云南医药工业销售有限公司	135560
79	兰州佛慈西城药业集团有限责任公司	129374
80	上海外高桥医药分销中心有限公司	125219
81	海南天祥药业有限公司	122500
82	云南同丰医药有限公司	122241
83	江苏澳洋医药物流有限公司	121029
84	浙江瑞海医药有限公司	114068
85	上海龙威医药有限公司	112295
86	常熟市建发医药有限公司	111217
87	西安藻露堂药业集团有限责任公司	110566
88	浙江珍诚医药在线股份有限公司	106141
89	深圳中联广深医药(集团)股份有限公司	105247
90	淄博众生医药有限公司	103511
91	西藏康健医药销售有限公司	102993
92	威海市天福医药有限公司	101654
93	红惠医药有限公司	99702
94	苏州恒祥进出口有限公司	98861
95	重药控股湖南博瑞药业有限公司	98285
96	海南新天元药业有限公司	94742
97	江苏华为医药物流有限公司	93734
98	西安医药投资控股有限责任公司	91868
99	江西康成药业有限公司	90557
100	牡丹江博搏医药有限责任公司	87577
	合计	157423490

资料来源：商务部药品流通管理系统。

2020年药品流通行业相关数据

表7 2020年销售总额前100位的药品零售企业排序

单位：万元

序号	企业名称	销售总额
1	国药控股国大药房有限公司	2156871
2	大参林医药集团股份有限公司	1532882
3	老百姓大药房连锁股份有限公司	1475200
4	益丰大药房连锁股份有限公司	1358834
5	一心堂药业集团股份有限公司	1280062
6	中国北京同仁堂(集团)有限责任公司	806758
7	甘肃众友健康医药股份有限公司	660000
8	漱玉平民大药房连锁股份有限公司	512000
9	上海华氏大药房有限公司	493835
10	云南健之佳健康连锁店股份有限公司	432985
11	河南张仲景大药房股份有限公司	367942
12	好药师大药房连锁有限公司	304228
13	河北华佗药房医药连锁有限公司	281064
14	柳州桂中大药房连锁有限责任公司	276758
15	重庆和平药房连锁有限责任公司	268292
16	甘肃德生堂医药科技集团有限公司	201983
17	瑞人堂医药集团股份有限公司	196483
18	江西黄庆仁栈华氏大药房有限公司	194179
19	吉林大药房药业股份有限公司	194147
20	天济大药房连锁有限公司	176120
21	康泽药业连锁有限公司	163300
22	临沂市仁和堂医药(连锁)有限公司	149469
23	山东燕喜堂医药连锁有限公司	146796
24	石家庄新兴药房连锁股份有限公司	140602
25	深圳市南北药行连锁有限公司	135117
26	南京医药国药有限公司	132180
27	贵州一树连锁药业有限公司	129010
28	重庆市万和药房连锁有限公司	126647
29	成都泉源堂大药房连锁股份有限公司	126135
30	广州健民医药连锁有限公司	122979
31	江苏润天医药连锁药房有限公司	122147
32	上药云健康益药药业(上海)有限公司	122049
33	湖南千金大药房连锁有限公司	106399

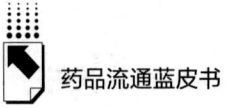

续表

序号	企业名称	销售总额
34	哈尔滨人民同泰医药连锁有限公司	103948
35	上海第一医药股份有限公司	95849
36	贵州一品药业连锁有限公司	92565
37	浙江震元医药连锁有限公司	90826
38	安徽丰原大药房连锁有限公司	90817
39	重庆鑫斛药房连锁有限公司	88828
40	浙江英特怡年药房连锁有限公司	87306
41	山东立健药店连锁有限公司	84779
42	华润苏州礼安医药连锁总店有限公司	84321
43	杭州海王星辰健康药房有限公司	76656
44	中山市中智大药房连锁有限公司	75817
45	四川杏林医药连锁有限责任公司	74327
46	湖南怀仁大健康产业发展股份有限公司	71026
47	武汉马应龙大药房连锁股份有限公司	66182
48	杭州九洲大药房连锁有限公司	64897
49	湖南达嘉维康医药产业股份有限公司	64353
50	河北神威大药房连锁有限公司	64316
51	深圳市麦德信药房管理有限公司	60735
52	江苏康济大药房连锁有限公司	59015
53	廊坊市百和一笑堂医药零售连锁有限公司	57838
54	宁波四明大药房有限责任公司	56218
55	青岛德信行惠友大药房有限公司	54994
56	广州医药大药房有限公司	54935
57	贵州正和祥药业有限公司	51275
58	杭州华东大药房连锁有限公司	50212
59	上海得一大药房连锁有限公司	48579
60	陕西众信医药超市连锁股份有限公司	48477
61	山西荣华大药房连锁有限公司	48325
62	杭州胡庆余堂国药号有限公司	48170
63	江苏大众医药连锁有限公司	44746
64	云南白药大药房有限公司	42793
65	浙江华通医药连锁有限公司	42210
66	仁和药房网(北京)医药科技有限公司	41370
67	杭州全德堂药房有限公司	40548
68	四川圣杰药业有限公司	40237

2020年药品流通行业相关数据

续表

序号	企业名称	销售总额
69	武汉东明药房连锁有限公司	39249
70	四川遂宁市全泰堂药业有限公司	39132
71	广西一心医药集团有限责任公司	38819
72	常州人寿天医药连锁有限公司	38148
73	深圳市万泽医药连锁有限公司	37771
74	苏州雷允上国药连锁总店有限公司	37194
75	上海养和堂药业连锁经营有限公司	36854
76	宁波彩虹大药房有限公司	36574
77	青岛丰硕堂医药连锁有限公司第二十二大药房	34356
78	湖北用心人大药房连锁有限公司	31876
79	上海医药嘉定大药房连锁有限公司	30116
80	西双版纳迪升药业有限责任公司	29748
81	上海余天成药业连锁有限公司	28854
82	海宁市老百姓大药房有限责任公司	28703
83	青岛百洋健康药房连锁有限公司	28081
84	四川省巴中怡和药业连锁有限责任公司	26802
85	河南佐今明大药房健康管理股份有限公司	26488
86	黑龙江华辰大药房连锁有限公司	26346
87	宜宾天天康大药房零售连锁有限责任公司	26233
88	绵阳科伦大药房连锁有限公司	25451
89	山西仁和大药房连锁有限公司	25172
90	云南省玉溪医药有限责任公司	23329
91	开封市百氏康医药连锁有限公司	22469
92	黑龙江泰华医药集团有限公司	22181
93	易心堂大药房连锁股份有限公司	21899
94	浙江华联医药连锁有限公司	21096
95	江西省萍乡市昌盛大药房连锁有限公司	20115
96	四川德仁堂药业连锁有限公司	20063
97	济宁新华鲁抗大药房有限公司	19314
98	青岛国风大药房连锁有限公司	18268
99	四川省荣县泰康大药房连锁药业有限公司	17877
100	北京德信行医保全新大药房有限公司	17827
	合计	18057348

资料来源：商务部药品流通管理系统。

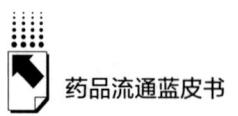

表8 2020年销售总额前100位的药品零售企业门店情况统计

单位：家，平方米

序号	企业名称	门店数				营业面积
		总数	直营店	医保定点门店	DTP药房门店	
1	国药控股国大药房有限公司	7660	6212	6346	177	1092572
2	大参林医药集团股份有限公司	6020	5705	4695	0	496387
3	老百姓大药房连锁股份有限公司	6533	4892	4299	143	641531
4	益丰大药房连锁股份有限公司	5356	5356	4448	40	634991
5	一心堂药业集团股份有限公司	7205	7205	6205	0	758752
6	中国北京同仁堂（集团）有限责任公司	875	875	641	0	304281
7	甘肃众友健康医药股份有限公司	3566	3566	3352	30	546620
8	漱玉平民大药房连锁股份有限公司	1851	1851	1583	28	246489
9	上海华氏大药房有限公司	706	484	324	2	60535
10	云南健之佳健康连锁店股份有限公司	2130	2130	1648	0	309597
11	河南张仲景大药房股份有限公司	1847	1847	950	100	333390
12	好药师大药房连锁有限公司	1168	234	878	0	105030
13	河北华佗药房医药连锁有限公司	695	695	687	0	55580
14	柳州桂中大药房连锁有限责任公司	612	612	537	122	69110
15	重庆和平药房连锁有限责任公司	646	646	616	12	77115
16	甘肃德生堂医药科技集团有限公司	795	795	706	20	224284
17	瑞人堂医药集团股份有限公司	874	789	374	49	65059
18	江西黄庆仁栈华氏大药房有限公司	406	406	350	29	41948
19	吉林大药房药业股份有限公司	949	949	712	5	132860
20	天济大药房连锁有限公司	608	608	597	1	62712
21	康泽药业连锁有限公司	153	153	129	0	29420
22	临沂市仁和堂医药（连锁）有限公司	802	802	645	0	109486
23	山东燕喜堂医药连锁有限公司	777	777	703	0	91701
24	石家庄新兴药房连锁股份有限公司	577	577	493	5	73054
25	深圳市南北药行连锁有限公司	652	21	587	0	50301
26	南京医药国药有限公司	435	343	316	24	52629
27	贵州一树连锁药业有限公司	410	410	409	1	36913
28	重庆市万和药房连锁有限公司	663	663	663	0	99996
29	成都泉源堂大药房连锁股份有限公司	273	273	273	85	32760
30	广州健民医药连锁有限公司	35	35	32	0	5760
31	江苏润天医药连锁药房有限公司	50	50	29	50	6993

续表

序号	企业名称	门店数				营业面积
		总数	直营店	医保定点门店	DTP药房门店	
32	湖南千金大药房连锁有限公司	1034	136	1034	0	51700
33	上药云健康益药药业(上海)有限公司	46	46	24	46	11003
34	哈尔滨人民同泰医药连锁有限公司	249	249	249	4	28275
35	上海第一医药股份有限公司	108	108	48	0	13270
36	贵州一品药业连锁有限公司	412	412	405	1	35540
37	浙江震元医药连锁有限公司	138	123	88	18	19894
38	安徽丰原大药房连锁有限公司	422	422	398	0	—
39	重庆鑫斛药房连锁有限公司	810	345	307	0	91343
40	杭州海王星辰健康药房有限公司	319	319	191	9	25520
41	浙江英特怡年药房连锁有限公司	43	43	30	13	5369
42	山东立健药店连锁有限公司	470	470	6	0	50600
43	华润苏州礼安医药连锁总店有限公司	84	84	76	1	7000
44	中山市中智大药房连锁有限公司	358	358	298	0	43562
45	四川杏林医药连锁有限责任公司	197	174	180	2	17785
46	湖南怀仁大健康产业发展股份有限公司	294	294	294	1	35137
47	武汉马应龙大药房连锁股份有限公司	59	58	53	6	4148
48	杭州九洲大药房连锁有限公司	115	115	98	11	24941
49	湖南达嘉维康医药产业股份有限公司	35	35	35	19	6658
50	河北神威大药房连锁有限公司	309	309	309	0	53542
51	广州医药大药房有限公司	36	36	29	33	7902
52	深圳市麦德信药房管理有限公司	115	115	78	2	11468
53	江苏康济大药房连锁有限公司	115	115	104	2	16800
54	廊坊市百和一笑堂医药零售连锁有限公司	180	180	129	0	25499
55	宁波四明大药房有限责任公司	63	63	55	0	6863
56	青岛德信行惠友大药房有限公司	1	1	1	1	759
57	贵州正和祥药业有限公司	313	313	308	0	33513
58	杭州华东大药房连锁有限公司	35	35	24	10	5108
59	上海得一大药房连锁有限公司	37	37	21	0	5000
60	陕西众信医药超市连锁股份有限公司	185	185	173	0	28345
61	山西荣华大药房连锁有限公司	212	212	212	0	32509
62	杭州胡庆余堂国药号有限公司	16	16	14	0	5100
63	江苏大众医药连锁有限公司	120	120	120	2	15000

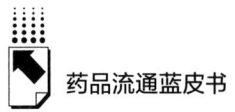

续表

序号	企业名称	门店数				营业面积
		总数	直营店	医保定点门店	DTP药房门店	
64	云南白药大药房有限公司	103	103	103	0	18122
65	浙江华通医药连锁有限公司	100	100	84	1	15052
66	仁和药房网(北京)医药科技有限公司	25	25	8	6	4380
67	杭州全德堂药房有限公司	7	7	7	7	1040
68	四川圣杰药业有限公司	229	229	222	1	36514
69	武汉东明药房连锁有限公司	98	60	90	0	11260
70	四川遂宁市全泰堂药业有限公司	142	142	142	0	18650
71	广西一心医药集团有限责任公司	554	46	498	0	60850
72	常州人寿天医药连锁有限公司	25	25	22	1	6500
73	深圳市万泽医药连锁有限公司	141	141	93	8	12913
74	苏州雷允上国药连锁总店有限公司	58	58	55	3	5780
75	上海养和堂药业连锁经营有限公司	70	70	36	0	7300
76	宁波彩虹大药房有限公司	218	218	210	0	15800
77	青岛丰硕堂医药连锁有限公司第二十二大药房	1	1	1	1	215
78	湖北用心人大药房连锁有限公司	274	274	246	0	26230
79	上海医药嘉定大药房连锁有限公司	35	35	19	0	4175
80	西双版纳迪升药业有限责任公司	160	160	159	0	16480
81	上海余天成药业连锁有限公司	56	56	33	0	7777
82	海宁市老百姓大药房有限责任公司	120	106	100	0	18500
83	青岛百洋健康药房连锁有限公司	18	18	15	1	2859
84	四川省巴中怡和药业连锁有限责任公司	183	183	155	0	15885
85	河南佐今明大药房健康管理股份有限公司	74	74	73	0	17968
86	黑龙江华辰大药房连锁有限公司	103	103	103	0	5800
87	宜宾天天康大药房零售连锁有限责任公司	154	154	154	0	22425
88	绵阳科伦大药房连锁有限公司	11	11	9	3	2500
89	山西仁和大药房连锁有限公司	163	163	162	1	33904
90	云南省玉溪医药有限责任公司	102	102	97	0	13646
91	开封市百氏康医药连锁有限公司	106	106	100	0	11730
92	黑龙江泰华医药集团有限公司	68	68	65	0	5000
93	易心堂大药房连锁股份有限公司	96	96	52	0	14236

续表

序号	企业名称	门店数				营业面积
		总数	直营店	医保定点门店	DTP药房门店	
94	浙江华联医药连锁有限公司	93	93	85	6	9022
95	江西省萍乡市昌盛大药房连锁有限公司	200	200	147	0	16205
96	四川德仁堂药业连锁有限公司	155	155	155	0	15385
97	济宁新华鲁抗大药房有限公司	44	44	44	2	4912
98	青岛国风大药房连锁有限公司	107	107	107	0	13000
99	四川省荣县泰康大药房连锁药业有限公司	39	0	30	0	3120
100	北京德信行医保全新大药房有限公司	17	17	13	7	3220
	合计	66408	59039	53312	1152	8065364

注：*益丰大药房连锁股份有限公司统计数据不含加盟店。
资料来源：商务部药品流通管理系统。

Abstract

Annual Report on China's Pharmaceutical Distribution Industry (2021) is the blue book of China Pharmaceutical Distribution. The book is divided into ten chapters, namely, General Report, Policy, Industry, Pharmaceutical Supply Chain, Chinese Pharmacy, Pharmaceutical E-Commerce, Innovation, Regional, International, and Appendix. It focuses on the analysis and research of the development status and related important issues of the pharmaceutical distribution industry.

The General Report chapter discuss the development overview and characteristics of the pharmaceutical distribution industry in 2020, and looks forward to the development trend in 2021.

The Policy chapter mainly studies the new policies issued by the State or local governments in recent years. This chapter proposes the national strategy for pharmaceutical logistics in China and identifies the current major issues and explores the formulation of regulatory policies for modern pharmaceutical logistics. It analyzes the impact of the volume procurement policy on the pharmaceutical distribution industry, investigate, the development trend of innovative drugs in China under relevant policies, and puts forward relevant suggestions to optimize the accessibility of innovative drugs.

The Industry chapter summarizes the progress of the construction of a modern logistics system for traditional Chinese medicinal materials across the country. It also investigates the extent of the current medication shortage and its impacts and proposes reasonable suggestions. The chapter analyzes the overall development status and trend of the industry from growth level, profitability, cost control, capital operation, and other aspects of the listed companies in the pharmaceutical distribution industry. It also studies the market expectations and investment value from the listed companies in the pharmaceutical distribution industry.

Abstract

The Pharmaceutical Supply Chain chapter releases the analysis report on China's pharmaceutical supply chain and pharmaceutical logistics development in 2020. It analyzes the development of a pharmaceutical supply chain oriented by customer demand. It also shares the successful case of Guangzhou Pharmaceutical Co. on discovering modern supply chain system.

Chinese Pharmacies chapter analyzes the development, characteristics, and trends of China's overall pharmaceutical retail market. This chapter covers the development status and trend of DTP pharmacy. It analyzes the development direction of retail pharmacies under the "dual channel" and innovative payment model by comparing the development paths of health care and pharmaceuticals of China and that of western countries, as well as providing duly suggestions. It also analyzes the development status of online prescriptive medications in China and provides suggestions for the compliance of online prescription medications.

The Pharmaceutical E-commerce chapter analyzes the current status of information technology application in pharmaceutical distribution enterprises in 2020 and introduces the exploration and practice of Dingdang Kuaiyao and Ping An Health in the field of medical e-commerce.

The Innovation chapter summarizes the development of Chinese pharmaceutical innovation and its status, and it conducts a theoretical analysis of "commercial medical insurance promoting the development of pharmaceutical innovation." There are several case studies: the operation scheme of the "visible, controllable and predictable" smart supply chain of Nanjing Pharmaceutical Co., Ltd., the "Beijing Model" of the cross-border medical equipment e-commerce developed by Keyuan Xinhai (Beijing) Medical Products Trading Co., Ltd., and the "Internet Hospital + Neighborhood Research DTP Pharmacy" model launched by Linke Biotechnology (Tianjin) Co., Ltd.

The Regional chapter introduces the development of the industry in the Beijing-Tianjin-Hebei zone and Yangtze River Delta area, respectively. It provides a summary of the achievements of the industry as well as problems in it and proposes suggestions.

The International chapter introduces the impact of the COVID – 19 Pandemic on the U.S. pharmaceutical supply chain and analyzes the development trend of the global pharmaceutical supply chain market. This chapter also analyzes the history of the international health insurance system, which provides a reference for the development of China's health insurance system.

The appendix contains relative statistics of the pharmaceutical distribution industry.

This book is a series of annual reports reflecting the development of the China pharmaceutical distribution industry. It is official, comprehensive, systematic, forward-looking, and practical. In addition the book is informative and accurate; it Provides insights on both current industry status in China and brings international perspective. The book is an important document to study and guides the development of the pharmaceutical distribution industry with a high reference value.

Keywords: Pharmaceutical Distribution; Volume Procurement; Pharmaceutical Supply Chain; Pharmaceutical E-commerce

Contents

I General Report

B.1 2020 Pharmaceutical Distribution Industry Operation Statistics Analysis Report

Department of Market Operation and Consumption Promotion
Ministry of Commerce, PRC / 001

Abstract: In 2020, the growth rate of the sale scale of the national pharmaceutical distribution market slow down, and the retail market sales continue to grow steadily, with a slight acceleration. Sales of large pharmaceutical wholesale enterprises continued to rebound from the negative growth at the beginning of the year, and the concentration continued to increase. Pharmaceutical retail industry concentration and chain ratio have been further increased. Pharmaceutical logistics companies have improved their service capabilities and promoted the coordinated development of the supply chain; pharmaceutical e-commerce sales have increased, and the integration with offline has entered a new stage of development. The year 2021 is the beginning of the national "14th Five-Year Plan". With the full implementation of the Healthy China Strategy and the deeper advancement of the medical and health system reform, the pharmaceutical distribution industry has entered a critical transition period for reformation.

Keywords: Pharmaceutical Distribution Market; Pharmaceutical Wholesale Enterprises; Retail Market

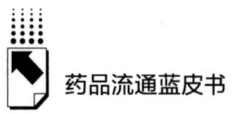
药品流通蓝皮书

Ⅱ Policy Reports

B.2 National Strategy and Supervision Strategy for the Development of Modern Pharmaceutical Logistics

Tang Minhao / 014

Abstract: At present, the "third-party pharmaceutical logistics" is gradually entering the pharmaceutical logistics market. It is the requirement of the national macro development strategy during the "14th Five-Year Plan" period to implement the regulatory reform of "Balance the streamline of government administration and empowerment" for pharmaceutical logistics; it is also an area that cannot be ignored in the construction of post-marketing regulatory policy for pharmaceutical products. At this stage, while strengthening the quality management of the "third-party pharmaceutical logistics", the construction of a unified modern pharmaceutical logistics market should be actively promote in China for high-quality development of pharmaceutical logistics. Therefore, it is necessary to fully understand the basic characteristics of modern pharmaceutical logistics and formulate a unified national regulatory policy on modern pharmaceutical logistics. We need to scientifically study and evaluate the safety risk points of "third-party pharmaceutical logistics", as well as improve the quality management requirements for entrusted matters of the pharmaceutical logistics and the administrative supervision measures on "third-party pharmaceutical logistics." At the same time, it is important to explore and complete the evaluation mechanism of the third-party pharmaceutical logistics enterprises by industry enterprises.

Keywords: Pharmaceutical Logistics; Third-party Pharmaceutical Logistics; Regulatory Policy

Contents

B.3 The Evolution of the Centralized Drug Procurement Policy
and Its Impact on the Industry　　*Tao Libo, Wang Lili* / 027

Abstract: Centralized drug procurement is an important part of China's healthcare reform and corresponding policies are continuing evolved. Since its establishment the National Healthcare Security Administration (NHSA) has been guided by the new large volume centralized procurement. By guidance of the "volume for price", the bidding price has been significantly reduced and the contracted quantity of winning products has been achieved, which has significantly promoted the progress of the drug centralized procurement work. The continuous advancement and expansion of quantity-based procurement will reshape the structure of China's pharmaceutical industry. Pharmaceutical manufacturers need to deeply understand the spirit of relevant policies and adjust the operation mode to promote the long-term healthy development of China's pharmaceutical industry.

Keywords: Drug; Centralized Procurement in Large Quantities; Pharmaceutical Industry; Policy Mechanism

B.4 Reflections and Suggestions on Optimizing the Accessibility
of Innovative Drugs in China
　　　　　　　　　　　　　　　　　　Chen Hao, Zhang Yuxiao / 039

Abstract: The accessibility of innovative drugs is a common challenge for the medical and healthcare system around the world. Presently, China has achieved the payment management of innovative drugs through the periodic negotiation of accessing a catalog of medicines covered by the national medical insurance system. Some of the innovative drugs that have included in the catalog of medicines covered by national health insurance are difficult to be admitted to hospitals, which results in a problem that the policy of health insurance negotiation and other related policies are not benefited all people. Based on the positioning of national medical insurance inclusion of innovative drugs, social and economic development, and the reality of the medical insurance system in China, this paper analyzes the objective

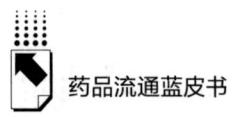

reasons for the hinder of "admission" of innovative drugs to hospitals and gives relevant suggestions for optimizing the accessibility of innovative drugs.

Keywords: Innovative Drugs; Drug Accessibility; Medical Insurance

Ⅲ Industry Reports

B.5 Overview of the Progress of the Construction of Modern Logistics System of Chinese Herbal Medicine in 2020

China Warehousing and Distribution Association,
China Association of Traditional Chinese Medicine / 045

Abstract: This paper introduces the remarkable progress achieved by the China Warehousing and Distribution Association and China Association of Traditional Chinese Medicine, under the guidance of the Ministry of Commerce and related other departments, by continued implementation of "The Notice of the General Office of the State Council on Forwarding the Protection and Development Plan for Traditional Chinese Medicine (2015 – 2020) by 12 Departments including the Ministry of Industry and Information Technology" and organized enterprises to carry out the construction of modern logistics system of traditional Chinese Medicine in 2020.

Keywords: Herbal Medicine; Logistics Base; Logistics System

B.6 Market Survey and Analysis on Clinical Drug Shortages in 2020

Joint Research Group of China Association of Pharmaceutical
Commerce and China Pharmaceutical University / 052

Abstract: To understand and grasp the current situation and changes of the drug shortage, the China Association of Pharmaceutical Commerce (CAPC) and Center of Biostatistics and Computational Pharmacy of China Pharmaceutical

University have continued to cooperate to carry out the "Market Research and Analysis of Clinical Drug Shortage." The 2020 clinical drug shortage survey is based on questionnaire surveys, supplemented by a network information retrieval approach and online communication to ensure the accuracy and integrity of data. The targets are the 138 national key members of CAPC, and the survey period was from July 1, 2019 to June 30, 2020. The study covers two parts: shortage of drugs survey and the price adjustment of drugs survey. The Drug Shortage Questionnaire collected data to analyze the shortage situation of drugs with a shortage of more than 90 days in the investigation period as well as the shortage situation and characteristics of drugs of national key focus. The Price Adjustment Drug Situation Questionnaire was used to analyze the price adjustment of drugs in the market during the survey period, the procurement status before and after the price adjustment, and the relationship between the price adjustment and shortage situation. After collating the returned questionnaires, screening, reviewing, and standardizing the data, performing dada mining, and verifying the information, the research group analyzed the drug shortage and price adjustment situation in 2020 from different perspectives.

Keywords: Shortage Drugs; Price Adjustment Drugs; Market Survey

B.7 Analysis of the Operation of Listed Companies in the Pharmaceutical Distribution Industry in 2020

Li Wenming, Teng Xiancun and Zhang Zilei / 074

Abstract: The data of listed companies are important indicators that reflect the development of the industry. Based on the publicly disclosed 2020 annual reports of 25 listed companies in the pharmaceutical distribution industry, this paper analyzes their revenue growth, profitability, cost control, capital operation, and strategy implementation from which (some new trends of changes and development in the pharmaceutical distribution industry) can be understood.

Keywords: Listed Companies; Pharmaceutical Distribution; Operational Capacity

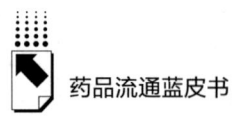

B.8 Characteristics and Trends of Pharmaceutical Distribution Industry Development and Investment Value Analysis

He Juying, Cheng Pei / 088

Abstract: The pharmaceutical distribution industry has been impacted by the relevant policies since 2017, but overall it has maintained stable growth. Leading companies in the pharmaceutical distribution industry have continuously increased their market share by leveraging favorable policies. The retail side of the pharmaceutical industry shows a trend of increasing concentration reaching, and domestic pharmacy chain ratio has reached 55.34% by 2019 using capital investment market. Future business development will rely on seeking new business opportunities which have less policy resistance. The author believes that there are three main directions for future business development: first, rapid increase in terminal coverage density leveraging the centralized procurement policy; second, vigorously develop the distribution of high-margin products, such as imported innovative drugs, vaccines, high-value consumables, and in vitro diagnostic reagents; third, embrace the opportunities from the Internet, integrate online and offline business, and establish to B business (Internet hospitals, physical hospitals) and to C business through online sales model. From the perspective of the secondary market investment, the pessimistic expectations towards the pharmaceutical distribution sector market have been mostly released; horizontal and vertical valuation comparisons have been at historical lows, and thus there is a limited room for further decline. The author believes long-term investors will consider more of the A-share listed pharmaceutical distribution companies because of high cost-effectiveness.

Keywords: Drug Distribution; Pharmaceutical Distribution; Internet Sales Model

IV Pharmaceutical Supply Chain Reports

B.9 China Pharmaceutical Supply Chain Logistics Development Analysis Report 2020

Pharmaceutical Supply Chain Branch, China Association of Pharmaceutical Commerce / 102

Abstract: This paper provides an overall analysis of the macro environment of the development of pharmaceutical supply chain logistics in China in 2020, and the status of the pharmaceutical logistics market. We have studied the warehousing, transportation resources, logistics information technology, and technology applications 1 of 1173 pharmaceutical logistic enterprises and conducted an overall analysis of the pharmaceutical logistics service capability classification and grading assessment. Based on the summary of the overall development characteristics of pharmaceutical supply chain logistics in 2020 combined with changes in industry policies and technology service model development, we predicted and anticipated the future development trend of pharmaceutical supply chain logistics.

Keywords: Supply Chain Logistics; Pharmaceutical Logistics; Drug-related Transportation Standards

B.10 Empowering the Transformation of Pharmaceutical Commercial Distribution Supply Chain Based on Customer Demand *Wu Liangzhe* / 120

Abstract: With the pressure of drug price reduction and the rise of client service expectations, pharmaceutical supply chain management plays an increasingly important role in the pharmaceutical industry. As the link between upstream pharmaceutical manufacturers and downstream customers (hospitals, patients, etc.), the pharmaceutical commercial distribution supply chain makes an important

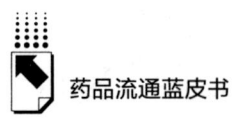

contribution to the development of the industry. The objective of this paper is to discuss the milestones in the development of a customer demand oriented pharmaceutical commercial distribution supply chain and to highlight customer demand as one of the key drivers of its development.

Keywords: Pharmaceutical Distribution; Pharmaceutical Industry; Distribution Supply Chain; Customer Demand

B.11 Exploration and Effectiveness of Modern Supply Chain System Construction of Guangzhou Pharmaceutical Co.

Guangzhou Pharmaceutical Co. / 127

Abstract: Based on the policy background and industry trend, Guangzhou Pharmaceutical Co. Limited (hereinafter refer as "Guangzhou Pharmaceutical") plays an actiue and major position in the drug distribution chain, effectively organizes key resources in the supply chain.

The company strives to improve the level of intensification of the pharmaceutical supply chain and achieved the optimal balance of cost, efficiency, and service under the new normalty through applying supply chain thinking and platform thinking, adhering to the concept of sharing and win-win, and combining its advantages in quality management and operation management through the integration of logistics and distribution network, integration of hub building, integration of information, system, and integration of operation standard.

Keywords: Supply Chain System; Integration; Informatization

V Chinese Pharmacies Reports

B.12 China Pharmacy Market Development Report 2020

China Association of Pharmaceutical Commerce / 140

Abstract: China pharmaceutical retail market experienced a turbulent year in 2020, because of the COVID－19 Pandemic , macro policy adjustments, and industry development trends. This paper reveals the changes, adjustments, and upgrades within the drug retail industry by systematically analyzing the current situation and main features of the pharmaceutical retail market in 2020. The total sales of the pharmaceutical market reached a new peak. The chain ratio continued to increase, with market share further concentrated and industry concentration further grows. Capital investment entry acquired favorable market returns. Pharmaceutical e-commerce develops rapidly, and the "Internet Plus Medical care" continues to improve. Favorable policies were introduced to the market at an accelerated speed. In the future, driven by the internal and external factors of pharmaceutical policy and macro pharmaceutical market, the retail industry will be upgraded, vacatial, and changed into a new enterprise at an accelerated speed. With differentiation and specialized operations, as well as close integration of online and offline pharmacies, the improvement of pharmaceutical service level will become the focus of the tide.

Keywords: Pharmaceutical Retail Enterprises; Pharmaceutical E-commerce; Pharmaceutical Services; Pharmacy Chains

B.13 China Specialty Pharmacy Development Report 2020

China Association of Pharmaceutical Commerce / 164

Abstract: With the deepening of healthcare reform, the continuous improvement of the coverage of the national medical insurance system, and the reform of centralized procurement and medical insurance payment methods, the specialty pharmacies (also known as "DTP drugstores") which outside prescription drugs the hospitals, are developing rapidly and playing an increasingly prominent role in the national basic medical insurance system. This paper aims to assort the current situation of the industry, predict the future development trend, and clarify the development position of DTP pharmacies. It summarizes the main features and ways of the development of DTP pharmacy through the analysis data of the market scale, regional distribution, and industry standards of some special drug enterprises. This paper promotes a win-win situation in terms of the accessibility of special drugs, rational drug use, medical insurance cost control, and industrial and commercial cooperation to achieve maximum benefit to people's health.

Keywords: Specialty Pharmacy (DTP pharmacy); Industry-standard; Pharmaceutical Service

B.14 Breakthrough Direction for Retail Pharmacies Under "Dual Channel" and Innovative Payment Model

Zhou Jifang / 179

Abstract: Under the influence of the national "Dual Channel" policy and the innovative payment model for medical services, the pharmaceutical retail industry is facing greater policy uncertainty. This paper analyzes the development direction of retail pharmacy in the new era by comparing the historical trajectory and future trends of medical and pharmaceutical development in China and western countries. The analysis is based on four development paths, including specialization model for specialists, inclusive model for general practice, integration model of online diagnosis and treatment, and user community model. The paper also proposes correspondenting directions and suggestions.

Keywords: Retail Pharmacy; Dual-channel; Prescription Circulation; Payment Mode

B.15 Development Status of Online Prescription Drug Sales and Recommendations for Compliance Landing

Ma Guanglei / 191

Abstract: This paper reviews the evolution of supporting policies for online prescription drugs in China and points out that the policy of online sale prescription drug has gradually become clear and open. However, there are still some outstanding problems that need further studies, such as government supervision, authenticity and validity of electronic prescriptions, market confusion, drug distribution, etc. At the same time, the paper suggests that the government should accelerate the improvement of legislation and construct third-party prescription circulation platforms. The author also advises that the enterprises should operate compliantly to ensure the safety of online prescription drugs.

Keywords: Online Sales; Prescription Drugs; Prescription Circulation Platform

VI Pharmaceutical E-commerce Reports

B.16 Investigation and Analysis of Informatization Application
in Pharmaceutical Distribution Industry in 2020

Intelligent Application Branch of China Association
of Pharmaceutical Commerce / 200

Abstract: Along with the continuous empowerment of new technologies in the pharmaceutical field, pharmaceutical distribution enterprises see the new opportunities brought by technological innovation and continue to use intelligent information technology for in-depth business innovation. The research group of Intelligent Application Branch of China Association of Pharmaceutical Commerce (hereinafter refer as "Branch") conducted a study in 2020 using a combination of questionnaire survey and expert interviews in the pharmaceutical industry. The information collected in the study covers informatization strategy and investment, information application status, digital transformation and development, digital technology selection, drug traceability system construction, and enterprise information innovation cases. The analysis aims to provide an effective reference for decision-makers of enterprises and participants in information technology construction, and thus make corrections and optimization of information technology construction strategy regarding the application of benchmark enterprises. At the same time, this paper also provide reference to the relevant department in charge of policy optimization and technology and special funding support.

Keywords: Pharmaceutical Distribution Industry; Digital Transformation; Digital Technology; Drug Traceability

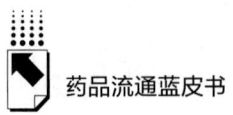
药品流通蓝皮书

B.17 The Rapid Growth of Dingdang Kuai Yao
and Recommendations for Promoting the Development
of Pharmaceutical E-commerce　　　*Xu Huansheng* / 216

Abstract: With the issue of the policy "Promoting Internet Plus Medical Care" and the development of mobile Internet technology, pharmaceutical e-commerce platforms have been improving and showing a trend of continuous growth. This paper analyzes the current pharmaceutical e-commerce in China through the analysis of the rapid development of "Dingdang Kuai Yao", which is the top enterprise this area, identifies the key factors that restrict the development of pharmaceutical e-commerce platforms under the "medical + medicine" model, and proposes countermeasures to promote the transformation and development of pharmaceutical e-commerce platforms.

Keywords: Pharmaceutical E-commerce; DingDang Kuai Yao; Pharmaceutical Industry

B.18 Exploration and Practice of the New Ecology of Internet
Plus Medical Care　　　*Ping An Health Internet Co., Ltd* / 224

Abstract: The COVID - 19 Pandemic and the policy for centralized procurement have accelerated the rise of online medical care from the demand side and supply side respectively. And users' awareness and acceptance of online medical treatment and online drug purchase are increasing. In the whole Internet medical closed-loop path, prescription right and payment right are the core keys. They jointly determine decision of medication and volume of Cconversion. ompared with pharmaceutical e-commerce, medical e-commerce has a greater influence on prescription rights and payment rights, which is in line with the essence and original intention of medical care. It is also the development direction of Internet medical service in the long run.

Keywords: Medical E-commerce; Prescription Outflow; Prescription Rights; Payment Rights

Ⅶ Innovation Reports

B.19 Study on the Impact Of Commercial Health Insurance
on the Development Of Pharmaceutical Innovation

Kang Rui, Zhu Hengpeng and Hong Linghua / 234

Abstract: This paper reviews the general situation of China's pharmaceutical industry and pharmaceutical innovative development; it analyzes and summarizes the characteristics and problems of China's pharmaceutical innovative development. Theoretical analysis of "commercial medical insurance promotes the development of medical innovation" is conducted in the paper from an economic perspective. This paper provides an overview of the development of commercial health insurance and pharmaceutical innovation in the United States and summarizes useful experiences from it. Finally, the problems faced by the development of pharmaceutical innovation in China are analyzed from the perspective of commercial medical insurance development, and countermeasures and suggestions for the long-term development are proposed.

Keywords: Commercial Health Insurance; Pharmaceutical Innovation; Income Gap

B.20 Pharmaceutical Smart Supply Chain Helps With
Enterprises' Digital Upgrade

Nanjing Pharmaceutical Co., Ltd / 246

Abstract: During the "13th Five-Year Plan" period, Nanjing Pharmaceutical has implemented a "visible, controllable and predictable" smart supply chain operation scheme. The project enhances the value of the enterprise's data through specialized processing based on the visualization of the basic data of the supply chain. At the same time, the middle platform system of the supply chain is utilized to achieve the collaborative management control of inventory sharing and cross-selling in

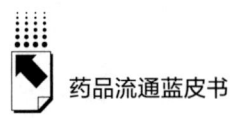

the central logistic center for the group's headquarters area. Artificial intelligence system is used to forecast future operation data, thus effectively increase inventory turnover rate, decrease overall supply chain costs, and accomplish the digital transformation and upgrading of group enterprises.

Keywords: Nanjing Pharmaceutical Co. Ltd; Smart Supply Chain; Big Data; Digital Transformation

B.21 The Successful Creation of the "Beijing Model" of Cross-border Drug and Equipment E-commerce

Keyuan Xinhai (Beijing) Medical Products Trading Co., Ltd / 255

Abstract: Beijing's "cross-border pharmaceutical e-commerce pilot" policy was formally approved in 2019 by the State Food and Drug Administration, agreeing on initiating pilot work in Beijing. This is the first time that China's cross-border e-commerce policy involves pharmaceutical products. Keyuan Xinhai (Beijing) Medical Products Trading Co., Ltd. enjoys the preferential policies of Tianzhu Free Trade Zone and owns the GSP certified warehouse of more than 30000 square meters in Tianzhu Free Trade Zone, enabling the company to undertake the cross-border e-commerce of pharmaceutical products and solve the storage issue of pharmaceutical products as special products. The company establishes cross border pharmaceutical product traceability system, achieves traceability and verification of the smallest packaging unit in the cross-border commerce, and establishes a sound safety supervision mechanism. Keyuan Trading Co. Ltd. has become the first cross-border e-commerce warehousing and customs service provider for pharmaceutical products in China. The company helps Ali Health and Jingdong Health to accomplish the sales of cross-border pharmaceutical products and create a "Beijing Model" for cross-border pharmacy e-commerce.

Keywords: Cross-border E-commerce; Pharmaceutical; Warehousing and Customs Service

Contents

B.22 Medical Big Data Drives "LinkDoc Internet Hospital +
Link Research-based DTP Pharmacy" Model

Zhu Zhidong / 264

Abstract: This paper introduces the implementation of the Patient Service Model of "LinkDoc Internet Hospital + Link Research-based DTP Pharmacy" which is based on years of data mining of the high quality medical big data and DTP pharmacy operation data. The model promotes out-of-hospital diagnosis and treatment, as well as online treatment of patients with major diseases to form an integrated management loop of doctors and patients. Internet hospitals become a bridge for patient management. They rely on the power of the Internet to connect doctors and patients closely and improve patient compliance. The model saves pharmaceutical companies' marketing and operating costs and increases the number of online prescriptions in parallel with offline prescriptions. Thus with additional online drug purchase channels, the model helps to improve the market share of prescriptive drugs. Online e-prescriptions enable effective interactions between doctors and patients, thus creating a "third savict space" for patients outside the hospital.

Keywords: Internet Hospital; Medical Big Data; E-prescription Circulation; DTP Pharmacy

Ⅷ Regional Reports

B.23 Analysis Report on the Development of Pharmaceutical
Distribution Industry in Beijing-Tianjin-Hebei Region
During the Thirteenth Five-Year Plan Period

Tianjin Association of Pharmaceutical Commerce
Beijing Association of Pharmaceutical Commerce
Hebei Association of Pharmaceutical Commerce / 271

Abstract: This paper analyzes the situation of the channel reconstruction and the transformation and innovation of the drug distribution market in the Beijing-

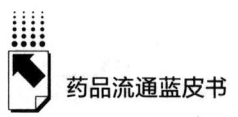

Tianjin-Hebei Region during the "Thirteenth Five Year Plan" period based on the systematic comparative analysis of the data collected through the direct reporting system of pharmaceutical distribution industry in China. The data is compared thoroughly between the market of the Beijing-Tianjin-Hebei Region and the national market in two dimensions: by channel segmentation and by drug category segmentation. This paper identifies the bottleneck problems through analysis as well as providing countermeasures suggestions for high-quality development of the pharmaceutical distribution industry in Beijing-Tianjin-Hebei during the "Fourteenth Five Year Plan" period.

Keywords: Pharmaceutical Distribution; Channel Restructuring; Beijing-Tianjin-Hebei Region

B.24 Analysis Report on the Operation of the Pharmaceutical Distribution Industry in the Yangtze River Delta Region in 2020 *Yangtze River Delta Region Pharmaceutical Circulation Industry Research Group* / 286

Abstract: Total sales of pharmaceutical distribution industry in Yangtze River Delta (Shanghai, Jiangsu, Zhejiang, and Anhui) was 639.865 billion RMB (incl. tax) in 2020, with a year-on-year growth rate of 1.32%, which is more than a quarter of the total sales of national pharmaceutical distribution market, reaching 26.15%. According to the guiding spirit of General Secretary Xi's important speech on promoting the integrated development of the Yangtze River Delta Region, the integrated development will enter an unprecedented period of acceleration, while the normalization of Covid-19 pandemic prevention will also bring opportunities to the development of drug distribution industry. In the future, the drug distribution industry in the Yangtze River Delta region will present a high-quality developing trend such that Shanghai taking the leading position, Jiangsu and Zhejiang as wings forging ahead, and Anhui demonstrating strong power to grow.

Keywords: Yangtze River Delta Region Integration; Pharmaceutical Distribution Industry; Service Innovation

IX International Reports

B.25 Bridge the Gap in the Pharmaceutical Supply Chain Before
and After the Covid −19 Pandemic   *Randy V. Bradley / 297*

Abstract: The COVID −19 Pandemic has negatively impacted every nation in the world, and while companies have built efficient and lean supply chains, they remain extremely fragile and not resillient in such a context. Despite the supply chain disruptions and other social issues associated with the global outbreak, global supply chain professionals and many other frontline workers in the biopharmaceutical field, health care services, manufacturing or consumer packaged goods industries have continued to fight and put forth tremendous efforts over the past 12 months, enabling people to continue receiving products and materials desperately needed. We need to recognize some of the core issues that have emerged during the pandemic or those that have affected the global supply chain. The analysis in this paper highlights four areas.

Keywords: Supply Chain; Covid −19 Pandemic; Future Developments

B.26 A Brief Analysis of International Health Insurance Systems
                                                    Liao Chenyu / 303

Abstract: This article briefly compares the financing methods, payment methods, macro-performance, and common challenges faced by international health insurance systems in order to provide insights and reference for the stakeholders of China's medical insurance system in the area of health insurance payment policies and cost controls in high-income countries, encouraging medical innovation, and responding to the issue of population aging. During the "14th Five-Year Plan" period, the reform and construction of China's medical security system should adhere to the philosophy of development of taking people's health as the center and explore the medical insurance system with Chinese characteristics by actively learning from international experience and continuously improving people's mental and physical health.

Keywords: Medical Insurance; Medical Insurance Payment; Cost Control; Medical Innovation; Reform of Medical Insurance System

社会科学文献出版社

皮 书

智库报告的主要形式
同一主题智库报告的聚合

❖ 皮书定义 ❖

皮书是对中国与世界发展状况和热点问题进行年度监测,以专业的角度、专家的视野和实证研究方法,针对某一领域或区域现状与发展态势展开分析和预测,具备前沿性、原创性、实证性、连续性、时效性等特点的公开出版物,由一系列权威研究报告组成。

❖ 皮书作者 ❖

皮书系列报告作者以国内外一流研究机构、知名高校等重点智库的研究人员为主,多为相关领域一流专家学者,他们的观点代表了当下学界对中国与世界的现实和未来最高水平的解读与分析。截至2021年,皮书研创机构有近千家,报告作者累计超过7万人。

❖ 皮书荣誉 ❖

皮书系列已成为社会科学文献出版社的著名图书品牌和中国社会科学院的知名学术品牌。2016年皮书系列正式列入"十三五"国家重点出版规划项目;2013~2021年,重点皮书列入中国社会科学院承担的国家哲学社会科学创新工程项目。

中国皮书网

（网址：www.pishu.cn）

发布皮书研创资讯，传播皮书精彩内容
引领皮书出版潮流，打造皮书服务平台

栏目设置

◆ **关于皮书**
何谓皮书、皮书分类、皮书大事记、
皮书荣誉、皮书出版第一人、皮书编辑部

◆ **最新资讯**
通知公告、新闻动态、媒体聚焦、
网站专题、视频直播、下载专区

◆ **皮书研创**
皮书规范、皮书选题、皮书出版、
皮书研究、研创团队

◆ **皮书评奖评价**
指标体系、皮书评价、皮书评奖

◆ **皮书研究院理事会**
理事会章程、理事单位、个人理事、高级
研究员、理事会秘书处、入会指南

◆ **互动专区**
皮书说、社科数托邦、皮书微博、留言板

所获荣誉

◆ 2008年、2011年、2014年，中国皮书
网均在全国新闻出版业网站荣誉评选中
获得"最具商业价值网站"称号；
◆ 2012年，获得"出版业网站百强"称号。

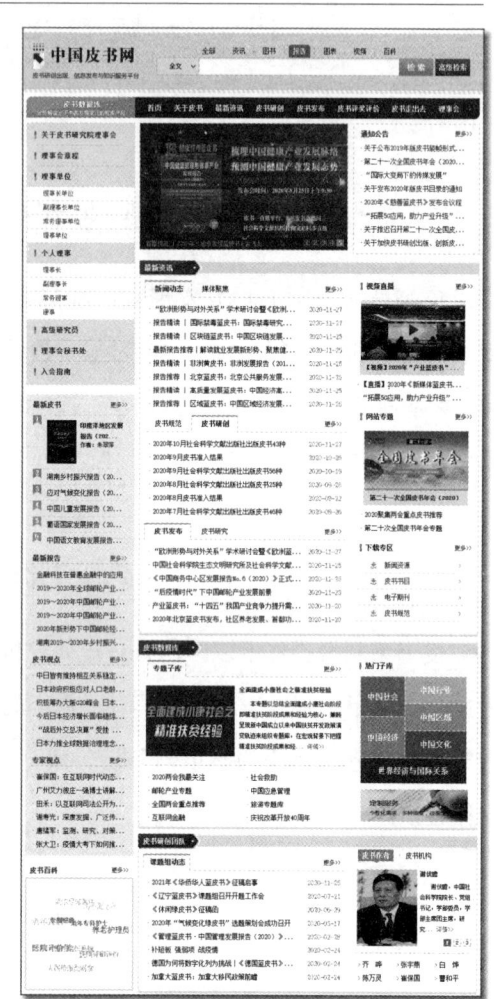

网库合一

2014年，中国皮书网与皮书数据库端口
合一，实现资源共享。

中国皮书网

权威报告·一手数据·特色资源

皮书数据库
ANNUAL REPORT(YEARBOOK) DATABASE

分析解读当下中国发展变迁的高端智库平台

所获荣誉

- 2019年，入围国家新闻出版署数字出版精品遴选推荐计划项目
- 2016年，入选"'十三五'国家重点电子出版物出版规划骨干工程"
- 2015年，荣获"搜索中国正能量 点赞2015""创新中国科技创新奖"
- 2013年，荣获"中国出版政府奖·网络出版物奖"提名奖
- 连续多年荣获中国数字出版博览会"数字出版·优秀品牌"奖

成为会员

通过网址www.pishu.com.cn访问皮书数据库网站或下载皮书数据库APP，进行手机号码验证或邮箱验证即可成为皮书数据库会员。

会员福利

- 已注册用户购书后可免费获赠100元皮书数据库充值卡。刮开充值卡涂层获取充值密码，登录并进入"会员中心"—"在线充值"—"充值卡充值"，充值成功即可购买和查看数据库内容。
- 会员福利最终解释权归社会科学文献出版社所有。

数据库服务热线：400-008-6695
数据库服务QQ：2475522410
数据库服务邮箱：database@ssap.cn
图书销售热线：010-59367070/7028
图书服务QQ：1265056568
图书服务邮箱：duzhe@ssap.cn

卡号：714456116798
密码：

S 基本子库
SUB DATABASE

中国社会发展数据库（下设12个子库）

整合国内外中国社会发展研究成果，汇聚独家统计数据、深度分析报告，涉及社会、人口、政治、教育、法律等12个领域，为了解中国社会发展动态、跟踪社会核心热点、分析社会发展趋势提供一站式资源搜索和数据服务。

中国经济发展数据库（下设12个子库）

围绕国内外中国经济发展主题研究报告、学术资讯、基础数据等资料构建，内容涵盖宏观经济、农业经济、工业经济、产业经济等12个重点经济领域，为实时掌控经济运行态势、把握经济发展规律、洞察经济形势、进行经济决策提供参考和依据。

中国行业发展数据库（下设17个子库）

以中国国民经济行业分类为依据，覆盖金融业、旅游、医疗卫生、交通运输、能源矿产等100多个行业，跟踪分析国民经济相关行业市场运行状况和政策导向，汇集行业发展前沿资讯，为投资、从业及各种经济决策提供理论基础和实践指导。

中国区域发展数据库（下设6个子库）

对中国特定区域内的经济、社会、文化等领域现状与发展情况进行深度分析和预测，研究层级至县及县以下行政区，涉及省份、区域经济体、城市、农村等不同维度，为地方经济社会宏观态势研究、发展经验研究、案例分析提供数据服务。

中国文化传媒数据库（下设18个子库）

汇聚文化传媒领域专家观点、热点资讯，梳理国内外中国文化发展相关学术研究成果、一手统计数据，涵盖文化产业、新闻传播、电影娱乐、文学艺术、群众文化等18个重点研究领域。为文化传媒研究提供相关数据、研究报告和综合分析服务。

世界经济与国际关系数据库（下设6个子库）

立足"皮书系列"世界经济、国际关系相关学术资源，整合世界经济、国际政治、世界文化与科技、全球性问题、国际组织与国际法、区域研究6大领域研究成果，为世界经济与国际关系研究提供全方位数据分析，为决策和形势研判提供参考。

法律声明

"皮书系列"(含蓝皮书、绿皮书、黄皮书)之品牌由社会科学文献出版社最早使用并持续至今,现已被中国图书市场所熟知。"皮书系列"的相关商标已在中华人民共和国国家工商行政管理总局商标局注册,如LOGO( )、皮书、Pishu、经济蓝皮书、社会蓝皮书等。"皮书系列"图书的注册商标专用权及封面设计、版式设计的著作权均为社会科学文献出版社所有。未经社会科学文献出版社书面授权许可,任何使用与"皮书系列"图书注册商标、封面设计、版式设计相同或者近似的文字、图形或其组合的行为均系侵权行为。

经作者授权,本书的专有出版权及信息网络传播权等为社会科学文献出版社享有。未经社会科学文献出版社书面授权许可,任何就本书内容的复制、发行或以数字形式进行网络传播的行为均系侵权行为。

社会科学文献出版社将通过法律途径追究上述侵权行为的法律责任,维护自身合法权益。

欢迎社会各界人士对侵犯社会科学文献出版社上述权利的侵权行为进行举报。电话:010-59367121,电子邮箱:fawubu@ssap.cn。

社会科学文献出版社